조선초기 과전법

조선초기 과전법

최이돈

景仁文化社

전환기에 서서

조선 전기는 서로 다른 시대의 가치가 공존하는 '전환기'였다. 중세의 가치와 근대의 가치가 같이 존재하였다. 이는 정치, 경제, 신분의 제부분에서 두루 나타났다. 즉 정치에서는 '사적지배'와 '공공통치', 경제에서는 '경제외적 관계'와 '경제적 관계', 신분에서는 '혈통'과 '능력' 등의 서로 대치되는 가치들이 공존하고 있었다.

이는 고려 말 급격한 생산력의 향상으로 인한 사회변화를 기존의 가치체계 안에서 수습할 수 없었기 때문이었다. 그러므로 유학자들은 기존의 가치를 유지하여 체제의 안정을 확보하였고, 새시대의 가치를 수용하여 개혁과 발전을 도모하였다. 물론 상호 모순적인 가치를 공존시키는 것은 쉽지 않았으나, 음과 양을 '太極' 안에서 조화시킬 수 있다고 믿었던 유학자들은 현실과 이상을 조화시키면서 당면한 과제들을 성실하게 풀어나갔다.

그동안 조선전기사 연구자들은 조선전기를 중세와 근대의 가치가 공존하는 시기로 인식하지 못하였다. 정치사에서는 '관료제'적 성격을 강조하면서 근대적 요소를 찾는 데에 집중하였고, 경제사에서는 '신분적 경제'를 강조하면서 중세적 요소를 찾는 데에 집중하였다. 신분사에서는 한편의 연구자들은 '혈통'을 강조하였고, 다른 한편의 연구자들은 '능력'을 강조하면서, 서로 대립된 견해를 제시하였다. 연구자들은 서로 모순적인 다른 시대적 가치인 혈통과 능력이 한 시대 안에서 대등하게 공존할 수 있다고 보지 않았다.

사실 어느 시기든 구시대나 새시대의 가치들은 공존하기 마련이었다. 그러나 조선전기에는 두 가지의 가치가 서로 대등하게 작용하고 있어, 중세나 근대의 어느 가치도 주도적 영향력을 관철시키지 못하였다. 그러므로 조선전기를 중세나 근대 하나로만 규정하기 어렵다.

물론 수 백 년 동안 유지되던 한 시대의 가치가 짧은 기간 안에 다른 가치로 전환되는 것은 쉽지 않았다. 서양사에서도 중세에서 근대로의 전환기, 수 백 년을 'Early Modern'이라고 명명하고 있는 것은 유사한 상황임을 잘 보여준다. 그러므로 조선전기를 중세에서 근대로의 전환기, 중세와 근대가 공존하였던 시기, 즉 '近世'로 보아도 좋을 것이다.

저자는 조선전기를 전환기로 이해하는 가설 위에서 상당한 시간을 연구에 투자하였다. 그러나 조선전기의 전체상을 설명하는 것은 많은 시간이 더 필요할 것으로 보인다. 그간 밝힌 조선전기의 특징적인 모습을, 일부나마 동학들과 공유하는 것은 의미있는 일이라고 판단하여, 그간의 성과를 묶어서 '近世 朝鮮의 형성'으로 출간하고자 한다.

전5권에 걸쳐서 조선초기 생산력의 향상에 따른 생산관계의 변화가 경제, 신분, 정치의 각 영역에 어떻게 구현되었는지를 검토하였다. 즉 당시 '天民'으로 인식되었던 백성의 법적, 실제적 지위가 어떠하였는지를 고찰하였다.

제1권 『조선초기 과전법』에서는 조선초기 백성의 경제적 지위를 검토하였다. 고려말 조선초 생산력의 상승으로 인한 생산관계의 변화가 과전법체제에 함축되어 표현되었다. 그러므로 과전법을 통해서 수조권을 둘러싼 국가, 전주, 전부 등의 생산관계 변화를 검토하였다.

제2권 『조선전기 신분구조』와 제3권 『조선전기 특권신분』에서는 백성들의 신분적 지위를 검토하였다. 생산관계 변화로 인해 신분질서가 새롭게 정립되는 모습을 '신분구조'로 정리하였다. 또한 그간 신분사 연구에서 지배신분이 중요한 쟁점이 되었음을 고려하여, 이를 '특권신분'으로 나누어 정리하였다.

제4권 『조선전기 공공통치』와 제5권 『조선중기 사림정치』에서는 백성들의 정치적 지위를 검토하였다. 생산력 향상으로 변화한 백성의 정치적 지위를 '공공통치'의 형성과정으로 검토하였다. 또한 성종대부터 백성의 상위계층인 사림이 지배신분인 훈구와 대립하면서 참정권의 확보를 위해서 투쟁하였는데, 그 과정을 '사림정치'의 전개과정으로 정리하였다.

　사실 현대도 서로 다른 시대의 가치가 공존하는 전환기이다. 현대의 가장 대표적인 가치인 '자유'와 '평등'도 상호 모순적인 성격으로 긴장과 갈등을 유발시키고 있다. 이는 이 가치들이 서로 다른 시대의 소산이기 때문이다. 자유는 근대를 열면서 중심적인 가치로 자리를 잡았고, 평등은 근대의 문제를 해결하기 위한 가치로 그 입지를 점차 확대해가고 있다. 그러므로 공동체의 안정과 발전을 위해서, 현대의 주된 관심은 '疏通'의 화두아래 자유와 평등을 조화롭게 발전시키는 데에 집중되고 있다.
　'전환기에 서서' 우리의 공동체를 위해 고심하는 이 시대의 독자들에게, '중세의 가치'와 '근대의 가치'를 조화 발전시키기 위해 분투하였던 선조들의 모습이 한 줄기 지혜와 위안이 되기를 기대한다.

다시 맞는 丁酉年 10월에
심심한 감사를 담아서
최이돈

목차

전환기에 서서

1부 科田과 職田

제2부 科田國家管理體制

제3부 佃夫의 지위

제6장 고려 후기 收租率과 과전법

제7장 조선초기 佃夫의 법적 지위

제8장 田主佃夫制의 형성

제1부

科田과 職田

제1장 관원체계와 科田의 운영

머리말

조선의 토지분급제인 과전법은 조선의 경제적 성격을 잘 보여주는 제도였기 때문에 그간 많은 연구자들이 관심을 기울였다.[1] 과전법은 지배신분에게 수조권을 부여하고, 사실상 수조권적 지배까지 부여하는 제도로 이해되면서, 조선의 중세적 특징을 잘 보여주는 제도로 이해되었다.[2]

과전법을 포함한 조선 초기 경제의 성격을 중세적인 것으로 이해하는 연구가 주류였지만, 다른 견해도 제기되었다. 한영우는 조선의 경제를 근세적인 것으로 주장하였다.[3] 그의 경제에 대한 이해는 그의 신분연구와 긴밀하게 연결되어 있다. 그는 조선초기의 신분제를 '양천제'라고 주장하

1) 한영우「태종 세종조의 대사전시책」『한국사연구』3, 1969.
　　이성무「고려 조선초기의 토지소유권에 대한 제설의 검토」『성곡논총』9, 1978.
　　이성무「공전 사전 민전의 개념」『한우근박사 정년기념사학논총』1980.
　　이성무『조선초기 양반연구』일조각 1980.
　　김태영『조선전기토지제도사연구』지식산업사 1983.
　　이경식『조선전기 토지제도연구』일조각 1986.
　　김용섭「토지제도의 사적 추이」『한국중세농업사연구』지식산업사 2000.
　　조선초기 경제사 연구를 보는 기본적 시각에 대한 이해는 이경식(이경식「조선건국의 성격문제」『중세 사회의 변화와 조선건국』혜안 2005)의 논고에 잘 정리되어 있다.
2) 이성무『조선초기 양반연구』일조각 1980.
　　김태영『조선전기토지제도사연구』지식산업사 1983.
　　이경식『조선전기 토지제도연구』일조각 1986.
3) 한영우「태종 세종조의 대사전시책」『한국사연구』3, 1969.

고 있다. 즉 그는 지배신분을 인정하지 않았고 관직을 직업 중 하나로 보았으므로, 과전을 단순히 수조권만을 부여하는 제도로 이해하였다.[4]

전근대 사회 연구에서 신분과 경제는 중요한 두 축이었으므로 이 두 영역을 같이 고려하는 것은 당연하다. 경제 연구는 그 시대의 신분을 어떻게 이해하는가에 따라서 전혀 다른 결론에 도달할 수밖에 없다. 그러므로 한영우가 신분연구를 바탕으로 해서 경제에 접근한 것은 바른 접근법으로 이해된다. 한영우의 양천제론은 보완해야 할 부분이 있지만, 경제와 신분연구의 긴밀성을 강조한 것으로 큰 기여를 하였다.

조선 초기 경제를 중세적인 것으로 보는 연구는 신분의 이해를 '통설'에서 구하고 있다. 이는 과전법 연구를 선도하는 이경식의 경우를 보아 잘 알 수 있다. 그는 '귀족, 양반, 토호 등 지배신분계급'[5]이라는 표현을 사용하고 있다. 이는 그의 신분이해가 통설에 기반한 것임을 알 수 있는데, 그는 이러한 기준에 의해서 조선 초기 경제를 분석하고 있다.

그간 '통설'은 신분제 논쟁을 통해서 많은 문제점을 노출하였다. 그러므로 '귀족, 양반, 토호'를 지배신분으로 이해하는 것은 그간의 신분제 논쟁에 비추어 볼 때 공감하기 어렵다. 귀족, 양반, 토호 등이 법적으로 집단적 경계를 분명히 할 수 있는 집단인지, 그리고 이 집단들이 지배신분이라 할만한 법적 특권을 가지고 있는지 등 논증해야 할 부분들이 남아있다. 특히 토호의 경우는 '통설'에서도 크게 주목하지 않고 있어 좀 더 엄밀한 검토가 필요하다. 그러므로 조선 초기 중세설은 신분제 연구의 '통설'과 같이 더 다듬어야 할 형편에 처해 있다.

저자는 최근 조선 초기 신분제를 정리하면서 새로운 제안을 하였다. 즉 조선의 신분제는 태종 세종대를 거쳐 정비되었고, 중세적 '혈통'과 근대적 '능력'의 양면성을 공히 인정하는 독특한 것으로 주장하였다.[6] 특히 조선

---

4) 한영우 『조선시대 신분사 연구』 집문당 1997.
5) 이경식 「조선 건국의 성격문제」 『중세 사회의 변화와 조선건국』 혜안 2005, 30쪽.
6) 최이돈 「조선 초기 향리의 지위와 신분」 『진단학보』 110, 2010, 10쪽.

에서의 관원은 모두가 신분적 특권을 부여받은 것은 아니었고, 그 중 일부인 2품 이상의 대신만이 특권신분이었다고 논증하였다.[7] 따라서 3품 이하 관원의 신분적 지위는 협의양인과 크게 다르지 않았다고 보았다.

이러한 관점에 선다면, 조선 초기 경제, 특히 과전법은 달리 해석할 여지가 있다. 본고는 이러한 새로운 신분연구의 관점에서 과전법을 검토하려는 것이다. 그간의 과전법의 연구는 통설의 입장에서 모든 관원을 지배신분으로 인식하고, 당연히 이들에게 부여되는 과전을 신분에 따른 경제적 특권으로 이해하여 세전되는 世祿田으로 설명하고 있다.[8]

그러나 새로운 관점에서 보면, 관원의 일부만 지배신분이므로, 관원들에게 주어지는 과전의 성격 역시 단일한 것이 아니라고 볼 수 있다. 즉 2품 이상의 대신들에게 주어지는 과전이 신분적 지위를 유지하기 위한 세록전적인 성격을 가진 토지라면, 3품 이하의 과전은 직역에 대한 보상으로 주어지는 職田的 성격의 토지로 가정할 수도 있다.

그러므로 본고는 조선 초기 관원체제의 변화와 연결시켜 과전의 성격을 구명하고자 한다. 먼저 고려 말 과전법의 시행과정에서 논의된 과전의 분급과 관직의 관계를 검토해 보고자 한다. 다음으로 관원체계에 큰 변화가 나타난 태종대를 중심으로 관원체계의 변화와 이로 인해서 나타나는 과전 운영 상의 변화를 검토하고자 한다. 이러한 검토를 통해서 과전법과 조선 초기 경제의 성격이 보다 분명해지기를 기대한다.

---

7) 최이돈 「조선 초기 특권 관품의 정비 과정」『조선시대사학보』67, 2013.
8) 이성무『조선초기 양반연구』일조각 1980.
　　김태영『조선전기 토지제도사 연구』지식산업사 1988.
　　이경식『조선전기 토지제도 연구』일조각 1990.

1. 고려 말 과전법과 관원체계

고려말 사전개혁의 논의과정에서부터 개혁파는 관직에 따른 과전의 분급을 어떻게 규정할 것인지를 주요과제로 인식하였다. 개혁파가 과전을 어떻게 분급하려 했는지는 창왕 원년의 상소에 잘 나타난다. 창왕 원년 7월에 조준은 다음과 같이 관직과 과전의 관계를 설명하였다.

> 첫째 祿科田柴입니다. 侍中으로부터 일반 평민에 이르기까지 현직에 있는 자에게는 각각 그 품계에 따라 토지의 양을 계산하여 떼어주되 그 토지는 아문에 소속시켜 해당 현직관원만이 그 전조를 받아먹게 하소서. 둘째 口分田입니다. 在內諸君 및 1품부터 9품까지의 관원은 현직 산직을 물론하고 품계에 따라서 구분전을 주고 첨설직을 받은 자에게는 그 實職을 조사해서 주되 모두 그가 죽을 때까지 주소서. 그 처가 절개를 지키면 역시 그 생전에 주는 것을 허락하소서. 현직을 가진 자 이외의 전함과 첨설직을 가진 자들로서 토지를 받은 자들은 모두 五軍에 예속시키소서.9)

이 내용에 의하면, 관직에 따라서 두 가지 토지를 주고 있다. 먼저 녹과전시를 현직 관원에게 주어 職田으로 운영하고자 하였다. 개혁파는 토지를 개인이 아닌 소속 관청에 부여하여 현직에 있는 경우에만 수조하도록 하였다.10) 이러한 견해는 사전의 문제가 수조권의 세전에서 기인하였음을 깊이 인식한 결과였다. 다른 하나는 현직과 전직을 구분하지 않고, 품계에 따라서 모든 관원에게 口分田을 부여하려고 하였다. 이 구분전은 관원이 죽을 때까지 소지할 수 있고, 이를 처에게까지 양도할 수 있는 토지였다. 그러므로 구분전은 관원의 신분을 보장하는 토지였다.11)

---

9) 『고려사』 권78, 식화1, 녹과전조.
10) 김태영은 아문에 소속시키고 한 제안을 '직전의 사전화를 방지하기 위한 철저한 조처'로 이해하였다(김태영, 앞의 책 45쪽).

따라서 개혁파의 토지개혁안은 직전의 성격을 가진 녹과전시와 세록전적인 성격을 가진 구분전을 같이 운영하는 것이었다. 이와 같은 생각은 직전으로 운영하던 고려말 녹과전의 운영방식을 그대로 가져오고, 여기에 전시과의 구분전을 첨부한 것이었다.[12] '녹과전시'를 과목으로 설정한 것은 이를 잘 보여준다.

그러나 여기서 특이한 것은 구분전과 군역을 연결시키고 있다는 점이다. 즉 구분전을 받고 있는 산직의 관원들을 五軍에 예속하여 군역을 담당하게 하고 있다. 구분전을 군역과 연결시켜 군전에 준해서 운영하고자 하였다. 이렇게 구분전과 군전을 연계시키면 군역의 수행을 전제로 하여 운영되므로 구분전은 역전의 성격을 가질 수밖에 없다. 또한 구분전은 그 지급양이 足丁 또는 半丁의 규모로 그 양이 적어 신분을 세전하도록 지원하는 성격을 가졌다고 보기도 미흡하다.

그러므로 창왕 원년에 개혁파가 가진 사전개혁의 방안은 아직 분명하지는 않았으나, 단순히 관원들에게 세전적 토지를 주겠다는 생각은 아니었다. 아직 세부적인 것은 드러나지 않았지만, 전체적인 성격은 관직과 군직에 대한 보상을 기본으로 하는 직전적 토지운영을 구상하고 있었던 것으로 이해된다. 이는 전시과와는 다른 토지분급 방식으로 매우 혁신적인 구상이었는데 당시 개혁파가 수조권의 세전에서 기인한 사전의 문제를 매우 심각하게 인식하였음을 보여준다.

그러나 정작 과전법에 토지분급방식은 위와 다른 형태로 정리되었다. 다음의 과전법 규정은 이를 잘 보여준다.

---

11) 김태영은 구분전에 대하여 "고려의 후기구분전의 토지 유형에서 그 세전적인 성격을 제거시킨 유형"으로 이해하고 있다. 그러나 관인에게 주어진 구분전에 대해서는 "고려 후기의 녹과전계열과 연결되는 토지 종목이었다고 보았다"고 다른 견해를 제시하고 있다(김태영, 위의 책).

12) 이성무는 "녹과전계열의 토지와 전시과계열의 후기구분전을 그래도 묶어 놓은 것이기 때문에 개혁안으로서는 미흡하였다"고 보고 있다(이성무 앞의 책, 296쪽).

무릇 경성에 살면서 왕실을 보위하는 자는 時散을 물론하고 저마다 과에 따라 토지를 받는다. 제1과 재내 大君으로부터 문하시중에 이르기까지, 150결. 제2과 재내 부원군으로부터 檢校侍中에 이르기까지, 130결. (중략) 제14과 6조 좌랑으로부터 낭장에 이르기까지, 35결. 제15과 동서 7품, 25결. 제16과 동서 8품, 20결. 제17과 동서 9품, 15결. 제18과 권무 散職, 10결.13)

여기서 가장 중요한 구절은 "時散을 물론하고 저마다 科에 따라 토지를 받는다."이다. 시직은 물론 산직에게도 토지를 지급하겠다는 생각이다. 이는 창왕 원년의 논의에서 직전제를 과전 분급 방식으로 고려하였던 입장에서 많이 후퇴한 모습이다.

여기서 궁금한 것은 산직의 경우 어떻게 토지를 분급할 것인지의 내용이다. '과에 따라'라는 표현은 여러 해석이 가능한데, 시직과 산직을 구분 없이 과에 따라서 같은 양의 토지를 준다고 해석할 수 있고, 시직과 산직 간에 일정한 차이를 두고 과에 따라서 토지를 분급한다고도 해석할 수도 있다. 그런데 이러한 해석을 일률적으로 적용하기에는 제1과에서 제18과의 내용을 보면 어려움이 있다. 제1과에서 제14과의 경우는 관직명을, 제15과에서 제18과에는 산계를 기록하고 있기 때문이다. 분명하지는 않지만, 이러한 구분을 둔 것은 제1과에서 제14과의 경우와 나머지 제15과 이하의 운영에 차이를 두고 있었음을 보여주는 것으로 이해된다.

이 양 집단 간에 운영상 어떠한 차이가 있었을까? 이에 대한 실마리는 인용문에 제2과의 '검교시중'과 제18과의 '산직'이 언급된 것에서 찾을 수 있다. 당시 검교직은 실직이 없는 허직으로 산직과 같이 운영되고 있었다. 그러므로 '검교시중'이나 '산직'이라는 표현은 모든 관직이 일률적으로 시산을 구분하지 않고 과에 따라 토지를 준 것이 아니었음을 보여준다. 이는 '검교시중'과 같이 검교직을 활용한 방식과 '산직'과 같이 관품에 따른 일

---

13) 『고려사』 권78, 식화1, 녹과전조.

률적으로 처리하는 방식을 같이 고려하였음을 보여준다.

이는 제1과에서 제14과까지는 관직명이, 제15과에서 제18과까지는 관품명이 기록되고 있는 것과 관련되는 것으로 보인다. 시산을 구분하지 않을 경우 관직명은 필요 없다. 모든 관직이 관품으로 치환이 될 수 있기 때문이다. 그렇다면, 위와 같은 표기방식은 분급방식의 이원화를 함축하고 있다고 이해된다. 즉 관직으로 표기되어 있는 14과까지 영역의 관원들은 산관이 되는 경우 '검교시중'이라고 표기된 방식에 따라서 검교직 등 별도의 산직체계를 통해서 과전을 부여하였을 것으로 짐작된다. 제15과 이하의 관품만 기록된 관원들은 산직이 되는 경우 제18과에 기록된 '산직'의 규정에 따라서 과전을 부여받았을 것으로 추측된다.[14)]

관직과 산계를 나누어 운영하는 것은 관직의 수에 비하여 실제로 직무를 수행할 수 있는 자격을 가진 후보군이 많은 경우에 불가피한 선택이었다. 기본적으로 산계를 운영하는 경우에 관직을 가진 이와 산계를 가진 이를 다르게 대우할 수밖에 없는 것이 현실이었다. 고려의 경우 관직 중심의

---

14) 제18과에 보이는 산직을 이성무는 '流外散職'으로 해석하고 있고, 검교직등 流內散職의 경우 검교시중을 제외하고는 과전을 지급하지 않았다고 보고 있다. 그는 유내산직을 동정직 검교직 첨설직을 거론하고 있다. 제18과의 산직을 해명하기 위해서 산직을 유내와 유외로 나누어서 설명을 실마리를 모색한 것은 경청할 만한 견해이다(이성무, 앞의 책, 311쪽).
그러나 그는 "전직관료의 경우는 그가 현직에 있을 때 받은 과전을 그의 생전까지 가지고 있는 것에 불과하였다."(위의 책 311쪽)고 언급하고 있어 전직관료가 현직을 떠나 산직만을 가져도 과전을 보유한 것으로 주장하고 있다. 이렇게 이해하는 경우에 전직관료가 가지는 산직과 앞에서 설명한 유내산직, 유외산직의 관계에 대한 설명이 필요한데 이 부분이 분명치 않다. 그러므로 제18과를 '유외산직'에 한정하여 해석하거나, 유내산직 내에서는 검교시중만이 과전을 받았다는 주장은 수용하기 어렵다.
이에 비하여 김태영은 제18과의 산직을 천관우(1965, 「조선토기제도사」 하, 『한국문화사대계』 2)의 견해를 수용하여 '流外雜職'으로 해석하고 있다. 이러한 이해는 이성무가 산직을 유외산직으로 해석한 것과 다르지 않다(김태영, 1988 앞의 책, 70쪽).

관원체계를 유지하였으므로, 검교직나 동정직을 운영하여서 산계만을 가질 때에 받을 수 있는 불이익을 배제하고자 하였다. 그러한 방식이 과전법에도 수용되어 '검교시중'으로 표현되었다. 구체적으로 모든 검교직이나 동정직을 나열하지 않았지만 제14과 이상을 관직으로 표기하고 있는 것은 고려적 방식을 그대로 적용하고 있음을 보여주는 것으로 그에 대응한 검교직 등의 체계가 운용되었을 것으로 추측된다.[15]

이에 비하여 제15과 이하를 관품으로 표기한 것은 새로운 방식이었다. 고려말에 와서는 고려 초기보다 관료제가 더욱 발달하였다. 이는 관원후보자가 더욱 양산될 수밖에 없었고, 이에 따라 산계만을 가지는 관원에 대한 대우를 제한할 수밖에 없었다. 그러므로 개혁파는 과전법을 만들면서 상위의 관원들에게는 고려와 같이 관직 중심의 운영방식을 적용하면서, 하위품계에게는 관품 중심의 새로운 운영방식을 적용해 본 것으로 추측된다. 따라서 제15과 이하의 관원은 산직이 되면 제18과 10결의 토지를 받았을 것으로 추정된다.

과전법에서 산직의 경우 직무가 없는 것이 아니었다. 과전분급의 대전제가 '경성에 살면서 왕실을 보위하는 자'를 조건으로 하고 있었으므로 이들은 당연히 군직에 편제될 수밖에 없었다.[16] 이러한 경우 산직이 받는 토지 10결은 군역의 대가로 받는 군전 10결과 연관되는 토지였다. 이들이 받는 토지는 군역이 부여되었다. 군전은 그 지급양도 적었고, 군역과 연계되면서 신분을 보전하는 '세록전'의 성격을 가진 토지와는 거리가 있었다.

고려말 개혁파는 외형적으로는 고려의 태조가 행한 전시과를 다시 복행한다는 것을 명분으로 표방하고 있었지만, 이미 상황과 과제가 달라지고 있었음을 깊이 인식하였다. 결국 개혁파는 산직의 관리에서 상위직에는 고려와 유사한 방법을 사용하면서, 하위직에는 '산직'을 표기하는 별도의

---

15) 한우근 「훈관 검교고」 『진단학보』 29,30, 1966.
16) 『고려사』 권78, 식화1, 녹과전조.

관리 방식을 도입하였다.

그러나 조선이 건국되면서 관원의 토지분급 방식에 대한 개혁이 일시적으로 후퇴되는 양상을 보여준다. 이는 『용비어천가』에 나타나는 다음의 기록을 통해서 알 수 있다.

> 경기에 과전을 두고 시산을 막론하고 각기 科를 주었다. 添職은 모두 實職에 따랐다. 제1과는 정1품으로 150결, 제2과는 종1품으로 125결, (중략) 제15과는 정종 8품으로 20결, 제 16과는 정종 9품으로 15결, 제17과는 正雜權務로 10결, 제18과는 令同正學生으로 5결이다.[17]

이 내용은 태조 3년경의 기록으로 추측되는데 매우 특이하다. 여기서는 제1과에서 제18과에 이르기까지 관품 기준에 의해서 일률적으로 토지를 부여하고 있다. 이는 과전법에서 관직과 관품을 나누어 이원적으로 운영한 것과는 다르다. 이는 "시산을 막론하고 각기 과를 주었다."는 지적과 연결된다. 시산을 구분하지 않는 때 관직과 관품을 구분하는 것은 의미가 없었고, 결국 1품에서 9품이 이르기까지 관품에 입각해서 운영할 수밖에 없었다.

이와 같은 토지의 분급제는 토지 분급량이 크게 늘어 국가에 부담을 주는 것이었다. 당시의 관직제도는 정비되지 않아 검교직, 동정직, 첨설직 등 다양한 관직이 섞여 있었고, 여기의 "첨직은 모두 실직에 따랐다."는 내용으로 보아서 여타의 산직도 토지를 분급하였을 것으로 보인다. 이러한 상황에서 이 제도는 국가의 부담을 크게 주어 지속적으로 운영하기 어려웠고, 바로 소멸된 것으로 추정된다. 이 내용이 『용비어천가』에만 기록되고, 조선왕조실록에서 찾을 수 없는 것은 이러한 상황에 기인한 것이었다.

이와 같이 건국 직후 개혁에서 후퇴하는 모습은 단지 과전법에서만 나타나는 것은 아니었다. 새 왕조인 조선은 그 지지기반을 확충하기 위해서

---

17) 『용비어천가』 73장 주.

여러 분야에서 고려 말에 추진한 개혁을 후퇴시키는 모습을 보여주고 있었다. 한 예로 개혁파는 고려 말 도평의사사의 방만한 구성원을 개혁하여 그 인원을 대폭 감소시켰는데, 건국 초에 이르면 도평의사사의 구성원을 다시 대폭 늘리고 있다.[18] 이러한 모습은 개국 직후 왕조의 안정을 위해서 유화적인 모습을 보여 주는 것이었다. 그러나 유화적인 국정의 운영은 정부가 감당할 수 없는 방만한 것이었으므로 시간이 흐르면서 결국 다시 개혁의 방향을 따라서 과전의 분배를 정비할 수밖에 없었다.

결국 과전법에서 퇴직 관원의 과전을 이원적으로 운영하였다. 제14과 이상의 관원들의 과전은 고려의 전시과와 유사하게 운영하여, 관원들이 시직을 벗어나도 과전을 계속 보유할 수 있었다. 그러나 제15과 참하관 이하 관원들은 10결의 토지를 받았는데, 이는 군전과 연관되어 운영되었다. 이들이 퇴직 후 받는 군전은 거경숙위의 의무와 연계되어 운영되면서 世祿田的 성격을 가지기 어려웠다.

2. 3품 이하 관원의 과전 운영

태종대부터 조선의 관원체계는 정비된다. 관원체계 정비의 핵심은 관품체계와 관직체계로 구성되어 있는 관원체계를 신분과 일치시키는 것이었다. 조선의 정부는 관직을 한 신분에 대응하는 직역으로 인식하지 않았다. 관원들은 관직을 모든 신분이 국정운영에 기여한 대가로 받을 수 있는 종합적 직역으로 만들고자 하였다. 그러므로 관직을 신분제와 연동시키기 위해서는 하나의 관직 내에 각 신분과 대응할 수 있는 별도의 구역을 나누는 정비가 필요하였다. 이는 태종대에 시작하여서 세종대까지 지속적인 논의를 통해서 이루어졌다.[19] 과전과 연관해서 진행된 가장 중요한 관원

---

18) 박재우 「고려 공양왕대 관제개혁과 권력구조」『진단학보』81, 1996.

체계의 변화는 태종대에 나타난 특권관품의 정비였다. 2품 이상 대신을 특권을 가진 관품으로 정비하는 과정이었다.[20]

조선을 건국한 신진사대부들은 조선의 운영 주체를 왕이 아니라 재상으로 보고 있었고, 이를 위해 정치, 군사체계의 개혁을 추진하였다. 도평의사사를 개혁하고, 의흥삼군부 하에 사병의 통합을 추진하였다. 그러나 정도전 등을 제거하고 집권한 태종의 생각은 달랐다. 태종도 집권하면서 중앙집권제를 확립하기 위해서 의정부를 만들고, 의흥삼군부 하에 사병을 통합하는 작업을 추진하였으나, 국정 운영의 주체를 재상이 아닌 왕으로 바꾸기 위해서 권력구조의 개편도 단행하였다. 태종은 의정부와 이를 주재하는 재상에게 모든 권력을 주지 않고 육조를 강화하여 권력을 분산시켜, 의정부와 육조가 상호 견제하는 체제를 만들고, 왕이 의정부와 육조를 통합하는 역할을 하면서 정치적 주도권을 가질 수 있게 조정하였다.[21]

태종은 육조의 지위를 높이기 위해서 육조의 장관들의 관품을 높였으나, 당시의 관직체계는 고려의 유제를 이어받아 관직을 중시하는 체계였으므로, 단순히 관품을 올려준다고 육조의 지위가 올라갈 수 없었다. 여전히 재상은 특정부서의 몇몇 관직으로 한정되고 있었다. 그러므로 태종은 관직 중심의 체계를 관품 중심의 체계로 전환시켰다.[22] 특정 부서의 몇몇

19) 최이돈 「조선 전기 현관과 사족」『역사학보』 184, 2004.
   최이돈 「조선 초기 잡직의 형성과 그 변화」『역사와 현실』 58, 2005.
   최이돈 「조선 초기 서얼의 차대와 신분」『역사학보』 204, 2009.
   최이돈 「조선 초기 왕실 친족의 신분적 성격」『진단학보』 117, 2013.
20) 최이돈 「조선 초기 특권 관품의 정비 과정」『조선시대사학보』 67, 2013.
   이태진도 거족을 분석하면서 이와 유사한 기준을 적용하였다. 그러나 그는 분석 대상을 정3품 당상관까지로 하여 검토하고 있어 저자와 견해가 다르다. 3품 당상관은 준특권관품의 지위를 가졌으나, 특권신분은 아니었다. 또한 이태진은 친족의 범위를 넓게 잡고 있으나, 저자는 법적 친족의 범위를 4촌으로 파악하고 있다.(이태진 「15세기 후반기의 「거족」과 명족의식」『한국사론』 3, 1976; 최이돈 「조선 초기 법적 친족의 기능과 그 범위」『진단학보』 121, 2014).
21) 최승희 『조선 초기 정치사연구』 지식산업사 2002.

관직만 재상이 되는 체제에서 일정 품계에 오르면 대신으로 인정되는 체계로 이전한 것이다. 그 과정에서 2품 이상을 특권관품으로 하는 '대신제'가 형성되었다. 이러한 변화로 3품 이하의 관원들은 특권을 가지지 못하는 관품으로 정리되었다. 이는 과전의 운영에 영향을 줄 수밖에 없었다.[23]

관원체계가 바뀌면서 과전의 운영에 어떠한 변화가 있었을까? 먼저 3품 이하 관원의 과전 운영방식을 살펴보자. 대신과 3품 이하의 관원 간에는 과전 운영상에 큰 차이가 있었다. 이 양자 간에는 관직을 보유하고 있을 때보다는 관직을 보유하지 않는 산직이 되었을 때에 차이가 컸다. 관직을 가지는 현직일 때에는 이들 간에 차이는 관품에 따라서 상응하는 결수의 차이만 있었다. 그러나 관직을 물러나 산관이 되는 경우에는 대신과 3품 이하 관원 간에 차이가 컸다.

3품 이하 관원들은 산관이 되면 군직에 편입되었다. 受田品官이 그것이다. 전함 3품 이하의 관원들이 군직에 편입되어 수전품관으로 구성되는 것은 태종 6년 사헌부 대사헌 허응의 다음과 같은 지적을 통해서 확인할 수 있다.

전함 3품 이하 가운데 수전한 인원은 모두 서울에 살면서 시위하도록 하였습니다. 그러나 兩府 이상은 아울러 거론하지 않았기 때문에, 왕실을 호위하지 아니하고 농장에 물러가 있으면서 관부에 드나들며 수령을 능욕하고, 시골 사람을 주구하여, 백성들에게 해를 끼치는 자가 간혹 있습니다. 원하건대, 모두 규리하여 서울로 오게 하소서.[24]

---

22) 남지대「조선 초기 중앙정치제도연구」서울대학교 대학원 박사학위논문 1993.
23) 김태영은 과전을 관품에 따라서 지급한 것을 세종 13년경의 변화로 이해하고 있다(김태영 앞의 책 69쪽). 이경식도 역시 세종 12년경의 변화로 이해하고 있다(이경식 앞의 책 235쪽). 이 시기에 비로소 관품 기준으로 과전이 분급된 것을 언급한 것은 아니었고 행수직을 시행하면서 생긴 문제점을 분명히 정리하기 위해서 언급한 것에 불과하였다.
24)『태종실록』권11, 태종 6년 6월 정묘.

이 내용은 사헌부에서 언급한 것으로, 주목되는 것은 양부와 3품 이하를 구분하여 "전함 3품 이하 가운데 수전한 인원은 모두 서울에 살면서 시위하도록 하였습니다."라는 구절이다. 여기서 수전한 이들은 수전패에 속하는 이들이었는데, 이들은 양부를 제외한 '전함 3품 이하' 관원으로 구성되었다.

3품 이하의 관원이 퇴직하여 수전품관으로 편성되었다면 2품 이상의 대신은 어떠하였을까? 관직체제의 변화 이후 산관을 구분하는 기준은 태종 9년 취각령의 시행과정에 보이는 다음과 같은 언급에 잘 나타난다.

　　기를 세우고, 角을 불면 갑사와 시직 산직의 대소 신료가 서둘러서 빨리 대궐에 나오는 것이 마땅한데, (중략) 대소 시직 산직의 인원이 부득이 문밖에 출입하는 연고가 있으면, 아무 날에 나갔다가 아무 날 돌아오는 사유를 갖추어 전함재추는 본부에, 동반은 각각 그 仰屬에, 서반 및 當番受田牌는 의흥부에, 성중애마는 각각 소속에 告狀한 뒤에 출입하고, 만일 기한이 지나도 이르지 않는 자가 있으면 동반은 정직하고 서반 4품 이하 전함재추 당번수전패 등은 외방에 부처하고, 서반 5품 이하는 수군에 편입하소서.25)

이는 취각령에 대한 것으로, 일단 취각령이 내려지면 서울에 거주하는 현직과 산직 관원은 모두 동원되었다. 의정부는 취각령을 원활하게 운용하기 위해서 시직과 산직 관원들의 지방 출입을 관리하고, 지방에 나가는 경우에는 해당부서에 보고하고, 일정기한 내에 돌아오게 하였다.

여기서 주목되는 것은 관원을 분류하는 방식이다. 정부는 관직을 먼저 현직과 산직을 나누고 있다. 현직의 관원들을 동반, 서반 4품 이상, 서반 5품 이하로 나누고 있다. 반면 산관은 前銜宰樞만을 거론하고 있다. 전함재추는 2품 이상의 대신을 칭한 것이다. 3품 이하의 산관은 거론하지 않고

---

25)『태종실록』권22, 태종 11년 12월 신축.

있는데, 3품 이하의 산관은 수전패에 속하였기 때문이었다. '당번수전패'의
언급이 그것이다. 수전패는 산직 3품 이하의 관원이 속하였다. 2품 대신은
지방의 거주를 불허하였으나, 3품 이하의 산관은 지방의 거주가 가능하였
다. 3품 이하 관원은 지방의 거주가 가능하였으나 군역을 담당하는 기간에
는 서울에 머물러야 하였다. 여기서 '당번'을 거론한 것은 역을 위해 서울
에 머물러야 하는 산관을 칭하는 것이었다. 그러므로 정부는 산관을 2품
이상은 전함재추로, 3품 이하의 관원은 수전패로 분류하였다.

3품 이하 관원이 현직을 떠나 산관이 되어 수전패가 되는 경우 이미 받
았던 과전은 어떻게 되었을까? 이는 태종이 그 6년 지신사 황희를 시켜서
언급한 다음의 내용에 의해서 확인할 수 있다.

> 受田人을 궐문밖에 모이게 하니, 온 사람이 5백여 인이나 되었다.
> 지신사 황희를 시켜 전지하여 말하기를, "田制에 '경성에 살면서 왕실
> 을 지킨다.'고 분명히 말한 것이 오늘부터가 아닌데, 너희들은 무슨 까
> 닭으로 자신만이 편하고자 하는가? 너희 여러 사람들 중에는 어찌 의
> 리를 깨달은 자가 없느냐? 마땅히 군신의 의리를 생각하여 분분하지
> 말도록 하라. 만일 5결, 10결의 전토로써 서울에 머물기 어려운 자는
> 너희들 마음대로 자손이나 사위 조카에게 물려주어, 각각 자기의 마음
> 을 바로 하여 나를 원망함이 없도록 하라."하니, 모두 머리를 조아려
> 말하기를, "감히 그럴 리가 있겠습니까?"하고 물러갔다. 이때에 여러
> 번 익명서로써 조정을 비방하고 하윤을 헐뜯었는데, 말한 사람은 모두
> 受田品官의 소위라고 한 까닭으로 불러서 그들을 책망한 것이다.[26]

태종은 500여 명의 수전품관들에게 5결, 10결의 토지로 '서울에 머물기
어려운 자'는 토지를 내어 놓고 지방에 물러가도 좋다고 말하고 있다. 이
내용에 의하면 3품 이하의 관원은 현직을 그만두면서, 기존의 과전을 반납
하고, 5결 내지 10결의 토지를 군전으로 지급받고 있었다. 3품 이하의 관

26)『태종실록』권12, 태종 6년 윤7월 계해.

원이 산관이 되어서도 본인의 과전을 그대로 가지고 있었다면, "만일 5결, 10결의 전토로써 서울에 머물기 어려운 자"라는 표현을 사용할 수 없었다. 그러므로 3품 이하의 관원들은 과전을 내어놓고 대신 5결, 10결의 토지만 군전으로 지급받고 있었다.

관원이 관직을 그만 두면 정부는 과전을 환수하고 군전만을 지급한 것은 다음의 의정부의 요청을 보아도 거듭 확인할 수 있다.

> 과전을 받고 외방에 나가서 살기를 자원하는 자는 외방 軍田의 예에 의하여 절급하고, 그 나머지 전토는 경중에 恒居하는 각 품 관리로서 전지를 받지 못한 자에게 지급하도록 하소서.[27]

이 내용에 의하면 과전을 받았으나 관직을 그만두고 지방에 나가 살기를 원하는 경우에 군전에 해당하는 양의 토지만을 남기고 과전을 환수하고 있다. 여기서 지방에 내려갈 수 있는 관리는 3품 이하의 관리였다. 2품 이상의 관리는 지방의 거주가 허용되지 않았기 때문이다. 또한 군전도 숙위를 하면서 군직을 수행하는 경우에 한하여서 주어지는 것이었으므로, 숙위마저 포기하는 경우에는 이 군전마저도 반환하여야 하였다.[28]

앞에서 과전법 규정을 검토하면서 제15과 이하인 7품 이하의 관원이 산직이 되면 10결의 군전을 받았을 것으로 추정하였는데, 위의 내용에 의하면 3품 이하의 모든 관원에게 10결 이하의 군전이 주어지고 있었다. 이와 같은 3품 이하 관원이 군전을 받는 지위로 하락한 것은 언제부터였을까? 이는 태종 5년의 관제 개혁에 기인한 것으로 보인다.[29]

---

27) 『태종실록』 권9, 태종 5년 4월 갑술.
28) 『태종실록』 권12, 태종 6년 9월 정유의 사간원이 언급한 다음 기사를 보아도 수전패는 적은 토지만을 받고 있음을 확인할 수 있다. "前銜으로 受田한 자를 번갈아 숙직하게 함은 왕실을 호위하는 소이이오나, 磽薄한 과전을 받은 자야 어찌 경성에 恒居하면서 그 식량을 잇댈 수 있겠습니까? 바라건대, 금년의 秋冬까지 권도로서 숙직을 그만두게 함으로써 사람들의 마음을 기쁘게 하소서."

이는 앞의 인용한 내용 중 '하윤을 헐뜯었는데'라는 구절을 통해서 그 변화의 일단을 파악할 수 있다. 수전품관들은 익명서를 통해서 하윤을 비방하고 있었다. 당시 하윤은 좌의정으로 의정부를 대표하였다.[30] 결국 수전품관들이 의정부를 비방하고 있었다. 이러한 동향의 이유는 이러한 비방이 있기 바로 전인 태종 6년 5월 의정부의 다음과 같은 정책을 통해 짐작할 수 있다.

> 受田品官은 전적으로 서울에만 거주하게 하여 왕실을 호위하게 하는 것은 『六典』에 실려 있는데, 무식한 무리들이 법을 세운 뜻을 돌아보지 아니하고, 여러 해 외방에 있어서 시위가 허술한 데 이르게 합니다. (중략) 외방에 살기를 원하는 자는 모조리 군역에 정하고, 늙거나 병든 자는 아들 사위 동생 조카로 하여금 대신 立役하도록 허락하소서.[31]

이 내용에 의하면 수전품관들이 군전을 받으면서도 서울시위를 하지 않고 있었다. 이를 금하였으나 잘 시행되지 않자, 의정부에서는 다시 '외방에 살기를 원하는 자는 모조리 군역에 정하고'라는 강력한 대책을 세워 이들을 압박하였다. 여기서 '군역'은 군전을 받으면서 편입되는 거경숙위가 아니고, 양인이 지는 일반 군역이었다.

이와 같이 수전품관을 압박하는 상황은 태종 5년에 시행한 관제개혁과 연관이 된다. 수전품관의 거경시위는 국초부터 시행되었으나, 아직 신분제가 잘 정비되지 않으면서 그 대상의 범위가 뚜렷하지 않았다. 관제개혁 이전의 군전 지급은 앞에서 살핀 것처럼 과전법 규정에서 보이는 7품 이하

---

29) 최이돈 「조선 초기 특권 관품의 정비 과정」 『조선시대사학보』 67, 2013.

30) 하윤은 5년 1월에 좌의정에 임명되었고, 당시 영의정 조준, 좌정승 하윤, 우정정승 조영무였다.(『태종실록』 권9, 태종 5년 1월 임자). 5년 6월 조준이 죽었으나, 하윤은 여전히 좌의정으로 의정부의 수반이었다(『태종실록』 권9, 태종 5년 6월 신묘).

31) 『태종실록』 권11, 태종 6년 5월 임진.

참하관을 그 대상으로 하였던 것으로 추측된다. 그러나 태종 5년 관제개혁으로 특권을 부여하는 관품을 2품 이상으로 분명하게 정리하면서 특권관품이 아닌 3품 이하의 관원들은 군전을 받고 거경숙위를 하는 대상으로 정리되었다. 그러므로 의정부는 태종 5년 이후 3품 이하 관원의 거경숙위를 압박할 수 있었다. 이러한 상황에서 가장 불만을 가질 수 있는 품관은 3, 4품 등 상위 품관들이었다. 이들은 특권관품에서 탈락하였을 뿐 아니라 거경시위도 해야 하였다. 이에 이들이 의정부를 비난한 것이다. 하윤은 태종 5년 1월부터 좌의정이 되어,[32] 영의정 조준과 더불어 관제 개혁을 주도하였고, 조준이 태종 5년 6월 죽으면서[33] 의정부를 주도하면서 수전패를 관리하였다. 그러므로 수전품관의 불만은 하윤에게 집중되었다.[34]

위와 같은 조치가 강행되면서 3품 이하의 관원들은 군전을 받고 거경숙위를 하거나, 지방으로 내려가 지방의 일반 군역을 져야 하였다. 3품 이하 관원은 퇴직한 후 지방에 머물면서 군전을 받지 않고 거경숙위를 하지 않는 부류도 있었다. 이는 세종 11년 병조에서 언급한 다음 한수의 예에서 볼 수 있다.

> 한수라는 자가 숙직하기를 꺼려하여, 그가 받은 과전을 納公하려고 병조참의 민의생에게 부탁하여 진고하였다.[35]

이 내용에 의하면 한수는 '숙직'을 꺼려서 '과전'을 반납하고 있다. 여기서 한수가 꺼려한 숙직은 시위패가 담당하는 숙위로, 반납한 과전은 군전을 의미하는 것으로 보인다.[36] 그러한 사례에서 볼 때, 군전을 받지 않고,

---

32) 『태종실록』 권9, 태종 5년 1월 임자.
33) 『태종실록』 권9, 태종 5년 6월 신묘.
34) 『태종실록』 권11, 태종 6년 6월 정묘.
35) 『세종실록』 권46, 세종 11년 10월 병자.
36) 『태종실록』 권24, 태종 12년 9월 정유. 시위패의 숙위를 숙지로도 표현하였다. 물론 현직에 있는 관원이 숙직을 꺼려서 과전을 반납하고 관직을 그만둘 수도 있

지방에 거하는 품관들이 상당수 있었을 것으로 추측된다.

3품 이하의 관원이 수전패에 들지 않고, 지방에 거주하면 지방의 일반 군역에 편제되었다. 이는 여러 자료에 나타난다. 세종 21년 의정부의 다음과 같은 언급은 3품 이하의 품관이 지방에서 군역의 대상이었음을 잘 보여준다.

> 각도의 侍衛牌와 營屬, 鎭屬에는 전민의 수가 적고, 똑똑하지 못한 자로 정하였기 때문에, 군역을 감내하지 못하여 방어가 허술하게 되었다. 청하옵건대 각 고을의 3품 이하 6품 이상으로 수령들을 이미 지낸 품관, 성중관의 去官人, 갑사 별시위에 속하였던 散人, 이전의 거관인 등을 남김없이 수색하여 충당하게 하소서.37)

이는 의정부에서 각 고을의 방어를 위한 방안을 올린 것으로, 이에 의하면 지방군에 3품 이하 퇴직 관원을 차정하고 있다. 숙위를 하지 않는 3품 이하의 퇴직 관원의 지위는 군역에서 벗어날 수 있는 특권적 지위와는 거리가 있었다.

3품 이하 산관이 군역에 충원되었던 것은 세조 3년 중추원 부사 유수강의 다음과 같은 제안으로도 거듭 확인된다.

> 한량 통정대부로 60세가 되지 않은 사람 이하와 하번의 갑사, 별시위, 총통위, 방패의 60세와 自募한 학생인 등으로써 재주를 시험하되 도절제사영 및 삼척, 간성, 옥원 등의 여러 진에 분속시키게 하소서.38)

이는 부사 유수강이 영동 방어를 위하여 제안한 방어책이었다. 그는 통

다. 그러나 관원의 숙직은 당연한 것이었으므로 관원이 된 자가 숙직을 이유로 과전을 반납하였다고 보기는 힘들다.
37) 『세종실록』 권87, 세종 21년 12월 무인.
38) 『세조실록』 권7, 세조 3년 4월 기유.

정대부 즉 3품의 품관까지를 군역의 대상으로 하여 방어 계획을 짜고 있다. 이는 3품 이하 관원이 관직에서 물러나면 일반군역을 지는 지위에 있었음을 보여준다. 이러한 상황은 계속 유지되었으므로 성종 2년 병조에서는 "동반 서반의 前銜 3품 이하는 모두 正兵에 소속시켜서 귀천의 구분이 없는 듯하다."고 언급할 수 있었다.[39]

3품 이하 퇴직 관원의 지위는 양인을 크게 벗어나지 못하였다. 3품 이하의 관원은 퇴직 후 양인에 준하는 지위에 있었으므로 관복을 입을 수도 없었다. 이들은 퇴직 후에는 관원으로서 가졌던 그들의 지위를 유지하지 못하였기 때문이었다. 이와 같은 지위는 아래의 세종 10년 공복착용 논의에 잘 드러난다.

> 임금이 말하기를, "前銜도 역시 公服을 착용할 수 있는가."하였다. 판부사 변계량이 아뢰기를, "2품 이상은 비록 전함이더라도 예궐할 때에는 금대와 사모를 착용하기 때문에, 제사를 행할 때에도 사모와 금대를 착용할 수 있사오나, 3품 이하의 전함은 사모와 은각대를 착용할 수 없으니, 제사 때에 착용한다는 것은 불가할 것입니다. 만약 착용하게 하려면 2품 이상과 더불어 일례가 될 것이니, 아마도 '존비의 분별'이 없게 되지 않을까 하옵니다."[40]

이는 의례상정소에서 전직 3품 이하의 관원이 개인적으로 時祭를 행할 때에는 관복을 착용할 있도록 허용해 달라고 제안한 것에 따른 논의였다. 이 논의에 의하면 3품 이하는 관복을 착용할 수 없었다. 즉 2품 이상은 실직을 벗어난 이 후에도 여전히 특권관원으로서의 지위를 유지하여 관복을 착용할 수 있었으나, 3품 이하는 현직을 떠나면 관복을 입을 수 없는 지위에 있었다. 그러므로 이 논의에 참여한 변계량은 2품 이상과 3품 이하 사

---

39) 『성종실록』 권11, 성종 2년 7월 계사.
40) 『세종실록』 권41, 세종 10년 11월 기유.

이에 '존비의 분별'이 있다고 지적하고 있다. 이와 같은 상황이었으므로 3품 이하가 관직을 떠나서 지방에 거주할 때에는 앞에서 보았던 것처럼 양인과 같이 군역에 차정될 수 있었다.

3품 이하의 관원은 자손에게 문음의 혜택을 부여할 수 없었으므로, 그 자손 역시 양인의 지위에 있었다.[41] 세종 10년에 병조에서 올린 계에 의하면 평안도의 경우 3품 이하 관원의 자손을 역리의 역할을 하는 館軍으로 차출하고 있었다.

> 그 거주하는 고을에 소속된 관사에는 원래 정해진 역리가 없기 때문에, 비록 3, 4품의 아들, 사위, 아우, 조카 및 자신이 7품을 지낸 자들도 모두 돌려가면서 館軍이 되어 역자로서의 부역에 이바지하고 있습니다.[42]

이 내용에 의하면 3품 이하 관원의 아들을 고역에 하나인 역리로 차출하고 있었다. 이러한 내용은 퇴직한 3품 이하 관원이 그 아들이나 사위에게 특혜를 부여할 수 있는 지위에 있지 않았음을 잘 보여준다.

이와 같은 참상관이 퇴직한 후의 지위는 구체적인 사례를 보아도 확인된다. 이는 아래의 태종 17년 김하의 다음과 같은 상서에 잘 나타난다.

> 신이 나이 어렸을 때부터 처부 장합과 함께 살아 왔는데, 아비의 과전을 휼양전으로 먹었습니다. 신의 나이 이미 18세가 되어 상은을 입어 8품직을 받았는데, 호조에서 직에 준하여 과전을 주고 남은 전지를 다른 사람에게 허락하려 하니, 걱정이 심합니다. 신의 나이 20세가 되지 못하였으니, 빌건대, 주어서 휼양하게 하소서. 만일 휼양하는 것이 公事에 해가 된다면 처부는 다만 과전 5결을 받았으니, 빌건대, 처부의 과전에 옮겨 주소서.[43]

---

41) 현관의 경우는 예외였다(최이돈 「조선초기 현관과 사족」『역사학보』 184, 2004).
42) 『세종실록』 권41, 세종 10년 7월 신해.

이에 의하면 김하는 대신인 아버지의 덕에 휼양전을 보유하고 있었
다.[44] 김하가 18세가 되면서 문음으로 8품의 관직에 오르게 되면서, 국가
에서는 8품에 해당하는 과전만을 남기고[45] 휼양전을 환수하려고 하였다.
이에 김하는 자신이 관직은 받았지만 아직 18세에 불과함을 내세워, 성년
이 되지 못하였으므로 휼양전을 유지할 수 있도록 요청하고 있다. 또한 휼
양전의 유지가 어렵다면, 환수할 과전의 일부를 장인에게 줄 것을 청하고
있다. 김하의 장인인 장합은 판관직을 지내고 퇴직을 하였으므로, 5품 정
도의 품관이었는데,[46] 군전으로 추정되는 불과 5결의 토지만 지급받고 있
었다. 여기서 김하가 장합에게 토지를 더 주고자 하였던 것은 장합이 받을
수 있는 군전은 5결 내지 10결이었으므로, 5결의 토지를 더 받을 수 있었
기 때문이었다. 이러한 장합의 예는 3품 이하의 관원이 현직을 벗어난 후
5결의 군전만을 받고 있음을 구체적으로 보여준다.

이상에서 볼 때 3품 이하 관원에게 주어지는 과전은 직전으로 현직에
있을 때에만 지급되었다. 당시 관원들은 관직의 전출이 빈번하였고, 그 사
이에 지속적으로 관직을 맡지 못하는 경우도 있었다. 관직을 맡지 못하고
관품만을 가지고 있을 때의 관원의 처지는 퇴직관원의 처지와 다를 것이
없었다. 3품 이하의 관원들은 현직에 있지 않으면 과전의 분급 자체가 되
지 않았다. 이는 태종 10년 다음의 태종의 언급을 통해서 짐작할 수 있다.

죽은 사람의 전지 또한 3년 뒤에 체수하게 한다면, 진고한 지 3년이
되도록 항상 현임에 있는 자는 적을 것이다. 지금 만일 死年에 遞受하
게 한다면, 가끔 죽지도 않았을 때 고하는 자가 있을 것이니, 풍속이
아름답지 못하여 이것도 또한 불가하다. 만일 翼年에 다른 사람이 체

43) 『태종실록』 권34, 태종 17년 8월 을미.
44) 『태종실록』 권10, 태종 5년 10월 정해. 김하의 아버지인 김빈길은 수군도절제사,
    도총제를 역임하였고, '양혜'라는 시호를 받은 것으로 보아 2품 이상 대신이었다.
45) 과전법의 규정에 의하면 8품은 20결의 토지를 받았음.
46) 『태종실록』 권31, 태종 16년 5월 정유.

수하는 것을 허락한다면 두 가지 폐단이 없을 것이다.[47]

　이 내용은 의정부에서 과전의 진고체수법을 개정하고자 요청한 것에 대한 태종의 답이다. 의정부는 죽은 관원의 과전에 대한 진고 체수를 죽은 당해 년에 허용하면 문제가 있음을 지적하면서, 관원이 죽은 후 3년이 지난 다음에 체수를 허용하자고 요청하였다. 이에 대하여 태종은 "진고한 지 3년이 되도록 항상 현임에 있는 자는 적을 것이다."라고 현직관원이 3년이 지나면 현직에 있지 않을 가능성을 지적하였다.

　당시 관원은 규정에서 정한 과전을 다 못 받는 경우가 많았다. 특히 규정의 과전을 다 받지 못한 관원은 대신이 아니라 3품 이하의 관원이 대부분이었다. 그들이 받지 못한 과전을 채워 받는 방법이 진고제였다. 3품 이하의 관원의 경우 과전을 직전제로 운영하고 있었으므로, 진고로 과전을 보충 받을 수 있는 것은 현직에 있을 때뿐이었다. 그러나 태종의 지적과 같이 진고하고 3년이 지난 후 과전을 지급한다면, 그 사이에 현직에 있지 못하는 관원도 생길 가능성이 높았다. 그 경우 이미 현직에 있지 않은 관원은 진고한 과전을 받을 수 없었다. 그러므로 위와 같은 태종의 지적으로 진고한 과전은 진고한 익년에 받는 것으로 결정하였다. 이와 같은 논의는 3품 이하의 관원의 과전이 현직을 기준으로 직전으로 운영되고 있음을 잘 보여준다.

　3품 이하 관원은 퇴직 후 과전을 환수당하였으나, 수전패에 속하여 군전을 받을 수 있었다. 군전은 체수 규정을 가지고 가족에게 체전될 수 있는 토지였다. 그러므로 3품 이하 관원이 가지는 과전법 상의 지위를 잘 이해하기 위해서는 군전에 대한 검토도 필요하다.

　기왕의 연구에서 지적된 바와 같이 군전은 군전을 받은 품관이 군직을 수행할 수 없는 경우, 자손이나 사위 조카에게 물려줄 수 있었다. 이는 태

---

47)『태종실록』권19, 태종 10년 4월 기유.

종 6년 다음과 같은 태종의 명에 잘 나타난다.

> 마땅히 군신의 의리를 생각하여 분분하지 말도록 하라. 만일 5결, 10
> 결의 전토로써 서울에 머물기 어려운 자는 너희들 마음대로 자손이나
> 사위·조카에게 물려주어, 각각 자기의 마음을 바로 하여 나를 원망함이
> 없도록 하라.[48]

이 내용에 의하면 퇴직 관원이 군역을 담당할 수 없을 때에, 군전을 자
손이나 사위 조카 등에게 체전할 수 있었다. 군전은 세전적 성격이 있었
다. 그러나 군전은 가족이면 조건 없이 누구나 물려 받을 수 있는 토지가
아니었다. 군전은 기본적으로 '과전'이었다. 관품을 기반으로 주어지는 토
지였다. 군전은 과전이었으므로 군전의 체수는 기본적으로 관품을 가진
자만 물려 받을 수 있는 토지였다. 관품을 가지지 못한 자손, 사위, 조카가
받을 수 있는 토지가 아니었다. 그러나 3품 이하 관원들에게는 기본적으로
문음이 부여되지 않았다. 3품 이하의 경우 문음은 顯官에 한해서 제한적으
로 부여되고 있었다.[49] 그러므로 군전은 제도적으로 세전되기 어려웠다.

앞에서 살핀 바와 같이 세종 10년에 병조에서 "역리가 없기 때문에, 비
록 3, 4품의 아들, 사위, 아우, 조카 및 자신이 7품을 지낸 자들도 모두 돌
려가면서 館軍이 되어 역자로서의 부역에 이바지하고 있습니다."[50]라고
언급한 것은 3품 이하 관원의 자손도 관품이 없으면 군전의 체전은 고사
하고 역리에 차정되고 있음을 잘 보여준다.

군전의 세전은 쉽지 않았으므로 세종 11년 병조참판 조종생이 다음에서
지적한 것처럼 수전패가 80세가 넘어도 군역을 지는 사례가 나올 수 있었다.

---

48) 『태종실록』 권12, 태종 6년 윤7월 계해.
49) 최이돈 「조선 전기 현관과 사족」 『역사학보』 184, 2004.
50) 『세종실록』 권41, 세종 10년 7월 신해.

신이 어제 受田牌의 군기를 점고하였는데, 경기 양성에 거주하는 檢
參議로서 나이 82세 된 자도 또한 참가한 일이 있습니다. 이는 늙은이를
편안하게 하는 도리가 아닌 듯합니다. 원컨대 점고하지 말게 하소서.[51]

이 내용에 의하면 전직 3품인 검참의가 82세에도 불구하고 수전패의 군
기 점고에 참여하고 있었다. 일반군역을 60세까지 담당시켰음을 감안한다
면, 특별할 사례라 볼 수 있다. 그 나이면 체전의 규정에 따라서 가족에게
체전을 할 수 있었는데, 그는 82세까지 자신이 받는 군전을 체전하지 못하
고 있었다. 이는 체전할 가족이 없기 때문으로 보이나, 단순히 체전할 가
족이 없다기보다는, 자손, 조카, 사위 중에 품관으로 체전의 자격을 갖춘
자가 없었던 것으로 이해하는 것이 자연스럽다.

이와 같은 상황이었으므로 태종 9년 의정부는 다음과 같이 군전의 폐지
를 요청하였다.

군전을 절수한 자는 모두 늙어서 소용이 없고, 군인으로 종사하는
자는 모두 전지를 받지 못하였으니, 원컨대, 각도의 군전을 모두 군자
에 붙이고 나라에서 그 조를 거두어 수군에게 주소서.[52]

이 내용에 의하면, 의정부는 군전의 폐지를 주장하면서, 군전을 받은 이
들이 '모두 늙어서'라고 군전 폐지의 이유를 언급하고 있다. 이러한 지적은
군전의 체수가 제도적으로 어려운 상황에서 군전을 받는 이들이 거경숙위
하기 어려운 늙은이가 되었음을 보여준다.

이상에서 볼 때, 조선초기의 3품 이하 관원의 과전은 職田으로 운영되
고 있었다. 퇴직 후 3품 이하는 과전을 반납하고, 거경숙위의 대가로 군전
을 지급받고 있었다. 군전은 가족의 체전규정이 있었으나 제도상 체전은

---

51) 『세종실록』 권45, 세종 11년 9월 신유.
52) 『태종실록』 권18, 태종 9년 7월 기축.

쉽지 않았고, 지급된 토지의 양도 적었으며, 군역이 수반되어 役田的 성격
이 강하였다. 그러므로 3품 이하의 관원이 받는 과전 및 군전의 성격은 世
傳되는 世祿田과는 거리가 먼 토지였다. 그러므로 3품 이하의 과전은 신
분적인 성격보다는 관료제적인 성격이 강한 토지였다.

3. 2품 대신의 과전 운영

3품 이하 관원의 경우 과전이 職田으로 운영되고 있었음을 논증하였는
데, 2품 이상의 대신의 경우는 어떠하였을까? 대신들은 현직을 벗어나도
군전을 지급받지 않았다. 군전의 지급대상은 앞에서 살핀 바와 같이 3품
이하의 관원들이었다. 대신들이 현직에서 물러나면 두 가지의 경우에 처
하였다. 하나는 검교직을 가지는 것이고, 다른 하나는 산직으로 품관에 머
무는 것이었다. 대신은 현직에서 물러나 검교직을 가지거나, 산직만을 가
지거나 어느 경우이든지 과전을 상실하지 않았다.

대신이 과전을 상실하는 경우는 죽거나, 과전을 상실할 만한 죄를 범하
는 경우였다. 대신이 현직을 물러나 검교직이나 산직을 가지고도 과전을
유지한 것은 태종 12년 사헌부에서 올린 다음과 같은 상소를 통해서 확인
할 수 있다.

> "전 도절제사 조익수, 전 부윤 강후, 이은, 검교 한성 조윤, 이흥림,
> 김회련 등은 관직이 2품인데, 과전을 받고도 경성에 살지 않고 물러가
> 외방에 거처하니, 청컨대, 죄를 가하게 하소서." 단지 과전만 거두게 하
> 였다.53)

사헌부에서는 지방에 거처하는 대신들을 처벌할 것을 요청하고 있다.

---

53) 『태종실록』 권24, 태종 12년 12월 신유.

이들이 지방에 거하는 만큼 현직의 대신은 아니었다. 현직을 면한 산관이 거나 검교직 대신들이었다. 이들은 모두 과전을 가지고 있었으나, 서울에 거주하지 않은 죄로 과전을 환수당하였다.

대신들은 관품만을 가져도 과전을 보유할 수 있었으나 죄를 지으면 그 과전을 상실하였다. 여기서 거론되는 죄명은 특이한 것이다. 대신이 서울 에 거주하지 않은 죄였다. 서울에 거주하지 않은 죄는 대신만이 받는 것이 었다. 앞에서 보았듯이 3품 이하의 관원은 지방의 거주가 허용되었다. 이 들은 군전을 받고 거경숙위를 하는 경우에도 당번을 서는 시기에만 서울 에 올라오면 되었다. 그러나 대신의 경우에는 현직이나 산직을 막론하고 서울의 거주를 의무화하고 있었다. 대신은 산직인 경우에도 여전히 특권 이 부여된 신분이었다. 이들이 지방에 거주하는 경우 지방관도 이들을 통 제할 수 없었으므로 이들의 거주를 서울로 제한하였다. 결국 대신들은 범 죄로 처벌되지 않는 경우에는 자신의 과전을 죽을 때까지 보유할 수 있었 다. 이것이 대신과 3품 이하 관원 사이의 중요한 차이였다.

대신뿐 아니라 모든 관원은 죄를 범하면 관원의 지위를 상실하였다. 관 원이 죄를 범하여 관직을 상실하거나, 복권되어 관직을 회복하는 과정은 두 단계로 이루어졌다. 즉 관직의 상실과 회복, 관품의 상실과 회복의 두 단계였다.

처벌과 복권되는 과정에서 대신과 3품 이하 관원의 경우에 차이가 있었 다. 대신의 경우에는 관품만 가져도 특권을 유지할 수 있었던 반면, 3품 이하 관원은 관품만을 가지는 것은 크게 의미를 가지지 못하였다. 그러므 로 대신의 경우 처벌과 복권의 과정이 두 단계로 나누어져 진행되는 것을 확인할 수 있으나, 3품 이하의 관원의 경우에는 두 단계가 거의 한 단계로 나타나는 경향을 보인다. 3품 이하 관원은 관품만의 상실과 회복은 의미가 적었기 때문이었다.

대신의 경우를 살펴보면, 관직을 파하는 단계와 관품을 파하는 즉 관품고신을 빼앗은 단계가 잘 구분되어 나타난다. 죄가 크지 않으면 관직을 파하는 단계에서 처벌이 그쳤으나, 죄가 크면 고신을 삭탈하여 관품을 유지하지 못하였다. 당연히 관품의 상실과 과전의 상실은 같이 진행되었다. 이와는 반대로 죄를 용서받고 지위를 회복하는 단계도 두 가지로 나타난다. 먼저 관품을 회복하는 단계로 이 단계에서 고신과 과전이 같이 회복되었고, 다음으로 관직을 회복하는 단계로 진행되었다.

대부분 고신을 삭탈하거나 돌려주는 단계는 관품에 대한 조치를 의미하였다. 고신은 관품고신은 물론 관직고신도 있으므로, 고신을 준다는 것은 꼭 관품만을 준다는 뜻은 아니었다. 그러나 고신을 '돌려'준다라고 표현하는 경우는 분명하게 관품만을 회복시켜 주는 것을 의미하였다. 관직은 그때그때 임명되는 것에 비하여 관품은 지속적 보유가 일반적이었으므로, 관품고신을 빼앗는 경우 '회수'한다는 표현이, 회복시키는 경우 '돌려'준다는 표현이 적절했기 때문이다.

그러한 한 예를 태종대 병조판서인 윤향의 경우를 통해서 살펴보자. 그는 태종 17년 병조판서로 노비 소송의 오결에 연관되어 파직되면서 병조판서 직을 상실하였다.[54] 그러나 파직되고 며칠 뒤 사헌부는 관직만을 파한 것은 경한 처벌이라고 다음과 같이 윤향에 대한 무거운 처벌을 요청하였다.

> 전 이조판서 박신, 병조판서 윤향, 호조판서 정역은 몸이 재상이 되어 직책이 보필에 있으니, 마땅히 마음을 다하여 (중략) 모두 마땅히 법대로 처치하여야 하겠는데, 전하께서 특별히 너그러운 법전을 내리어 다만 그 직책만 파면하고 죄는 주지 않았으니, 신 등은 생각건대, 법이라는 것은 천하 만세의 공공한 것이고, 전하가 사사로이 할 수 있는 것이 아닙니다.[55]

---

54) 『태종실록』 권33, 태종 17년 6월 병신.
55) 『태종실록』 권34, 태종 17년 7월 갑자.

사헌부는 윤향의 '직책만 파면'한 것을 '죄를 주지 않았'다고 해석하고 더 큰 벌을 내릴 것을 요청하였다. 이에 태종은 대간의 요청을 수용하여 '직첩을 수탈'하라고 명하였다. 이러한 조치를 史官들은 "직첩을 회수하였다."다고 '회수'로 표현하였다. 여기의 직첩은 관품고신이었다. 이와 같이 대신의 처벌시에 관직의 파면 과정과 관품의 삭탈 과정이 분명하게 구분되어 나타난다.

그러나 윤향의 죄는 중한 것이 아니었으므로, 태종은 윤향을 용서하였다. 즉 그 해 9월 태종은 윤향에게 '고신과 과전'을 돌려줄 것을 명하였다.56) 여기서의 '돌려'준 고신은 관품고신이었다. 즉 윤향은 이 조치를 통해서 관품을 회복하였고, 동시에 과전도 돌려받았다. 대신은 산직만 가져도 과전을 가질 수 있었으므로 과전의 회복도 같이 진행되었다. 그러나 윤향은 아직 관직을 회복하지는 못하였다. 윤향은 그해 12월 판한성부사에 임명되면서 관직을 회복할 수 있었다.57) 이와 같이 대신의 경우 관품만을 유지하여도 과전을 보유할 수 있었다.

대신의 경우 고신을 거두면서 과전을 회수한 것은 여러 가지 사례를 통해서 확인할 수 있다. 한 예만 더 보면, 다음의 세조 9년 김구의 경우를 살필 수 있다.

> 왕이 명하여 졸한 판중추원사 김구의 과전을 돌려주게 하였다. 처음에 김구는 좌죄되어 고신을 거두고 아울러 그 전지를 거두었는데, 이에 이르러 그 처의 상언으로 인하여 돌려주게 하였다.58)

이에 의하면 판중추원사 김구는 죄로 인하여 고신과 더불어 과전을 '거두'는 조치를 당하였다. 그러나 김구 처의 요청이 있자 왕은 과전을 '돌려'

---

56)『태종실록』권34, 태종 17년 9월 무인.
57)『태종실록』권34, 태종 17년 12월 갑신.
58)『세조실록』권30, 세조 9년 4월 신유.

주게 하였다. 이 사례는 고신과 과전의 상실과 회복이 같이 진행됨을 보여
준다.

3품 이하의 관원을 처벌을 하거나, 관직을 회복시키는 절차도 기본적으
로는 대신과 동일하게 두 단계로 나타난다. 다만, 3품 이하의 관원이 관품
고신을 상실하거나 회복한다는 것의 의미는 대신의 경우와 달랐다. 3품 이
하 관원은 현직과 더불어 과전을 상실하였으므로, 관품만 가지는 것은 의
미가 적었기 때문에, 관품만을 상실하거나 회복하는 과정이 분명하게 나
누어지지 않았다.

그러므로 『조선왕조실록』에서 3품 이하의 관원의 처벌이나 복권과정에
서 분명하게 두 단계를 나누어서 처리된 경우를 찾기가 힘들다. 그러나 가
끔 3품 이하의 관원이 복권되는 경우에 고신과 과전을 같이 주는 예도 볼
수 있다. 다음의 태종 13년 최맹온의 경우가 그것이다.

> 조진, 송극첨, 김이도를 용서하여 京外從便하고, 최맹온의 고신과
> 과전을 주게 하였다.[59]

이 내용에 의하면 태종은 최맹온에게 고신과 과전을 주고 있다. 최맹온
은 태종 11년의 기록에 의하면 개성부 유후사 낭리였으므로[60] 3품 이하의
관원이었는데, 이 기록에 의하면 지위를 회복하면서 고신과 과전을 같이
받고 있다. 그러므로 이 내용을 3품 이하의 관원도 관품을 회복하면서 과
전도 회복한 것으로 해석할 수도 있다. 그런데 여기서 고신과 과전을 '주
게'라는 표현으로 보아서 이 고신은 관품고신이 아니라 관직고신으로 이
해된다. 관품고신을 주는 경우에는 '돌려준다'라는 표현을 사용하는 것이
일반적이기 때문이다.[61] 즉 최맹온이 관품고신과 함께 과전을 돌려받았다.

---

59) 『태종실록』 권25, 태종 13년 5월 무자.
60) 『태종실록』 권22, 태종 11년 윤12월 경오.
61) 태종께서 임금에게 말하기를, "민생이 자신의 일은 말하지 아니하고 그 형을 구제

대신들은 현직을 물러나도 과전을 유지하는 특혜를 받았기 때문에 동시에 제한도 받았다. 정부는 대신의 거주를 서울로 한정하고 있었다. 대신들의 지방거주를 허용하지 않았다. 대신의 지방거주 제한은 태조가 그 6년에 내린 다음과 같은 명령과 연결되는 것으로 보인다.

> 兩府 이하의 전함 품관으로 하여금 항상 서울에 있어 왕실을 호위하게 하되, 양부는 6월 초1일에 한정하고 가선은 8월 초1일에 한정하였다.[62]

태조가 양부대신과 가선대부에게 관직을 그만두어도 서울에 거주하도록 명하였다. 이에 의하면 태조대부터 2품 이상 관원의 거주를 규제하였다. 그러나 앞에서 살핀 것처럼 태조대에는 고려의 제도를 따라 관직 중심으로 운영하였으므로 관품은 의미를 가지지 못하였고 관직이 중요하였다. 그러므로 가선대부는 고위의 관품이었으나, 특권을 가지는 관원으로 보기 어려웠다.[63] 그러므로 태조대에 양부대신을 제외하고 2품 이상 관원의 지방 거주를 규제하는 것은 의미를 가지기 어려웠다. 2품 이상 관원의 지방 거주를 규제하는 규정은 있었으나 시행되지 않았다고 보는 것이 타당하다.

그러나 태종 10년 다음과 같은 사헌부의 탄핵은 사문화되었던 2품 관원의 지방거주 규제를 되살리는 계기가 되었다.

> "한답이 김제군에 살고 있는데, 그 고을 백성이 군수의 불법한 일을 말하는 자가 있으므로, 한답이 향인을 데리고 가서 그 집을 헐었으니, 죄가 마땅히 장 1백 대에 해당합니다." 임금이 말하였다. "2품 이상이 외방에 사는 것을 일찍이 금한 令이 있었다. 헌사에서 만일 이것으로 논한다면 가하지만, 사유 전의 일을 가지고 죄를 줄 수는 없다."[64]

하고자 하니, 그 뜻은 칭찬할 만하다." 하고는, 이에 순에게 고신과 과전을 돌려주고 이내 典農少尹을 임명하였다(『세종실록』 권69, 세종 17년 7월 기해).

62) 『태조실록』 권11, 태조 6년 4월 을사.

63) 최이돈 「조선 초기 특권 관품의 정비 과정」 『조선시대사학보』 67, 2013.

대신 한답이 지방에서 문제를 일으키자 사헌부에서 이를 처벌할 것을 요청하였다. 이에 대하여 태종은 "2품 이상이 외방에 사는 것을 일찍이 금한 슈이 있었다."라고 그 처리 방안을 제시하였다. 사헌부가 이 규정을 언급하지 않은 것은 당시까지 이 규정이 사문화되어 있었음을 보여주는 것이었는데, 태종의 이와 같은 지적으로 이 규정은 다시 의미를 가지게 되었다.

태종 5년 개혁으로 관원체계가 관직 중심에서 관품 중심으로 바뀌면서 2품 가선대부 이상은 특권 관품이 되었고, 이들의 지방거주도 활성화될 수 있었다. 즉 관직 중심 체제에서 지방으로의 이주는 관직을 그만두는 것으로, 대신들이 권력을 버리는 지방 이주를 택할 가능성은 거의 없었다. 그러나 관품 중심의 체제에서는 관품만 가지면 현직을 맡지 않아도 문음과 과전의 특권을 가질 수 있었으므로, 대신들의 지방 이주 가능성은 높았고, 실제로 이주의 사례들도 나타났다.[65]

특권을 가진 대신들의 지방 거주는 지방사회에 부담을 줄 수 있었다. 대신들의 지방 거주로 인한 문제가 제기되자, 이에 대한 규제는 불가피한 것이었고, 이미 태종 10년경에 이르면 이에 대한 규제가 본격 논의되기 시작하였다. 태종 12년에 이르면 구체적으로 대신의 지방거주를 제한하였다. 사헌부에서는 다음과 같이 지방에 거주한 2품 관원의 처벌을 요청하였다.

> 전도절제사 조익수, 전부윤 강후, 이은, 검교한성 조윤, 이홍림, 김회련 등은 관직이 2품인데, 과전을 받고도 경성에 살지 않고 물러가 외방에 거처하니, 청컨대, 죄를 가하게 하소서.[66]

사헌부는 조익수를 비롯한 2품 이상 관원이 지방에 거주하는 것을 탄핵하였다. 사헌부는 '과전을 받고도'라고 이들이 과전을 계속해서 받고 있음

---

64) 『태종실록』 권20, 태종 10년 11월 계유.
65) 『태종실록』 권11, 태종 6년 6월 정묘.
66) 『태종실록』 권24, 태종 12년 12월 신유.

을 강조하고, '외방에 거처'하는 이들에게 벌줄 것을 요청하였다. 태종은 이들의 과전을 거두는 처벌을 가하였다. 즉 산관이나 검교직의 대신이 가졌던 과전을 지방에 거주하였다는 이유로 환수한 것이다.[67)

이와 같이 대신들의 지방거주를 금지하였다. 그러나 대신들이 여러 가지 연고로 지방에 출입하는 것은 불가피하였다. 그러므로 정부에서는 지방에 출타하는 대신에게 의정부에 그 연고를 고하고 돌아올 기간을 정하여 돌아오도록 하는 규정을 만들고 시행하였다.[68) 이러한 규제는 태종 13년 이후 나타나는 8도제와 군현제의 정비 등 지방제도 개혁이[69) 시행되면서 더욱 강조될 수밖에 없었다.[70)

정부는 대신의 지방거주를 죄로 규정하고 지방거주 자체를 제한하였으나 70세 致仕制가 정비되면서 대신이 치사 이후 지방에 거주하는 것을 일부 허용하였다. 물론 그러한 경우에 과전의 환수는 당연한 것이었다. 그러한 동향을 태종 15년 다음 의정부의 논의를 통해서 알 수 있다.

나이 70세 이상인 전지를 받지 아니한 전함 검교한성윤에게 자원에 의하여 京外에 거주하게 할 것.[71)

이 내용에 의하면 70세로 치사한 대신의 지방 거주를 허용하고 있다. 물론 이 경우도 '전지를 받지 아니한' 즉 과전을 환수한 경우로 한정하고 있었다.

---

67) 대신이 지방에 거주하여 처벌되는 사례는 종종 보인다(『태종실록』권26, 태종 13년 7월 기축).
68) 『태종실록』권35, 태종 18년 2월 신축.
69) 이수건 『조선시대 지방행정사』 민음사 1989.
70) 『세종실록』권1, 세종 즉위년 9월 임술.
     선지를 내려, 전직 2품 이상의 사람이 문 밖에 출입할 때에는 전에 승정원에 올리던 예에 따라, 어느 날 나갔다가 어느 날 돌아왔다는 사연을 기록한 緣故單子를 병조에 올리도록 하였다.
71) 『태종실록』권29, 태종 15년 6월 계유.

대신이 지방에 거주하는 것을 금하는 조치는 대신의 지방거주가 지방사회에 부담을 주는 것이었으므로 원활한 지방통치를 위해서 불가피한 조치였다. 이는 과전을 경기에 한하여 지급하는 원칙과 일맥상통한 조치로, 정부는 대신에게 특권을 부여하되 특권의 부여가 통치에 부담이 되지 않도록 관리하고 있었다. 이와 같은 대신의 지방거주 제한은 성종대에도 지속적으로 추진되었다.[72) 그러므로 2품 이상 대신은 과전을 유지하는 특권을 가지는 대신에, 서울에 거주하는 규제를 받고 있었다. 이는 3품 이하의 관원에게 소량의 군전을 주는 대신에, 지방의 거주를 허용한 것과는 대비되는 조치였다.

이상에서 볼 때 대신은 받는 과전을 죽을 때까지 보유할 수 있었고, 이를 문음을 통해서 관직에 진출한 자손에게 세전할 수 있었다. 그러므로 이들이 가진 과전은 3품 이하 관원들이 가졌던 과전과는 다른 성격을 가졌다. 즉 3품 이하의 관원들이 가졌던 과전의 성격은 직무에 대한 보상의 의미를 가진 직전으로 관료제적인 성격이 강하였던 반면, 대신이 가진 과전의 성격은 그 신분을 유지하도록 하는 신분제적인 성격이 강한 토지였다. 그러므로 조선의 과전법은 한 제도 내에 관료제적인 성격과 신분제적인 성격을 공히 가지고 있었다.

맺음말

1. 이상으로 과전법과 관원체계의 관계를 최근의 신분제 연구성과에 기초해서 정리해 보았다. 전근대 사회에서 신분제와 토지분급제는 그 시대를

---

72) 『성종실록』 권14, 성종 3년 1월 정미.
　　"이보다 앞서 2품 이상의 관원은 편의한 대로 외방에 거처할 수 없게 하였는데, 근래에는 혹 退去한 자가 있으니, 이 법을 申明하여 檢職 외에는 외방에 거처하지 말게 하라."

지탱하는 두 기둥으로 기본구조는 동일할 수밖에 없었다. 기존의 과전법을 보는 입장은 신분제 연구의 통설을 근거로 하여 정리되었으나, 최근 신분제 연구는 이와 다른 입장을 제시하고 있다. 즉 기존의 통설과는 달리 최근 연구는 조선 초기의 특권신분을 2품 이상의 대신으로 한정하고 있다. 그러므로 본고는 이러한 주장을 수용하여 과전법과 관원의 관계를 재검토한 것이다.

2. 이를 살피기 위해서 먼저 고려 말 사전 개혁 논의에 나타나는 과전과 관원의 관계를 살펴보았다. 창왕 원년의 상소에 의하면 개혁파는 녹과전시와 구분전을 관원에게 주고자 하였다. 녹과전시는 직전제로 그리고 구분전은 세전하는 토지로 운영하고자 하였다. 그러나 개혁파는 구분전을 받고 있는 산관을 5군에 예속하여 군역을 담당시키려 하였다. 결국 구분전은 군전과 구별되지 않는 토지가 되었다. 그러므로 구분전도 세록전적인 성격이 많이 희석되고 역전적 성격을 가지게 되었다.

따라서 개혁파가 구상한 사전개혁의 기본 방향은 관원들에게 전시과와 같은 세록전적 토지를 주겠다는 생각은 아니었다. 개혁파는 관원들에게 관직과 군직의 직무에 대한 보상으로 직전인 녹과전시와 역전인 군전을 지급하는 것을 기본 구상으로 하고 있었다.

3. 그러나 과전법의 토지분급방식은 위와는 다른 형태로 정리되었다. 과전법에 나타난 토지 분급방식의 특징은 산직에 대한 토지 분급방식에서 잘 나타나 있다. 과전법에서 산직에 대한 토지분급은 이원적으로 정리되었다. 제1과에서 제14과까지의 관원은 검교직 등의 산직체계를 통해서, 제15과 이하의 관원들은 제18과에 기록된 '산직'의 규정에 따라서 토지를 분급하였을 것으로 추측된다.

특히 주목되는 것은 제15과 이하 산직관원의 과전을 군전과 연계지어 운영하였다. 과전분급의 대전제가 '경성에 살면서 왕실을 보위하는 자'를 조건으로 하고 있었으므로 관원은 산직이 되면 군직에 편제될 수밖에 없었다.

이들이 받는 과전 10결은 쉽게 군전 10결과 연결되었다. 그러므로 제15과 이하의 산직이 받는 토지는 세록전적 토지와는 다른 성격을 가졌다.

고려 말 개혁파는 외형적으로는 고려의 태조가 행한 전시과를 다시 복행한다는 것을 명분으로 표방하고 있었지만, 변화한 상황에 맞는 제도를 모색하였다. 그 결과 과전법은 산직의 관리에서 상위직은 고려와 유사한 방법을 사용하였으나, 하위직은 군전과 연결하는 별도의 방식을 도입하였다. 결국 제14과 이상의 관원들은 현직을 벗어나도 검교직 등을 통해서 世祿田的 성격을 가진 과전을 계속 보유할 수 있었으나, 제15과 이하의 관원들은 현직을 벗어나면 과전 대신 군전을 받았다. 군전은 거경숙위의 의무와 연계되어, 세록전적 성격보다는 役田的 성격을 가졌다.

4. 다음으로 태종대의 관직체제의 변화에 따른 과전의 운영방식을 3품 이하 관원의 경우와 2품 이상 대신의 경우로 나누어 검토해 보았다. 태종대부터 조선의 관원체계가 정비되었다. 정비의 핵심은 신분의 기준을 관직에서 관품으로 바꾸고 2품 이상을 특권관품으로 삼는 것이었다.

조선의 정부는 관직을 한 신분에 대응하는 직역으로 인식하지 않았고, 국정운영에 기여한 대가로 받을 수 있는, 모든 신분에 대응하는 직역으로 만들고자 하였다. 그러므로 관직을 신분제와 연동시키기 위해서는 하나의 관직체계 안에 각 신분에 대응할 수 있는 구역을 나누는 정비가 필요하였다. 이는 태종대에 시작하여서 세종대까지 지속적인 논의를 통해서 이루어졌다. 과전과 연관해서 진행된 가장 중요한 관원체계의 변화는 태종대에 나타난 특권관품의 정비였다. 특권관품의 정비는 2품 이상을 특권신분에 대응하는 관품으로 정비하는 과정이었다.

5. 관원체계가 바뀌면서 대신과 3품 이하의 관원 간에는 과전 운영상에 큰 차이가 생겼다. 이 차이는 관원이 산직이 되었을 때에 분명하게 나타났다. 먼저 3품 이하 관원들은 산관이 되면 과전을 반납하였다. 대신 5결이나 10결의 토지를 군전으로 지급받아 受田品官이 될 수 있었다. 물론 군전

도 서울에 거주하면서 군직을 수행하는 경우에 한하여서 주어지는 것이었으므로, 숙위를 포기하고 지방으로 돌아가는 경우 이를 반납하여야 하였다. 이 경우 3품 이하의 관원은 양인과 같이 일반 군역을 져야 하였다.

그러므로 3품 이하 관원에게 주어지는 과전은 직전이었다. 당시 관원들은 관직의 전출이 빈번하였고, 그 사이 지속적으로 관직을 맡지 못하는 경우도 자주 있었다. 관직을 맡지 못하고 관품만을 가지고 있을 때 관원의 처지는 퇴직관원의 처지와 다를 것이 없었다.

물론 3품 이하 관원이 받는 군전은 가족에게 체전될 수 있었다. 퇴직 관원이 군역을 담당할 수 없을 때에, 군전을 자손이나 사위 조카 등에게 체전할 수 있었다. 그러므로 군전은 세전적 성격이 있었다. 그런데 군전은 가족이면 곧 물려받을 수 있는 토지가 아니었다. 군전은 기본적으로 '과전'이었다. 관품을 기반으로 주어지는 토지였으므로 군전의 체수는 품관만이 물려받을 수 있는 토지였다. 그러나 3품 이하 관원들에게는 기본적으로 문음이 부여되지 않았으므로 자녀가 군전을 이어받는 것은 제도적으로 어려웠다.

이상에서 볼 때, 조선초기의 3품 이하 관원이 받는 과전 및 군전은 직전 내지 역전이었으므로 世傳되는 世祿田과는 거리가 먼 관료제적인 토지였다.

6. 이에 비해서 대신들의 과전은 신분제적 성격을 가졌다. 대신은 현직을 벗어나도 과전을 유지하였다. 대신은 검교직을 가지거나, 관품만을 가지거나 어느 경우이든지 과전을 상실하지 않았다. 대신이 과전을 상실하는 경우는 죽거나, 관품을 상실할 만한 죄를 범하는 경우였다. 대신은 죄를 지어 파직을 당하여도 관품만 가지고 있으면 과전을 유지할 수 있었다.

대신들은 특혜를 받으면서 동시에 제한도 받았다. 정부는 대신의 거주를 서울로 한정하고 있었다. 특권을 가진 대신들의 지방 거주는 지방사회에 부담을 줄 수 있었기 때문이다. 퇴직 대신에게 과전을 유지하도록 하면서 서울에 거주하는 규제를 두는 것은 3품 이하의 관원에게 소량의 군전을 주는 대신에, 지방의 거주를 허용한 것과는 대비되는 조치였다. 따라서 대신에게 주는 과전은 특권신분을 유지할 수 있도록 경제적인 특권을 부여하는 것으로, 관직의 유무와 상관없이 주어지는 신분적인 성격의 토지였다.

7. 과전의 운영에서 볼 때, 조선에서의 과전 관리는 이중적인 모습을 보여주고 있다. 한편에서 3품 이하의 관원에게는 관직을 수행하는 것에 대한 보상인 직전으로 과전을 부여하여 관료제적으로 운영하였고, 한편으로 대신들에게 준 과전에 세록전적인 성격을 부여하여 신분적으로 운영하였다. 그러므로 조선의 토지분급제인 과전은 관료제적인 모습과 신분적인 모습을 함께 가지고 있었다. 이는 관직체계를 이중적으로 구성한 결과였다.

이와 같은 과전을 관원에게 분배하는 방식이 이중적인 것은 과전의 여타 운영방식에서도 공히 나타난다. 정부는 관원들에게 수조권을 분배하고 있었으나, 수조권적인 지배는 규제하고 있었다. 즉 과전을 국가가 관리할 수 있는 경기에 한정해서 배정하고, 배정한 과전도 전객에게 전주고소권을 부여하고, 국가가 답험을 주도하는 관답험을 시행하면서 전주가 전객을 인신적으로 지배하지 못하게 하였다.[73] 즉 정부는 과전의 운영방식에서 수조권은 부여하되 수조권적 지배는 허용하지 않는 이중적인 모습을 보여주었다.

과전의 관리방식에서 관료제적인 성격과 신분제적인 성격을 동시에 보여주는 것은 매우 특이한 운영방식이었다. 그러나 이와 같은 현상은 조선의 신분제도나 정치제도에 견주어 보면 특별한 것이 아니었다. 조선은 신분제도에서 '혈통'을 중시하면서도 천인까지 '天民'으로 인식하는 신분관 속에서 '능력'을 신분제 구성의 중요한 요소로 인정하고 있었다.[74] 정치제

---

73) 최이돈 「태종대 과전국가관리체제의 형성」 『조선시대사학보』 76, 2016.

74) 최이돈 「조선 초기 향리의 지위와 신분」 『진단학보』 110, 2010; 「조선초기 천인 천민론의 전개」 『조선시대사학보』 57, 2011; 「조선초기 특권 관품의 정비과정」 『조선시대사학보』 67, 2013.

도에서 조선은 '사적지배'를 인정하면서도 '公天下'의 세계관 속에서 공론
정치를 인정하면서[75] '공공통치'를 지향하고 있었다.[76]

　이와 같은 조선의 국가 운영의 특징은 조선이 중세적 특징인 '수조권적
지배', '혈통', '사적지배' 등의 요소를 벗어나 근대적인 요소인 '관료제적
운영' '능력' '공공통치' 등의 새로운 역사적 단계로 나아가고 있었음을 잘
보여준다. 그러나 여전히 중세적 요소들을 완전히 벗어버리지 못하고, 국가
운영의 중요한 요소로 여전히 사용하고 있었다는 점에서 조선은 아직 근대
적 단계에 완전히 진입하지 못하였다. 이는 조선이 과도기적 역사단계에
있었음을 잘 보여주고 있다(최이돈 「조선초기 관원체계와 과전 운영」 『역
사와 현실』 100, 2016).

---

75) 최이돈 『조선 중기 사림정치구조 연구』 일조각 1994.
76) 최이돈 「조선 초기 공공통치론의 전개」 『진단학보』 125, 2015.

제2장 세조대 職田制의 시행

머리말

조선의 토지분급제인 과전법은 조선의 경제적 성격을 잘 보여주는 제도였다.[1] 많은 연구자들은 과전을 지배신분인 모든 관원의 신분을 유지하기 위한 세전되는 世祿田으로 이해하고, 부여된 수조권은 사실상 수조권적 지배까지 허용하는 중세적 성격의 제도로 이해하였다.[2]

이와는 다르게 한영우는 그는 과전법을 신분제와 연결시켜서 이해하면서 근세적인 것으로 보았다. 즉 관직을 직업 중 하나로 보았으므로, 과전을 단순히 수조권만을 부여하는 제도로 이해하였다.[3] 한영우가 과전법을

---

1) 한영우 「태종 세종조의 대사전시책」 『한국사연구』 3, 1969.
　이성무 「고려 조선초기의 토지소유권에 대한 제설의 검토」 『성곡논총』 9, 1978.
　이성무 「공전 사전 민전의 개념」 『한우근박사 정년기념사학논총』 1980.
　이성무 『조선초기 양반연구』 일조각 1980.
　김태영 『조선전기토지제도사연구』 지식산업사 1983.
　이경식 『조선전기 토지제도연구』 일조각 1986.
　김용섭 「토지제도의 사적 추이」 『한국중세농업사연구』 지식산업사 2000.
　이민우 「고려 말 사전 혁파와 과전법에 대한 재검토」 『규장각』 47, 2015.
　최이돈 「조선 초기 관원체계와 과전 운영」 『역사와 현실』 100, 2016.
　최이돈 「태종대 과전국가관리체제의 형성」 『조선시대사학보』 76, 2016.
　조선 초기 경제사 연구를 보는 기본적 시각에 대한 이해는 이경식의 「조선 건국의 성격문제」(『중세 사회의 변화와 조선건국』 혜안 2005)에 잘 정리되어 있다.
2) 이성무 『조선초기 양반연구』 일조각 1980.
　김태영 『조선전기 토지제도사 연구』 지식산업사 1988.
　이경식 『조선전기 토지제도 연구』 일조각 1990.
3) 한영우 「태종 세종조의 대사전시책」 『한국사연구』 3, 1969; 『조선시대 신분사 연

신분제와 연결시켜서 설명한 것은 의미있는 접근으로 이해된다.

저자는 최근 조선 초기 신분제를 정리하면서 조선에서의 관원은 모두가 지배신분이 아니었고, 그 중 일부인 2품 이상의 대신만이 특권신분이었다고 논증하였다.[4] 따라서 3품 이하 관원의 신분적 지위는 협의양인과 크게 다르지 않았다고 보았다. 이러한 관점에 본다면 과전법을 달리 해석할 여지가 있다. 관원의 일부만 지배신분이었으므로, 관원들에게 주어지는 과전의 성격 역시 단일한 것이 아니라고 볼 수 있다. 그러므로 저자는 최근 2품 이상의 대신들에게 주어지는 과전은 신분적 지위를 유지하기 위한 세록전의 성격을 가진 토지이고, 3품 이하의 과전은 직역에 대한 보상으로 주어지는 職田의 성격을 가진 토지라고 주장하였다.[5]

이러한 주장을 할 때에 제기될 수 있는 문제는 세조대 시행된 직전제를 어떻게 이해할 것인가이다. 기왕의 연구에서는 직전제의 시행으로 과전이 세록전의 성격을 벗어나 직전의 성격을 가지는 것으로 바뀌었다고 주장하고 있기 때문이다. 이성무는 "직전법이 실시됨에 따라 과전의 세전적 성격 때문에 부수되는 제모순은 일시에 제거될 수 있었다."[6]고 주장하였다. 김태영은 "철저하게 현직자 관인 위주의 원칙을 세웠던 것이다."라고[7] 직전제의 내용을 설명하고 있다. 이경식은 "직전의 설치는 과전 및 수신전 휼양전을 몰수하여 현직관원들에게 새로운 기준 즉 재직 중에만 소지할 수 있게 한다는 원칙 하에서 재분배함으로써 탄생되었다. 과전의 폐지는 실질적으로 세업 즉 그 세전성을 부정한 처사였다."[8]라고 직전제의 변화를 설명하였다.

이와 같은 기존의 주장들과 달리, 과전의 운영이 관품에 따라서 달라지

구』 집문당 1997.

4) 최이돈 「조선 초기 특권 관품의 정비 과정」 『조선시대사학보』 67, 2013.
5) 최이돈 「조선 초기 관원체계와 과전 운영」 『역사와 현실』 100, 2016.
6) 이성무 앞의 책 310쪽.
7) 김태영 앞의 책 140쪽.
8) 이경식 앞의 책 294쪽.

는 것으로 이해한다면, 세조대 나타나는 직전제의 변화는 무엇이었을까? 이미 3품 이하 과전의 운영은 직전의 형태로 운영되고 있었으므로, 세조대 직전제의 시행은 당연히 2품 이상 대신의 과전에 대한 변화로 추정된다.

그러나 직전제의 실상이 무엇이었는지는 분명하지 않다. 세조대의 직전제는 이를 시행하면서 구체적으로 어떠한 변화였는지 관원들 간의 일체의 논의 없이 시행되었기 때문이다. 그간 연구에서 직전제 시행의 중요성을 강조하였던 것을 고려할 때에 시행과정이 너무 조용하여 오히려 당혹스러울 정도이다.

그러므로 먼저 구명할 것은 직전제의 실상이 무엇이었는지를 밝히는 것이다. 직전제가 시행되면서 그 내용이 드러나지 않았으나, 시행 이후 관원들은 이에 대한 문제점을 지적하였다. 그러므로 이러한 논의를 검토해보면 직전제 시행의 실상이 무엇이었는지 파악할 수 있다.

직전제에 대한 비판은 직전제의 시행 직후부터 나타났고, 세조가 죽으면서 본격화되어 직전제를 폐지하고 과전제를 복원하자는 논의까지 진행되었다. 그런데 흥미로운 것은 이 논의 중 퇴직 관원의 과전을 복원하자는 제안은 없었다. 이는 기왕의 연구에서 주장하는 것과 같이 퇴직관원에게 과전을 회수하는 것이 직전제 시행의 본질이 아니었음을 보여준다. 오히려 당시 관원들은 직전제의 시행을 치사관원에게 부여하였던 과전의 회수, 그리고 수신전과 휼양전의 폐지로 이해하였다. 그러므로 먼저 관원들의 논의과정을 검토하면서 직전제 시행의 내용이 무엇이었는지 고찰하고자 한다.

다음으로 직전제의 시행이 가지는 의미를 분명히 정리하기 위해서 직전제의 시행으로 폐지된 수신전과 휼양전의 성격과 치사제의 운영의 실상을 검토하고자 한다. 먼저 수신전과 휼양전의 성격을 밝히고자 한다. 기왕의 연구에서는 수신전과 휼양전을 모든 관원에게 지급하는 세록전적 토지로 이해하였다. 그러나 3품 이하 관원의 과전이 이미 직전으로 운영되고 있었다면, 3품 이하의 관원들이 세전하는 토지인 수신전과 휼양전을 받는 것은 일견 모순될 수 있다. 그러므로 수신전과 휼양전은 모든 관원에게 지급된 것이 아니고, 세록전을 받고 있었던 2품 이상의 대신들에게 지급되었을 것으로 가정된다. 그러므로 수신전과 휼양전이 누구에게 지급되었는지를 밝히는 것은 이를 폐지한 직전제의 의미를 이해하는데 도움이 될 것이다.

마지막으로 직전제의 성격을 분명히 정리하기 위해서 '치사제'를 검토하였다. 직전제의 시행으로 치사한 관원의 과전이 회수되었기 때문이다. 치사한 관원은 퇴직 관원의 한 부분이었다. 그러나 조선왕조실록에 치사라는 용어는 대부분 한정적으로 사용되었다. 즉 70세가 되는 관원을 퇴직시키는 치사제에 의해서 퇴직한 관원의 경우에 대해서 치사라는 용어를 사용하였다. 특히 70세까지 관직을 계속하는 경우는 거의 대신에 한정되고 있었으므로, 치사한 관원의 과전은 결국 대신의 과전이었다. 그러므로 조선 초기 치사제의 운영을 선명하게 정리하는 것은 직전제의 의미를 밝히는데 기여할 것으로 보인다.

그러므로 본고는 먼저 직전제의 내용을 정리하고, 나아가 직전제의 시행의 의미를 밝히기 위해서 수신전과 휼양전, 그리고 치사제에 대해 고찰할 것이다. 이 작업을 통해서 직전제의 시행의 의미가 선명해질 수 있기를 기대한다. 또한 직전제 시행의 의미가 분명해지면서 조선 초기 토지 분급제와 그에 기초한 조선 초기 국가의 성격이 보다 선명해질 것을 기대한다.

1. 직전제 시행의 내용

세조 12년에 직전제가 실시된다. 기존의 연구에서 직전제의 시행으로 퇴직관원에게 주던 과전을 환수하고, 현직관원에게만 직전을 주게 되었다고 해석하였다. 그러므로 직전제의 시행을 과전의 세록전적 성격이 변화되는 중요한 변화로 이해하였다.

그러나 정작 직전제는 그 내용이 무엇이었는지 별다른 언급이 없이 시행되었다. 『세조실록』 세조 12년 8월 갑자조에 "科田을 혁파하고 職田을 설치하였다."라고 간단하게 기록한 것이 전부이다.[9] 과전을 대신해서 직전이 시행되었음을 언급하고 있을 뿐, 직전제가 왜 그리고 어떻게 시행되었는지 잘 알 수 없다.

연구자들이 그 의미를 크게 부여하는 직전제의 시행이 왜 이렇게 조용하게 진행되었을까? 기존의 연구에서 직전제의 시행에 대하여 큰 의미를 부여하고 있지만, 정작 직전제의 시행을 전후해서 조정에서 큰 논의도 없었고, 시행된 법에 대한 설명도 없는 것은 그 이유가 무엇일까?

먼저 주목되는 것은 이 정책이 세조의 명에 의해서 시행되고 있었다는 점이다. 세조 후반기에 들어서면 세조는 보법을 비롯해서 개혁적인 정책을 추진하였는데 큰 논쟁이 없이 추진되었다. 개혁을 세조가 직접 주도한 것이다. 직전제 역시 세조의 주장에 의해서 추진된 정책으로 이해된다. 그러므로 조정에서 큰 논의가 없이 진행되었던 것으로 짐작된다.

다른 이유의 하나는 당시 관원들이 직전제의 변화에 대하여 크게 의미를 두지 않았기 때문이었다. 저자가 주장한 바와 같이 조선초기부터 3품 이하 관원들의 과전은 직전제로 운영되고 있었다.[10] 그러므로 직전제로의 변화에 관원들은 큰 의미를 부여하지 않았다고 짐작된다.

이미 3품 이하 관원의 과전이 직전제로 운영되고 있었다면, 세조대에 시행된 직전제의 내용이 무엇이었을까? 이를 분명히 정리하는 것이 필요하다. 이는 이미 직전제로 시행되었던 3품 이하 관원의 과전을 제외한 2품 이상 대신이 받는 과전의 운영에 영향을 주는 조치였다고 짐작된다.

직전제의 내용은 직전제 시행 이후 관원들이 직전제에 대하여 비판한

---

9) 『세조실록』 권39, 세조 12년 8월 갑자.
10) 최이돈 「조선 초기 관원체계와 과전 운영」 『역사와 현실』 100, 2016.

내용을 통해서 부분적으로 나타난다. 직전제는 시행 직후부터 관원들에
의해서 문제점이 지적되었다. 직전제가 관원들과 깊은 논의 없이 세조의
명에 의해서 시행되었기 때문이었다.

직전제에 대한 문제점을 가장 먼저 제기한 이는 양성지였다. 그는 직전제
시행 직후인 세조 12년 11월 다음과 같이 직전제의 문제점을 지적하였다.

> 科田은 사대부를 기르는 것입니다. 신이 듣건대, 장차 職田을 두려
> 고 한다고 하지만, 朝士는 이미 그 俸祿을 먹고서 또 직전을 먹게 되
> 는데, 致仕한 신하와 무릇 公卿大夫의 子孫들은 장차 1결의 전지도 먹
> 을 수 없게 되니, 이른바 '世祿'의 뜻에 어긋나는 듯합니다.11)

이 주장은 직전제의 시행이 결정된 직후에 제시된 것으로, 여기서 "장차
직전을 두려고 한다."라는 표현을 보아서, 당시 직전제는 결정되었으나 아
직 집행은 되지 않고 있었다. 양성지는 세조대 정책의 골격을 만들었다고
할 만큼 핵심적인 역할을 한 관원이었다.12) 그러므로 양성지가 직전제를
비판하고 있다는 것은 직전제의 시행과정에서 그마저도 소외되었음을 보여
준다.

양성지는 직전의 시행을 반대하면서 직전제의 시행으로 과전의 '世祿'의
뜻이 손상되었다고 주장하고 있다. 여기서 세록의 의미는 분명히 과전을
대대로 유지한다는 의미였다. 양성지는 직전제의 시행으로 피해를 입는 이
들을 구체적으로 '치사한 신하' '공경 대부의 자손' 등으로 거론하고 있다.

여기서 우선 주목되는 것은 양성지는 직전제로 과전을 받지 못하게 된
부류로 퇴직관원을 거론하고 있지 않다는 점이다. 그는 단지 '치사'한 신하
를 거론하고 있다. 치사한 신하는 당연히 퇴직한 관원이었다. 그러나 치사
한 관원은 일반적으로 퇴직한 관원 중 특정한 부류였다. 충분한 검토가 필

---

11) 『세조실록』 권40, 세조 12년 11월 경오.
12) 한영우 『양성지』 지식산업사 2008.

요한 것이지만, 당시의 용례에 의하면 치사라는 용어는 치사제에 근거한 용어였다. 일반적으로 관원이 현직에서 물러날 때, '퇴직'이라는[13] 용어를 사용하였다. 즉 '치사'라는 용어는 관원의 나이가 70세가 넘어 치사제에 근거해서 관직을 물러나는 경우에 한정해서 사용하였다.

치사의 대상은 당연히 퇴직관원 중의 극히 일부였다. 70세가 되도록 관직을 유지하고 있던 관원은 대부분 대신들이었다. 양성지는 직전제 시행 이전에는 70세로 치사한 대신들도 과전을 가지고 있었으나, 직전제의 시행으로 과전을 내어놓게 되었음을 지적하고 있다. 이러한 양성지의 주장은 기존의 연구에서 퇴직관원이 과전을 내어 놓게 되었다는 주장과 차이가 있다. 즉 직전제로 인해서 과전을 내어 놓게 된 것은 퇴직 관원이 아니라 치사한 대신의 경우에 한정되었다. 70세까지 관직을 보유하는 경우가 드문 3품 이하의 퇴직 관원들은 직전제와 관계가 없었다.

또한 양성지는 치사한 신하 외에 '공경대부의 자손'이 직전제로 과전을 유지하지 못하게 되었다고 주장하고 있다. 이는 관원의 유족이 받고 있던 휼양전과 수신전을 지적하는 것으로 추측된다. 즉 직전제의 시행으로 수신전과 휼양전이 폐지된 변화를 이렇게 표현한 것으로 짐작된다. 유의해야 할 것은 기존의 연구에서는 수신전과 휼양전을 모든 관원의 처와 자손이 받는 것으로 이해하고 있는 것에 비해, 그는 휼양전을 공경대부 즉 대신의 자손으로 한정해서 표현하고 있다는 점이다.

양성지는 결국 직전제가 대신의 과전에 대한 규제라고 주장하고 있다. 그는 직전제의 시행을 대신이 치사한 이후에도 계속 보유하던 과전을 회수하고, 대신의 자손에게 부여하던 휼양전과 수신전을 제한한 조치라고 주장하고 있다. 즉 직전제의 시행을 대신에 대한 규제였다고 주장하고 있다. 이러한 상황이었으므로 세조는 세조의 최측근이었던 양성지의 의견도 수용하지 않고 단독으로 직전제를 시행한 것으로 보인다.

---

13) 『세종실록』 권7, 세종 2년 3월 을해.

세조대에 양성지와 더불어 직전제의 문제점을 진사 송희헌이 지적하였
다. 그는 직전제의 문제점을 다음과 같이 지적하였다.

> 수신전 휼양전이 다 職田이 되었으니, 그 옛 것을 보건대 반드시 鰥
> 寡의 仁을 먼저 하고, 유학을 숭상하는 도를 중히 여기는 의리에 진실
> 로 혐의할 만합니다.14)

송희헌은 단지 수신전과 휼양전이 직전이 되었음을 지적하고 있다. 송
희헌이 仁政의 관점에서 직전의 문제점을 지적하였으므로 수신전과 휼양
전의 폐지가 직전제의 전모인지는 분명치 않다. 다만, 이 내용으로 앞에서
양성지가 언급한 '공경대부의 자손'에게 주던 과전이 수신전과 휼양전이었
음이 분명해졌다.

세조가 죽자 관원들은 직전제의 폐단을 본격적으로 제기하였다. 직전제
의 문제점을 지적하는데 그치지 않고 직전제의 폐지까지 제기하였다. 이
는 예종 1년 부사맹 민권 등의 다음 언급을 통해서 알 수 있다.

> 수신전은 과부를 위한 것이고, 휼양전은 고아를 위한 것입니다. 지
> 금 직전을 설치하니, 관리의 포학한 종들이 遞遷될 것을 심히 두려워
> 하여, 날로 더욱 징납할 것을 독촉합니다. 신 등은 생각건대 조사는 위
> 로 중한 祿을 받고 아래로는 丘史를 거느리고 있으니, 우로의 은택을
> 편벽되게 입었습니다. 원컨대 직전을 혁파하여 義倉에 붙이면, 비록
> 堯 湯 임금의 水旱이 있다 해도 가히 굶주림을 진휼할 것이니, 백성들
> 은 菜色이 없을 것입니다.15)

민권은 수조가 과다해졌다는 이유를 들어서 직전제의 폐지를 주장하였
다. 그러나 그는 과전제의 복구를 주장하지 않고, 직전을 혁파하여 의창에

---

14) 『세조실록』 권46, 세조 14년 6월 임인.
15) 『예종실록』 권3, 예종 1년 2월 갑인.

붙이자는 특이한 주장을 하고 있다. 과전제의 복원을 주장하는 것이 아니었으므로 그의 주장을 통해서 직전제 시행의 변화가 무엇이었는지 전모를 파악하기 힘들다. 다만, 문맥상 직전제의 시행으로 수신전과 휼양전이 폐지되었음을 짐작케 한다.

이와 같이 관원들의 직전제 폐지 요청이 계속 제기되자, 성종은 그 1년에 직전제를 혁파하고 과전제로 돌아가는 방안을 대신들에게 검토하도록 명하였다. 이에 대신들은 다음과 같이 답하였다.

> 과전을 회복하는 것은 朝官에게 매우 유익합니다. 그러나 만일 전일에 수신전 휼양전을 빼앗긴 자를 상고하여 다시 준다면 반드시 일을 맡은 사람의 전지를 빼앗아 직책 없는 사람에게 주어야 하니, 행하기 어려울 듯합니다.16)

성종이 과전의 회복을 검토하라는 명에 대하여 대신들은 과전의 회복이 어려움을 논하였다. 즉 직전제의 시행으로 수신전과 휼양전을 관원에게 분배하였으므로, 과전을 회복하기 위해 이미 관원에게 분배한 토지를 환수하는 것이 어렵다고 논하였다.

여기서 주목되는 것은 과전법의 회복을 논하면서 퇴직관원에게 과전을 돌려주는 문제가 논의의 초점이 되지 않았다는 점이다. 이 논의는 과전의 전면 회복을 거론하는 것이었으므로 직전제로 변화한 것을 모두 거론하는 상황이었는데, 다만 수신전과 휼양전의 회복만 쟁점이 되고 있다. 이는 관원들이 과전의 회복을 수신전과 휼양전의 복구로 이해하였음을 보여준다. 즉 당시 관원들은 과전법의 폐지를 수신전 휼양전의 폐지로 이해하였다.

또한 이미 양성지가 주장한 '치사'한 관원에 대한 언급이 보이지 않는 것도 궁금하다. 치사한 관원의 과전 문제는 당시 관원들의 생물학적 건강 상태를 볼 때에 70세를 넘어서 치사하는 관원의 수가 적어 쟁점이 되지

---

16) 『성종실록』 권4, 성종 1년 4월 신미.

않은 것으로 짐작된다.

이와 같이 과전의 회복을 수신전과 휼양전의 회복으로 보는 것이 당시 관원들의 일반적인 견해였다. 성종 4년 예문관 부제학 이극기 역시 과전법의 회복을 주장하면서 다음과 같이 유사한 견해를 제시하고 있다.

> 科田을 회복하자는 것입니다. 과전은 한 가지 일일뿐이나 두 가지로 좋은 점을 겸하고 있으니, 대개 벼슬을 하는 자가 살아서 봉양을 받으면 科田이 되고, 죽어서 그것이 처자에게 미치면 수신전 휼양전이 됩니다. (중략) 지난번에 국가에서 과전을 혁파하여 職田으로 삼았는데, 이것도 또한 선비를 권장하는 좋은 법이기는 하나, 신 등이 생각하건대, 이것은 사람이 살았을 때는 특별히 후하지만 사람이 죽었을 때는 박한 것이요, 녹을 중하게 하여 선비를 기르는 도리는 얻었다고 하나 백성들을 교화하여 풍속을 이루는 근본은 잃었다고 하겠습니다.[17]

이극기는 과전의 회복을 주장하면서 수신전과 휼양전의 복원을 제안하고 있다. 특이한 것은 이극기가 과전과 직전의 특징을 설명하면서 관원이 '살아서'와 '죽어서'로 대비하고 있다는 점이다. 이극기는 직전제의 하에 관원의 지위를 설명하면서 현직과 퇴직을 구분하지 않고, 살았을 때와 죽었을 때로 나누어 설명하고 있다. 그는 현직과 퇴직을 모두 살았을 때로 묶어서 '후하지만'이라고 설명하고 있다. 이러한 이해는 실제로 현직과 퇴직 간의 차이가 없다는 지적이 아니라, 직전제의 시행으로 나타나는 변화는 현직과 퇴직 관원을 구분하는 조치가 아니었음을 분명하게 보여준다.

이와 같이 과전법의 회복을 주장하면서 현직과 퇴직으로 구분하지 않고, '살아서'와 '죽어서'로 대비하여 주장하는 것은 성종 18년 유학 유승탄의 다음의 언급을 통해서도 거듭 확인할 수 있다.

---

17)『성종실록』권32, 성종 4년 7월 기미.

科田은 바로 上古의 世祿의 남은 제도인데, 덕을 높이고 공을 갚으며 상을 대대로 파급되게 한다는 뜻입니다. (중략) 지금은 과전을 없애고 職田으로 만들었으니, 벼슬하는 이는 이미 常祿이 있어 그 농사에 대신하는데 또 직전이 있어 그 부를 이으니 그 살아서는 은혜와 행복이 비할 데 없어 이처럼 지극하나, 죽고 나면 아들과 아내가 춥고 굶주려 사방에 다니면서 호구하느라 고생이 더할 수 없으니 견마를 기르는 것에 가깝습니다. 그러니 저절로 두루 끝까지 한다는 뜻에 결함이 있는 것이 아니겠습니까? 엎드려 바라건대 성상께서 재량하소서.[18)]

유승탄은 과전이 세록의 제도임을 강조하면서 과전의 회복을 요청하고 있다. 그 역시 과전과 직전을 비교하면서 그 차이를 '살아서는'과 '죽고 나면'으로 비교하고 있다. 이는 당시 관원들이 직전제를 현직과 퇴직 관원에 대한 차이로 이해하지 않았음을 보여준다. 이는 직전법의 시행을 단지 관원이 죽은 후에 받는 '수신전'과 '휼양전'의 폐지로 이해하였기 때문이었다.

물론 직전제의 폐지를 주장하면서 현직과 퇴직 관원의 차이를 구분하여 언급한 주장도 있다. 성종 12년 군자감 첨정 이안은 다음과 같이 현직과 퇴직 관원을 구분하여 논하고 있다.

守信田 恤養田은 그 유래가 오래 되었는데, 이제 이것을 고쳐서 職田으로 하였으니, 벼슬하는 사람을 대우하는 도리가 후하다 하겠으나, 아주 후하지는 못합니다. 벼슬살이하는 자는 녹으로 넉넉히 그 처자를 보호할 수 있으나, 閑散이 되면 위로 부모를 섬기고 아래로 처자를 양육할 자산이 없어집니다. 또 처자로서는 한 번 지아비나 아비를 잃으면 가업이 零落하여 아침에 그 날 저녁거리를 마련할 수 없는 자가 대개 많습니다. 선왕이 과전을 둔 것은 이 때문이니, 직전을 폐지하고 수신전 휼양전을 다시 설립하여 선왕의 제도를 지키소서.[19)]

---

18) 『성종실록』 권203, 성종 18년 5월 기유.
19) 『성종실록』 권130, 성종 12년 6월 임자.

이안은 과전의 회복을 주장하면서 수신전과 휼양전의 복원을 요청하였다. 그러나 여기에 다른 관원들의 주장과 다른 부분이 언급되고 있다. 즉 "閑散이 되면 위로 부모를 섬기고 아래로 처자를 양육할 자산이 없어집니다."라고 퇴직 후의 관원의 처지를 설명하고 있다. 이는 기존 연구에서 주장한 것과 같이 직전제 시행으로 현직과 퇴직의 처지에 변화가 있었음을 설명하는 것으로 이해될 수도 있다. 그러나 이안의 주장은 일관되게 '수신전과 휼양전을 다시 설립'하자는 것이었다. '現職'과 '閑職' 간에는 그 처지의 차이가 있었으나, 이안은 퇴직관원에게 과전을 지급하자는 주장으로 나아가지 못하였다. 그 이유는 퇴직 관원에게 과전을 지급하는 문제는 직전제의 시행과 관련이 없었기 때문이었다. 따라서 이안은 퇴직관원의 상황을 제시하였지만, 이를 쟁점으로 부각시키지 못하고, 결국 수신전, 휼양전의 복원을 주장하는데 그치고 있다.

그러므로 관원들은 직전제의 시행을 수신전과 휼양전의 폐지와 연결시키는 것이 일반적이었다. 성종 23년 동지사 이극돈은 관원들의 이와 같은 인식의 원인을 다음과 같이 좀 더 구체적으로 설명하고 있다.

> 만약 그 자신이 죽고 그 아내에게 미치게 되면 守信田이라 일컬었고, 夫妻가 다 죽고 그 아들에게 미치게 되면 恤養田이라 일컬었으며, 만약 그 아들이 관직에 제수되더라도 그대로 그 전지를 주고는, 역시 과전이라 일컬었는데, 국가에서 수신전과 휼양전은 일없이 먹는다 하여 受田牌에게 주고, 다만 里門 등을 경계해 지키도록 하였습니다. 그런데 世祖께서 이 제도를 없애고, 從仕하는 인원에게 주고 職田이라 일컬었던 것입니다.[20]

이 내용에 의하면 수신전 휼양전의 폐지와 직전제의 시행이 동시에 일어나지 않았음을 알 수 있다. 이 주장에 의하면 관원이 죽으면 지급되는

---

20) 『성종실록』 권261, 성종 23년 1월 계사.

수신전과 휼양전을 '일없이 먹는다'는 이유로 먼저 폐지하였고 이 토지를 수전패에게 주었다. 이후 수전패에게 주었던 토지를 현직 관원에게 주면서 직전제가 시행되었다고 주장하고 있다. 이러한 이극돈의 주장은 매우 구체적이나 다른 자료를 통해서는 확인되지 않아 신뢰성에 문제가 있다. 그러나 이극돈이 세조 3년 과거 급제한 이후, 청요직을 계속 거치면서 세조대의 주요 정책에 지속적으로 관여하였음을 고려한다면 이와 같은 구체적인 주장은 근거가 있을 것으로 생각된다. 또한 당시 논의에 참여하였던 대신들도 이와 같은 이극돈의 주장에 이의를 제기하지 않는 것을 보면 이극돈의 주장은 근거가 있는 것으로 인정할 수 있다.

특히 이러한 해석이 '직전'이라는 용어와도 상응하여 주목된다. 즉 수신전과 휼양전을 폐지하고 수전패에게 군전으로 지급한 것은 결국 현직이 아닌 퇴직 관원에게 토지를 지급한 것이었는데, 이를 폐지하고 현직 관원에게 과전을 지급한 것을 직전이라는 용어로 표현한 것이 자연스럽다. 이 내용이 바르다면 직전제의 시행은 수신전과 휼양전을 폐지하고 이 토지를 수전패에게 주었다가 다시 현직 관원에게 지급한 것으로 이해할 수밖에 없다. 그러므로 관원들은 과전의 회복을 수신전과 휼양전의 회복으로 인식하고 있었다.

이상에서 볼 때, 당시의 관원들은 직전제의 시행을 수신전과 휼양전의 폐지와 치사한 관원에게 과전을 환수하는 것으로 이해하고 있었다. 이러한 견해는 기존의 연구에서 직전제를 퇴직관원의 과전을 환수하는 것으로 이해하는 입장과 다르다. 기존의 연구에서 제시한 견해는 '職田'이라는 용어에서 오는 선입견을 강하게 반영한 결과였다.

2. 守信田과 恤養田의 운영과 직전

당시 많은 관원들은 직전제의 시행을 수신전과 휼양전의 폐지로 이해하였다. 그러므로 직전제 시행의 의미를 알기 위해서는 수진전과 휼양전의 성격을 분명히 알아야 한다. 그간의 연구에서는 수신전과 휼양전을 관원 사후에 유족의 신분적 지위를 유지할 수 있도록 지원하는 세록전으로 보았다.[21]

그러나 앞에서 검토한 바에 의하면 양성지는 휼양전을 공경대부의 자손에게만 주는 토지로 이해하고 있다. 이와 같이 수신전과 휼양전의 지급대상을 달리 파악하면 이를 폐지한 직전제의 의미도 다르게 이해할 수 있다. 그러므로 논의의 초점은 수신전과 휼양전의 지급대상을 분명하게 밝히는 것이다.

저자는 이미 과전의 성격이 이중적이라고 보고 있다. 즉 대신의 과전은 대신의 지위를 죽을 때까지 유지하고 세전할 수 있는 세록전의 성격을 가진 반면, 3품 이하 관원의 과전은 현직에 있는 동안만 유지되는 직전의 성격을 가지고 있었다고 보았다. 이는 대신의 신분적 지위와 3품 이하의 관원의 신분적 지위의 차이에 상응한 것이었다. 그러므로 세록전 성격의 토지인 수신전과 휼양전을 모든 관원에게 일률적으로 주기 어려웠을 것으로 짐작된다. 과연 세록전의 성격을 가진 수신전과 휼양전을 3품 이하의 관원에게도 부여하였을까? 이 부분이 분명해야 직전제를 시행하면서 수신전과 휼양전을 폐지한 의미를 잘 이해할 수 있다.

3품 이하의 관원에게 수신전과 휼양전이 지급되었는가의 문제를 검토하기 위해서, 먼저 확인할 것은 수신전과 휼양전은 죽은 관원이 보유한 과

---

21) 이성무 『조선초기 양반연구』 일조각 1980.
   김태영 『조선전기 토지제도사 연구』 지식산업사 1988.
   이경식 『조선전기 토지제도 연구』 일조각 1990.

전을 기반으로 지급되었다는 사실이다. 이는 관원이 죽은 이후 그 과전 처리 방법을 논한 태종 14년 다음의 기록에 잘 나타나고 있다.

　　자식이 있는 처의 수신전은 3분의 2를 지급하고 그 나머지 전지를 임시로 군자에 붙이고, 그 자손이 나이가 장성하기를 기다려 科에 의하여 절급하되 위의 항목의 예와 같이 하고, 부모가 함께 죽었을 때 유약한 자손에게 邮養田을 각각 5결을 주고, 자식이 없는 처에게는 3분의 1을 주고, 그 나머지는 상장이 끝난 뒤에 다른 사람이 陳告하여 절급하기를 허락할 것.22)

이는 호조에서 언급한 것으로, 이에 의하면 수신전과 휼양전을 관원이 보유하였던 과전을 기반으로 지급하고 있다. 또한 지급하고 남은 과전은 군자로 보관하거나 진고한 다른 관원에게 분급하고 있다. 따라서 죽은 관원이 과전을 가지고 있지 않으면 유족에게 수신전과 휼양전을 줄 수 없었다.

그러나 대신과는 달리 3품 이하의 관원들의 과전이 직전으로 운영되었으므로 관원이 퇴직할 경우에 과전을 상실하였다. 그러므로 3품 이하의 관원이 퇴직을 하고 죽는 경우 수신전이나 휼양전으로 물러줄 과전이 없었다. 단지 퇴직관원으로 받을 수 있는 군전을 보유할 수 있었다. 구체적으로 『태종실록』에 보이는 전판관 장합의 사례를 보면 그는 퇴직 후 군전 5결만을 지급받고 있었다.23)

그러나 군전은 군역을 매개로 체전되는 토지였으므로 이 토지는 군역을 질 수 없는 부녀나 어린 자녀에게 수신전과 휼양전의 명목으로 지급해 줄 수 없었다.24) 그러므로 3품 이하 퇴직 관원은 유족에게 수신전과 휼양전

---

22) 『태종실록』 권28, 태종 14년 8월 신유.
23) 『태종실록』 권34, 태종 17년 8월 을미.
24) 태종대의 군량을 모우는 다음과 같은 언급에 의하면 수신전을 받은 과부의 토지는 5~10결을 넘어서 기본적으로 수십 결에 이르는 것으로 보인다.
　　"각 품에게 차등 있게 쌀을 내도록 명하였으니, 군량을 보충하기 위이었다. 時

을 남길 수 없었다.

3품 이하의 관원이 현직 수행 중에 죽는 경우, 즉 과전을 가지고 있는 상황에서 죽는 경우도 상정할 수 있는데, 이 경우는 과전을 어떻게 처리하였을까? 그가 가지고 있던 과전이 수신전이나 휼양전으로 지급되었을까? 이러한 의문을 해결할 수 있는 자료를 조선왕조실록에서 찾기 힘들다. 그러나 이 경우에도 죽은 관원이 가졌던 과전은 수신전이나 휼양전으로 지급되지 않았을 것으로 추측된다.

그 이유는 3품 이하 관원이 현직을 가지고 죽는 경우에 수신전과 휼양전이 지급된다면, 이는 관원이 퇴직하고 나서 죽는 경우와 비교할 때, 유족이 받는 대우에서 너무 큰 차이가 나기 때문이다. 3품 관원의 경우 과전법의 규정에 의하면 제8과에 해당하여 81결의 과전을 받고 있었는데, 수신전을 최대로 받는 경우, 관원이 보유하였던 토지 전액을 받을 수 있었으므로 유족은 81결까지 토지를 받을 수 있었다. 그러므로 현직에서 죽는 경우에만 수신전과 휼양전이 지급된다면, 퇴직관원의 유족이 받는 대우와 크게 차이가 날 수 있었다.

이와 같이 유족이 받는 대우에 차이가 큰 경우 관원들은 수신전이나 휼양전을 가족이 받을 수 있도록, 다양한 불법적인 수단을 동원하는 것이 오히려 당연하였다. 그러나 조선왕조실록에는 그러한 사례를 전하고 있지 않다. 이는 3품 이하의 관원이 현직에서 죽는 경우도 퇴직 처리 과정을 통해서 국가는 과전을 환수하고, 수신전과 휼양전을 지급하지 않았기 때문이었다.

그와 같은 관점에서 보면 태종 13년 의정부에서 제시한 다음의 자료는

行 1품은 쌀 10석, 2품은 9석, 공신은 3분의 1을 더하고, 정3품은 7석, 종3품은 6석, 4품은 4석, 5품은 3석, 6품은 2석, 7품은 1석, 8품은 10두, 9품 권무는 5두이고, 前銜 1품은 5석, 2품은 4석, 3품은 3석, 4품은 2석, 5품은 20두, 6품은 1석, 7품은 10두, 8품은 5두, 9품 권무는 3두이고, 受田寡婦는 매 10결에 1석이다." (『태종실록』 권18, 태종 9년 12월 계묘)

3품 이하의 관원이 현직에서 죽는 경우의 처리과정을 보여주는 것으로 이
해할 수 있다.

> 文王이 정사를 발하고 인을 베푸는 데 반드시 환과고독을 먼저 하였
> 는데, 급전사에서 진고를 먼저 한 자에게 절급하니, 요행을 바라는 무
> 리가 남의 과실을 구하고 남의 사망을 다행으로 여겨 오로지 자기의
> 이익에만 힘써 조금도 남을 용서하지 아니합니다. 비록 忠賢이라 불리
> 는 자들도 몸이 죽은 지 10일도 경과하지 못하여 公文 바치기를 독촉
> 하는 자가 이미 그 집에 와 있게 되니, 고아와 과부로서 최질하고 우는
> 사람이 과전을 잃는 탄식이 있음을 면하지 못합니다.[25]

이 내용은 의정부에서 과전의 진고체수법을 개선하자고 요청하는 제안
의 일부이다. 의정부는 관원이 죽고 상을 치르는 과정에서 진고에 근거하
여 과전을 회수하고 있었으므로, 유족인 고아와 과부가 과전을 상실하여
'탄식'하고 있음을 언급하고 있다. 장례 중에 유족이 슬퍼하고 있었음에도
불구하고, 과전을 회수하는 절차가 진행되고 있었다.

대신이 죽었을 때는 이와는 사정이 달랐다. 특별한 경우가 아니면 대신
이 죽은 경우, 이는 바로 국가에 보고되어 국가가 진행하는 예장절차를 거
쳤으므로 별도의 진고절차가 꼭 필요하지 않았다.[26] 또한 대신이 가진 과
전은 대부분 자손에게 체전되었고, 자녀가 어린 경우에도 수신전이나 휼
양전의 명분으로 자녀에게 주어졌으므로[27] 위에서 지적한 바와 같이 '과

---

25)『태종실록』권25, 태종 13년 4월 임신.
26) 진고의 절차를 둔 것은 관원의 사후에도 이를 숨기고 계속 전지를 보유하는 것을
  막고자하는 의도가 강하였다. 대신의 경우는 국가에서 집행하는 예장이 집행되었
  으므로 대신의 죽음을 숨길 수 없었다. 물론 대신이 죽은 경우 진고가 완전히 없
  었다고 보기는 어렵다. 대신의 전지 중 자손에게 체전하고 남는 부분이 있을 수
  도 있었기 때문이다. 이 경우에 남은 전지는 진고자에게 돌아갈 수 있었다(『태종
  실록』권28, 태종 14년 8월 신유).
27)『태종실록』권28, 태종 14년 8월 신유.

전을 잃는 탄식'은 거의 없었다고 볼 수 있다.

그러므로 수신전과 휼양전은 3품 이하 관원의 유족에게 주어지지 않았다. 이는 수신전의 규정을 유심히 보아도 알 수 있다. 수신전의 규정에는 "그 자손이 나이가 장성하기를 기다려 科에 의하여 折給한다."는 내용이 있다. 이 규정에 의하면 수신전은 자손이 문음으로 관직에 입사하여 수신전을 과전으로 이어 받을 것을 전제로 지급되고 있었다. 즉 수신전과 휼양전은 기본적으로 아직 어려 문음의 특혜를 받을 수 없는 자손이 성장하여 과전을 이어받을 때까지 경제적 지원을 유지하는 제도였다. 이는 문음이 어린 자손이 성장하는 동안 그 시행을 유보하였다가, 자손이 성장하면 부여되었던 것과 같은 원리였다. 문음은 기본적으로 2품 이상 대신들에게만 주어졌다. 그러므로 수신전의 규정은 3품 이하의 관원을 그 대상으로 삼고 있지 않았다.

그간의 연구에서 지적하였듯이 수신전과 휼양전은 신분을 세전할 수 있도록 경제적으로 지원하는 토지였다. 대신들은 세전할 특권적 지위에 있었으나 3품 이하의 관원들은 세전할 특권적 신분을 가지고 있지 않았다. 그러므로 세전할 신분을 가지고 있지 않는 3품 이하 관원에게 세전적 성격을 가진 수신전과 휼양전을 부여한다는 것은 오히려 적절하지 않았다.

그러므로 조선왕조실록에 나타나는 수신전과 휼양전의 사례를 보아도, 수신전과 휼양전의 특혜는 대신들의 유족에게 한정되는 것을 확인할 수 있다. 먼저 수신전의 예를 보면, 세종 13년 세종은 호조에 다음과 같이 공순군 이방번과 소도군 이방석의 아내에게 수신전을 더하라고 명하고 있다.

恭順君의 아내인 三韓國大夫人 왕씨에게는 전에 받은 수신전에다가 1백 결을 더 주고, 昭悼君의 아내인 삼한 국대부인 심씨에게도 수신전 1백 결을 주라.[28]

---

28) 『세종실록』 권53, 세종 13년 7월 임진.

여기에 보이는 삼한국대부인의 호칭은 정일품 종친의 아내에게 주는 것이었으므로, 이 사례는 수신전이 대신의 유족에게 주어졌음을 보여준다.

다른 사례로 세종 16년에는 윤달성의 부인에게 수신전을 부여한 예를 들 수 있다. 세종은 그 16년에 영의정 황희 등을 불러 다음과 같이 명하였다.

> 윤달성이 죄를 범하고 죽으매, 전에 받았던 과전을 이미 관부에 붙였는데, 그의 아들 윤연명이 왕실과 연혼하여 친척이 된 까닭으로, 직첩을 도로 내려 주고 봉작을 추증하였으므로, 전에 받았던 과전을 도로 그 처에게 돌려주어 수신전으로 하고자 하는데 어떻겠느냐.29)

이는 좀 특이한 사례였다. 윤달성은 양성현감으로 재직 중에 죄를 범하여 사헌부의 국문을 받고 파직되었다.30) 현감이었으므로 관품이 3품 이하였고 죄로 과전을 삭탈 당하였으므로 부인에게 수신전으로 줄 과전을 가지고 있지 않았다. 그러나 윤달성의 아들 윤연명이 태종의 딸인 소숙옹주에게 장가들면서 상황이 변하였다.31) 윤연명은 부마가 되면서 해평위로 2품 대신의 지위에 오르게 되었고, 아버지 윤달성도 용서를 받고 직첩을 돌려받았다. 윤달성은 직첩을 돌려받았다고 해도 3품 이하 관원이었으므로, 아내에게 수신전을 줄 수 있는 상황이 아니었다. 그러나 아들이 2품이었으므로 윤달성도 2품으로 '추증'되면서 상황이 바뀌었다. 세종은 윤달성이 2품에 추증되었음을 근거로 윤달성의 부인에게 수신전을 부여하였다.32) 이 사례 역시 수신전이 대신의 유족에게 주어졌음을 보여준다.

휼양전의 사례를 보아도 그 대상은 2품 대신의 자녀였다. 태종 17년 김하의 사례가 대표적인 예이다. 그 내용은 김하의 다음과 같은 상서에 잘 나타난다.

---

29) 『세종실록』 권64, 세종 16년 5월 갑신.
30) 『세종실록』 권13, 세종 3년 8월 병신.
31) 『세조실록』 권5, 세조 2년 11월 무자.
32) 『세종실록』 권64, 세종 16년 5월 갑신.

신이 나이 어렸을 때부터 처부 장합과 함께 살아 왔는데, 아비의 과
전을 휼양전으로 먹었습니다. 신의 나이 이미 18세가 되어 上恩을 입
어 8품직을 받았는데, 호조에서 직에 준하여 과전을 주고 남은 전지를
다른 사람에게 허락하려 하니, 걱정이 심합니다.[33]

이에 의하면 김하는 휼양전을 보유하고 있었고, 그가 18세가 되면서 '上
恩'으로 즉 문음으로 8품의 관직에 오르게 되었다. 당연히 김하의 아버지
는 대신이었다.[34] 그러므로 이 사례 역시 휼양전을 보유한 경우는 2품 이
상 대신의 자녀였음을 잘 보여준다.

이와 같이 대신들은 3품 이하의 관원과는 달리 과전을 죽을 때까지 보
유하였다. 이를 수신전과 휼양전으로 세전하였다. 수신전과 휼양전은 특권
신분의 유지를 보장하는 경제적 특권이었다.

이상에서 볼 때, 수신전과 휼양전은 대신의 유족에게만 주어지는 특권
이었다. 앞에서 양성지가 직전제로 '공경대부의 자손'에게 과전을 주지 않
았다는 표현은 이러한 상황과 연결되었다. 그러므로 직전제의 시행으로
수신전과 휼양전을 폐지한 것은 대신에 주어진 과전의 권리를 제한한 것
이었다. 즉 직전제는 모든 관원의 과전에 대한 변화가 아니라 대신의 과전
에 대한 규제였다.

3. 致仕制의 운영과 직전

양성지는 직전제의 시행으로 '치사'한 신하가 과전을 받지 못하게 되었
다고 주장하였다. 퇴직한 신하가 아니라 치사한 신하라는 표현이 주목된

---

33) 『태종실록』 권34, 태종 17년 8월 을미.
34) 『태종실록』 권10, 태종 5년 10월 정해. 김하의 아버지 김빈길은 수군도절제사, 도
총제를 역임하고 '양혜'라는 시호를 받았다.

다. 치사한 관원도 퇴직 관원의 일부였으나, 당시 치사라는 용어는 제한적
으로 사용되어 퇴직과는 의미가 달랐다. 그러므로 양성지가 지적한 치사
한 신하라고 표현한 것을 분명하게 이해하기 위해서는 조선 초기 치사제
의 운영에 대하여 이해할 필요가 있다.

조선에 들어서 치사라는 용어가 처음 보이는 것은 태조 6년이다. 이는
다음의 인사 기록에서 볼 수 있다.

> 참찬문하부사로 致仕한 나세로 경기, 풍해도, 서북면 등의 都追捕使
> 를 삼았다.[35]

나세를 도추포사로 임명된 기록이다. 나세는 이미 치사한 관원이었다.
물론 나세는 조선의 치사제도에 의해서 치사되었던 것은 아니었다. 나세
는 조선이 건국하기 전에 이미 70세를 넘겼기 때문이다.[36] 나세는 고려조
에 치사를 하였지만 조선의 건국에 참여하면서 70세가 넘어서도 관원으로
활동하였다. 그는 태조 2년에 병선조전절제사에 임명되었고,[37] 태조 6년
에는 도추포사로 활동하였다. 그러므로 이 자료를 통해서 조선에서 치사
제가 시행되었다고 보기는 어렵다.

조선에서 '치사'에 대한 언급은 검교직의 개선논의와 같이 제기되었다.
검교직의 정비는 지급되는 녹봉을 줄이기 위한 것이었으므로, 검교직을
물러나게 하는 과정에서 치사제를 같이 언급하였다.[38] 그 한 예로 태조 7
년 대사헌 이직은 다음과 같이 검교직 정비를 요청하면서 치사제를 거론
하였다.

---

35) 『태조실록』 권12, 태조 6년 7월 임자.
36) 『태조실록』 권12, 태조 6년 9월 병인.
37) 『태조실록』 권3, 태조 2년 4월 을미.
38) 한우근 「훈관검교고」 『진단학보』 29,30, 1966.

신 등은 생각하옵건대, 設官分職은 장차 임무를 주고 공효를 이루게 하자는 것인데, 지금 개국초를 당하여 검교직을 예전대로 둘 것이 아니옵니다. 원하옵건대, 이제부터 潛邸 때의 勳舊 耆老와 書雲 典醫로 반드시 겸임할 사람을 제외한 검교는 치사하게 하여 일체 태거하소서.[39]

대사헌은 검교제도를 정비하기 위해서 검교직 관원의 일부를 치사시킬 것을 요청하고 있다. 이러한 요청으로 검교직의 일부가 치사되면서 정리되었다. 이를 통해서 조선에서도 치사제가 시행되었음을 짐작할 수 있다. 그러나 이 내용이 검교직의 정비를 위한 논의였음을 고려한다면, 이 내용의 '치사'를 70세 이상의 관원이 관직을 그만두는 치사제로 해석하는 것은 조금 조심스럽다. 당시의 검교는 70세 이하인 경우도 많았기 때문이다. 다만, 이 자료는 일단 검교직의 정비와 치사제가 연관을 가지고 운영되었음을 보여준다.

70세가 된 관원을 퇴직시키는 제도로서 치사제를 분명하게 거론한 것은 정종 1년 다음의 기록이 처음이다. 문하부는 아래와 같이 70세 관원에 대한 치사제의 시행을 요청하였다.

예전에 聖王이 官制와 祿을 제정하여 각각 그 직책이 있어서, 직책이 없이 녹을 먹는 자는 없었습니다. 지금은 늙고 병들어 직사에 마땅하지 않은 자를 모두 검교를 주어서, 직책을 맡지 않고도 앉아서 天祿을 소모하니, 자못 선왕의 관제를 설치하고 녹을 제정한 뜻이 아닙니다. 이제부터 대소 신료 가운데 나이가 70세인 자는 치사하도록 허락하여 각각 사제로 나가게 하고, 비록 칠순이 되지 않았더라도 직사에 마땅하지 않은 자는 또한 검교의 직책을 허락하지 말 것입니다.[40]

문하부는 검교직의 정비의 방안으로 '이제부터'라는 표현을 사용하면서

---

39) 『태조실록』 권13, 태조 7년 2월 을미.
40) 『정종실록』 권1, 정종 1년 5월 경오.

70세 이상의 관원을 퇴직시키는 치사제를 제안하고 있다. 70세 이상의 관원에게 검교직을 주지 말고 치사시키도록 요청하고 있다.[41] 그러나 검교직의 혁파는 쉽게 해결되지 못하였다. 건국 초의 상황에서 건국에 협조하는 관원들을 나이를 이유로 퇴거시키는 것이 쉽지 않았기 때문이었다.

정종 2년에도 문하부에서 이 문제는 다시 거론하였다.[42] 그러나 정종은 "兩府 百司의 인원수를 줄이는 일은 지금 草創의 시기를 당하여 갑자기 시행할 수 없다."라고 아직 안정이 안 된 상황에서 개혁을 시행하기 어려움을 토로하고 있다.

이와 같은 사정은 태종 초반까지 거의 동일 하였다. 태종 초반에도 검교직을 혁파하기 위한 논의가 계속되었으나, 태종 역시 쿠데타로 즉위한 초기에는 정권이 안정되지 않아 검교직의 문제를 해결하는 것이 쉽지 않았다.[43] 이와 같은 상황은 검교직을 정비하고 치사제를 시행하기 위해서는 정권의 안정이 선결과제임을 보여준다. 물론 치사제의 전면시행은 어려웠지만, 고려의 유제를 따라 일부의 관원을 치사시키는 부분적인 치사제는 시행되고 있었다. 정종 2년 재상 권중화,[44] 태종 6년 영의정부사 이서 등이 치사되었다.[45]

치사제가 전면적으로 시행된 것은 정권이 안정된 태종 16년부터였다. 좌의정 하윤은 치사제의 전면시행을 제안하였고, 나아가 자신의 치사도 요청하였다.[46] 태종은 하윤의 제안을 수용하여 치사제의 시행과 더불어 지속적인 과제로 남아 있던 검교직 정비까지 같이 추진하였다. 이는 태종 16년 태종의 다음과 같은 제안에 잘 나타난다.

41) 상동조.
42) 『정종실록』 권4, 정종 2년 4월 신축.
43) 『태종실록』 권1, 태종 1년 5월 기축.
44) 『정종실록』 권4, 정종 2년 6월 갑오.
45) 『태종실록』 권12, 태종 6년 12월 계사.
46) 『태종실록』 권31, 태종 16년 5월 병진.

"내가 검교의 녹을 받는 자들을 혁파하고자 한다. 그 중에 나이 70 에 이르고 공이 있는 자에게 치사를 주고 녹을 받게 함이 어떠하겠는 가?"하니, 여러 사람들이 '가합니다'하였다.[47]

치사제의 시행과 검교직의 정비를 같이 추진하였다. 태종은 검교직을 혁파하고, 70세 이상인 검교직 관원들을 치사시키고 있다. 그러나 검교직 은 폐지하되 '공이 있는 자'에게는 치사를 하여도 녹봉을 주도록 조치하였 다. 치사한 대신에게 녹봉을 주는 것은 치사제를 시행하는 본래의 취지와 다른 것이었으나, 검교직 폐지에서 오는 정치적 부담을 줄이기 위해서 치 사관원의 일부에게 녹봉을 부여하였다.

치사한 관원의 일부에게 녹봉을 주는 것이 결정되자, 녹봉을 주는 규정도 정비하였다. 이는 태종 16년 이조의 다음 언급을 통해서 확인할 수 있다.

"각 품으로 치사한 祿科는 종전의 각 품 검교의 녹과에 의하소서." 하니, 그대로 따랐다.[48]

치사된 후에 받는 녹봉은 현직과는 달라야 하였다. 또한 녹봉의 부여가 폐지되는 검교직 관원들을 위무하기 위한 것이었으므로 검교직에 지급하 던 기준에 의해서 녹봉을 지급하는 것이 적절했다.

치사제를 전면적으로 시행하고 녹봉까지 결정되자, 좌의정 이귀령, 우 의정 한검, 찬성 강서, 참찬 권유 등을 치사시켰고, 치사한 관원들에게 녹 봉도 지급하였다.[49] 녹봉을 지급한 구체적인 예를 보면 태종 18년에 이지 를 좌의정으로 치사시키고 제2과 녹봉을 주었고,[50] 세종대에 좌의정 안천 보, 영돈령 한검 등을 치사시키고 종2품과의 녹봉을 주었다.[51]

---

47) 『태종실록』 권31, 태종 16년 6월 신사.
48) 『태종실록』 권31, 태종 16년 6월 갑신.
49) 상동.
50) 『태종실록』 권35, 태종 18년 6월 갑신.

치사제가 정비되면서 치사한 관원들을 관리하기 위해서 전함재추소를 치사기로소로 바꾸었다.[52] 명칭으로 볼 때, 전함재추소는 70세 이전의 관원까지 포함한 퇴직 대신들을 관리하는 기구였으나, 치사기로소는 치사한 대신들만을 관리하는 부서가 되었다. 이러한 명칭상의 변화가 가능하였던 것은 2품 이상의 대신들은 70이 되도록 提調職 등을 맡으면서 현직을 유지하였기 때문에 70세 이전에 퇴직되는 경우가 거의 없었고, 대신들은 70세에 치사하면서 비로소 기로소에 소속되었기 때문이었다.

태종대에 치사제가 전면 시행되었지만, 치사제는 세종대를 통해서 더욱 다듬어졌다. 가장 중요한 쟁점이 두 가지였는데, 하나는 녹봉을 부여하는 방식을 정비한 것이었고, 다른 하나는 치사를 담당하는 기구의 역할을 정비하는 것이었다.

치사제를 시행하면서 치사관원 일부에게 녹봉을 부여하게 되었는데, 그 기준은 '공이 있는 자'라는 다소 애매한 규정에 불과하였다. 그러므로 이를 좀 더 명백하게 정리할 필요가 있었다. 그러므로 치사한 관원에게 녹봉을 부여하는 경우와 부여하지 않는 경우를 나누어 명료하게 규정하였다. 세종 5년에는 치사제를 '치사'와 '잉령치사'를 구분하여 녹봉을 부여하는 치사 관원을 분명히 규정하였다. 이는 이조의 다음과 같은 계문에 잘 나타난다.

옛날에 대신은 늙으면 사무를 맡기지 않고 '仍令致仕'하게 하고는 그 녹봉을 받도록 하였던 것인데, 지금은 실직을 지내지 않았던 자도 또한 '致仕'한다 일컬으니, 명실이 서로 어긋나고 옛 제도와 다르오니, 이제부터는 '仍令致仕'하는 것 이외에는 아울러 다 革除하도록 하소서.[53]

치사 관원을 현직에 있을 때에 실직을 지낸 자와 지내지 못한 자로 구

분하여 '치사'와 '잉령치사'로 나누었다. 그리고 잉령치사한 자에게만 녹봉을 주는 것으로 결정하였다. 그러므로 실직을 지내고 치사한 대신은 치사후에도 여전히 녹봉을 받게 되었다.

다음으로 쟁점이 된 것은 치사제를 관리하는 부서의 역할을 명백히 하는 것이었다. 치사제는 인사의 문제였으므로 이조와 병조에서 담당하는 것이 당연하였다. 그러나 치사제는 원로 관원에 대한 예우로 진행되었으므로, 70세가 되는 관원이 치사를 요청하는 상소를 올리면 이에 근거해서 진행하였기 때문에 이조와 병조에서 일률적으로 관리하지 않았다.

이와 같은 상황 하에서 치사제는 만들어졌지만 활성화되기 어려웠다. 그러므로 세종 22년 사간원은 "특별히 궤장을 내려 준 외에, 나이가 치사하게 된 자는 모두 다 파면해 돌려보내어, 국법에 따르고 풍절을 장려하게 하소서."라고[54] 70세가 된 관원들을 일률적으로 치사시킬 것을 요청하였다. 그러나 이러한 요청을 세종은 수용하지 않았다.

대간이 문제를 삼을 정도로 치사제가 정상적으로 운영되지 않자, 의정부도 나서지 않을 수 없었다. 의정부는 세종 22년 다음과 같이 요청하였다.

> 조신 중에 나이 70세 이상인 사람으로 관계가 지극히 중한 장상 대신과 종친 공신 및 능히 국가의 요긴한 임무를 맡은 자는 본조에서 사유를 갖추어서 계문하고 전지를 받아서 그대로 둔 사람과 특지가 아닌 자는 직무를 해면하여 늙은이를 공경하는 뜻을 보이소서.[55]

의정부는 일률적인 치사제의 시행은 반대하고, 치사에 예외를 두어 이조와 병조를 통해서 왕의 허락을 맡은 대신과, 왕의 특지에 의한 대신 등을 제외하고 나머지 대신들을 일률적으로 치사시킬 것을 제안하였다. 이러한 제안에 세종도 동의하여[56] 예외를 인정한 위에서 일률적인 치사제가

---

54) 『세종실록』 권88, 세종 22년 3월 무오.
55) 『세종실록』 권90, 세종 22년 7월 기미.

추진되었다.

이러한 논의를 바탕으로 세종 24년에 세종이 "지금부터는 本司로 하여금 某人이 나이 70이 찼다.[57]고 써서 本曹에 바치게 하고, 본조에서 계문하여 시행하라."고 치사를 관리하는 부서로 이병조의 역할을 분명하게 정리하였다. 물론 예외는 있었으나, 담당 부서가 분명하게 결정되면서 70세가 된 대신들의 치사제는 활성화될 수 있었다.

이상에서 볼 때, 조선 초기 치사제는 태종대에서 세종대를 거쳐서 정비되었다.[58] 2품 이상 대신들은 70세가 되면 현직을 물러나 퇴직하는 제도가 시행되었다. 그러나 치사제의 시행으로 대신의 신분적 지위에 변화를 주지는 않았다. 치사제에는 예외가 있어 대신들은 70세가 넘어도 건강이 유지되는 경우에, 왕의 제가를 통해서 현직을 계속 유지할 수 있었다. 또한 대신이 치사되어 관직을 물러나도 과전의 보유는 물론, 실직을 역임한 경우에는 녹봉까지 지급받고 있었다. 또한 치사한 대신들이 정치를 완전히 떠난 것도 아니었다. 대신들은 치사 후에도 여전히 정치의 중요한 현안에 관여하였고,[59] 치사한 후에도 필요에 따라서 현직에 다시 임명되었다.[60] 그러므로 치사제의 시행에도 불구하고 대신은 그 신분적 지위를 유지할 수 있었다.

치사제가 정비되면서 조선 초기 관직제는 큰 윤곽이 정비되었다. 정비된 모습을 잘 보여주는 것이 세종 6년 品鋼을 걸으면서 보여준 관원들의

---

56) 상동조.
57) 『세종실록』 권98, 세종 24년 12월 경술.
58) 문종대에도 치사제도 운영에서 이병조의 역할을 강화하자는 논의가 있었으나, 기본적인 치사제의 골격은 그대로 유지되었다(『문종실록』 권12, 문종 2년 2월 신미).
59) 『세종실록』 권83, 세종 20년 10월 을묘.
60) 이지의 경우가 대표적이다.
  "태종이 왕위에 오르자, 불러와서 순녕군 영공안돈녕부사로 복직되고, 우의정에 승진되어 치사하였다. 얼마 뒤에 영의정에 임명되어 치사하고, 다시 영돈령이 되어 그대로 치사하게 하였다."(『세종실록』 권35, 세종 9년 1월 임진).

분류였다. 호조에서는 관원에게 품동을 차등 있게 거둬들일 것을 제안하면서 관원들을 다음과 같이 분류하였다.

〔현직관원〕 정·종1품은 10근, 정·종2품은 9근, 정3품은 8근, 종3품은 7근, 정·종4품은 6근, 정·종5품은 5근, 정·종6품은 4근, 정·종7품은 3근, 정·종8품은 2근, 정·종9품과 權務는 1근
〔전함관원〕 전함 정·종 1품은 9근, 정·종2품은 8근, 田을 받은 전함 정3품은 7근, 종3품은 6근, 정·종4품은 5근, 정·종5품은 4근, 정·종6품은 3근, 정·종7품은 2근, 정·종8품은 1근, 정·종9품에서 권무에 이르기까지 8냥, 전을 받지 않은 전함 정·종3품은 5근, 정·종4품은 4근, 정·종5품은 3근, 정·종6품은 2근, 정·종7, 8품은 1근, 정·종9품과 권무는 8냥
〔치사관원〕 녹을 받는 치사한 정·종1품은 9근, 정·종2품은 8근, (중략) 녹을 받지 않는 치사한 정·종1품은 8근, 정·종2품은 7근[61]

이 내용에 의하면 정부는 관원을 여러 기준에 의해서 분류하였다. 이들을 나누는 가장 중요한 기준은 과전과 녹봉의 수수 여하였다. 물론 현직 관원은 과전과 녹봉을 모두 받았다. 그러나 전함 관원 즉 퇴직 관원은 과전과 녹봉을 기준하여 받는 관원과 받지 않는 관원으로 나누어졌다.

먼저 과전 수수를 기준으로 관원이 나누어졌다. 일단 2품 이상의 전함은 모두 과전을 받고 있었다. 2품 이상의 전함 관원은 모두 과전을 받고 있었으므로 전을 받는 여부로 구분하지 않았다.[62] 이에 비하여 3품 이하의 전함 관원은 전을 받는 관원과 받지 않는 관원으로 나누어지고 있었다. 즉 3

---

61) 『세종실록』 권25, 세종 6년 8월 경술.
62) 최이돈 「조선 초기 관원체계와 과전 운영」 『역사와 현실』 100, 2016.

품 이하 관원의 경우 수전품관과 무수전품관으로 분류되고 있었다. 즉 3품 이하의 관원으로 거경숙위에 참여하는 자는 5~10결의 군전을 받는 수전품 관이 되었으나, 숙위를 하지 않는 관원은 무수전품관으로 과전을 받지 않았다.

다음으로 녹봉을 기준으로 퇴직 관원을 구분하였다. 일단 녹봉을 받을 수 있는 퇴직 관원은 치사관원에 한정하였다. 2품 이상의 대신들만이 치사의 기본 대상이었으므로 위의 내용에도 2품 이상만을 거론하고 있다. 물론 치사한 대신들 중에서도 녹봉을 받는 경우와 받지 않는 경우로 나뉘었는데, 그 나누는 기준은 앞에서 살핀 것처럼 실직을 지냈는가의 여부였다. 실직을 지낸 경우는 '잉령치사'로 규정하여 녹봉을 지급하고 있었다.

이상에서 볼 때, 조선초기의 치사제는 태종대를 거쳐서 세종대에 정비되었다. 그러므로 세조대의 직전제가 실시되면서 양성지가 세조 12년 다음과 같이 주장할 때 '치사'의 의미는 분명하였다.

> 과전은 사대부를 기르는 것입니다. 신이 듣건대, 장차 職田을 두려고 한다 하지만, 그러나 朝士는 이미 그 봉록을 먹고서 또 직전을 먹게 되는데, 치사한 신하와 무릇 공경 대부의 자손들은 장차 1결의 전지도 먹을 수 없게 되니, 이른바 世祿을 주는 뜻에 어긋나는 듯합니다.[63]

이 내용에 의하면 직전제가 시행되면서 치사한 신하들은 과전을 받을 수 없게 되었다. 여기서 치사한 신하는 대신으로서 70세가 넘어서 치사한 이들을 지칭하였다. 이들의 대부분은 치사제에 의해서 치사를 하여도 과전은 물론 녹봉까지 받고 있었다. 그러므로 직전제의 시행은 치사한 대신들이 녹봉은 물론 과전을 받지 못하게 하는 큰 변화였다.

그러나 직전제의 시행으로 치사 대신들이 과전을 받지 못하게 된 상황에 대한 지적은 양성지가 언급한 것 외에는 찾을 수 없다. 앞에서 살핀 것

---

63) 『세조실록』 권40, 세조 12년 11월 경오.

처럼 직전제를 폐지하고 과전제를 복원하자는 관원들의 주장은 많았으나, 양성지를 제외하고는 치사한 대신의 과전을 언급하지 않았다. 그 이유는 무엇이었을까.

여러 가지 이유가 있겠지만, 우선 중요한 것은 70세로 치사한 대신의 수가 적어서 논의의 중심이 되지 못하였던 것으로 생각된다. 당시의 평균 수명을 감안할 때, 70세로 치사하는 대신의 수는 극히 적어, 이들이 받았던 과전의 면적은 국가의 경영의 입장에서 많지 않았으므로 적극적인 논의의 대상이 되지 않은 것으로 짐작된다.

그러나 더 중요한 원인은 직전제 시행이후 규정에 따라 치사 대신이 과전을 받지 못하게 되면서, 치사제의 시행이 원활하게 추진되지 못하였기 때문이었다. 당시의 상황을 보여주는 것은 성종 8년의 예조 참판 이극돈 등의 다음과 같은 논의이다.

> 70세에 치사하는 것은 고금의 통례입니다. 신하로서 告歸하는 것은 廉退하는 것이 아니고, 氣力이 날로 지탱해 내지 못함이 있기 때문이니, 국가에서 이를 허락함은 그것이 薄待하는 것이 아니라, 바로 老臣을 예로 존경하는 소이입니다. 근일에 70세에 치사하는 자는 으레 억지로 머무르게 하여, 일을 위임하지 않고 모두 한가한 곳에 두어, 혹은 1, 2품으로 7, 8품의 녹을 받게 하고, 隨例隨朝하게 하며, 집에서 休養할 수 없게 하니, 노인을 존경하는 뜻에 매우 어그러집니다.[64]

세종대에 치사제가 그 규정을 정비하면서 전면적으로 시행되었지만, 위에서 보여주는 성종대의 상황을 보면 직전제가 시행된 이후 치사제는 원활하게 추진되지 않았다. 관원들이 70세가 되어도 치사하지 않고 현직을 지속적으로 유지하면서 과전은 물론 녹봉까지 받고 있었다.

구체적인 예를 성종 19년 첨지중추부사의 변포의 상황을 통해서 살펴볼

---

64) 『성종실록』 권82, 성종 8년 7월 임오.

수 있다. 그의 동향은 그의 졸기에 다음과 같이 언급되고 있다.

> 첨지중추 변포가 졸하였다. 변포는 처음에 무과로 출신하였는데, 성
> 품이 탐욕스러웠다. (중략) 재산이 鉅萬인데도 날로 貨殖을 일삼았고
> 또 녹봉을 탐하여 나이를 속이고 치사 하지 않았다. 하루는 병조 낭관
> 과 서로 힐난하여, 부득이 늙은 것으로써 사직하니, 임금이 특별히 無
> 病하다고 하여 윤허하지 않았었는데, 이에 이르러 병으로 졸하였다.65)

변포는 특별한 공이 없는 인물이었고, 치부에 몰두하여 관원들 사이에서
도 평이 좋지 않는 대신이었다. 그러나 위의 언급과 같이 70세가 지나도 병
이 없다는 이유로 죽을 때까지 치사하지 않고 첨지중추의 직을 계속 유지하
였다.

이러한 상황이 전개되고 있었으므로 직전제의 시행으로 치사한 대신에
게 과전을 주지 않는 것이 결정되었지만, 현실에서 대신들은 치사할 나이
가 지나도 치사를 하지 않고, 과전은 물론 녹봉까지 받고 있었다. 그러므
로 치사한 대신의 과전을 회수하는 문제는 직전제의 시행 직후 양성지가
논한 것으로 그치고 말았다.

이러한 관점에서 볼 때에, 과전제에서 직전제로의 변화는 결국 대신의
유족이 받는 수신전과 휼양전의 폐지를 의미하였다. 그러므로 대다수의
관원들이 직전제의 폐지를 주장하면서 수신전과 휼양전의 복원을 주장하
였다.

그러면 수신전과 휼양전의 폐지는 대신이 받는 과전의 세록전적 성격을
변화시키는 것이었을까? 물론 이는 대신이 받는 과전의 세록전적인 성격
에 영향을 주는 것이었다. 그러나 직전제 시행 후에도 대신들은 3품 이하
의 관원들과 달리 죽을 때까지 과전을 보유하였고, 대부분은 그 과전을 문
음을 통해서 관직에 오른 자손에게 전할 수 있었다. 대신의 유족에게 수신

---

65) 『성종실록』 권213, 성종 19년 2월 계해.

전과 휼양전이 주어지지 않았지만, 문음의 특권이 유지되는 한, 자녀가 성장하는 동안 과전의 지급이 유보될 뿐이었다.

그러므로 대신이 소지한 과전의 세록적 성격은 직전제가 시행되면서 수신전과 휼양전의 폐지로 다소의 손상은 있었지만, 그 기본적인 성격을 유지하였다고 보아도 좋을 것이다. 이는 예종 1년 직전제가 시행되면서 언급된 호조의 다음과 같은 상소의 내용으로도 짐작할 수 있다.

> 科田을 혁파하면서 수신전과 휼양전이 직전이 되니, 사람들이 모두 巨室들이 收租를 외람되이 거두는 것을 꺼려, 다투어서 자기의 전지를 臺諫과 少官에게 속하고자 하니, 關請이 폭주하여 호조에서 분요를 감당하지 못하고 있습니다.[66]

이는 직전제가 시행되면서 나타난 문제점을 지적한 것이다. 여기서 호조가 지적한 직전제의 시행이후의 문제점으로 '거실'의 '외람'된 수조를 지적하고 있다. 즉 대신들의 직전 수조가 과하다는 지적이다. 과다한 수조의 문제는 직전제의 시행으로 비로소 나타난 것이 아니었고, 과전제에서부터 일상적으로 지적되던 것이었다.[67] 그러므로 이 내용은 새로운 것이 아닌데, 여기서 주목하고자 하는 것은 호조에서 '거실'과 '소관'을 비교하여 언급하고 있는 부분이다. 이 내용에 의하면 수조를 납부하는 대상에 따라서 수조의 강도가 달랐기 때문에, 전객들은 '소관'에게 수조 납부하는 것을 원했다.

여기서 소관은 앞에서 살핀 바와 같이 3품 이하의 관원을 지칭하는 것이다. 이들의 과전은 직전으로 운영되었고, 특히 이들은 관직의 빈번한 전출 속에서 현직을 벗어날 수 있는 상황이 많았으므로 이들은 과전을 지속적으로 보유하기 어려웠다. 그러므로 이들은 전객을 지속적으로 강도 높

---

66) 『예종실록』 권8, 예종 1년 10월 정사.
67) 최이돈 「태종대 과전국가관리체제의 형성」 『조선시대사학보』 76, 2016.

게 관리하는 것이 어려웠다. 특히 직전제가 시행되면서 국가의 직전에 대한 관리를 강화하면서,[68] 전객에 대한 지배는 더욱 약화되었다. 그러므로 당시 전객들은 자신의 전조를 이들에게 내기를 바랐다. 이에 비해 '거실'로 표현된 대신들의 경우 직전제의 시행에도 불구하고 지속적으로 토지를 세전하면서 상대적으로 수조권을 강하게 관리할 수 있었다. 그러므로 전객들은 이들에게 전조를 내는 것을 꺼리고 있었다.

직전제가 기본적으로 대신들의 지위에 큰 영향을 주지 않았다는 것은 이후 과전법 회복 논의에 보이는 대신들의 태도에 잘 나타났다. 과전을 회복하자는 주장은 관원들에 의해서 여러 차례 제기되었다. 물론 그 내용은 수신전과 휼양전을 회복하려는 것이었다. 그러나 이 논의에 참여한 신숙주, 한명회 등의 훈구 대신들은 과전제의 회복에 큰 관심이 없었다.[69] 직전제의 시행이 대신이 신분을 세전하는데 미치는 영향이 미미했기 때문이었다. 이는 그 영향력이 컸던 保法을 성종대 초반부터 폐지하였던 것과 상반된 상황이었다.

이상에서 볼 때에 세조대의 직전제의 시행은 70세로 치사한 대신의 과전을 회수하고, 대신의 유족에게 지급하던 수신전과 휼양전의 지급을 정지하는 것이었다. 그러나 치사제의 운영이 엄격하지 않았기 때문에, 실제에서 직전제의 시행은 수신전과 휼양전의 지급을 정지한 것이었다. 그러

---

68) 정부의 직전에 대한 적극적인 관리의 일환으로 관원들은 직전제가 시행되면서 직전의 관문을 매년 정부에 제출하여야 하였다.
　"東班 西班의 職田 關文을 각각 스스로 私藏하였다가 혹은 잃어버리고 혹은 죽어버려 교대하는 자가 전하여 받지 못하였으므로, 姦人이 직전의 관문을 가지고 외람되게 그 租稅를 거두는 자가 있으니, 청컨대 이제부터는 조세를 거둔 뒤에 2월 그믐 안에 직전의 관문을 그 관청에 바치고, 10월에 이르러 도로 받아서 조세를 거두게 하소서."(『예종실록』 권8, 예종 1년 10월 정사).
69) 『성종실록』 권32, 성종 4년 7월 기미.
　이경식도 고위 관원들이 과전의 복설을 반대하였다는 점을 강조하였다(이경식 앞의 책 251쪽).

나 수신전과 휼양전의 지급을 정지하는 것은 대신들의 지위에 크게 영향을 주지 않았다. 대신들은 사실상 죽을 때까지 자신의 과전을 유지하였고, 문음을 통해서 관직에 진출한 자손에게 보유한 과전의 대부분을 세전시킬 수 있었다.

그러므로 직전제의 시행에도 불구하고 조선 초기 수조권의 분급제는 여전히 3품 이하의 직전 성격의 과전과 대신의 세록전 성격의 과전으로 나누어져 이원적으로 운영되었다.[70)]

맺음말

1. 이상으로 직전제 시행의 내용과 그 의미를 검토해 보았다. 최근 저자는 조선초기의 과전 운영은 관품과 관련해서 이원적으로 운영되고 있었다고 주장하였다. 대신들의 과전은 세록전으로 운영되었으나, 3품 이하는 현직에 있는 경우에만 과전을 받는 직전으로 운영되었다고 주장하였다. 이는 기존의 연구에서 과전을 세록전으로 이해하고, 직전제의 실시로 인해서 현직의 관원만 수조권을 분급 받는 직전으로 변화했다는 견해와 상이하다.

과전의 운영이 관품에 따라서 달라지는 것으로 이해할 때에, 세조대 나타나는 직전제의 변화는 무엇이었는지를 검토하였다. 이미 3품 이하 과전은 직전으로 운영되었으므로 세조대 직전세의 시행은 당연히 2품 이상 대신의 과전에 영향을 주는 것이었다.

2. 그러나 직전제의 실상이 무엇이었는지는 분명하지 않다. 세조대에 직전제는 관원들 간 별다른 논의 없이 시행되었다. 그간 연구에서 직전제 시행의 중요성을 강조하였던 것을 고려할 때에 너무 조용한 시행이었다. 그

---

70) 최이돈 「조선 초기 관원체계와 과전 운영」 『역사와 현실』 100, 2016.

러므로 먼저 직전제의 실상이 무엇이었는지를 검토하는 것이 필요하다. 직전제가 시행되면서 이에 대한 문제점의 지적은 세조대에서부터 제기되었고, 세조 사후에는 직전제의 폐지와 과전의 회복까지 주장되었다. 그러므로 이러한 논의를 검토해보면 직전제 시행의 의미가 무엇이었는지 분명히 파악할 수 있다.

직전제 시행직후 양성지는 직전제 시행의 문제점을 지적하면서 직전제의 시행으로 '치사한 신하'와 '공경 대부의 자손'이 전지를 받지 못하게 되었다고 주장하였다. 이와 같은 견해는 기왕의 연구에서 직전제로 퇴직 관원들이 토지를 분급받지 못하게 되었다는 주장과는 거리가 있다. '치사'한 관원도 퇴직 관원의 범주에 드는 것은 사실이나, 당시의 치사라는 용어는 퇴직의 의미와는 다른 뜻으로 사용되었다.

직전제에 대한 비판과 과전제의 복구에 대한 주장은 세조가 죽으면서 본격화되었다. 과전제를 회복하자는 논의는 성종대에 집중되었는데, 흥미롭게도 이때에 관원들은 전적으로 수신전과 휼양전의 회복을 주장하였다. 수신전과 휼양전의 회복은 양성지가 주장한 '공경 대부의 자손'의 과전과 같은 의미였다. 즉 직전제의 시행으로 수신전과 휼양전이 폐지되었음을 확인할 수 있다. 그러나 어느 관원도 퇴직관원의 과전을 회복하자고 주장하지 않았다. 이와 같은 상황은 기왕의 연구에서 주장하는 것과 같이 퇴직관원에게 과전을 회수하는 것이 직전제 시행의 본질이 아니었음을 보여준다. 그러므로 직전제의 시행은 수신전과 휼양전의 폐지, 나아가서 치사관원에게 부여하였던 과전의 회수 이상의 의미는 없었다.

과전제의 회복을 주장하는 견해를 검토할 때에 직전제의 시행은 퇴직관원의 과전을 회수하는 조치가 아닌 것이 분명해졌다. 저자가 다른 논문에서 주장한 바와 같이 이미 3품 이하 관원들의 과전에서는 과전법의 시행에서부터 현직만 과전을 보유하는 직전으로 운영되었으므로[71] 퇴직관원

---

71) 최이돈 앞의 논문.

의 과전 문제를 새삼 제기할 필요는 없었다. 그러므로 세조대 직전제가 조정에서 별다른 논의 없이 조용히 시행될 수 있었다.

3. 그러면 직전제의 시행이 가지는 의미는 무엇이었을까? 이를 분명히 이해하기 위해서는 먼저 직전제의 시행으로 폐지된 수신전과 휼양전의 성격과 치사한 관원이 가진 과전의 성격을 살필 필요가 있다. 먼저 수신전과 휼양전을 검토하였다. 기왕의 연구에서는 수신전과 휼양전을 모든 관원에게 지급되는 세전적 토지로 이해하였다. 그러나 3품 이하 관원의 토지가 이미 직전으로 운영되고 있었다면, 직전을 받고 있던 관원이 세록전인 수신전과 휼양전을 받는다고 주장하는 것은 모순이 될 수 있다.

주목되는 것은 수신전과 휼양전은 관원이 보유하고 있던 과전에서 지급되었다는 점이다. 그러나 대부분의 3품 이하의 관원들은 퇴직하면 과전을 보유할 수 없었기 때문에 수신전과 휼양전으로 분배할 토지를 가지고 있지 못하였다. 이들은 5결 내지 10결의 군전을 받을 수 있었는데, 이 토지도 군역을 지는 조건으로 부여되는 토지였으므로 수신전과 휼양전의 대상이 될 수 없었다. 물론 3품 이하의 관원이 현직을 보유한 상태에서 죽는 경우에도 이들의 과전은 장례 기간 중에 환수되어서 수신전과 휼양전의 대상이 되지 않았다.

실제의 수신전과 휼양전의 보유 사례를 검토해 보아도 수신전과 휼양전은 대신의 유족에게만 부여되고 있었다. 혈통적 특권인 문음을 대신에게만 부여하는 상황이었으므로 이들에게만 세록전 성격의 수신전과 휼양전을 주는 것은 당연하였다.

4. 다음으로 직전제의 성격을 분명히 논하기 위해서 검토한 것은 '치사제'이다. 직전제의 시행으로 치사한 관원의 과전을 회수하였기 때문이다. 치사한 관원은 퇴직 관원의 한 부분이었다. 그러나 조선왕조실록에 치사라는 용어는 대부분 한정적으로 사용되었다. 즉 70세가 되는 관원을 퇴직시키는 치사제에 의해서 치사한 관원의 경우에 치사라는 용어를 사용하였

다. 70세까지 관직을 계속하는 경우는 거의 대신에 한정되고 있었으므로 치사한 관원의 과전이 문제되는 것은 퇴직을 하여도 과전을 보유하였던 대신의 경우였다.

조선의 치사제는 태종대부터 정리되기 시작하였다. 건국초기 정권이 안정되지 못한 상황에서 정권에 기여하는 핵심관원을 70세가 되었다고 일률적으로 퇴직시킬 수 없었기 때문이었다. 태종 초반까지도 사정은 비슷하였다. 쿠데타로 집권한 태종도 그 집권 초반에 치사제를 시행하기 어려웠다. 그러므로 태종 중후반에서 세종대에 걸쳐서 치사제는 정비되었다.

치사제는 나이든 관원을 퇴직시켜서 녹봉을 아끼자는 의도에서 추진되었으나, 정비된 치사제는 70세가 된 관원을 일률적으로 퇴직시켜 녹봉을 아끼는 제도가 되지 못하였다. 예외 조항을 만들어 70세가 넘어도 병이 없는 경우 계속 관직을 유지할 수 있었다. 또한 치사를 한 경우에도 과전의 보유는 물론 대다수의 관원이 녹봉을 계속 받을 수 있었다. 결국 조선의 치사제가 대신의 세전적 지위를 제한하는 요소로 작용하지 않았다.

양성지는 직전제의 시행으로 치사한 대신의 과전이 회수되었다고 주장하고 있다. 만약 양성지의 주장과 같이 치사한 대신의 과전을 회수하였다면, 이는 대신의 세전적 지위에 영향을 미치는 것이었다. 그러나 이러한 조치는 실제적으로 취해지지 않은 것으로 추측된다. 많은 관원들이 직전제의 문제점을 논하였지만, 양성지 외에는 치사제로 대신의 과전이 회수되었다는 언급을 하지 않고 있다. 이는 치사한 대신의 과전 문제는 조정에 논란거리가 되지 않았기 때문으로 이해된다. 당시의 평균수명을 고려할 때에 치사한 대신의 수가 적었으므로 적절한 조치를 통해서 이 문제가 논란의 대상이 되지 않도록 조정한 것으로 짐작된다. 실제로 직전제 시행 이후에 치사제의 운영상황을 보아도 70세 이상 대신들이 치사하지 않고 그 지위를 계속 유지하고 있는 것이 일반적이었다. 그러므로 치사 대신의 과전 회수는 큰 문제가 되지 않았다.

5. 이상에서 볼 때에 과전제에서 직전제로의 변화는 대신의 과전에 대한 개혁이었다. 대신의 유족이 받는 수신전과 휼양전을 폐지하고, 치사한 대신이 보유하던 과전을 회수하는 조치였다. 그러므로 직전제의 시행은 세조가 대신들을 건제한 조치였다. 그러므로 세조는 직전제를 관원들과 논의 없이 왕명에 의해서 시행하였다. 이는 직전제 시행 직후에 양성지가 정면으로 직전제를 비판한 것으로 짐작할 수 있다. 양성지는 세조대 경제 국방 정책에 매우 요긴한 역할을 한 인물이었는데, 직전제 시행 직후에 양성지가 이를 비판한 것은 그도 직전제의 구상에 참여하지 못했음을 보여준다. 세조 후반기의 개혁 정책들이 세조와 공신들 사이의 긴장관계 속에서 진행되었고, 결국 이시애 난까지 발생한 배경이 되었는데, 직전제도 그러한 동향의 하나였다고 짐작된다.

6. 물론 직전제의 시행으로 대신의 과전이 가지는 세록전적인 성격이 바뀌었다고 보기는 어렵다. 직전제 시행 이후에도 대신의 대부분은 70세가 넘어도 현직을 유지하면서 과전은 물론 녹봉까지 받고 있었고, 보유한 과전을 문음으로 관직에 진출한 아들과 손자에게 세전할 수 있었다. 즉 대신이 보유한 과전의 세록전적 성격은 직전제가 시행되었어도 여전히 유지되었다. 그러므로 직전제의 시행에도 불구하고 조선 초기 과전은 여전히 3품 이하 관원의 직전 성격의 과전과 대신의 세록전 성격의 과전으로 이원적으로 운영되고 있었다.[72]

7. 과전의 운영에서 나타나는 이중적인 모습은 조선초기의 토지분급제가 세록전적인 성격을 가진 신분제적인 성격과 직전적 성격을 가진 관료제적인 성격 모두를 가진 것임을 보여준다. 이와 같은 이중적인 모습은 과전의 여타 운영방식에서도 공히 나타났다. 정부는 수조권을 분배하면서 동시에 '과전국가관리체제'를 정비하였다. 관원에게 수조권을 부여하면서도 전객에게 전주고소권을 허용하고, 수조의 기준을 국가가 정하는 관답험제를 시행

---

72) 최이돈 위의 논문.

하여 과도한 수조를 방지하였다.[73] 즉 정부는 수조권은 분배하되 수조권적 사적 지배를 허용하지 않는 이중적인 모습을 보여주었다.[74]

이와 같은 과전의 운영에서 보여주는 이중적인 모습은 특이한 것을 넘어서 일견 혼란스럽게까지 여겨진다. 그러나 당시의 지식인들은 상호 대립되는 요소인 양과 음을 태극 안에서 조화시킬 수 있다고 믿는 성리학적 사유의 체계를 가지고 있었으므로 이와 같은 운영방식을 자연스럽게 도출할 수 있었던 것으로 추측된다(최이돈「세조대 직전제의 시행과 그 의미」『진단학보』126, 2016).

---

73) 최이돈「태종대 과전국가관리체제의 형성」『조선시대사학보』76, 2016.
74) 사적 지배에 대한 규제는 공공통치를 지향한 조선 지배층의 일관된 모습이었다 (최이돈「조선 초기 공공통치론의 전개」『진단학보』125, 2015).

제2부

科田國家管理體制

제3장 조선초기 損失踏驗制의 규정과 운영

머리말

그간 과전법에 대한 연구자들의 관심은 매우 높았다. 과전법이 조선의 경제적 성격, 나아가 국가적 성격을 잘 보여주는 제도였기 때문이다. 그간 많은 연구들이 과전법과 수조권적 지배를 연결시키면서 과전법을 전시과와 유사한 제도로 이해하였고, 조선의 중세적 성격을 보여주는 제도로 이해하였다.[1]

그러나 저자는 최근 몇 편의 연구를 통해서 과전법은 본질적으로 전시과와 다른 제도라고 논증하였다. 과전의 분급과 운영방식,[2] 수조방식,[3] 납조자인 전부의 지위[4] 등에서 볼 때 과전법은 전시과와 전혀 다른 제도였다.

과전법은 수조방식도 전시과와 달랐다. 과전법은 1결당 30두의 수조상한선을 두고, 추가로 답험에 의해서 수조량을 조절하는 손실답험제를 운영하고 있었다. 손실답험제는 고려에는 없는 과전법에서 새롭게 시행된 제도였다. 고려에서도 답험제가 있었으나, 이는 재상을 입은 전지를 살피는 재상답험이었다. 이에 비하여 과전법의 손실답험제는 매년의 작황을

---

1) 김태영 『조선전기토지제도사연구』 지식산업사 1983.
   이경식 『조선전기 토지제도연구』 일조각 1986.
   김용섭 「토지제도의 사적 추이」 『한국중세농업사연구』 지식산업사 2000.
2) 최이돈 「세조대 직전제의 시행과 그 의미」 『진단학보』 126, 2016.
   최이돈 「조선 초기 관원체계와 과전 운영」 『역사와 현실』 100, 2016.
3) 최이돈 「태종대 과전국가관리체제의 형성」 『조선시대사학보』 76, 2016.
4) 최이돈 「조선 초기 전부의 법적 지위」 본 책 제7장.
   최이돈 「조선 초기 전부제의 형성과정」 『진단학보』 127, 2016.

수조에 반영하는 수조제의 일환이었다.

손실답험제는 적정수조를 실현하고자 하는 개혁파들의 고심의 소산이었다. 이 제도가 특히 중요한 것은 이 제도를 통해서 정부는 수조과정에 공전은 물론 사전의 관리에도 깊이 관여할 수 있게 되었다. 물론 과전법에는 답험의 주체가 공전과 사전 간에 나뉘어 있었다. 공전의 답험은 수령이 사전의 답험은 전주가 하도록 규정되어 있었다. 그러나 공전의 답험을 통해서 다듬어진 손실답험제는 사전에도 영향을 줄 수밖에 없었다. 특히 태종대 과전국가관리체제가 마련된 이후의 손실답험은 공전 사전 구분 없이 국가가 관리하였다.

그간 손실답험에 대한 연구는 많지 않았다. 박시형의 개척적 연구이래,[5] 김태영은 손실답험에 대한 선도적인 연구를 통해서 조선 초기 수조제의 골격을 제시하였고[6] 최근 강제훈은 답험손실법을 전품제와 연결시켜서 그 이해를 확대하고 있다.[7]

그러나 그간의 연구자들은 조선 초기 과전법의 손실답험의 성격과 그 변화를 충분하게 구명하지 못하였다.

① 먼저 그간 연구자들은 고려의 답험과 과전법의 손실답험의 차이를 설명하지 못하였다. 연구자들은 고려에서 시행되던 답험제가 과전법의 답험제로 이어진 것으로 이해하였다. 그러므로 과전법의 손실답험제의 성격을 충분히 설명하지 못하였다.

② 그간 연구자들은 태종대 이후 보이는 손실답험제의 변화에 대하여 충분하게 설명하지 못하였다. 과전법의 손실답험 규정은 태종대에 크게 정비되어 분수답험제에서 수손급손답험제로의 변화하였고, 이후에도 답험손실제는 공전과 사전에서 계속 변화하였다. 연구자들은 이 변화과정을

---

5) 박시형 「이조전세제도의 성립과정」『진단학보』14, 1941.
6) 김태영 「과전법상의 답험손실과 수조」『조선전기 토지제도사연구』지식산업사 1983.
7) 강제훈 「답험손실법의 시행과 전품제의 변화」『한국사학보』8, 2000.

포괄적으로 잘 설명하지 못하였다.

③ 마지막으로 연구자들은 손실답험제를 적극적으로 평가를 못하였다. 손실답험제에 대한 대부분의 자료가 공법논의 과정에서 노출된 것으로 손실답험제의 문제점을 지적하는 자료가 주류였다. 그러므로 연구자들은 손실답험제는 문제점으로 인해 공법으로 전환될 수밖에 없는 제도로 이해하였다. 그러므로 연구자들은 손실답험제의 의미를 적극적으로 평가하지 못하였다.

김태영은 과전법을 전시과와 동질의 제도로 이해하고 있었으므로, 손실답험제에 대한 평가에 적극적이지 않았다.[8] 강제훈은 활발한 연구를 전개하고 김태영과 달리 손실답험제가 가지는 역사적 의미를 부각시키고자 노력하였다.[9] 그러나 그는 손실답험제의 검토를 공전에 한정하면서 제도의 의미를 입체적으로 부각시키지 못하였다.

그러므로 본고에서는 조선 초기에 보이는 손실답험제의 시행과정을 공전은 물론 사전의 변화도 아울러 검토하면서 제도시행의 의미를 구명하고자 한다. 즉 조선 정부가 손실답험제를 어떻게 구상하고 운영하였는지를 밝히고자 한다. 먼저 손실답험제의 시행을 살피기 위해서 과전법의 손실답험 규정을 살펴보고, 이 규정이 고려의 답험 규정과 어떻게 다른지 검토하고자 한다. 또한 태종대의 손실답험제 규정은 크게 변화되었다. 즉 분수답험제에서 수손급손답험제로 변화하는데, 그 변화과정을 검토해 보고, 그 변화가 가지는 의미를 구명하고자 한다.

다음으로 손실답험제 운영과정의 변화를 검토하고자 한다. 손실답험제가 태종대에 수손급손답험제로 바뀌면서 손실답험제의 운영에도 큰 변화가 나타났다. 수손급손답험으로 변화하면서 수령의 업무가 크게 늘어나자,

---

8) 김태영 앞의 책.
9) 강제훈 「답험손실법의 시행과 전품제의 변화」『한국사학보』 8, 2000; 「조선초기 전세제 개혁과 그 성격」『조선시대사연구』 19, 2001; 『조선초기 전세제도 연구』 고려대학교 출판부 2002.

정부는 수령을 독려하기 위해서 손실경차관을 파견하였다. 손실경차관제의 시행은 적정 수조를 시행하기 위한 정부의 강한 의지를 잘 보여주었다. 그러므로 손실경차관제가 시행되는 과정을 검토하여 그 의미를 살피고자 한다.

정부는 손실경차관을 파견 운영하였으나, 경차관의 파견이 효과적이지 않은 것으로 드러나면서 이를 보완하기 위해서 손실위관제를 시행하였다. 손실위관제는 수령을 대신해서 답험을 전담하는 관원을 파견하는 제도로 손실답험제 상 매우 중요한 변화였다. 그러므로 손실위관제의 시행을 검토하고 나가서 손실위관제를 보완해가는 과정도 검토하고자 한다. 특히 손실위관제의 시행을 전후해서 과전국과관리체제가 형성되면서 답험은 공전, 사전을 구분하지 않고 손실위관이 담당하였다. 그러므로 손실위관제의 운영과정은 과전국과관리체제 정비의 일환이었다.

손실답험제의 검토를 통해서 조선 초기 수조체제의 의미가 구명되기를 기대한다. 또한 이를 통해서 과전법의 성격이 보다 분명해지고, 나아가 조선의 국가적 성격이 좀 더 선명하게 구명되기를 기대한다.

1. 損失踏驗制의 규정

1) 과전법의 損失踏驗

과전법은 수조 방식이 전시과와 달랐다. 먼저 과전법은 전시과와 달리 수조량을 분명하게 명시하고 있었다. 과전법의 수조량은 다음과 같이 명시되어 있다.

모든 공전 사전의 租는 논은 1결마다 糙米 30말, 밭은 1결마다 잡곡

30말이다. 이 밖에 함부로 거두는 경우는 贓罪로 논한다.[10]

공전과 사전에서 수조의 양을 분명하게 규정하고 있다. 논에서는 1결당 조미 30두, 밭에서는 잡곡 30두로 정하였다. 이는 공전과 사전에서 공히 같은 것으로 생산량의 1/10정도로 추정된다. 고려의 공전수조가 1/4로 규정되어 있었다는 점에서 보거나, 고려 말의 사전에서 극도의 과잉 수조가 진행되었던 상황을 고려할 때에 개혁파가 공전과 사전 공히 1결당 30두로 법에 명시한 것은 분명한 개혁이었다.

특히 30두를 넘어가는 수조의 징수는 장죄로 처벌하였다. 처벌하는 규정을 둔 것은 1결당 30두가 거두어갈 수 있는 수조량의 상한선을 의미하였다. 이와 같이 명료하게 수조량의 상한선을 규정하고, 이를 넘어가는 수조에 대해서는 처벌하는 것은 전시과에서는 찾을 수 없는 개혁이었다.[11]

그러나 과전법은 1결당 30두의 정액제로 운영되지 않았다. 전지에서의 생산량은 해마다의 작황에 따라서 달라질 수 있었고, 손실답험제를 통해서 이를 반영하였다. 개혁파는 처음에는 1결당 20두의 수조를 제안하였다. 이는 창왕 즉위년 조준의 사전개혁 상소에 다음과 같이 명시되었다.

> 공전이나 사전을 막론하고 전조는 1결에 米 20두로 함으로써 백성들의 생활을 유족케 할 것이다.[12]

이는 개혁파가 수조의 양을 1결당 20두로 계획하고 있었음을 보여준다. 그러나 과전법에서는 1결당 30두로 결정되었다. 이와 같은 변화는 개혁파가 작황에 따른 감액을 고려하면서 1결당 30두로 수조량을 올린 결과였다.

개혁파는 수조의 상한선을 정한 것에 그치지 않고, 손실답험제를 만들

---

10) 『고려사』 권78, 식화1, 전제 녹과전.
11) 최이돈 「조선 초기 전부의 법적 지위」 본 책 제7장.
12) 『고려사』 권78, 식화1, 전제 녹과전.

어 작황에 따라 조세를 감해주고자 하였다. 물론 손실답험 규정은 과전법 내에 있는 규정은 아니었다. 그러나 과전법과 거의 동시에 만들어 진 것으로 이를 과전법의 답험손실 규정으로 보아도 좋을 것이다. 개혁파가 공양왕 3년 5월에 만든 답험손실 규정은 다음과 같다.

都評議使司가 損實을 十分을 비율로 삼아 정하기를 청하였다. 손실이 1분이면 1분의 조를 감하고, 차례로 준하여 감하되 손실이 8분에 이르면 그 조를 전부 면제한다. 답험은 그 관의 수령이 심사 검사 판단하여 감사에 보고하고 감사는 위관을 보내 다시 심사한다.13)

이 내용은 그 해의 작황에 따라서 피해를 입은 비율에 따라 수조를 감해주는 규정이다. 이는 피해의 비율을 분수로 나누고 그 분수 비율에 따라서 수조액을 감해주는 '分數踏驗'이었다. 피해의 비율에 따라 수조액을 감해주고, 80%의 손실을 입으면 전체를 免租해 주었다.

이와 같은 과전법의 손실답험제는 고려에서 시행된 답험과는 매우 다른 방식이었다. 고려의 답험제도는『고려사』답험손실조에 나와 있다. 문종 4년 11월에 만들어진 것으로 보이는 고려의 답험손실의 규정은 다음과 같다.

피해가 4分에 이르면 租를 면제하고 6분에 이르면 租와 布를 면제하고 7분에 이르면 租, 布, 役 세 가지를 모두 면제하기로 제정하였다. (중략) 무릇 주, 현들에서 水旱虫霜으로 인해 곡물의 손실이 있는 토지들이 있으면 그 村典이 수령에게 보고한다. (중략) 안찰사로 하여금 다른 인원을 파견하여 자세히 검사케 하며 災傷이 명백할 때 租稅를 감면하도록 한다.14)

답험의 대상과 절차가 규정되어 있다. 이에 의하면 1) 먼저 답험의 대상

13)『고려사』권78, 식화1, 전제 답험손실.
14) 상동조.

은 재상을 입은 전지였다. 구체적으로 水旱虫霜으로 인한 '災傷이 명백'해
야 면세의 대상이 될 수 있었다. 그러므로 이는 일상적인 작황을 대상으로
하는 손실답험과 달랐다. 2) 피해자가 촌의 대표인 村典을 통해서 감세를
요청해야 수령은 답험의 절차를 진행하였다. 그러므로 답험이 모든 전지
를 대상으로 하지 않았다. 즉 재해가 없거나 피해자가 답험을 요청하지 않
으면 답험은 진행되지 않았다. 이는 매년 모든 전지에서 시행되는 손실답
험과 달랐다. 3) 40% 이하의 재상은 면세가 되지 않았다. 그러므로 40%
이하의 재상에 대해서는 실제적으로 답험이 없었다. 이는 10%의 피해에
서부터 감세에 반영해주는 손실답험과는 달랐다. 이와 같이 고려 답험의
운영방식은 조선의 손실답험과 달랐다.

그러므로 고려의 답험은 災傷을 당한 경우 면세를 해주는 진휼책인 災
傷踏驗이었다. 고려에서 진휼책으로 운영된 災傷에 대한 처리 규정은『고
려사』식화지 진휼 災免之制에 수록되어 있다. 성종 7년 12월에 만들어진
'災免之制'는 다음과 같다.

> 水旱虫霜으로 인한 災田은 피해가 4分에 이르면 租를 면제하고 6분
> 에 이르면 租와 布를 면제하고 7분에 이르면 租, 布, 役 세 가지를 모
> 두 면제한다.15)

이 내용은 앞에서 살핀 답험손실조와 그 내용이 같다. 즉 '水旱虫霜으로
인한 災傷'에 대한 免租를 규정한 것이다. 그러므로 문종대 만들었다는 답
험손실조의 내용은 이미 성종대의 災免之制의 내용을 그대로 옮긴 것에
불과하였다.

『고려사』를 검토해보면, 재면지제의 조항은 그 내용이 충실한 반면, 답
험손실조는 4항목에 불과하여 그 내용이 빈약하다. 조항 중 의미가 있는 것

---

15)『고려사』권78, 식화1, 진휼.

은 위의 조항과 과전법의 답험손실 조항이다. 이러한 답험손실조의 내용은 답험손실조가 『고려사』를 만드는 과정에서 급조된 것이었음을 보여준다. 즉 『고려사』의 편찬자들은 과전법의 답험손실 규정을 『고려사』에 배치하기 위해서 답험손실조를 만들고, 유사하게 답험을 시행하였던 재면지제의 규정을 끌어다가 놓은 것으로 추측된다. 따라서 『고려사』에 보이는 답험손실 조항은 사실상 진휼 규정으로, 수세 규정인 과전법의 손실답험 조항과 달랐다.

『경국대전』에 의하면 조선에서는 '損實踏驗'과 '災傷踏驗'을 별도로 운영하였다. 이는 『경국대전』 호전 收租條에서 쉽게 확인할 수 있다. 수세조에는 먼저 답험손실에 대한 내용이 다음과 같이 기록되어 있다.

> 모든 전지는 매년 9월 15일 전에 수령이 年分等第를 심사하여 정하고 邑內와 4面을 각기 等第한다. 관찰사가 다시 심사하여 왕에게 보고하며, 의정부와 육조가 그것을 함께 의논하여 다시 왕에게 아뢰고 收稅한다.16)

이 내용은 공법의 연분등제 조항을 기록한 것이다. 손실답험은 세종대 공법으로 정리되면서 『경국대전』에는 공법의 연분 규정으로 손실답험 조항을 대신하였다.

그러나 『경국대전』에는 이 조항 외에 災傷踏驗의 규정을 별도로 기록하고 있다. 이는 위의 연분등제 조항 바로 아래의 다음과 같은 내용이다.

> 새롭게 加耕하는 田地, 全部災傷을 입은 田地, 반이 넘게 災傷을 입

---

16) 『경국대전』 호전 수조.
　　10分이 다 차는 것을 上上年으로 하여 1결에 20두를 거두고, 9분이면 上中年으로 하여 18두를 거두고, 8분이면 上下年으로 하여 16두를 거두고(중략) 3분이면 下中年으로 하여 6두를 거두고, 2분이면 下下年으로 하여 4두를 거둔다. 1분은 免稅한다.

은 田地, 병으로 경작하지 못해 완전히 묵혀진 田地 등은 佃夫가 勸農官에게 狀告하도록 하고, 권농관이 그것을 직접 심사하여 8월 15일 전에 수령에게 보고한다. 수령은 踏勘打量하여 관찰사에게 보고하면, 관찰사는 사실을 확인하여 장부에 올린 뒤에, 立案을 수령에게 돌려주고, 9월 15일 전에 數値를 갖추어 왕에게 보고한다. (정부는) 朝官을 파견하여 위의 기록한 장부 및 문서에 의거하여 覆審하여 왕에게 아뢰어 租稅를 정한다.[17]

이 내용은 災傷만을 대상으로 하지 않고, 陳田, 開墾田까지 포함하고 있으나, 그 기본 구조는 『고려사』에 賑恤에 보이는 '災免之制'와 같다. 1) 먼저 그 대상이 재상을 입은 전지였다. 이는 고려의 災免之制가 '水旱虫霜으로 인한 災傷'을 입은 전지를 대상으로 한 것과 같다. 2) 피해를 입은 전부는 그 피해상황을 수령에게 고함으로써 그 절차가 진행되었다. 이 역시 고려에서의 방식과 같다. 3) 또한 재상전의 대상은 50%이상의 재상을 입은 경우로 한정하고 있다. 이는 고려의 災免之制가 40% 이상의 재상을 그 대상으로 하고 있는 것과 유사하다. 그러므로 조선에서는 손실답험과 별도로 고려의 '災免之制'를 이어 받은 재상답험을 운영하고 있었다.

손실답험과 재상답험은 그 성격상 처리대상이 명확하게 나누어지지 않을 수도 있었다. 그러므로 조선의 관원들은 이에 관해서 『경국대전』 호전 수세조에 다음과 같이 그 적용의 원칙을 명기하였다.

이 경우는 豊年이더라도 혹 災傷을 입음이 있으면 그 多少를 살펴 단지 災傷을 입은 곳의 稅만을 면제한다는 것이다.[18]

---

17) 『경국대전』 호전 수조
    전부 災傷을 입은 전지 및 전부가 묵혀진 전지는 면세하고, 반이 넘게 재상을 입은 전지는 그 재상이 6分에 이른 것은 6분을 면세하고 4분을 收稅하며, 9分에 이르기까지 모두 이 예에 따른다.
18) 상동조

이는 손실답험과 재상답험의 규정 아래에 細註로 명기한 내용이다. 풍년이어도 한정된 지역에서는 재상에 의한 손실이 있을 수 있었으므로 그러한 경우 한정적으로 재상답험을 적용한다는 취지이다. 즉 손실답험은 그 해마다의 작황의 정도에 따라 감세해주는 규정이었으나, 재상답험은 재상을 당한 한정된 지역을 대상으로 하는 규정이었다. 예컨대 풍년에도 부분적으로 나타날 수 있는 홍수와 같은 국지적 재상에 대한 규정이 재상답험 규정이었다.[19]

재상은 고려에서는 40%, 조선에서는 50% 이상이 되어야 면조의 대상이었다. 따라서 고려에서는 40% 이하의 재상의 경우에는 면조의 혜택이 없었으나, 조선의 경우는 50% 이하로 재상의 대상이 안 되는 경우에도 손실답험의 규정을 적용하여 면조가 가능하였다.

그러므로 조선의 관원들은 수조 규정인 손실답험과 진휼 규정인 재상답험을 같은 답험으로 이해하지 않았다. 따라서 세종대의 공법 논의를 보면, 세종과 관원들은 고려에서는 손실답험이 시행되지 않았다고 주장하였다. 즉 고려에서는 정액세법인 공법이 시행되었다고 보았다. 그 한 예로 세종 19년 의정부는 다음과 같이 고려에서는 공법이 시행되었다고 주장하였다.

> 본국의 田賦의 법이 고려 때부터 매 1결마다 30두를 거두었으니, 이는 貢法인 것입니다. 태조께서 隨損給損의 제도를 처음 세우시매 진실

---

19) 상동조
   물론 조선의 경우 재상을 엄격하게 처리하기 위하여 거짓으로 재상을 신고한 전부와 이를 규정에 따라 처리하지 못한 관원에 대한 처벌 내용을 추가적으로 명시하였다.
   "만약 佃夫가 거짓으로 災傷을 신고하거나, 당해 관리 권농관 서원이 한 통속이 되어 거짓으로 법을 어기는 것은 다른 사람이 그것을 신고하는 것을 허용하되, 1負에 각 笞 十에 처하고 1부마다 1등을 더하여 杖 一百에 充軍하는 것까지로 죄 준다. 거짓으로 법을 어긴 전지는 陳告人에게 주고 花利는 관에 거두어들인다. 수령은 어긴 것이 10負 이상이면 罷黜한다. 事情을 알고서도 거짓으로 법을 어긴 자는 告身을 追奪하고 영구히 서용하지 아니한다."(『경국대전』 호전 수세).

로 아름다운 법입니다.[20]

의정부 대신들은 고려에서는 매 1결당 30두인 정액세제인 공법을 시행하였다고 주장하였다. 즉 고려에서는 손실답험을 행하지 않았다고 보았다. 고려의 재상답험은 稅制의 관점이 아니라 賑恤의 관점에서 시행된 것이었으므로, 이를 손실답험과 다른 것으로 보았다.

여기서 관원들은 태조가 '隨損給損의 제도'를 시행하면서 손실답험제가 만들어진 것으로 언급하고 있다. 물론 엄격하게 말하면 수손급손제는 태조가 행한 것이 아니라 태종이 행한 것이었다. 의정부의 대신들이 이러한 사실을 몰라서 이렇게 표현한 것이 아니라, 수손급손제를 시행하면서 본격적인 손실답험이 시행되었으므로, 손실답험제의 대표적인 제도로 수손급손제를 거론한 것이었다.

이와 같은 손실답험에 대한 대신들의 이해를 세종도 공감하고 있었다. 이는 세종이 그 26년에 언급한 다음의 내용을 통해서 확인할 수 있다.

> 高麗의 貢法은 損實을 논하지 않았기 때문에, 水旱을 가리지 않는 전지로써 上田을 삼아 그 온전한 조세를 거두게 하였다. 中田은 땅의 품질이 비록 기름지더라도 연사에 따라 수확이 변동하는 주는 전지였다.[21]

세종은 고려에서 공법이 시행되었고, 손실답험이 시행되지 않았다고 언급하고 있다. 세종은 고려에서 행한 재상답험을 손실답험과 분명히 다르다는 것을 이해하고 있었다. 이러한 상황을 종합해보면, 손실답험제는 과전법과 같이 만들어졌고, 고려대에는 행해지지 않았다.

그러면 과연 과전법의 답험손실 규정은 재상답험 규정이 아니고 손실답

---

20) 『세종실록』 권77, 세종 19년 4월 계유.
21) 『세종실록』 권103, 세종 26년 1월 경신.
   高麗貢法 不論損實 故以水旱勿論之田 爲上田 收其全租.

험 규정이었는가? 이러한 관점에서 과전법의 답험손실 규정을 다시 한 번 검토해 볼 필요가 있다.

> 都評議使司가 損實을 十分을 비율로 삼아 정하기를 청하였다. 손실이 1분이면 1분의 조를 감하고, 차례로 준하여 감하되 손실이 8분에 이르면 그 조를 전부 면제한다. 답험은 그 관의 수령이 심사 검사 판단하여 감사에 보고하고 감사는 위관을 보내 다시 심사한다.22)

이 내용에 의하면 앞에서 살핀 바와 같이 손실을 10분으로 나누어서 1분의 손실에서부터 감조해주고 있다. 이와 같은 규정은 고려에서 재상을 40%이상의 피해, 즉 4분 이상의 재상을 대상으로 한 것이나, 조선에서 재상을 50%이상의 피해를 대상으로 한 것과 분명히 다르다. 즉 10%의 피해부터 감조의 대상으로 하는 것으로, 이는 재상답험의 규정이 아니라 손실답험 규정이었다.

이 규정에 의하면, 1분씩 차등을 두어서 답험을 9등급으로 나뉘어 운영하였다. 즉 1등급 무손실은 30두, 2등급 1분손실은 27두, 3등급 2분손실은 24두, (중략) 8등급 7분손실은 9두, 9등급 8분손실은 0두 등으로 9등급으로 나누어 운영하였다. 그러므로 과전법에서 제시한 것은 풍흉을 기준한 9등급 손실답험제였다.

이상에서 볼 때, 개혁파는 적정수조를 위해서 결당 30두의 수조의 상한선을 정하고, 작황에 따른 손실을 인정하는 9등급 손실답험제를 시행하였다. 이와 같은 수조량과 수조방식을 정한 것은 전시과에 비하여 혁신적인 것이었다.23) 그러나 손실답험제의 원활한 운영을 위해서 손실답험 규정을

---

22) 『고려사』 권78, 식화1, 전제 답험손실.
23) 당시의 왕과 관원들은 이와 같은 동향을 '소민'을 위한 개혁으로 인식하였다. 이는 세종 9년 세종의 다음과 같은 언급을 통해서 확인할 수 있다.
　"우리 태조 강헌 대왕께서는 집으로써 나라를 만들고 먼저 田制를 바로잡으셨고, 태종 공정 대왕께서도 先王의 뜻을 따라 小民을 보호하셨다. (중략) 백성을 사랑

좀 더 다듬어야 하였다. 태종대에 시행된 수손급손제는 그러한 모색의 일환이었다. 그 변화를 다음 절에서 살펴보자.

2) 隨損給損制의 시행

조선 정부는 답험손실제를 시행하였지만, 미비한 부분들이 노출되면서 그 제도를 보완하였다. 과전법에서 제시된 分數踏驗制는 태종대에 隨損給損踏驗制로 개혁되었다. 태종 5년 사헌부는 다음과 같이 새로운 답험의 방식을 요청하였다.

> "分數踏驗하는 것을 백성들이 모두 민망하게 여깁니다. 이제부터 이후로는 隨損給損하여 公私를 편하게 하소서."하였다. 의정부에 내려서 상고하고 의논하여 시행하게 하였다.[24]

사헌부는 분수답험을 수손급손답험으로 바꿀 것을 제안하였다. 태종은 의정부에 상의하여 이를 시행하게 하였다.[25] 그러나 이 내용에 의하면 분수답험과 수손급손답험 방식의 차이가 무엇이었는지 알 수 없다. 다만, 백성들이 바라는 것은 수손급손답험이었으며, 이 방식이 사헌부에서 주장한 바와 같이 '공사를 편안케'하는 방식이었다고 짐작할 뿐이다.

왜 분수답험제를 수손급손제로 바꾸었을까? 분수답험의 문제점에 대하

하는 시초란 오직 取民有制에 있다. 지금에 와서 백성에게 취하는 것은 田制와 貢賦만큼 중한 것이 없다."(『세종실록』 권35, 세종 9년 3월 갑진).

24) 『태종실록』 권10, 태종 5년 9월 기유.

25) 김태영은 저자의 주장과는 달리 수손급손 방식이 태종대에 분수답험 방식으로 변하는 것으로 이해하고 있다. 그러므로 위의 사헌부가 제안하는 수손급손 방식으로의 개혁 요청도 태종에 의해서 수용되지 않은 것으로 설명하고 있다(김태영 앞의 책). 이에 비해서 강제훈은 분수답험제에서 수손급손제로의 변화를 잘 설명하고 있다(강제훈 『조선초기 전세제도 연구』 고려대학교 출판부 2002).

여 세종 12년 조말생 등은 다음과 같이 설명하고 있다.

> 우리 태조께서 건국하시면서 맨 먼저 백성들의 폐해부터 제거하시
> 고, 농사를 실패한 백성에게는 고을에다 訴狀을 내게 하시고 다시 고
> 을 아전에게 소장을 낸 전지를 답사해 살펴 세금을 감하게 하시니, 그
> 법이야 말로 지당하다고 하겠습니다. 그러하오나 백성들 중에 혹시 어
> 떤 사정이 있어서 소장을 내는 기간을 놓쳐 버리게 되면 전지가 비록
> 묵거나 재해를 입었더라도 세금의 징수를 면치 못하는 경우도 있으니,
> 이것 역시 가탄할 일입니다.[26]

이 내용에 의하면 과전법의 답험손실 규정에 의해서 시행된 분수답험
방식은 아직 개혁파의 이상을 실현한 적극적인 손실답험은 아니었다. 분
수답험의 방식은 피해를 입은 백성이 감세를 요청하여야 답험이 진행되었
다. 분수답험의 시행으로 1분부터 8분까지 9등급에 의한 섬세한 손실답험
제가 시행되었지만, 그 운영방식은 아직 백성의 요청에 의해서 답험을 진
행하는 소극적인 모습을 벗어나지 못하였다.

이러한 상황에서 백성들이 減租의 혜택을 받기 쉽지 않았다. 이미 4분
이상의 재해가 아니면 소장도 내지 못하였던 고려의 재상답험의 관행에
익숙한 백성들이 약간의 손실에 대해서 일일이 소장을 내기 어려웠다. 또
한 백성이 시기를 놓쳐서 소장을 내지 못하는 경우도 있었다. 백성이 소장
을 내지 못하면 당연히 감조를 받을 수 없었다.

그러므로 적극적인 손실답험제의 운용을 위해서는 보다 적극적인 답험
방식이 적용되어야 하였다. 그러므로 정부는 분수답험 방식을 수손급손답
험으로 바꾸었다. 바뀐 수손급손제를 세종 12년 조말생 등은 다음과 같이
설명하였다.

---

26) 『세종실록』 권49, 세종 12년 8월 무인.

우리 태종께서 그러한 사정을 깊이 이해하시고 周나라 때에 농정을
맡은 관원이 들을 순회하면서 농작의 실태를 관찰하던 법에 의하여,
모든 전지를 순회 심찰하여 隨損給損하는 법을 제정하여 시행하시니,
백성을 사랑하시고 기르시는 뜻이 또한 지극하셨다 하겠습니다.[27]

이 내용에 의하면 수손수급 답험은 관원이 '모든 전지를 순회 심찰'하는
것 즉 모든 전지를 답험하는 것이었다. 백성의 감세요청에 의한 답험이 아
니라, 요청이 없어도 수령이 모든 전지를 살펴서 감세여부를 정하는 것이
었다. 그러므로 수손급손 방식은 백성의 답험 요청을 기다리는 소극적인
것이 아니라 수령이 먼저 감세를 위해서 움직이는 적극적인 답험이었다.
따라서 이는 백성이 바라는 답험 방식이었다.

이와 같은 손실답험의 연원을 조말생 등은 주나라의 제도에서 찾고 있
었다. 손실답험을 주나라의 제도와 연결시키는 것은 당시 관원 사이에서
일반적인 견해였다. 세종 18년 충청도 감사 정인지도 다음과 같이 유사한
견해를 표현하고 있다.

매년 가을마다 委官이 손실을 경하게 하고 중하게 함이 능히 알맞지
못하여, 백성들이 또한 번거롭게 여겨 소란하였습니다. (중략) 신이 삼
가 보건대, 『周禮』에, '司稼官이 늦가을에 들을 돌아다니면서 농사를
시찰하고 斂法을 만든다.' 했으니, 그것을 凡庸한 무리에게 맡기지 아
니했음을 대개 알 수 있습니다.[28]

---

27) 상동조.
　　수손수급법이 모든 전지를 답험하는 방식인 것은 다음의 기록을 통해서도 확인된다.
　　"공법을 시행하고자 하는 자가 싫어하는 것은 隨損給損의 번거로움 때문인데,
　　고을마다 分等하는 것은 또한 번거롭지 않은가."합니다마는, 신은 말하기를, "隨
　　損給損은 한 고을에도 전지가 幾千萬이니 전지마다 모두 조사하려면 번거로움
　　이 크나, 한 고을을 같은 등급으로 하면 오히려 너무 간략하다."(『세종실록』 권
　　90, 세종 22년 7월 계축).
28) 『세종실록』 권71, 세종 19년 2월 무오.

정인지는 손실답험의 연원을 『주례』의 斂法에서 찾고 있었다. 이는 구체적으로 "司稼官이 늦가을에 들을 돌아다니면서 농사를 시찰하고"라고 표현한 것과 같이 관원이 찾아가는 답험이었다.

답험손실의 원형을 『주례』의 염법에서 찾았으나, 고려에서 이를 체계적으로 정리한 것은 고려 말 김지의 『周官六翼』이었던 것으로 보인다. 이는 세종 25년 세종이 호조에 명한 다음의 내용을 통해서 짐작할 수 있다.

> 우리나라 損實의 법이 金祉가 지은 『周官六翼』에 보이는데, 대개 고려부터 이미 행한 것이었다. 이것이 비록 아름다운 법이나, 收稅의 가볍고 무거움이 관리가 한번 보는 것에서 결정되어, 輕重을 크게 잃고 백성의 폐해도 또한 많았다. 또 逐段損實하는 것은 예부터 經傳에도 없었다.[29]

고려 말 개혁파의 일원이었던 김지는 『주례』를 깊이 연구하였고, 이를 『주관육익』으로 정리하였다. 개혁파는 『주관육익』을 참고하여 손실답험제를 만든 것으로 추정된다. 그러므로 세종은 손실답험제의 연원을 『주관육익』에서 찾고 있다.[30] 특히 세종은 손실답험제를 '逐段損實'로 규정하고 있다.[31] 이는 수령이 매 필지마다 세세하게 답험을 하는 것을 의미하였다.

수순급손답험은 백성들에게 혜택을 주었다. 이는 태종 6년 사헌부의 다음 상소를 통해서 알 수 있다.

---

29) 『세종실록』 권102, 세종 25년 11월 계축.
30) 『주관육익』에 대한 언급은 세종대에 여러 차례 보인다. 공법의 논의 가운데 답험손실의 연원을 찾아가면서 재조명된 것으로 이해된다.
31) 흥미로운 것은 세종이 수손급손제를 '逐段損實'로 해석하면서, 이를 '經傳'에 없는 것으로 이해하였다는 점이다. 세종은 '逐段損實'의 시행을 『주례』의 "司稼官이 늦가을에 들을 돌아다니면서 농사를 시찰하고"라는 구절을 과도하게 해석한 결과로 이해한 것으로 보인다. 이러한 이해는 세종이 공법의 시행을 주장하면서, '逐段損實'인 수손급손답험의 시행 결과로 '백성의 폐해'가 생겼다고 보는 입장과 연결된다.

　　나라에 3년의 저축이 없으면 그 나라는 나라가 아닙니다. 本朝는 토
지가 척박하여 소출이 많지 아니한데, 해마다 損實踏驗할 때, 각 고을
의 수령이 大體를 돌아보지 아니하고 오로지 백성을 기쁘게 하기를 꾀
하여, 給損이 過多해서 公家에 들어오는 것이 해마다 줄어듭니다. 바
라건대, 경기좌우도에서 전후로 개량하여 그 남아도는 전지는 모두 軍
資田에 소속시키소서.[32]

　　이는 수손수급제의 시행 이후의 손실답험 상황을 잘 보여준다. 사헌부
는 수손급손답험의 시행이후 백성들은 과다한 給損을 받고 있음을 지적하
고 있다. 수손급손제의 시행으로 수령이 매필지마다의 급손을 부과하면서,
이전에는 재해를 당하지 않으면 받지 못하던 減租의 혜택을 백성들을 쉽
게 받을 수 있었다. 따라서 ‘公家에 들어오는 것’은 줄어들 수밖에 없었다.
　　위의 내용에서 흥미로운 것은 사헌부는 급손이 과하여 국가의 수입이
줄어드는 상황을 지적하였으나, 그 대책으로 급손을 후하게 주지 않도록
조치를 취할 것을 제안하지 않았다는 점이다. 다만, 사헌부는 경기좌우도
의 개량으로 남아도는 전지를 군자전에 소속시키자고 제안하고 있다. ‘公
家’에 들어오는 수입이 줄어드는 것은 수손수급제의 시행으로 인한 자연
스러운 급손의 증가였기 때문이었다. 그러므로 대간들은 급손을 줄이자는
제안을 하지 못하였다. 수손급손제의 시행으로 백성들은 본격적으로 손실
답험의 혜택을 체험하게 되었고, 경제적 지위도 높이면서 국세의 담지자
로 역할을 할 수 있게 되었다.
　　수손급손제의 시행은 공전수조에서 시행되었으나, 이는 사전수조에도
영향을 미쳤다. 사전수조 하에 있었던 경기의 전객들은 수손급손제의 시
행으로 공전수조의 부담이 경감되는 것을 보면서, 자신들의 수조에서 지
는 부담이 과중함을 부당한 것으로 인식하기 시작하였다. 공전과 사전 간
의 수조량의 차이는 과전법에 ‘과전경기’ 규정을 두면서부터 나타났으

---

32) 『태종실록』 권12, 태종 6년 12월 병술.

나,[33] 수손급손답험의 시행으로 그 격차가 더 현격해졌다. 경기 전객들은 자신들이 받는 차대를 불식하기 위해서 태종 9년 경기의 과전을 타 지역으로 옮겨달라고 요청하였다.[34]

공전과 사전 간의 차대가 생기는 가장 중요한 요인은 공전과 사전 간의 답험주체가 달랐기 때문이었다. 공전은 답험을 수령이 시행하는 반면 사전은 전주가 시행하였다. 그러므로 사전 수조 지역 백성의 부담을 줄이기 위해서는 결국 사전 답험의 주체를 전주에서 수령으로 전환하는 변화가 필요하였다. 정부는 여러 가지 대책을 강구하였으나, 결국 태종 17년 관답험을 시행하였고, 과전에서도 수손급손답험을 시행하였다.[35]

수손급손답험에 대한 평가는 세종대에 공법 논의가 시작되면서 부정과 긍정이 혼재하였다. 공법에 반대한 좌의정 황희는 세종 12년 다음과 같이 수손급손답험을 평가하였다.

> 우리 조선이 개국한 이래 租稅를 거둘 적에 隨損給損法을 制定하니, 이는 실로 고금을 참작한 만대라도 시행할 만한 좋은 법인지라 경솔히 고칠 수 없는 것입니다.[36]

황희는 수손급손법을 '만대라도 시행할' 좋은 법으로 평가하였다. 황희는 공법의 논의가 진행되면서 수손급손법의 문제점이 일일이 거론되는 상황에서 이와 같이 주장하고 있다. 그는 수손급손법의 문제점은 정부가 대응할 있는 것이나, 공법은 정액제이므로 매년 변화하는 작황에 대응할 수 없다고 주장하였다. 적정 수조를 위해 매년의 풍흉에 따라서 수조하는 수손급손법만한 제도가 없다고 주장하였다. 황희는 이러한 입장을 끝까지

---

33) 최이돈 「태종대 과전국가관리체제의 형성」 『조선시대사학보』 76, 2016.
34) 『태종실록』 권18, 태종 9년 7월 기축.
35) 최이돈 「태종대 과전국가관리체제의 형성」 『조선시대사학보』 76, 2016.
36) 『세종실록』 권49, 세종 12년 8월 무인.

견지하였고,[37] 이러한 견해는 결국 공법에 풍흉을 고려한 年分制로 반영
되었다.

　이상에서 볼 때, 수손급손제는 수령이 백성을 위하여 매 필지마다 찾아
가 답험하는 적극적인 정책이었다. 이 정책의 시행으로 백성은 감세의 혜
택을 적극적으로 누릴 수 있었다. 또한 공전에서의 변화는 사전에도 미쳐
서, 태종 17년부터는 공전과 사전에서 공히 수손급손제가 시행되어, 납조자
는 공전과 사전을 통하여 모두 佃夫로서 제일적 지위를 가질 수 있었다.[38]

　그러나 이 정책으로 수령의 업무량은 대폭 확대되면서 부작용이 나타났
다. 정부는 수손급손제를 활성화하기 위해서 수령을 독려하거나, 지원하는
운영방식의 변화가 필요하였다. 이와 같은 정부의 새로운 운영 정책은 손
실경차관제나 손실위관제의 시행을 통해서 나타났다. 그 시행과정을 다음
절에서 검토해 보자.

2. 손실답험제의 운영

1) 損失敬差官의 파견

　수손급손답험제는 수령이 답험을 적극적으로 시행하여 백성에게 혜택
을 부여하는 제도였다. 수손급손제의 시행으로 수령은 소관 지역의 모든
전지를 답험하고, 답험에 근거하여 감세를 해주는 중요한 역할을 담당하
게 되었다. 그러나 현실에서 수령이 모든 전지를 일일이 답험하는 것은 쉽
지 않았다. 태종 6년 사헌부는 수손급손답험의 시행이후 수령이 직접 답험
을 하지 않고 있음을 다음과 같이 지적하였다.

---

37) 『세종실록』 권101, 세종 25년 7월 무진.
38) 최이돈 「조선초기 佃夫制의 형성과정」 『진단학보』 127, 2016.

(수령)이 전지 답험이나, 軍資 納稅에 監考를 정하여 시행하고 자신이 친히 하지 않습니다. 이에 奸吏와 鄕愿 등이 威福을 조작하여 무고한 백성이 폐단을 깊이 받게 됩니다. 監司가 자세히 고찰하게 하소서.39)

대간은 수손급손답험이 진행되면서 수령이 손수 답험을 하지 않고 있음을 지적하고 있다. 이는 수손급손제가 만들어지면서 모든 전지를 수령이 직접 답험하기 어려워지면서 나타나는 현상이었다. 수령이 직접 답험하지 않고, 監考 등을 이용하여 답험을 시행하였고, 그 과정에서 '奸吏'와 '鄕愿' 등 토호가 영향력을 행사하고 있었다. 사헌부는 이와 같은 부정적인 영향력을 막기 위해서 수령이 직접 답험을 해야 하며, 이를 어기는 수령을 '監司'가 엄하게 규찰하도록 요청하고 있다.40) 그러나 수령이 맡은 지역의 손실답험을 일일이 살피기 어려운 상황에서, 한 도를 책임지는 감사가 수십 개에 이르는 관할 내 고을들의 손실을 관리하는 것은 쉽지 않았다.

조선의 정부는 중앙집권체제를 추구하였으므로, 전국에 수령을 파견하여서 일원적 통치체제를 구축하였고, 수령을 관리하고 감독하는 기능을 일차적으로 감사들에게 맡겼으나, 특별한 사안에 대해서는 관리를 파견하여 직접 관리하였다.

그 방법이 경차관을 파견하는 것이었다. 경차관의 파견은 태조대부터 시행되었으나, 경차관을 적극적으로 활용한 것은 태종이었다. 정부는 과전법의 시행으로 공전수조를 국가경영의 기반으로 삼았으므로, 공전수조의 가장 중요한 부분인 답험을 관리하기 위해 경차관을 파견하였다.

손실답험을 위해 경차관을 파견한 것은 수손급손제가 시행되기 이전부터 확인된다. 이는 다음의 태종 2년 사간원의 상소를 통해서 알 수 있다.

---

39) 『태종실록』 권12, 태종 6년 윤7월 계해.
40) 수령의 직접 답험을 강조하는 것은 여러 자료에서 확인된다(『태종실록』권24, 태종 12년 8월 경진).

근자에 憲司에서 각도 감사·수령의 손실 조사에 맞지 않은 것과 損
分之法에 대해 고쳐야 할 점을 갖추어 啓聞하였는데, 전하께서 兪允하
시고, 경차관을 나누어 보내어 손실을 조사해서 實에 따라 收租하게
하였으니, 진실로 국용을 넉넉하게 하는 좋은 법입니다.[41]

이에 의하면 이미 태종 2년부터 손실답험을 관리하기 위해서 경차관을
파견하고 있다. 특히 이 내용에서 흥미로운 것은 초기의 경차관 파견이 손
실답험제의 개혁과 연결되었다는 점이다. 이 내용에 의하면 대간은 분수
답험제인 '損分之法'의 개선을 위한 방안을 제시하였고, 태종은 경차관을
파견하여 이 개선안을 시험하고 있었다.

개혁 내용은 경차관이 나가서 '實에 따라 收租'하는 것이었다. 특히 중
요한 것은 '손실을 조사해서'라는 것이다. 이는 피해를 입은 백성이 손실을
신고하는 것을 기다리는 것이 아니라, 경차관이 피해를 살피는 데까지 나
아가는 방식이었다. 이와 같은 내용을 종합해보면, 대간이 분수답험제를
개혁하기 위해서 새로운 답험 방안을 제안하였고, 태종은 이를 경차관을
보내서 시험해 보았다.

경차관을 통해서 시험한 결과, 사헌부의 다음과 같이 새로운 답험 방식
을 전면적으로 시행할 것을 제안하였다. 이는 사헌부가 태종 5년 제안한
수손급손제의 방안이었다.

"分數踏驗하는 것을 백성들이 모두 민망하게 여깁니다. 이제부터 이
후로는 隨損給損하여 公私를 편하게 하소서." 하였다. 의정부에 내려
서 상고하고 의논하여 시행하게 하였다.[42]

이 내용은 앞에서 살핀 바와 같이 사헌부에서 분수답험을 수손급손답험

으로 바꿀 것을 제안한 것이다. 이 내용에 의하면 당시에는 분수답험이 시행되고 있었고, 수손급손제는 대간의 요청에 의해서 비로소 시행되었다. 그러나 여기서 주목되는 것은 백성들이 이미 분수답험과 수손급손답험의 차이를 이해하고 있었다는 점이다. 이와 같은 내용은 백성들이 이미 부분적으로 수손급손제를 경험하였다는 것을 보여준다. 그러므로 이 내용을 앞에서 살핀 태종 2년의 자료와 연결시켜서 이해할 수 있다. 즉 대간들이 태종 2년 손실답험의 새로운 방식으로 수손급손제를 제안하였고, 정부는 이를 경차관을 통해서 시험해보았다. 시험의 결과 성과가 있자, 태종 5년 대간들은 이를 전국적으로 시행하도록 요청한 것으로 이해된다.

이상에서 볼 때 정부에서 경차관을 파견한 것은 손실답험제를 개선하여 백성에게 적극적으로 이익을 주기 위한 것이었다. 그러므로 당시의 관원들도 경차관의 파견에 대하여 긍정적으로 평가하였다. 이는 태종 3년 史官의 다음 기록을 통해서 확인할 수 있다.

> 敬差官을 各道에 나누어 보내어 田地의 손실을 조사하게 하였으니, 되도록 적게 거두어 백성에게 후하게 하려고 함이었다.[43]

史官은 정부에서 경차관을 보내어 손실답험을 추진하는 목적은 '되도록 적게 거두어'라는 백성을 위한 것임을 분명하게 명시하고 있다. 정부는 수손급손답험을 활성화하여 백성에서 급손을 후하게 부여하고, 또한 수령의 불공평한 답험에서 백성을 보호하여, '백성에게 후하게' 하려고 경차관을 파견하였다.

특히 태종 5년 수손급손법이 만들어지면서 경차관의 파견은 더욱 중요해졌다. 정부는 경차관을 통해서 수령이 적극 수손급손답험을 시행하도록 관리 감독하였다. 그러므로 경차관의 파견은 빈번해졌고, 매년 파견으로

---

43) 『태종실록』 권6, 태종 3년 8월 병오.

정례화되었다. 정례화되면서 경차관의 칭호도 별도로 정해졌다. 경차관의 파견이 정례화된 것은 태종 12년 사간원의 다음과 같은 지적을 통해서 확인할 수 있다.

　　租稅를 거두는 것은 국가의 경비여서 중하게 하지 않을 수 없습니다. 그러므로 국가에서 매양 추수 때를 당하면 반드시 경차관을 보내어 손실을 살펴 조세의 많고 적은 것을 정합니다.[44]

이에 의하면 '매양 추수 때를 당하면' 반드시 경차관을 보내었다. 이는 태종 5년 이후 경차관의 파견이 빈번해지면서 매년 파견하는 것으로 정례화되었음을 보여준다.

또한 경차관의 파견이 정례화되면서 경차관의 명칭도 구체화되었다. 이는 태종 9년 사간원의 다음과 같은 언급을 통해서 확인할 수 있다.

　　이제 이미 그 책임을 맡기고도, 또 따로 사람을 차임하여 혹은 損實敬差官이라 이르고, 혹은 軍容點考官이라 이릅니다.[45]

사간원은 손실답험을 담당하는 경차관의 명칭을 '손실경차관' 혹은 '답험경차관'[46]으로 칭하였다. 당시 경차관은 여러 분야에 파견되었으나, 대부분 일회적이고 임시적이었다. 오직 손실답험을 위한 경차관만 매년 파견하였고, 손실경차관이라는 고유한 칭호도 부여하였다.

그러나 경차관제도가 정례화되면서 문제점도 노출되었다. 이는 태종 3년 판중추부사 조영무의 다음과 같은 언급을 통해서 살필 수 있다.

---

44) 『태종실록』 권23, 태종 12년 5월 임인.
45) 『태종실록』 권17, 태종 9년 4월 정해.
46) 『세종실록』 권53, 세종 13년 7월 계유.

조영무가 임금께 말하기를, 백성들이 경차관을 싫어하여 말하기를, "차라리 荒田에서 實租를 바칠지언정, 경차관을 보기는 원하지 않는다." 합니다. 임금이 두려워하고, 또 노하여 말하기를, "경차관을 나누어 보낸 것은 되도록 백성을 편케 하려고 함인데, 이제 이러한 말이 있는가?" 하고, 두 번씩이나 말하여 마지않았다.[47]

조영무는 태종에게 백성들이 경차관의 파견을 싫어한다고 말하였다. 이러한 언급에 대하여 태종은 "경차관을 나누어 보낸 것은 되도록 백성을 편케 하려고 함인데, 이제 이러한 말이 있는가?"라고 매우 놀라고 노여워하였다. 정부는 좋은 뜻으로 경차관을 보내고 있었으나, 백성의 반응은 달랐다. 그러나 여기서는 백성이 경차관을 싫어하는 이유는 밝히지 않았다.

경차관에 대한 백성들의 이러한 반응을 보이는 이유는 태종 6년 경기도관찰사 전백영의 다음과 같은 언급을 통해서 알 수 있다.

나라는 백성으로 근본을 삼습니다. 백성이 있은 뒤에 나라가 있는 것인데, 경차관이 된 사람들이 가끔 백성의 병폐를 살피지 아니하고, 나라와 백성을 둘로 여기어 나라에만 이롭게 하려고 하여, 民生에 불편함이 매우 많습니다. 이 까닭에 싫어하는 것입니다.[48]

태종이 감사 전백영에게 "손실을 당할 때마다 경차관을 나누어 보내는데, 사람마다 싫어하는 것은 무슨 까닭인가?"라고 묻자, 전백영은 위와 같이 답하였다. 이 내용에 의하면 백성이 경차관을 싫어하는 이유는 경차관이 '나라'만 이롭게 하려고 손실의 책정에서 給損을 후하게 주지 않았기 때문이었다. 경차관의 파견은 수령의 공정한 조세를 추진하기 위한 것이었으나, 경차관은 정부의 입장에서 給損을 여유 있게 주지 않았으므로 백성들은 경차관을 싫어하였다.

---

47) 『태종실록』 권6, 태종 3년 9월 정유.
48) 『태종실록』 권12, 태종 6년 9월 갑술.

그러나 경차관의 보다 근본적인 문제점은 급손을 박하게 책정하는 것이 아니었다. 근본적인 문제점은 경차관이 실제적으로 맡은 지역의 손실답험을 일일이 살필 수 없다는 것이었다. 경차관이 맡은 지역은 상당히 넓었다. 이는 태종 11년의 대사헌 박은의 다음 상소 내용을 통해서 살필 수 있다.

경차관이 道마다 각각 2,3인 혹은 3,4인이 되어, 살펴보고 타량하는 것이 같지 않기 때문에 한 도 안에 손실의 경중이 동쪽과 서쪽이 뚜렷하게 다릅니다.[49]

이에 의하면 정부는 손실경차관을 한 도에 적으면 2,3인 많으면 3,4인을 파견하고 있었다. 경차관을 1도마다 평균 3인 정도를 파견하였다. 이를 8도 전체로 계산하면 전국에 20여명의 경차관을 파견하고 있었다. 8도의 군현이 330여 개였던 것을 고려하면, 경차관 1인이 10여개의 군현을 답험해야 하는 상황이었다. 구체적으로 태종 5년 경상도 경차관 김지는 답험을 마치면서 19개 고을의 답험 상황을 보고하고 있다.[50]

이러한 상황이었으므로 현실적으로 경차관은 손수 답험하기 어려웠고, 수령의 답험에 의존할 수밖에 없었다. 태종 3년 사간원에서는 경차관이 수령의 조사에 의존하고 있음을 다음과 같이 언급하고 있다.

지난해에 경차관을 各道에 보내어 전지의 풍흉을 조사 하였으니, 본래 백성을 넉넉하게 하려고 한 것이었습니다. 경차관이 돌아다니며 고루 보지 못하고 수령을 시키고 있습니다.[51]

경차관이 답험을 실제로 하지 못하고, 수령을 시키고 있었다. 경차관은

---

49) 『태종실록』 권22, 태종 11년 8월 신축.
50) 『태종실록』 권10, 태종 5년 9월 임술.
51) 『태종실록』 권6, 태종 3년 8월 기유.

10여 개 혹은 그 이상의 고을을 직접 살피기 어려웠고 수령의 답험에 의존하고 있었다.

구체적인 예를 살피면 사헌부는 태종 11년 풍해도경차관 권문의를 처벌할 것을 요청하였다.

> 권문의는 豊海道 敬差官이 되어 損實을 살피지 아니하여, 일이 끝난 다음에 實의 숫자가 과다하게 되었고, 마음대로 損의 숫자를 더하였으니, 전하께서 책임을 맡긴 뜻에 어긋남이 있습니다.[52]

이 기록에 의하면, 권문의는 손실을 실제로 살피지 않았고, 수령의 답험에 의해 손실을 책정하였다. 특히 답험의 결과를 정리하는 과정에서 손실을 임의로 조작하였다. 이러한 사실이 드러나자, 대간은 권문의를 탄핵하여 유배를 보내었다.

그러나 이런 상황은 개인의 문제가 아니라 제도의 문제였다. 그러므로 대간은 경차관 무용론을 제기하였다. 태종 11년 사헌부에서 다음과 같이 손실경차관제의 폐지를 요청하였다.

> 가끔 이름을 좋아하는 무리가 전하의 백성을 사랑하는 뜻을 본받지 않고, 근근이 그 地境에 들어가면 먼저 전 해의 손실의 수를 물어서 오로지 實이 많은 것으로 힘쓰는 자가 흔히 있고, 전의 숫자를 비교하여 허위로 보태어 꾸미는 자가 있습니다.[53]

사헌부에서는 손실경차관이 손실답험을 바르게 하지 않고, 임의로 손실을 정하여 허위보고를 하고 있다고 주장하였다. 물론 특정인을 거론하지 않고 있으므로, 이는 손실경차관 상당수가 이러한 상황이었음을 지적한

---

52) 『태종실록』 권21, 태종 11년 1월 정묘.
53) 『태종실록』 권22, 태종 11년 8월 신축.

것이었다. 대간은 역할을 하지 못하는 경차관제를 파하고, 손실답험의 임무를 감사에게 위임할 것을 요청하였다.

그러나 경차관제를 파하는 것은 쉽지 않았다. 따라서 대간들은 계속해서 손실경차관제의 폐지를 주장하였다. 이는 태종 12년 사간원의 다음과 같은 언급을 통해서 확인할 수 있다.

이 법을 행한 지가 이제 이미 수년에 되었는데, 기이한 효과는 보지 못하고 한갓 州郡의 支待와 簿書期會의 번거로움만이 될 뿐입니다. (중략) 어찌 조세를 거두는 한 가지 일에만 따로 경차관을 보냅니까? 원컨대, 이제부터 경차관을 보내지 말고 감사에게 위임하소서.[54]

사간원은 경차관을 보내는 것이 '효과'를 보지 못하고, '번거로움'만이 있다고 주장하면서 경차관을 보내지 말고 그 역할을 감사에게 위임할 것을 주장하였다. 그러나 정례화된 손실경차관제를 폐지하는 것은 쉽게 결정되지 않았다.

그러한 논의과정에서 관원들은 경차관제의 개선방안을 제시하였다. 손실경차관 기능을 행대감찰이 대신하게 하자는 안과 경차관 파견 인원을 축소하자는 안 등을 제시하였다. 이 방안을 태종 11년 사헌부는 다음과 같이 제시하였다.

경차관을 파하고 오로지 監司에게 붙이고, 때 없이 行臺監察을 나누어 보내어 損實의 경중, 국민의 고락, 水陸將吏의 능하고 능하지 못한 것을 두루 돌아다니며 體察申聞하여 恪勤하지 못한 것을 징계하도록 하소서. (중략) 그대로 따라서 경상도 전라도 충청도 강원도 서북면 등은 각각 2인씩으로, 풍해도 경기도 동북면 등은 각각 1인씩으로 하라.[55]

---

54) 『태종실록』 권23, 태종 12년 5월 임인.
55) 『태종실록』 권22, 태종 11년 8월 신축.

사헌부는 손실경차관의 파견하지 말고, 이 기능을 행대감찰에게 맡기자고 제안하고 있다. 이미 정부에서는 다양한 경우에 행대감찰을 파견하고 있었으므로, 답험 기능도 행대감찰에게 부여하고, 손실경차관을 폐지하자고 주장하였다. 그러나 이러한 사헌부의 요청은 수용되지 않았다.

사헌부는 이 요청이 수용되지 않자, 파견하는 경차관의 수를 줄이자고 요청하였다. 사헌부는 3,4명까지 파견하던 경차관 수를 줄여서 1,2명으로 하자고 요청하였다. 경차관이 그 역할을 다하지 못하고 있었으므로 그 수를 줄여서 파견에 따른 폐단을 줄이고자 하였다. 정부는 경차관의 수를 줄이는 방안에 동의하여, 파견인원을 축소하였다.

이후 대간이 요청한 행대감찰로 경차관을 대신하게 하자는 안도 정부에 의해서 부분적으로 수용되었다. 이는 태종 13년 의정부에서 정한 다음의 경차관 事目을 통해서 확인할 수 있다.

> 1. 禾穀의 損實을 분간하고 답험할 것.
> 1. 각 고을의 義倉과 軍資의 穀倉을 아울러 모두 수납할 것.
> 1. 백성의 利害를 탐문할 것.56)

이는 의정부가 경차관을 파견하면서 정한 事目의 일부로 경차관의 임무에 손실답험은 물론 기타의 백성의 이해에 관한 모든 것을 망라하고 있다. 이와 같은 경차관 기능의 확대는 경차관이 이름은 유지하였으나, 사실상 대간이 요청하였던 행대감찰에게 손실 임무를 맡기는 것과 같았다.

이상에서 볼 때, 태종 5년 수손급손제가 시행되면서 수령의 손실답험 기능이 강화되었고, 정부는 수령의 손실답험을 감독하기 위해서 경차관을 파견하고 나아가 정례화하였다. 정부는 경차관의 파견으로 수령을 독려하여 적정 수조를 실현하고자 하였다. 그러나 손실경차관제가 정례화되면서

---

56) 『태종실록』 권26, 태종 13년 8월 무오.

문제점도 드러났다. 손실경차관은 중앙정부의 입장을 반영하면서 백성들에게 給損을 넉넉하게 주지 않아 백성들이 싫어하였다. 또한 경차관은 10여개의 군을 답험해야 하였으므로 파견 지역의 손실을 직접 살피기 어려웠다.

이러한 상황에서 이미 태종 11년경에는 손실경차관제 무용론이 제기되었다. 대간은 경차관제를 폐지하고, 그 기능을 행대감찰에 붙이는 방안을 제시하였다. 이러한 제안이 수용되지 않자, 파견 경차관의 수를 줄이는 방안을 제안하였다. 이는 모두 경차관의 기능을 축소하는 방향이었다.

이와 같은 상황은 경차관을 파견하여 수령을 관리하는 것이 적정 수조를 실현하는데, 효율적이지 않았음을 보여주었다. 그러므로 손실답험제를 활성화하기 위해서는 수령을 압박하기 보다는 늘어난 수령의 업무를 덜어주어, 수손급손제를 실제적으로 실현하는 방안이 필요하였다. 그 방법으로 모색된 것이 손실위관제의 시행이었다. 손실위관제의 실행과정을 다음 절에서 검토해 보자.

2) 損失委官制의 시행과 정비

(1) 손실위관제의 시행

정부는 수손급손답험을 시행하면서, 수령의 직접 답험을 독려하기 위해서 손실경차관을 파견하였다. 그러나 경차관을 통한 감독만으로 수손급손제가 잘 수행되기 어려웠다. 수령의 손실답험 부담을 줄이고, 실제적으로 수손급손제를 시행할 수 있는 방안이 필요하였다. 태종 15년 戶曹는 다음과 같이 새로운 방안을 제시하였다.

　　금년 각도의 전답 損實에 公廉한 品官으로 道를 바꾸어 나누어 差
　遣하소서. 『六典』에 의하여 매양 2,3백 結을 1部로 만들어 踏驗하여

隨損給損하면, 관가와 백성이 둘 다 편할 것입니다. 그 고을의 수령으로 하여금 委官이 답험한 곳에 따라 擲奸하여, 그 불공평한 것는 경차관에게 보고하게 하소서. 경차관이 불시에 나아가 두루 다니며 척간하여, 그 중에 實을 損이라 하고, 손을 실이라 하고, 起耕한 것을 陳田이라 하여 불공평하게 답험한 수령과 위관을, 3품 이상은 上申하여 아뢰고 4품 이하는 직접 결단하게 하소서.[57]

호조는 답험을 위해서 委官을 임명할 것을 요청하고 있다. 이 제안은 이전까지 수령의 직접 답험을 강조하였던 정책의 기조를 바꾸어 수령 대신에 직접 답험을 담당하는 위관의 임명을 요청하고 있다.

새롭게 손실답험을 담당하는 위관을 두면서 업무를 분장하여 이전에 답험을 담당하던 수령과 경차관의 역할을 재조정하였다. 위관의 역할은 '답험하여 수손급손'하는 것으로 정리하였고, 수령의 역할은 "委官이 답험한 곳에 따라 擲奸하여" 그 불공평한 것을 경차관에게 보고하는 것으로 정리하였다. 답험의 실제는 위관이 담당하였고 수령은 위관의 답험 중에서 '불공평한 것'을 검토하는 정도로 그 기능을 축소하였다.

경차관의 역할도 축소하였다. 경차관은 "불시에 나아가 두루 다니며 척간하여" 불공평하게 답험한 수령과 위관을 처벌하도록 규정되었으므로 기존의 역할과 같은 듯하였다. 그러나 오히려 경차관의 기능이 확대되면서 사실상 답험에서의 경차관의 역할은 축소되었다. 경차관의 기능은 논의 중에 이조가 "각도의 大小使臣과 守令, 萬戶, 千戶, 敎授官, 驛丞 등의 법을 범한 일과 용렬하여 직임을 감당하지 못하는 자를 손실경차관으로 하여금 아울러 조사하여 물어서 啓聞하게 하소서."라고 요청하면서 확대되었다. 명칭은 여전히 손실경차관이었으나, 손실답험은 물론 관원의 불법도 살피는 행대감찰의 기능을 수행하였다. 이에 따라서 손실경차관의 임무 중에서 답험 기능은 그 비중이 축소되었다.

---

57)『태종실록』권30, 태종 15년 8월 을축.

정부는 수손급손답험을 활성화하기 위해서 수령과 경차관의 기능을 축소하고, 위관 중심의 답험체제를 만들고자 하였다. 이를 위해서 정부는 위관을 품관 중에서 정식의 관원으로 임명하였다. 이에 비해서 수령이 차출하는 감고는 공식적인 관원이 아니었으므로 품관이면 좋았지만 꼭 품관일 필요는 없었다. 이는 태종 5년 강원도 관찰사 이안우가 지방관리 대책을 제안하면서 "鄕中에 綱紀廉幹한 자를 골라서 監考로 삼아"[58]라고 언급한 것은 그 좋은 예였다. 감고는 수령이 필요에 따라서 차출한 인원으로 꼭 품관일 필요는 없었다.

위관은 관원이었으므로 그에 대한 의전도 정비되었다. 이를 분명하게 보여주는 것은 세종 12년 이조의 다음과 같은 제안이다.

> 답험관의 冠服은 서울의 提擧나 別坐의 예에 따르고, 감사와 수령은 그 職秩의 높고 낮은 것을 알아서 접대하게 하고, 답험이 끝나고 감사가 그 성적의 高下를 등급지어 보고하면 우수한 자는 재능을 참작하여 서용하게 하소서.[59]

이 내용은 세종대에 위관제의 정비과정에서 언급된 것으로, 위관의 관복과 의전을 정비하고 있다. 위관은 제거나 별좌에 준하는 관복을 입었고, 감사 수령과의 만남에서도 관품에 따른 의전이 있었다.

또한 위관은 수행 업무에 대해 고과를 통한 평가와 포상을 받았다. 이미 검토한 바와 같이 수손급손제가 시행되면서 수령은 답험에 감고를 동원하였다. 그러나 이 경우 감고는 수령을 보조하는 것이었으므로, 여전히 답험의 책임은 수령에게 있었다. 그러나 정부는 위관을 답험의 실질적 책임자로 내세우면서 업무에 대한 책임과 포상도 부여하였다.[60]

---

58)『태종실록』권29, 태종 15년 4월 정해.
59)『세종실록』권49, 세종 12년 8월 기축.
60)『세종실록』권1, 세종 즉위년 10월 갑신.

특히 중요한 것은 위관을 관원으로 삼으면서 이들에게 상피제를 적용하였다. 조선의 정부는 3품 이하의 모든 관원들에게 상피제를 적용하고 있었다.[61] 정부는 관원이 연고를 따라 정실에 의한 부정에 연루되지 않도록 상피제를 시행하였다. 관원을 친인척이 배치된 부서에 임명하지 않았고, 연고자가 시험을 보면 시관으로 임명하지 않았으며, 연고지에 수령으로 배치하지 않았다.

이와 같은 상피제를 위관에게도 적용하였다. 앞의 인용문에서 언급한 것처럼 위관을 "道를 바꾸어 나누어 差遣"하였다. 이미 정부는 수손급손제의 시행이후 수령이 감고를 답험에 동원하는 것을 인정하지 않았다. 정부가 수령이 감고를 동원하여 답험하는 것을 금지한 이유는 앞에서 살펴보았듯이 수령과 감고, 향리, 토호 등이 유착되면서 답험 부정이 심화되었기 때문이었다. 그러므로 정부는 위관 중심의 답험체제를 만들기 위해서 가장 심각하게 고려한 것은 위관과 수령, 향리, 토호 등의 유착관계였다. 그러므로 정부는 유착을 막기 위해서 위관을 타도의 품관으로 임명하였다.

이상으로 내용을 정리하면, 정부는 손실답험을 활성화하기 위해서 위관 중심의 답험 체제를 추진하였다. 위관제 시행의 가장 중요한 초점은 위관이 지역사회와 유착되는 것을 막는 일이었다. 그러므로 정부는 위관이 수령의 간섭에 의해 업무의 공정성을 잃지 않도록 관원의 지위를 부여하였고, 답험지역의 향리나 토호 등과 연결되는 것을 막기 위하여 상피제를 적용하였다. 물론 위관의 업무를 분명하게 분정하고, 업무를 평가해서 상응한 포상도 시행하였다.

이와 같은 호조에 의해서 제안된 위관제는 왕과 정부에 의해서 수용되면서 지속적으로 추진되었다. 이는 세종 즉위년 호조의 다음과 같은 언급에 의해서 확인할 수 있다.

업무의 성과에 따라서, 위관은 처벌 뿐 아니라 상도 받았다.
61) 대신의 상피제에서 예외였다(최이돈 「조선 초기 특권 관품의 정비과정」 『조선시대사학보』 67, 2013).

　향리에 사는 公廉한 品官을 택하여 委官을 삼아 각지에 나누어 보내
어 답험하게 하되, 위관이 답험한 후에 수령은 맞지 않는 것을 직접 살
펴보아 敬差官에게 보고하여, (경차관은) 다시 조사하여 그 수령이나
위관이 損을 實로 하였거나 실을 손으로 하였으며, 개간된 땅을 묵은
땅이라고 하였거나 묵은 땅을 개간된 땅이라고 한 자가 있으면, 3품 이
상이거든 위에 아뢰고, 4품 이하이거든 직접 결단하여 논죄하도록 하시
옵소서.[62]

　위의 내용은 앞에서 살핀 태종 15년 호조에서 언급한 내용과 크게 다르
지 않다. 위관제가 시행되면서 손실답험의 실무는 위관에게 돌아가고, 수
령과 경차관의 역할은 축소되었다. 위관제는 정착되면서 위관의 고유한
명칭도 부여되면서 '손실위관'[63] 혹은 '답험위관'으로[64] 호칭되었다.
　태종 15년 위관제가 정비된 것은 사전인 과전에서의 변화와 연동되었
다. 이미 사전의 수조는 공전의 수조에 비하여 부담이 컸는데, 태종 5년
수손급손답험이 진행되면서 그 차이는 더욱 벌었다. 그러므로 경기백성들
은 태종 9년부터 사전수조의 과잉을 이유로 과전을 타 지역으로 이전해
달라고 요청하기 시작하였다. 사전수조의 과잉을 막기 위한 여러 가지 방
안이 모색되었으나, 결국 사전수조의 과잉은 전주의 답험에 기인한 것이
었으므로, 그 대안으로 관답험이 제기되었다. 논의의 결과 태종 15년 6월
관답험이 일차적으로 결정되었다.[65]
　사전의 과잉 수조의 문제는 관답험의 시행이 해결의 돌파구가 될 수 있
었으나, 정작 관답험에서는 태종 11년부터 손실경차관제의 무용론이 제기
되면서, 새로운 대안이 필요한 상황이었다. 이러한 상황에서 사전에서의
관답험의 시행이 본격 논의되자, 관답험에서도 손실경차관제의 문제점을

---

62) 『세종실록』 권1, 세종 즉위년 8월 갑오.
63) 『세종실록』 권9, 세종 2년 8월 병진.
64) 『세종실록』 권112, 세종 28년 6월 갑진.
65) 최이돈 「태종대 과전국가관리체제의 형성」 『조선시대사학보』 76, 2016.

풀 수 있는 대안의 모색이 시급하였다. 그 결과 태종 15년 8월 손실위관제를 추진하게 되었다. 위관제의 시행으로 답험의 주체가 바뀌게 되었다. 즉 사전에서 전주의 답험권은 관답험의 시행으로 수령에게 넘어갔으며, 수령의 답험권은 위관제의 시행으로 손실위관에게 넘어가게 되었다. 손실위관은 사전과 공전을 막론하고 손실답험을 추진하는 주체가 되었다.

손실위관제가 형성되면서 답험을 위관이 주도하게 된 것은 이후 여러 자료를 통해서 확인된다. 이는 세종 중반에 진행되는 공법의 논의 중에 보이는 다음 세종 15년의 언급에 잘 나타난다.

> 손실답험은 祖宗의 좋은 법이옵니다. (중략) 만약 경차관을 신중히 뽑아 보내고, 또 공렴한 委官을 택정해서 道를 바꾸어 답험하게 하오면, 비록 지극히 정밀하지는 못하다 하여도, 어찌 큰 폐단이 있어서 원망이 생기게 되겠습니까.66)

이 내용은 공법의 논의 중에 공법의 시행을 반대하고 손실답험제를 계속 시행하자고 주장하는 이들의 견해를 정리한 것이다. 이에 의하면 관원들은 '경차관'을 신중히 뽑아 보내고, 또 공렴한 '委官'을 택정해서 道를 바꾸어 답험하게 하자고 주장하였다. 즉 관원들은 손실답험제가 '경차관'과 '위관'의 손에 맡겨져 있다고 보았다. 여기서 수령의 역할에 대해서는 전혀 언급하고 있지 않다. 물론 위관과 더불어 경차관의 역할을 언급하고 있으나, 경차관의 역할에 대해서는 이미 앞에서 살핀 바와 같이 그 기능이 대폭 축소되고 있었다.

손실위관 중심의 답험체제가 구성된 것은 세종 17년 대사헌 이숙치의 다음과 같이 언급을 통해서 거듭 확인할 수 있다.

> 비록 경차관을 보내더라도 어찌 능히 밭이랑을 다 살필 수가 있겠습

---

66) 『세종실록』 권101, 세종 25년 7월 임신.

니까. 손실의 輕重은 오로지 委官의 손에 매어 있으니, 단지 위관만을 뽑아 보낸다면 비록 경차관은 보내지 않더라도 될 것입니다.[67]

당시 조정에서는 손실경차관을 파견할 것인가에 대하여 논란이 되자, 이숙치는 손실답험이 '오로지 委官의 손'에 달려있다고 주장하면서 손실경차관 파견을 반대하였다. 이는 손실위관제가 형성된 뒤로 수령과 경차관의 역할은 대폭 축소되고 답험에는 '오로지'라고 언급할 만큼 위관의 역할이 크게 확대되었음을 보여준다. 이는 손실위관제의 시행으로 손실위관이 주도하는 손실답험제가 형성되었음을 잘 보여준다.

(2) 손실위관제의 정비

손실위관제가 정비되면서 손실위관이 답험을 주도하였다. 이와 같이 정비된 손실위관제에서 위관이 담당하는 업무량은 얼마나 되었을까? 손실위관은 고을마다 복수로 임명되었다. 이는 문종 즉위년 충청도 관찰사 권극화의 다음과 같은 언급을 통해서 알 수 있다.

> 8道의 委官을 합계한다면 거의 1천여 인에 이르게 될 것이니, 그 사람을 외방에서 어찌 능히 많이 얻겠습니까?[68]

권극화는 적절한 위관을 얻기 어려움을 지적하면서 8도에 임명되는 손실위관이 천 여 명에 이르고 있다고 주장하고 있다. 조선 초기 군현의 수가 『세종실록지리지』에 의하면 330여개였음을 고려한다면, 한 군현 당 평균 3명 정도의 위관이 임명되고 있었다. 또한 당시 전국 전지의 면적을 170만결정도로 잡는다면,[69] 1명의 위관이 약 2,000결정도의 전지를 답험

---

67) 『세종실록』 권69, 세종 17년 9월 갑신.
68) 『문종실록』 권3, 문종 즉위년 9월 임인.
69) 김용섭 『한국중세농업사연구』 지식산업사 395쪽. 김용섭은 『세종실록지리지』를

해야 하였다.

2000결정도의 전지를 답험하는데 얼마나 시간이 소요되었을까? 손실위
관이 하루에 답험할 수 있는 전지의 면적을 정확하게 계산하는 것은 쉽지
않다. 그러나 세종 18년 정인지는 다음과 같이 당시 답험의 실상을 설명하
고 있다.

> 斂法을 모두 수령에게 맡기면 1일 동안에 답험한 것이 2천 결 정도
> 에 이르게 되므로, 토지의 광대한 것이 忠州만한 곳이 없지마는, 10일
> 사이에 또한 마칠 수가 있을 것입니다.70)

정인지는 공법을 반대하고, 斂法 즉 손실답험을 주장하면서, 수령이 하
루에 2,000결정도 손실답험을 할 수 있다고 주장하고 있다. 특히 그는 예
를 들어 충주의 경우 10일이면 답험을 할 수 있다고 주장하고 있다. 『세종
실록지리지』의 기록에 의하면 충주의 전지는 19,893결이었다. 하루 2,000
결을 답험할 수 있다면 충주의 답험에 10일 정도 기간이 필요하였다. 이와
같은 정인지의 주장은 특히 그가 당시 충청도 관찰사였다는 점에서 신뢰
가 간다.

이와 같은 손실위관이 답험해야 할 전지의 양과 위관이 하루에 답험할
수 있는 전지의 양을 고려한다면, 손실위관은 답험을 맡은 평균 2,000결의
전지를 하루면 답험할 수 있었다. 물론 위관은 명을 받아 타 도의 고을로
이동해야 했고, 답험한 결과를 정리하여 보고하는 과정에도 상당한 시간
이 필요하였다. 이러한 시간을 감안해도 손실위관이 위관직을 수행하는
기간은 긴 기간은 아니었을 것으로 추정된다. 그러므로 위관제는 위관에
게 많은 부담을 요구하지 않는 적정한 제도였다. 특히 위관의 활동기간이
짧은 것은 위관과 답험지역의 인사들 간에 유착되는 것을 막는데도 도움

검토하여 당시의 전지를 1,713,726결로 산정하였다.
70) 『세종실록』 권71, 세종 18년 2월 무오.

이 되었을 것으로 추측된다.

태종 15년 위관제가 성립되면서 이후 손실위관제는 유지 정비되었다. 위관제의 가장 중요한 특징이 되는 위관의 상피제는 계속 유지되었다. 또한 전지소유자의 '위관고소제', '답험문서제', '손실답험관제' 등이 추진되면서 손실위관제는 오히려 강화되었다.

손실위관제의 특징이 되는 위관의 상피제는 지속적으로 유지되었다. 이는 세종 28년 직제학 이계전 등의 다음의 언급으로 확인할 수 있다.

> 답험위관은 오히려 다른 고을의 사람을 公差한 것이어서 비록 私情에 따르는 일이 있더라도, 너무 높였다 낮췄다 하는 데는 이르지 않습니다. 지금 차정한 인원들을 모두 그 읍의 인물들이어서 私情과 뜻을 따라 낮췄다 높였다하고, 起耕한 것과 陳과 바꾸고, 損을 實한 것을 顚倒하는 것이 委官보다 더 심할 것입니다[71]

이계전의 공법을 비판하면서 손실위관의 상피제를 긍정적으로 언급하고 있다. 그는 손실위관제가 상피제에 의해서 타도의 인물로 임명하고 있으므로 공정하게 답험을 하고 있다고 주장하고 있다. 설사 위관이 '私情'을 따르더라도 '그 읍의 인물'이 임명되는 경우에 나타날 수 있는 부정과 비교할 수 없다고 지적하고 있다. 특히 이계전은 손실위관이 '公差'임을 언급하여 위관이 상피제를 적용하는 관원임을 분명히 하고 있다.

손실위관제가 운영되면서 미비한 부분들도 추가로 정비되었다. 먼저 태종 15년에는 과도하게 손실을 책정하는 위관을 백성들이 고소할 수 있도록 '위관고소제'를 만들었다. 위관제의 시행으로 위관이 답험을 책임지게 되면서 위관의 불공정한 행위도 드러났다. 이에 대한 대응으로 제기된 것이 백성의 '위관고소제'였다. 이는 태종 15년 태종의 다음과 같은 언급을 통해서 확인할 수 있다.

---

71) 『세종실록』 권112, 세종 28년 6월 갑인.

　　隨損給損은 참으로 좋은 법이니, 어찌 반드시 그렇게 하겠는가? 또
公田은 혹은 이렇게 할 수 있지마는, 대소인원에게 준 科田을 어떻게
일률적으로 分數를 감할 수 있겠는가? 마땅히 수손급손의 법을 지키
고, 만일 損을 주는 것이 불공평한 것이 있으면 백성들로 하여금 관가
에 고하게 하는 것이 편하다.[72]

　백성들의 失農이 많이 생기자, 호조판서 윤향은 조세를 일률적으로 감
해줄 것을 요청하였다. 태종은 수손급손제를 시행하고 있으니 일률적으로
감세하는 것은 불가하다고 보았다. 그러나 태종은 만약 給損이 불공평하
면 백성들이 관가에 고소하도록 명하고 있다. 이로써 백성은 부당한 손실
답험의 결과에 대한 고소할 수 있게 되었다.

　백성에게 고소를 허용된 시기가 미묘하다. 즉 이는 손실위관제가 시행
된 직후였다. 그러므로 백성들은 손실위관의 답험 결과에 대하여 수령에
게 고소할 수 있었다. 이미 수령은 "委官이 답험한 곳에 따라 擲奸하여, 그
불공평한 것을 경차관에게 보고"[73]하는 임무가 있었으므로, 수령은 백성
의 고소를 받아서 그 불공평한 것을 처리할 수 있었다.

　이와 같이 백성이 위관을 고소할 수 있도록 허용된 것은 특이한 것이
아니었다. 이미 과전법에서부터 전지의 소유주는 전주의 전지 수탈이나 1
결당 30두를 넘어가는 수조에 대하여 고소할 수 있는 지위를 확보하고 있
었다.[74] 실례를 보아도 전지소유자들은 전지를 수탈하거나 과도한 수조를
하는 대신이나 왕족을 고소하고 있었다. 또한 태종 6년부터는 전지소유자
들이 경차관도 고소할 수 있었다.[75] 태종은 그 6년에 양전을 잘 못한 경차
관을 전지소유자들이 고소하도록 허용하였고, 태종 8년에는 전객의 고소
를 받은 경차관을 유배와 정직의 형에 처하였다.[76]

---

72) 『태종실록』 권30, 태종 15년 10월 경진.
73) 『태종실록』 권30, 태종 15년 8월 을축.
74) 최이돈 「조선초기 전부의 법적 지위」 본서 제7장.
75) 『태종실록』 권12, 태종 6년 10월 계축.

특히 태종 15년 8월부터는 과전에서 전객에게 과잉 수조를 하는 전주를 전객이 고소하는 '전주고소권'을 허용하였다.[77] 그러므로 전객에게 전주고소권을 허용한 두 달 뒤에, 전지소유자들에게 손실위관을 고소할 수 있도록 허용하는 것은 오히려 자연스럽다. 이는 정부가 과전에서 전주를 고소하도록 허용한 것과 같은 맥락에서 위관고소제를 시행해서 적정한 수조를 통해 백성을 보호하겠다는 의지를 강하게 표현한 것이었다.

또한 세종 3년에는 위관제를 보완하기 위해서 '답험문서제'도 시행하였다. 손실위관이 향리나 토호 등과 유착되는 것을 막기 위하여 상피제를 시행하였으나, 구조적으로 답험실무를 보좌하는 향리들의 부정행위를 막기 어려웠다. 즉 향리들은 위관이 답험 결과를 정리하는 실무에 참여하여 답험 결과를 조작하고 있었다. 그러므로 그에 대한 대책이 필요하였다. 호조에서는 세종 3년 향리의 폐단을 지적하면서 다음과 같이 그 대책을 제시하였다.

전지를 답험한 뒤 損實을 마감할 때에, 간활한 아전들이 흔히 자기의 좋아하고 미워하는 사정에 따라, 損을 實이라 하고, 實을 損이라 하여, 가감하여 시행하게 되어도 문서가 너무 복잡하고 많아서, 상고하여 시정하기가 어렵습니다. 금후로는 委官들이 전지를 답험할 때에, 佃者에게 종이 한 장을 받아 實田의 수를 기록하여 佃者에게 주고 이로서 답험을 憑考하게 하고, 만일 田稅가 이와 차이가 있을 때에는, 그것을

---

76) 『태종실록』 권15, 태종 8년 3월 계해.
   사헌부에서 각도 경차관으로 田地를 高重하게 측량한 자를 劾問하고, 佃客들이 告한 訴狀의 數를 갖추어 아뢰었다. 判內瞻寺事 金汝知는 告한 자가 3백 42인이고, 전 議郎 任中善은 고한 자가 2백 68인이고, 刑曹右參議 鄭易은 고한 자가 2백 1인이고, (중략) 전 司尹 金灌과 司僕正 李邕 등 10인은 고한 자가 모두 50명 이하하였다. 명하여 現任官은 停職시키고, 前銜官은 自願에 따라 付處하게 하였다.
77) 최이돈 「태종대 과전국가관리체제의 형성」 『조선시대사학보』 76, 2016.
   『태종실록』 권30, 태종 15년 8월 갑술.

가지고 수령에게 고하여 개정하게 하소서.78)

답험의 결과를 정리하는 과정에서 향리들이 위관의 답험 결과를 조작하는 부정행위를 하고 있었다. 호조에서는 이를 막기 위한 방법으로 손실위관이 답험을 한 결과를 답험 현장에서 전주에게 바로 기록하여 주는 '답험문서제'의 시행을 요청하였다. 향리가 답험 결과를 위조하는 경우 전주는 '답험문서'를 제시하고, 향리를 고소하여 부정을 바로 잡을 수 있었다. '답험문서제'는 답험문서를 정리하는 과정에서 나타날 수 있는 향리의 부정적 개입을 막을 수 있게 하였다.

이와 더불어 세종 12년에는 '손실답험관제'도 마련되었다. 공법논의가 시작되면서 손실위관제의 문제점이 지적되었고, 문제의 핵심은 위관의 자질에서 오는 부정이었다. 정부는 위관의 자질을 보완하기 위한 대책을 마련하였다. 이조에서는 세종 12년 다음과 같이 손실답험관제를 제시하였다.

> 이제부터 委官을 損實踏驗官이라 명칭을 고치고, 반드시 3품 이하의 顯秩을 지낸 자나, 國試入格者를 택해 정하소서. (중략) 답험이 끝나고 감사가 그 성적의 高下를 등급지어 보고하면 우수한 자는 재능을 참작하여 서용하게 하고, 中正하게 하지 못한 자는 감사가 경차관과 회동하여 율문에 의해 죄를 논단하여 권장과 징계를 엄격하게 하도록 하소서.79)

손실위관제는 제도적으로 잘 정비되었으나, 그럼에도 불구하고 그 시행 과정에서 문제는 계속 노출되었다. 이를 위한 제도적인 보완은 계속 되었으나, 이와 더불어 끊임없이 제기된 문제는 위관의 부정행위였다. 이를 위해서 위관제의 시행 초기부터 '公廉'을 위관 인선의 가장 중요한 덕목으로

---

78) 『세종실록』 권13, 세종 3년 9월 정묘.
79) 『세종실록』 권49, 세종 12년 8월 기축.

제시하였다.80) 물론 '공렴'이라는 덕목은 위관에만 해당하는 문제는 아니었다. 이는 모든 관원의 가장 기본적인 덕목이었다. 그러므로 정부는 관원의 탐오한 범죄를 한 관원을 贓罪를 규정하고, 그 처벌이 본인은 물론 자와 손자까지 미치도록 특별히 관리하였다.

그러나 '공렴'한 위관을 선정하는 것은 그 명료한 기준을 정하기 어려웠다. 그러므로 그 대책으로 품관 중에서 다시 현직에 임명되기 쉬운 자를 위관으로 선정하는 방법이 제기되었다. 이는 현직에 다시 임명될 수 있는 가능성이 높은 이들이 자신을 잘 관리하여 부정에 연루되지 않을 것이라는 통념이 작용한 것이었다.

그러므로 이조에서는 손실위관의 자질을 높이기 위해서 顯秩者와 國試入格者 중에서 위관을 선발하자고 제안하고 있다. 즉 품관 중에서 顯官을 지낸 자와 科擧에 급제했던 자를 위관으로 삼고자 한 것이다. 또한 이러한 지위를 가진 품관을 위관으로 임명하기 위해서, 손실위관의 명칭도 '손실답험관'으로 바꾸고 상벌의 규정도 가다듬었다. 이와 같은 손실답험관제의 시행은 적정한 손실답험을 실현하려는 정부의 노력을 잘 보여주었다.

이와 같이 여러 가지 제도가 보완되면서 손실위관제는 강화 정비되었다. 그러나 세종대 공법논의가 시작되면서, 관원들은 손실답험제를 비판하였다. 그 주된 비판은 손실위관제에 대한 것이었다. 손실위관제가 손실답험제의 최종적인 방안이었고, 손실위관이 손실답험의 실제적인 책임자였기 때문이었다.

손실위관제에 대한 가장 중요한 공격은 위관의 자질에 의한 부정행위에 대한 비판이었다. 그 한 예로 세종 12년 조말생은 공법을 찬성하면서 손실위관제를 다음과 같이 비판하였다.

---

80) 『태종실록』 권30, 태종 15년 8월 을축.
　　『세종실록』 권1, 세종 즉위년 8월 갑오.

조관과 수령이 다 답사하지 못하여 委官을 나누어 보내고 있습니다. 위관이 된 자가 각 고을의 日守 書員의 무리를 많이 거느리고, 배운 것이 없고 아는 것이 없어, 성상께서 백성을 사랑하여 법을 세우신 본의를 본받지 못하고, 損實의 분별이 모두 그 中正을 잃기 때문에, 농민들은 여러 날을 두고 그들의 대접에만 바쁠 뿐, 실제로는 아무런 혜택도 입지 못하는 실정이니, 이는 다년간의 通患이었습니다.[81]

조말생은 손실답험의 문제점으로 위관제를 비판하고 있다. 핵심은 위관의 자질에 연원한 불공평한 답험이었다. 조말생뿐 아니라 손실답험제에 반대하고 공법에 찬성한 관원들은 대부분 위관의 자질을 문제로 거론하였다.

손실답험제를 공격하고 공법의 시행하고자 하는 관원들의 입장은 수조제를 정액제로 만들어 수조과정에 관원의 개입을 최소화해서 부정의 소지를 원천적으로 근절하고자 하는 것이었다. 그러므로 공법은 수조방식을 한 단계 더 높여 개혁하고자 하는 것이었다. 그와 같은 의도를 가진 공법에 비교할 때 손실답험제는 분명히 한계가 있었다.

그러나 그러한 한계에도 불구하고, 상당수의 관원들은 공법에 반대하고 손실답험제와 손실위관제를 계속 시행할 것을 요청하였다. 이러한 동향은 공법의 시행이 대세로 결정된 뒤에도 지속되었다. 그러한 동향을 세종 25년 다음과 같이 언급하였다.

손실답험은 祖宗의 좋은 법이옵니다. 開國한 이래로 실행한 지가 이미 오래 되었으나, 백성들이 원망하는 말이 없었사온데, 다만 奉行하는 자가 근신하지 아니함으로 인하여 민폐가 되게 하였을 뿐이옵니다. 만약 경차관을 신중히 뽑아 보내고, 또 공렴한 委官을 택정해서 道를 바

---

81) 『세종실록』 권49, 세종 12년 8월 무인.
朝官守令不能遍審, 而分差委官, 爲委官者, 率多各官日守書員之輩, 不學無知, 不體聖上恤民立法之本意, 或損或實, 皆失其中, 故農民累日支待, 奔走供億, 終無實惠, 是積年之共患也.

꾸어 답험하게 하오면, 비록 지극히 정밀하지는 못하다 하여도, 어찌 큰 폐단이 있어서 원망이 생기게 되겠습니까.[82]

이 내용은 공법의 시행이 이미 대세이었음에도 불구하고, 여전히 손실 답험제를 지지하는 관원이 상당수 있었음을 보여준다. 이들은 위관을 잘 선정하고, 위관의 상피제를 계속 시행하면 '폐단'이나 '원망'이 없을 것이라고 주장하고 있다. 즉 위관제는 이미 제도적으로 잘 갖추어져 있으니, 인사만 잘 한다면 충분하다는 주장이었다. 이러한 주장은 관원들이 보완 정비된 손실위관제를 크게 신뢰하였음을 잘 보여준다.

그러나 이미 태종 중반 '과전국가관리체제' 형성이후 과전법의 수조체제는 크게 달라지고 있었다. 과전법에서 큰 차이가 있었던 공전수조와 사전수조의 운영방식은 하나로 통일되어 가고 있었다. 그러므로 세종대에 이르면 공전수조와 사전수조를 통합하여 하나의 국가수조체제를 정비할 수 있는 여건이 형성되고 있었다. 세종이 시작한 공법논의는 국가수조를 통일된 하나의 체제로 만들기 위한 모색이었다. 그러므로 통일된 큰 틀을 만들기 위해서 손실답험제는 해체될 수밖에 없었다. 그러나 공법의 긴 논의를 통해서 매년의 작황을 수조에 반영하는 9등급 손실답험제는 의미가 있는 것으로 인정되었다. 공법에서 9등 年分制의 시행은 여전히 그 맥락을 잇는 것이었다.

맺음말

이상으로 조선 초기 손실답험제의 시행과 그 변화과정을 검토해 보았다. 이상의 내용을 정리해 보면 다음과 같다.

---

82) 『세종실록』 권101, 세종 25년 7월 임신.

1. 과전법의 수조방식은 사전과 공전을 막론하고 1결당 30두의 수조상
한선을 규정하고, 매년의 작황에 따라서 감조를 하는 손실답험을 시행하
는 것이었다. 그러므로 적정한 손실답험제를 만들고 운영하는 것은 국가
재정을 위해서 매우 중요한 일이었다.

개혁파가 만든 과전법의 손실답험 규정은 고려의 답험규정과 그 대상과
절차가 달랐다. 고려의 답험은 그 대상이 '災傷'을 입은 전지였다. 水旱虫
霜으로 인한 災傷을 입은 전지를 그 대상으로 하였다. 재상의 피해가 명백
하지 않으면 면세의 대상이 될 수 없었다. 또한 재상을 입었어도, 40% 이
하의 재상은 면세의 대상이 아니었다. 그러므로 40% 이하의 재상에 대해
서는 실제적으로 답험을 하지 않았다. 또한 고려의 답험의 절차는 피해자
가 답험을 신청한 경우에만 진행되었다. 매년 모든 전지를 답험하는 것이
아니라 피해를 보고하는 경우에만 답험이 진행되었다. 그러므로 고려의
답험은 사실상 災傷이 있을 때 특별히 적용하는 진휼 규정으로, 과전법의
손실답험이 모든 전지에서 매년 적용하는 수세 규정인 것과 달랐다. 고려
의 답험은 '損實踏驗'이 아니라 '災傷踏驗'이었다.

『경국대전』에 의하면 조선에서는 손실답험과 재상답험을 별도로 운영
하였다. 손실답험은 그 해마다의 작황의 정도에 따라 감세해주는 것이었
으나, 재상답험은 재상을 당한 한정된 지역을 대상으로 하는 것이었다. 풍
년이어도 한정된 지역에서는 재상에 의한 손실이 있을 수 있었다. 그러한
경우 한정적으로 50% 이상의 재상에 대하여 재상답험을 적용하였다. 그
러므로 고려에서는 40% 이하의 재상에는 감세의 혜택이 없었으나, 조선에
서는 재상의 대상이 안 되는 경우에도 손실답험의 규정을 적용하여 免租
가 가능하였다.

과전법의 손실답험은 손실을 10분으로 나누어서 1분의 손실에서부터
감조해주는 '分數踏驗'이었다. 즉 10%의 피해에서부터 감조의 대상이 될
수 있었다. 그러므로 분수답험은 1분씩 차등을 두어서 답험을 9등급으로

나뉘어 운영하였다. 그러므로 과전법에서 제시한 손실답험제는 풍흉을 기준한 9등급 손실답험제였다.

2. 정부는 손실답험을 시행하였지만, 미비한 부분들이 노출되면서 그 제도를 보완하였다. 태종대에 分數踏驗制를 隨損給損踏驗制로 개혁하였다. 과전법의 손실답험 규정에 의해서 시행된 분수답험제는 개혁파의 이상을 실현한 적극적인 손실답험은 아니었다. 그러므로 적극적인 손실답험제의 운용을 위해서는 보다 적극적인 답험 방식이 필요하였다. 그러므로 정부는 분수답험 방식을 수손급손답험으로 바꾸었다.

수손수급답험은 관원이 '모든 전지를 순회 심찰'하는 것, 즉 모든 전지를 답험하는 것이었다. 백성의 감세요청에 의한 답험이 아니라, 요청이 없어도 수령이 모든 전지를 살펴서 감세여부를 정하는 것이었다. 그러므로 수손급손 방식은 백성의 답험 요청을 기다리는 소극적인 것이 아니라 수령이 먼저 감세를 위해서 움직이는 적극적인 답험이었다.

수손급손제의 시행으로 수령이 매 필지마다 손실을 부과하면서, 이전에는 재해를 당하지 않으면 받지 못하던 減租의 혜택을 백성들을 쉽게 받을 수 있었다. 수손급손제의 시행으로 백성들은 본격적으로 손실답험의 혜택을 체험하게 되었고, 경제적 지위도 높이면서 국세의 담지자로 역할을 할 수 있게 되었다.

수손급손제의 시행은 사전수조에도 영향을 미쳤다. 사전수조 하에 있었던 경기의 전객들은 수손급손제의 시행으로 공전수조의 부담이 경감되는 것을 보면서, 자신들이 수조에서 지는 과중한 부담을 부당한 것으로 인식하기 시작하였다. 공전과 사전 간의 수조량의 차이는 과전법에 '과전경기' 규정을 두면서부터 나타났으나, 수손급손답험의 시행으로 그 격차가 더 현격해졌다. 경기 전객들은 자신들이 받는 차대를 불식하기 위해서 태종 9년 경기의 과전을 타 지역으로 옮겨달라고 요청하였다.

3. 수손급손제의 시행으로 수령은 소관 지역의 모든 전지를 손수 답험

하고, 답험에 근거하여 감세를 해주는 중요한 역할을 담당하게 되었다. 그러나 현실에서 수령이 모든 전지를 일일이 답험하는 것은 쉽지 않았다. 그러므로 수령이 직접 답험하지 않고, 監考 등을 이용하여 답험을 시행하였고, 그 과정에서 '奸吏와 鄕愿' 등 토호가 영향력을 행사하였다.

정부는 수령을 관리하고 감독하는 기능을 일차적으로 감사들에게 맡겼으나, 특별한 사안에 대해서는 경차관을 파견하여 직접 관리하였다. 정부는 과전법의 시행으로 공전수조를 국가경영의 기반으로 삼았고, 공전수조의 가장 중요한 부분이 답험이었으므로 이를 관리하기 위해 경차관을 파견하였다.

특히 수손급손답험의 시행으로 수령의 역할이 커지자, 경차관을 보내어 수령의 답험을 독려하여 손실답험의 혜택을 백성들이 누릴 수 있도록 하였다. 경차관 역할이 중요해지면서 파견이 빈번해졌고, 매년 파견으로 정례화되었으며, 경차관도 '손실경차관' 혹은 '답험경차관'으로 별도로 칭해졌다.

그러나 경차관제도가 정례화되면서 문제점도 노출되었다. 경차관의 파견은 수령의 적극적인 답험을 독려하기 위한 것이었으나, 경차관은 정부의 입장에서 서서 給損을 여유 있게 주지 않아, 백성들이 부담스러워 하였다.

더 중요한 문제점은 경차관이 실제적으로 맡은 지역의 손실답험을 일일이 살필 수 없었다는 것이었다. 경차관이 맡은 지역이 상당히 넓어, 1인이 10여개의 군현을 답험해야 하였다. 이러한 상황에서 경차관은 전지를 손수 답험하기 어려웠고, 수령의 답험에 의존할 수밖에 없었다. 그러므로 경차관이 손실을 실제로 살피지 않았고, 수령의 답험에 의해 손실을 책정하거나 조작하는 일이 빈번하였다.

그러므로 태종 11년경부터 손실경차관제 무용론이 제기되었다. 대간은 경차관을 폐지하고, 그 기능을 행대감찰에 붙이거나, 경차관의 수를 줄이는 방안을 제안하였다. 이와 같은 상황은 경차관을 파견하여 수령을 관리하는 것이 적정 수조를 실현하는데, 효율적이지 않았음을 보여주었다.

4. 경차관을 통한 수령의 감독만으로 수손급손제가 잘 수행되기 어려웠다. 수령의 부담을 줄이고, 실제적으로 수손급손제를 시행할 수 있는 방안이 필요하였다. 그 대안으로 답험을 실제로 담당한 委官을 파견하는 방안이 제시되었다. 이 방안은 이전까지 수령의 직접 답험을 강조하였던 정책의 기조를 바꾸어 직접 답험을 담당하는 위관을 임명하는 것이었다.

정부는 새롭게 손실답험을 담당하는 위관을 두면서 업무를 분장하여 이전에 답험을 담당하던 수령과 경차관의 역할을 재조정하였다. 답험의 실제는 위관에게 부여하고, 수령은 위관 답험 중에서 '불공평한 것'을 검토하는 정도로 그 기능을 축소하였다. 경차관도 그 기능을 행대감찰의 수준으로 확대하면서, 답험을 담당하는 기능을 현저히 축소하였다.

위관제의 시행의 가장 중요한 초점은 위관이 지역사회와 유착되어 답험에서 공정성을 잃지 않도록 하는 것이었다. 그러므로 정부는 위관에게 관원의 지위를 부여하여 수령의 통제를 받지 않고 업무를 수행하게 하였고, 상피제를 적용하여 연고지에 임명을 피하여 답험지역의 향리나 토호 등과 연결되는 것을 막았다.

위관제가 정착되면서 위관의 고유한 명칭도 부여되면서 '손실위관' 혹은 '답험위관'으로 호칭되었다. 손실위관제가 형성된 뒤로 수령과 경차관의 역할은 대폭 축소되었고, 손실위관이 주도하는 손실답험제가 형성되었다.

5. 손실위관제의 시행은 과전에서의 변화와 연동되었다. 이미 사전의 수조는 공전의 수조에 비하여 부담이 컸으므로, 이에 대한 반발이 있었다. 사전수조가 과다한 것은 공전과 사전 간에 답험주체가 달랐기 때문이었다. 공전은 수령이 사전은 전주가 답험을 하였다. 그러므로 사전의 과잉 수조의 문제가 제기되어 과전국가관리체제가 형성되면서 사전에서도 답험의 주체를 바꾸는 관답험의 시행이 논의되었다.

그러나 정작 관답험에서는 태종 11년부터 손실경차관제의 무용론이 제기되면서, 새로운 대안이 필요한 상황이었다. 이러한 상황에서 사전에서 관답험의 시행이 본격 논의되자, 관답험에서도 손실경차관제의 문제점을 풀 수 있는 새로운 대안의 모색이 시급하였다. 그 결과 태종 15년에 손실위관제를 추진하게 되었다.

위관제의 시행으로 답험의 주체가 바뀌게 되었다. 수령의 답험권은 위관제의 시행으로 손실위관에게 넘어갔고, 바로 직후 사전에서 전주의 답험권이 관답험의 시행으로 역시 손실위관으로 넘어갔다. 손실위관은 사전과 공전을 막론하고 답험을 담당하는 주체가 되었다. 사전에서 전주의 답험권의 상실은 사전수조의 성격을 바꾸는 큰 변화였는데, 공전수조에서 수령의 답험권이 손실위관에게 넘어간 것도 그에 상응하는 큰 변화였다. 이제 국가는 손실위관제를 통해서 공전과 사전을 아울러 관리하게 되었다.

6. 이후 손실위관제의 관리와 정비는 국가의 매우 중요한 사업이었다. 정부는 위관제의 가장 중요한 특징이 되는 위관의 상피제를 계속 유지하면서, 전지소유자의 '위관고소제', '답험문서제', '손실답험관제' 등을 추진하여 손실위관제를 강화하였다.

먼저 태종 15년에는 과도하게 손실을 책정하는 위관을 백성들이 고소할 수 있도록 '위관고소제'가 만들어졌다. 위관제로 위관이 답험을 책임지게 되면서 위관의 불공정한 행위가 드러났다. 이에 대한 대응으로 백성의 '위관고소제'가 만들어졌다. 위관의 불공정한 손실에 대하여 백성들이 위관을 수령에게 고소할 수 있었다.

위관고소제를 허용한 것은 특이한 것이 아니었다. 이미 과전법에서부터 전객은 전지의 수탈이나 1결당 30두를 넘는 수조에 대하여 전주를 고소할 수 있었다. 특히 태종 15년부터는 적정한 답험을 하지 않는 경우 전객은 전주를 고소할 수 있는 '전주고소권'을 부여받고 있었다. 그러므로 답험권이 위관에게 넘어간 직후에, 佃夫들에게 위관을 고소할 수 있도록 허용하는 것은 오히려 자연스러웠다. 정부가 위관의 고소를 허용한 것은 적정한 수조를 통하여 백성을 보호하겠다는 강한 의지를 표현한 것이었다.

또한 세종 3년에는 '답험문서제'도 시행하였다. 손실위관이 답험지역의 토호 등과 유착되는 것을 막기 위하여 상피제를 시행하였으나, 답험실무를 보좌하는 향리들이 답험 결과를 정리하는 과정에서 행하는 부정행위를 막는 것은 구조적으로 어려웠다. 즉 향리들은 위관이 답험 결과를 정리하는 실무에 참여하여 답험 결과를 조작하고 있었다.

이를 막기 위한 방법으로 손실위관이 답험을 한 결과를 답험 현장에서 전주에게 바로 기록하여 주는 '답험문서제'를 시행하였다. 향리가 답험 결과를 위조하는 경우 백성들은 '답험문서'를 제시하고, 향리를 고소하여 부정을 바로 잡을 수 있었다.

이와 더불어 세종 12년에는 '손실답험관제'도 마련되었다. 손실위관제의 가장 중요한 문제점은 위관의 불공정한 답험이었다. 그러므로 위관제의 시행 초기부터 '公廉'을 위관 인선의 가장 중요한 덕목으로 제시하였다.

그러나 '공렴'한 위관의 선정은 그 명료한 기준을 정하기 어려웠다. 그러므로 그 대책으로 품관 중에서 다시 현직에 임명되기 쉬운 자를 위관으로 선정하는 방법이 제기되었다. 즉 품관 중에서 顯官을 지낸 자와 科擧에 급제했던 자를 위관으로 삼고자 한 것이다. 이와 같은 지위에 있는 품관을 위관으로 임명하기 위해서, 위관의 명칭도 '손실답험관'으로 바꾸었다. 이와 같은 정비를 통해서 손실위관제는 그 문제점을 보완해 갔다.

7. 이와 같이 손실위관제는 정비되었으나 세종대 공법논의가 시작되면서, 관원들은 손실답험제를 비판하였다. 그 주된 비판은 손실위관제에 대한 것이었다. 손실위관제가 손실답험제의 최종적인 방안이었고, 손실위관이 손실답험의 실제적인 책임자였기 때문이었다. 손실위관제에 대한 가장 중요한 공격은 위관의 부정행위에 대한 비판이었다.

공법을 시행하고자 하는 관원들의 입장은 수조방식을 정액제로 만들어 수조과정에 관원의 개입을 줄여 부정을 원천적으로 근절하고자 하는 것이었다. 공법은 수조방식을 한 단계 더 개혁하고자 하는 것이었으므로 공법에 비교할 때 손실답험제는 분명히 한계가 있었다.

그러나 공법의 시행이 이미 대세이었음에도 불구하고, 여전히 손실답험제를 지지하는 관원이 상당수 있었다. 이들은 손실위관제가 이미 제도적으로 잘 갖추어져 있으니, 인사관리만 잘 한다면 문제가 없다고 보았다. 이러한 동향은 관원들이 보완 정비된 손실위관제를 크게 신뢰하였음을 잘 보여준다.

그러나 이미 태종 중반 '과전국가관리체제' 형성이후 수조체제는 크게 달라지고 있었다. 과전법에서 큰 차이가 있었던 공전수조와 사전수조의 운영방식은 하나로 통일되어 가고 있었다. 세종대에 이르면 공전수조와 사전수조를 통합하여 하나의 국가수조체제를 정비할 수 있는 여건이 형성되고 있었다. 세종이 시작한 공법논의는 국가수조를 통일된 하나의 체제로 만들기 위한 모색이었다. 그러므로 통일된 큰 틀을 만들기 위해서 손실답험제는 해체될 수밖에 없었다. 그러나 공법의 긴 논의를 통해서 매년의 작황을 수조에 반영하는 9등급 손실답험제의 이념과 형식은 의미가 있는 것으로 인정되었다. 공법에서 9등 年分制를 시행한 것은 공법이 답험손실제의 큰 맥락을 잇는 것이었다.

8. 이상에서 볼 때, 조선의 정부는 백성을 위한 적정수조체제를 만들기 위해서 매우 적극적으로 노력하였다. 손실답험제 정비의 일련의 과정은 조선의 정부가 백성을 위한 적정 수조를 실현해 보려고 진지하게 모색하는 과정을 잘 보여주고 있다. 특히 정부는 태종 중반 손실위관제 시행을 통해서 공전은 물론 사전의 수조까지 장악하면서 사전에서도 적정수조를 실현해보려고 노력하였다. 그러므로 손실위관제를 강화해가는 과정은 과전국가관리체제를 정비해가는 과정의 일환이었다.

이와 같이 손실답험제를 통해서 보여주는 수조과정은 서양의 중세에서 영주가 수조의 전 과정을 장악하고 임의로 수조량을 결정하였던 것과 다르다. 그러므로 조선 정부가 정비한 손실답험제는 중세적 수준을 넘어선 것이었다. 조선의 정부는 수조방식에서도 사적인 지배를 배제하고 공공통치를[83] 실현하고자 노력하였던 것으로 이해된다(최이돈 「조선초기 損失踏驗制의 규정과 운영」 『규장각』 49, 2016).

---

83) 최이돈 「조선 초기 공공통치론의 전개」 『진단학보』 125, 2015.

제4장 태종대 科田國家管理體制의 형성

머리말

연구자들은 일찍부터 과전법 연구에 관심을 기울였다.[1] 과전법은 조선 초기의 토지 분급제도로 조선의 경제적 성격, 나아가 조선의 국가적 성격을 밝히는데 기초가 되는 중요한 제도였기 때문이다. 많은 연구자들은 과전법을 통해서 부여되는 수조권을 국가의 토지분급제로 이해하고, 수조권의 분급을 수조권적 지배까지 허용하는 조치로 해석하였다. 즉 연구자들은 과전법을 통해서 국가가 관원에게 경제적 특혜를 주는 것은 물론, 과전을 받은 관원은 수조권을 매개로 해서 토지는 물론 전객을 인신적으로 지배할 수 있었다고 보았다. 그러므로 과전법은 고려의 전시과를 잇는 중세적 성격을 보여주는 토지제도로 주목되었다.

과전을 수조권적 지배로 이해하는 연구자들은 과전법이 세조대 직전법, 성종대 관수관급제 등의 시행을 통해 해체된 것으로 주장하였다.[2] 그런데

---

1) 한영우 「태종 세종조의 대사전시책」 『한국사연구』 3, 1969
   이성무 「고려 조선초기의 토지소유권에 대한 제설의 검토」 『성곡논총』 9, 1978.
   이성무 「공전 사전 민전의 개념」 『한우근박사 정년기념사학논총』 1980.
   김태영 『조선전기토지제도사연구』 지식산업사 1983.
   이경식 『조선전기 토지제도연구』 일조각 1986.
   김용섭 「토지제도의 사적 추이」 『한국중세농업사연구』 지식산업사 2000.
   이민우 「고려 말 사전 혁파와 과전법에 대한 재검토」 『규장각』 47, 2015.
   최이돈 「조선 초기 관원체계와 과전 운영」 『역사와 현실』 100, 2016.
2) 김태영 『조선전기토지제도사연구』 지식산업사 1983.
   이경식 『조선전기 토지제도연구』 일조각 1986.

과전법이 해체하는 과정을 보면 과연 과전법이 위의 주장과 같이 조선의 국가적 특징을 보여주는 중요한 제도였는지 몇 가지 점에서 의심이 된다. 첫째, 직전법이 시행되고, 관수관급제가 시행되는 과정을 검토해 보면, 제도의 변화가 사회적 변동과 관계없이 일어나고 있었다. 심지어 해체를 앞두고 조정에서 격렬한 논쟁도 없었다. 이러한 현상은 과연 과전법이 수조권적 지배를 부여하는, 조선의 중세적 성격을 보여주는 중요한 제도였는지 의심을 가지게 한다.

둘째, 이와 같은 이해는 정치사나 신분사의 이해와 큰 괴리가 있다. 즉 많은 연구자들이 조선의 국가 건설이 성종대의 『경국대전』 체제로 완성된다고 이해하고 있다. 과전법은 조선의 건국주체들이 만든 첫 제도였다. 쿠데타로 집권한 개혁파가 주도권의 지속적인 유지와 새로운 체제의 모색을 위한 물적 토대로 추진한 것이 과전법이었다. 그러므로 과전법은 개혁의 첫 단추이며 가장 중요한 제도였는데, 이 과전법이 국가체제 정비가 마무리되는 『경국대전』 체제에 포함되지 못하고 해체된다는 주장은 납득하기 어렵다.

기존 연구에서 보이는 과전법의 해체에 대한 이와 같은 설명은 과전법과 수조권적 지배체제를 연결시키면서 이해하는 방식이다. 그러나 과전법은 관수관급제로 모습이 바뀐 뒤에도 명종대까지 약 1세기 정도 수조권을 부여하는 제도로 유지되었다. 즉 과전법의 기본 성격을 수조권적 지배와 연결시키지 않으면, 과전법은 여타의 신분제도와 정치제도에서의 변화와 같이 관수관급제의 모습으로, 조선적인 사전 분급 제도로 완성되어 『경국대전』 체제에 편입되었다고 이해할 수 있다.

조선의 건국과정을 살펴보면, 조선의 건국주체들은 조선을 어떠한 국가로 만들지 뚜렷한 생각을 정리한 후에 국가를 건설한 것은 아니었다. 오히려 고려 말의 대혼란 속에서 제기된 문제를 하나씩 해결해 가면서 국가의

___

김용섭 「토지제도의 사적 추이」 『한국중세농업사연구』 지식산업사 2000.

모습을 다듬어 갔다. 즉 대혼란의 경험 속에서 가졌던 몇 가지 중요한 생각을 바탕으로 조선을 만들어가고 있었다. 이는 정도전의 『조선경국전』을 조금만 자세히 들여다보면 쉽게 알 수 있다. 『조선경국전』은 조선의 건설에 청사진과 같은 법전이었는데, 이에는 아직 정치, 경제, 신분에 대한 구체적인 그림들이 들어있지 않다. 조선을 건국하고 몇 년이 지났으나 조선 건국의 주체들은 아직 조선의 국가건설에 대한 체계적인 생각들을 정리하지 못하였다. 그러므로 태종 세종대에 걸쳐 나타나는 제도 정비의 다양함은 조선 국가체제를 펼쳐가고 다듬어가는 과정이었다.

그러므로 본고에서는 과전법이 태종대와 세종대를 거쳐서 다듬어지고, 완성된 모습으로 『경국대전』 체제에 포함된다는 가정 하에 과전법을 검토해보고자 한다. 이미 연구자들에 의해서 과전법의 제도 내적인 검토는 충분히 세세하게 다루어졌으므로, 본고에서는 좀 더 시야를 확장하여 국가가 과전법을 어떻게 바라보고 만들어 가고자 하였는가를 중심으로 검토하고자 한다.

과전법을 정비하려는 논의는 태조대에는 거의 보이지 않는다. 고려말부터 개혁파는 과전법 시행의 성과에 대하여 자부심을 보이고 있었고, 이는 그대로 조선 태조대에로 연결되었다. 그러므로 태조대의 관심은 양천의 변정에 집중하였다.

조선 정부가 과전법의 정비를 위해서 논의한 것은 태종대에 집중적으로 보인다. 본고는 태종대에 나타난 과전 관리를 위한 논의를 검토하고자 한다. 태종대 과전에 대한 연구는 이미 오래전에 한영우가 정리한 바 있다.[3] 이 연구는 국가의 과전 시책을 검토하여 과전의 성격을 구명한 연구로 본 논문의 작성에 도움이 되었다.[4] 이경식은 태종대의 변화를 그의 저서 내

---

3) 한영우 「태종 세종조의 대사전시책」 『한국사연구』 3, 1969.
4) 한영우의 논문은 많은 시사를 주나, 과전의 하삼도 이급 논의에 집중하여, 저자와 몇 가지 상이한 이해를 보여주고 있다. 1) 과전의 하삼도 이급을 사전에 대한 억압을 행하는 개혁으로 이해한 것, 2) 하삼도 이급의 논의를 관료집단간의 대립으

에 '전객농민의 동요와 관답험의 시행'이라는 절을 두어서 다루고 있어 태종대의 변화의 이해에 큰 도움이 된다. 한영우가 과전의 하삼도 이급이라는 관점에서 다루고 있는 반면, 이경식은 관답험 시행의 관점에서 서술하는 특징을 보여주었다.5)

　태종대 과전논의에서 가장 중요한 초점은 과전의 수조 방식이었다. 이미 국가에서는 과전을 사전으로 분배하고 그 관리를 개인에게 위탁하였으므로 국가가 관여할 여지는 없었다. 그러나 흥미롭게도 국가는 경기과전에서 나타나는 사전수조를 여타지역의 공전수조와 비교하면서 국가 개입의 정당성을 확보하였다. 또한 이를 근거로 사전수조 방식에 관여하면서 '과전국가관리체제'를 만들어갔다. 그 과정을 살펴보면, 조선 정부가 과전을 어떻게 이해하고 있는지, 그리고 어떻게 만들어가고자 하였는지를 선명하게 알 수 있다.

　그러므로 본고에서는 태종대에 진행된 조정의 논의를 중심으로 과전에 대한 국가의 입장을 정리해보고자 한다. 다만, 고려 말 과전법의 성립에서 보이는 '과전경기' 규정의 형성과정을 먼저 검토하고자 한다. 이는 태종대 논의의 쟁점이 사전수조를 공전수조에 비교하면서 이 양자를 맞추어가는

───────────

로 파악하여 왕과 비공신계 관료 대 공신계 관료 간의 대립으로 상정한 것, 3) 과전 이전의 이유인 경기농민의 생활의 어려움을 명분을 위한 명분으로 이해한 것 등은 저자의 이해와 다르다.

5) 이경식은 태종대의 변화의 핵심을 관답험의 시행으로 설정하고 변화의 동인을 경기민의 동요와 저항에서 구하고 있다(이경식 앞의 책). 이는 한영우가 태종대 변화의 초점을 과전의 하삼도 이전 논의로 설정하고, 경기농민의 어려움은 단순한 '명분'으로 해석한 것과 상반된 견해이다. 이와 같은 이경식의 이해는 정부의 과전 대책을 기본적으로 농민의 저항에 대한 정부의 대응이라는 관점에서 파악한 것으로 타당한 것이었다. 그러나 이경식은 농민의 저항이 전개되는 구조적 맥락, 즉 과전법이 국가 수세체계에서 차지하는 위상, 고려말 '과전경기' 규정을 만든 이후 나타나는 공전수조와 사전수조 간의 차이에서 오는 갈등, 또한 이를 해결하려는 국가의 의지 등을 보다 넓은 시각에서 파악하지 못하여, 결국 태종대 과전에 대한 국가의 동향에 대한 평가는 소극적이었다.

것이었기 때문이다. 그러므로 사전수조와 공전수조가 분리되는 근거가 되는 '과전경기' 규정이 만들어지는 과정을 고찰하고, 그 분리의 의미를 먼저 확인하고자 한다. 태종대의 과전에 대한 고찰은 여기서부터 검토의 실마리를 찾을 수 있기 때문이다.

다음으로 태종대의 과전에 대한 국가의 규제를 검토하였다. 먼저 과전에 대한 간접적인 규제로 전주에 대한 규제를 정리해 보았다. 전주에 대한 규제를 大臣의 거주제한 정책과 佃客의 田主告訴權이 설정되는 과정으로 나누어 검토하였다. 그리고 과전에 대한 직접적인 규제로 官踏驗制의 시행과정을 검토하였다. 이장을 통해서 과전법에 대한 논의가 활성화되기를 기대한다.

1. '科田京畿' 규정의 성립

태종대 과전 관리에 대한 논의는 기본적으로 '과전경기'[6] 규정에 근거한 것이었다. 과전법에서 가장 중요한 규정이 과전을 경기에 한정하는 '과전경기' 혹은 '사전경기'라고도 부르는 규정이었다. 과전경기 규정이 만들어지면서 국가수조지는 경기 지역에 과전으로 분급되는 사전과 그 외의 지역의 공전으로 나뉘었다. 과전법을 만들면서 과전을 경기에 한하여 배정한다는 의미는 기본적으로 국토의 대부분을 차지하는 공전수조를 기반으로 국가를 운영하겠다는 의지를 표현한 것이었다.[7]

---

6) 한영우는 '과전경기' 대신 '사전경기'라는 표현을 사용하였다(한영우 앞의 논문). 그러나 조선의 사전은 고려의 사전과 그 내용이 달랐다. 이를 강조하기 위해서 사전이라는 표현 대신 과전이라는 표현을 사용하였다.

7) 김태영은 전시과의 특징을 논하면서 "지배계층의 모든 인간집단과 모든 지배기구에 대해서 분급수조지가 절급되고 있다."고 강조하고 있다. 또한 "고려전기의 토지제에서는 극히 큰 비중의 토지가 분급수조지로 설정"되었다는 점을 역설하고 있다(김태영 앞의 책 24, 25쪽). 또한 그는 전시과를 과전법과 비교하면서 전시과를 분

중요한 것은 공전수조와 사전수조는 별개의 운영체계였으나, 국가수조라는 관점에서 하나로 연결되었으므로 상호 영향을 미치고 있었다는 점이다. 태종대의 논의는 이 두 가지 수조 체제의 차이에서 오는 갈등에 기인한 것이었다. 그러므로 이를 잘 이해하기 위해서 이러한 논의의 근원이 되는 과전경기 규정이 어떻게 형성되었는지를 검토하는 것이 필요하다.

고려 말 가장 중요한 과제는 사전의 개혁이었다. 전제의 개혁은 과전법의 시행으로 마무리 되었다. 이성계 등 개혁파는 우왕 14년 위화도 회군으로 정권을 장악하고, 바로 조민수, 이색 등과 함께 창왕을 옹립하면서 사전 개혁을 시작하였다. 집권과 동시에 사전 개혁을 추진한 것은 이 문제의 해결이 매우 시급한 상황이었음을 보여준다.

대사헌 조준은 창왕 즉위년 다음과 같이 사전개혁의 필요성을 제시하였다.

> 저희들이 바라건대 어지신 태조께서 지극히 공평하게 나누어 주었던 법제를 준수하고 후세 사람들이 사사로이 토지를 주고받으며 몰아차지하는 폐단을 혁신하여 관원도 아니요, 군사도 아니요, 國役을 지는 자도 아닌 사람들에게는 토지를 주지 말며 저들로 하여금 죽을 때까지 토지를 이용하게 하며 금지하는 규정을 엄격히 세우고 백성들과 함께 새로운 제도를 실시함으로써 국가 비용을 충족케 하고 백성의 살림을 넉넉히 만들며 조정의 관원들을 우대하고 군사들에게 충분한 공급을 하도록 하여 주십시오.[8]

조준은 사전 개혁의 목표를 '국가의 비용'을 충분히 마련하고, '백성의 살림'을 편안하게 하는데 두었다. 그러나 이는 명분이었고, 구체적인 과제는 '관원'과 '군사'에게 토지를 지급하는 것이었다. 개혁파는 정권을 유지하

급수조지제로 표현하고 있다(김태영 앞의 책 64쪽). 이와 같은 김태영의 이해는 고려의 수조기반이 기본적으로 분급수조지, 즉 사전수조에 기반하고 있음을 주장하였다.

8) 『고려사』 권78, 식화1, 전제 녹과전.

기 위해서 세력 형성의 바탕이 되는 관원과 군인에게 토지를 분배하는 것이 시급하였다.

이러한 당면한 과제의 해결을 우선시하였으므로, 조준은 개혁의 모델을 어렵게 설정하지 않았다. 선대의 왕 '태조' 왕건의 토지제도를 모델로 선정하고, 후세 사람들의 '폐단'으로 나타난 문제를 바로 잡는 것을 개혁의 방향으로 삼았다. 즉 조준은 사전개혁의 방향을 '전시과'의 원형을 회복하는 것에 초점을 맞추었다. 이와 같은 생각은 조준이 새로운 토지제도의 명칭을 '祿科田柴'라고 표현한 데에서도 잘 나타났다.9) 그러므로 조준이 제시한 전제 개혁은 그 내용을 보아도 전시과와 크게 다른 부분을 찾기 힘들다. 전시과의 틀에 녹과전적 요소를 가미한 정도였다.10)

사전개혁에 대한 조준의 이와 같은 입장은 이시기 개혁파관원들의 주장을 대변한 것이었다. 조준과 같은 개혁파인 간관 이행이 올린 사전 개혁안도 조준의 개혁안과 크게 다르지 않았다.

> 우리의 선왕들이 토지 관계 법제를 세운 뜻은 대체로 諸君, 兩府 이하 군사들에 이르기까지 모두 나라 땅을 받아 위로 부모를 섬기며 아래로 자손을 기르는데 부족함이 없도록 하자는 것이었습니다. 그런데 지금에 와서는 그 법이 문란해져서 토지는 한정 없이 가지게 되었으며 늙은 여자, 어린 아이, 중병 환자, 불구자와 같은 무리들이 문 밖에 나가지도 않고 그 할아비 아비의 문서들을 가지고 앉아서 나라 땅을 먹고 있으며 백결 천결씩이나 먹고 있는 자들까지 있습니다. 그러니 아무리 관청들로 하여금 지극히 공명정대하게 판결케 한다 하더라도 軍國에 그 어떤 도움을 줄 수 있겠습니까?11)

---

9) 상동조.
10) 이경식 앞의 책 96쪽에서 "본질상 고려의 전시과와 동일하였다. 즉, 토지분급제의 재편성이 과전법이었다."라고 과전법과 전시과를 동일시하였다.
11) 『고려사』 권78, 식화1, 전제 녹과전.

이행의 주장도 대동소이하게 '선왕'의 토지법제를 그 모범으로 삼고 있다. 구체적으로 관원과 군인에게 적절한 보상을 주는 것을 사전 개혁의 목표로 삼고 있다. 이와 같은 입장은 다른 관원들의 개혁안에서도 거듭 확인할 수 있다. 판도판서 황순상이나 전법판서 조인옥의 개혁안이 그 좋은 예이다.[12]

이와 같은 동향은 개혁파가 체계적인 대안을 가지고 사전개혁을 시작한 것이 아니라 주도권의 유지 강화라는 현실적인 목표에서 시작하였음을 잘 보여준다.

그러나 개혁파는 사전개혁에 대한 입장을 시간이 가면서 다듬었다. 그 해 9월 우상시 허응은 다음과 같이 사전 개혁을 균전제도의 회복으로 표현하였다.

> 바라건대 전하께서는 여러 사람들이 떠들어 대는 소리들을 막아 버리시고 均田의 옛 제도를 회복하여 軍國의 수요를 충당하고도 모두 여유가 있게 하며 사대부들이 토지를 받지 않는 자가 없게 한다면 국가를 위해서 아주 다행한 일이겠습니다.[13]

이 내용에 의하면 허응은 사전개혁을 '균전'제도를 회복하는 것으로 주장하였다. 여기서 '옛 제도'는 선왕의 제도 즉 전시과였는데, 그는 전시과를 균전으로 해석하였다. 이러한 해석은 개혁파가 보수파의 반대에 부딪히면서 사전개혁의 명분을 정비하기 시작하였음을 보여준다. 당시 조정에서는 공사의 전조를 국가에서 받아, 군량을 갖추는 정책을 둘러싼 논쟁이 치열하였다. 논란이 지속되자, 개혁파는 사전개혁의 의미를 부각하기 위해

---

12) 『고려사』 권78, 식화1, 전제 녹과전.
　"선대 임금 때의 分田하던 법제를 회복하여 양반들과 백성들을 대우하도록 한다면 군사적 및 행정적 사업은 잘 진행될 것이요, 양반들과 백성들의 희망하던 바도 실현될 것입니다."
13) 『고려사』 권78, 식화1, 전제 녹과전.

서 '균전'으로 개혁의 명분을 세운 것으로 보인다. 그러나 균전이라는 명분을 세웠어도, 사전개혁의 기본방향은 여전히 '옛 제도' 즉 전시과의 복설이라는 한계는 분명하였다.

그런데 개혁논의를 시작한지 1년이 지난 창왕 원년 8월 대사헌 조준의 상소에는 다음과 같이 전혀 다른 주장이 보인다.

> 저희들 생각 같아서는 경기의 땅은 마땅히 사대부로서 왕실을 보위하는 자들의 토지로 하여 그들의 생활을 유족하게 하는 밑천으로 하고 나머지는 모두 다 없애버림으로써 供上, 祭祀의 비용으로 충당하며 또 녹봉, 군수의 지출을 충족하게 하고 겸병하는 문을 막고 (토지로 말미암아) 싸우고 송사하는 길을 끊어버림으로써 영원토록 계속될 법전을 제정하도록 하셔야 할 것입니다.14)

이 내용에는 조준이 전년도의 일차 상소에서 지적하지 않았던 '과전경기'의 정책이 등장한다.15) 그는 과전을 경기도에 한하여 지급하고 '나머지'는 모두 다 '없애' 버리자고 주장하고 있다. 이는 전시과에서 결과적으로 전국을 '사전의' 수조지로 설정했던 것과 완전히 다른 생각이었다. 물론 고려 말 녹과전을 시행하면서 경기에 한하여 토지를 분배한 경험이 있었지만, 이는 경기 이외의 지역을 모두 사전으로 인정한 위에서 시행된 미봉적인 것이었다. 그러므로 이 주장은 녹과전과는 근본적으로 다른 것이었다.

이 안은 경기를 제외한 대다수의 토지를 수조지로 분급하지 않겠다는 생각이었다. 분급수조지인 사전을 최소한으로 배정하고, 나머지는 국가의 관리하게 두겠다는 생각이었다. 이는 국가에 역할에 대해서 새로운 구상이었다. 즉 국가의 기반을 공전수조에 두고 국가가 직접 백성과 대면하여

---

14) 상동조.
15) 이경식 앞의 책 86쪽, 그는 '사전경기' 정책은 우왕 14년 조준의 1차 상소부터 이를 전제로 한 것이라고 가정하고 있다.

통치하겠다는 생각이었다.

이와 같은 변화의 이유를 여러 가지 들 수 있는데, 먼저 개혁파들이 사전개혁논의에서 반대파의 반격을 당하면서, 개혁의 명분으로 단순한 전시과의 복원을 제시하는 것은 설득력이 없음을 인식하게 되었기 때문이다. 개혁파는 과전법을 선왕의 제도를 복원하는 개혁이라고 주장하였지만, 보수파는 개혁파를 위한 수조권의 재배치 이상의 의미는 없다고 보았다. 물론 개혁파는 이를 '균전'으로 분식하면서 개혁임을 강변하였다. 그러나 보수파도 "私田제도는 우리나라에서 예로부터 제정되어 내려오는 법제이니 일조에 갑자기 없애서는 안 된다."16)라고 당시의 사전제도를 선왕의 법제의 연장선에서 파악하고 주장하였다. 그러므로 개혁파는 좀 더 개혁적인 모습을 보여줄 필요가 있었고, 이러한 배경에서 '과전경기'의 방안이 제시된 것으로 보인다.

물론 과전경기 정책의 제기는 개혁을 표방하기 위한 수단만은 아니었다. 오히려 개혁론자들이 사전논의가 길어지면서 사전개혁의 문제를 좀 더 객관적이고 근본적으로 바라보기 시작하였다. 즉 사전개혁을 시작한지 1년이 경과하면서 개혁론자들은 단순히 고려의 전시과를 재건하는 것, 고려와 같은 수조권의 재분배만으로는 고려 말 대혼란의 핵심인 사전의 문제를 근본적으로 해결할 수 없다는 인식을 가지게 되었다.

앞에서 살핀 것처럼 조준은 초기에 사전개혁의 명분으로 '국가의 비용'과 '백성의 살림'을 내세웠지만, 사실상 '국가'나 '백성'의 입장보다는 '관원'과 '군사'의 입장이 강하였다. 정권의 유지가 가장 시급한 과제였다. 그러나 시간이 지나, 주도권의 유지에 대한 자신감을 가지면서 개혁파는 '국가'나 '백성'의 입장에서 이를 바라보게 된 것으로 추측된다.

사전문제의 재발을 방지하려면 보다 근본적인 대책이 필요하였는데, 사전의 문제는 수조권의 분배에서 출발하였으므로 이에 대한 대책은 수조권

---

16) 『고려사』 권78, 식화1, 전제 녹과전.

을 폐지하는 것이었다. 그러나 수조권의 폐지는 자파의 유지를 위해서나, 보수파와 협의를 위해서 불가하였다. 그러므로 수조권의 분배를 최소화하고, 수조권 허용 지역을 중앙권력에 가까운 경기로 한정하여, 중앙권력의 감시 하에 두고자 하였다. 물론 과전경기 규정을 모색하는 과정에서 녹과전을 통해서 경기에 국한하여 분배하였던[17] 경험이 유용하였을 것이다.

과전경기 원칙의 삽입은 과전법의 성격을 전시과와 전적으로 다른 제도가 되게 하였다. 과전으로 배정된 경기의 토지가 84,000여결로 전국토지의 1/10 정도였던 점을 생각한다면, 과전법은 실제적으로 겨우 1/10 지역에 한정된 규정이었다. 즉 전시과는 전국을 아우르는 수조 관리에 관한 규정이었으나, 과전법은 과전이 경기에 한정되어 지급되면서 실제적으로 경기에 한정된 수세관리 규정에 머무를 수밖에 없었다.[18]

경기를 제외한 전국토를 공전수조 구역으로 삼고 국가가 직접 수세하고 관리하면서 경기는 오히려 예외적인 지역이 되었다.[19] 국가는 이제 거의 전국에서 국민과 직접적인 관계를 맺으면서 수조를 관리하는 지위를 가지게 되었다. 그러므로 과전경기의 규정이 추가된 과전법은 전시과가 전국적인 관리구역을 가졌던 것에 비할 때, 이미 전시과와 전혀 다른 제도였다.

수조권을 경기에 배정하겠다는 생각도 사실 독특한 생각이었다. 경기에 수조권을 배정한 것은 수조권을 주지만 통제를 고려한 생각이었기 때문이다. 수조권을 허용하지만 통제하겠다는 생각은 고려에서 수조권을 분배한 입장과 상반된 것이다. 그러므로 과전경기의 이념은 수조권은 분배하되, 수조권의 행사를 국가가 관여할 수 있음을 함축하는 것이었다.

이러한 성격을 가진 '과전경기'의 규정을 과전법에 집어넣으면서 과전법

---

17) 이경식 앞의 책에서 그는 녹과전과 과전법을 연결시켜서 이해하고 있다.
18) 물론 군전을 지방에 주었지만, 이는 일시적인 것으로 태종대에 해소된다. 김태영 앞의 책 74쪽.
19) 이민우 앞 논문, 이민우는 "과전법은 사전 혁파 이후에 마련한 예외적이고 임시적인 조치에 가까웠다"고 평가하고 있다.

의 개혁적인 성격은 분명해졌다. 이에 따라 보수파의 개혁에 대한 반대는 더욱 극심해졌고, 사전개혁의 논의는 더욱 치열하게 되었다. 결국 과전경기의 정책이 추가된 과전법을 결정하기 위해서 개혁파는 창왕까지 몰아내어야 하였다. 이는 공양왕 즉위년 12월에 다음과 같은 조준의 상소를 통해서 알 수 있다.

> 전하께서 왕씨의 왕조를 중간에 다시 일으키고 왕의 자리에 오른 지 열흘 만에 백성들이 도탄에 빠진 것을 근심하시고 여러 세대를 내려오던 커다란 폐해를 깊이 반성시켜 멀리는 주나라의 圭田과 菜地의 법을 재현하고 가깝게는 文廟께서 京畿를 넓히었던 제도를 준수하시어 경기는 서울에 거주면서 왕을 시위하는 자에게 주는 땅으로 하여 이로써 士族을 우대하였습니다. 이는 문왕이 仕者에게 世祿을 준 아름다운 뜻입니다.[20]

이 내용에 의하면, 과전경기를 추가한 과전법은 공양왕대에 결정되었다. 개혁파는 창왕과 함께 이색, 조민수 등을 몰아내고 공양왕을 옹립한 직후에 과전법을 결정할 수 있었다. 이는 개혁파가 과전경기를 관철시키기 쉽지 않았음을 보여준다.

물론 공양왕대에 과전경기 정책이 결정되었음에도 불구하고 여전히 이에 대한 반대는 계속되었다. 이는 조준의 다음 기록으로 알 수 있다.

> 경기에다가 토지를 받았으나 그 수효가 부족한 자는 외방에다가 그 부족한 분을 채워 주려고 하니 이는 전하께서 兼倂의 문을 다시 열어주는 것으로 되며 삼한 땅의 온 백성을 끓는 물과 붙는 불 속에 집어넣는 것입니다. 저희들은 이것을 전하께서 나라를 다시 일으키는 장한 사업을 하시는 데 있어서 아주 애석한 일이 된다고 생각합니다.[21]

---

20) 『고려사』 권78, 식화1, 전제 녹과전.
21) 상동조.

이 내용에 의하면 과전경기 정책이 결정되었지만, 이에 대한 반발은 지속되었음을 보여준다. 보수파는 과전이 부족하다는 이유로 부족한 수조지를 경기 이외의 지역에 설치해 줄 것을 요청하였고, 이에 대하여 공양왕도 긍정적인 태도를 보였다. 그러나 개혁파는 과전을 경기밖에 설치하는 것에 강력히 반대하였다. 개혁파는 경기 외의 지역에 과전을 주는 것을 '겸병의 문'을 열어주는 것으로 보았고, 또한 온 백성을 '끓는 물'과 '붙는 불' 속에 집어넣는 것으로 보았다. 이와 같은 표현은 개혁파가 과전경기 정책을 매우 중요한 정책으로 인식하고 있음을 잘 보여준다. 이와 같은 개혁파의 태도는 '관원'과 '군인'의 관점이 아니라 '백성'과 '국가'의 관점에서 이 문제를 보고 있음을 보여준다.

그간의 연구에서 자료의 부족으로 언제부터 이성계를 중심으로 하는 개혁파가 새국가의 건설까지를 정치적 목표로 삼았는지 분명하게 제시하지 못하고 있다. 『고려사』 열전에 보면 단편적으로 개혁파가 위화도 회군에서부터 왕조교체를 목표로 삼고 있는 듯한 기록도 보인다.[22] 그러나 적어도 조준의 일차 개혁상소의 내용을 보면, 새국가를 건설하겠다는 장기적 대책보다는 잡은 주도권을 유지하겠다는 단기적인 대책에 불과하여, 그 시기까지는 새국가의 건설을 목표로 삼은 것 같지는 않다.

그러나 사전개혁에 과전경기 규정을 첨입한 것은 개혁파가 백성과 국가를 고려한 장기적인 즉 새국가 건설이라는 큰 그림을 그리기 시작하였음을 보여준다. 과전경기 규정은 국가의 역할에 대한 새로운 인식을 함축하고 있음을 주목할 필요가 있다. 개혁파는 경기의 토지만을 과전으로 지급하면서, 거의 대부분의 전국토를 국가가 직접 관리한 것을 구상하고 있었다. 국가가 '백성'과 직접 관계를 맺는 체계를 택하고 있다.

왜 개혁파들은 '백성'을 거론하면서 지배신분의 특권인 수조권적 지배를

---

22) 『고려사』 권116, 열전29, 남은
　　"그는 태조를 따라 위화도까지 가서 조인옥 등과 함께 회군할 의견을 제기하였고
　　또 태조를 왕으로 추대할 것을 피하였다."

경기에 한정하였을까? 논증하기는 어렵지만, 분명한 것은 이 무렵 개혁파들 사이에서는 국가의 운영방식에 대한 큰 합의가 있었던 것으로 보인다. 개혁파는 고려 말의 대혼란을 뚫고 생산력을 발전시키면서[23] 성장한 자립소농을 주목하였을 것으로 추측된다.[24] 이들이 주목한 '백성'은 생산력의 발전을 바탕으로 소경지의 경작만으로도 국가의 국역을 감당할 수 있는 경제적 지위를 확보하고 있었다.

자립소농을 중심으로 국가를 운영할 때에, 국가는 국가에서 필요한 부담을 이들에게 담지시킬 것을 구상하고 있었으므로, 국가는 최소한 자립소농의 재생산 기반을 위협해서는 안 되었다. 그러므로 개혁론자들은 대다수 白丁 신분이었던 백성의 지위를 良人 신분으로 올려주고,[25] 이들에게 그 지위에 상응한 대우를 부여하지 않을 수 없었다. 양인에 상응한 지위의 부여는 시간을 두고 구체적으로 정비하였지만[26], 가장 중요하고도 당면한 과제는 양인을 수조권적 사적지배에서 벗어나도록 하는 것이 필요하였다. 그러므로 개혁파는 수조지를 경기에 한정하고 나머지 지역은 공전수조지역으로 결정하여 수조권적 지배에서 벗어나도록 하였다.

개혁파가 경기지역만을 사전수조지역을 삼고, 여타의 지역을 공전수조

---

23) 이태진 『한국사회사연구』 지식산업사 2008.
   이태진 『의술과 인구 그리고 농업기술』 태학사 2002.
24) 김태영 앞의 책.
25) 고려에서의 주생산자 층은 백정이었다면 조선에서는 양인이다. 고려의 백정도 광의양인이었으나 이들은 국가와 직접적인 관계를 가지지 못하는 향리의 지배하에 위탁된 존재들이었다. 조선에 와서 그 지위를 양인으로 높여 국가와 직접적인 관계를 가지면서 군역의 의무를 지고, 과거응시권 및 사환권을 가질 수 있게 되었다.
26) 조선이 정비되면서 정부는 양인들에게 상응한 권리를 부여한다. 과거를 볼 수 있는 과거응시권, 관료가 될 수 있는 사환권, 수령의 재판에 불복하여 상급기관에 재심을 요청할 수 있는 항소권, 수령이 자신에게 가한 불법을 고소할 수 있는 수령고소권 등은 양인의 정치적 지위를 가늠케 하는 중요한 권리들이었다. 이러한 권리의 부여는 양인이 국가운영에서 담당하는 기여에 대한 반대급부였다(최이돈 「조선 초기 수령고소 관행의 형성과정」 『한국사연구』 82, 1993).

지역으로 삼은 것은 결과적으로 경기지역을 차대한 조치였다. 역사적인 맥락에서 사전수조는 사실상 고려에서부터 내려오는 수조권적 지배를 인정한 것이었으므로, 사전수조 지역인 경기 백성의 부담은 여타의 공전수조 지역에 비하여 클 수밖에 없었다. 물론 이는 경기 지역의 부담은 그대로 두고, 경기 외 지역 백성의 부담을 줄인 조치였으므로 의도적인 차대는 아니었다. 그러나 시간이 흐르면서 경기의 사전수조는 그 외 지역의 공전수조와 비교되면서 차대를 받는 것으로 이해될 수밖에 없었다. 이러한 차대를 해소하는 문제는 태종대 과전 논의의 주요 쟁점이 되었다.

2. 경기 과전 이급 논의

조선 건국 직후인 태조대에는 과전법에 대한 논의가 적었다. 양천 신분의 변정문제가 주된 과제로 제기되면서 과전법은 상대적으로 문제가 없는 것으로 인식되었기 때문이었다. 이는 태조 4년 형조에서 노비변정도감을 만들 것을 요청하면서 올린 다음의 기록을 통해서 당시 상황을 짐작할 수 있다.

전하께서는 고려 시대의 토지 제도가 문란한 것을 민망하게 여기시고 私田을 혁파해서 經界를 바루시고, 公私의 田籍을 다 불살라 버리고 다시 법제를 정하여 각각 공문을 주어, 전지가 일정한 한도가 있고, 나라에는 成法이 있으므로, 豪强들이 토지를 兼併할 뜻이 없어지고, 친척들은 爭訟의 원통함이 없어져서, 公私가 모두 넉넉해지고 상하가 서로 편안하게 되었으니, 실로 만세의 良法이며 아름다운 뜻입니다. 오직 노비의 한 가지 일만이 아직도 옛 제도대로 따르고 있어, 爭訟이 더욱 번잡하고 奸僞가 날로 더하여져서, 골육지친이 입을 비죽거리고 서로 힐난하며, 門中이 갈라지고 집안이 나뉘어져서, 원망이 원수와 같을 뿐 아니라, 더구나 그 외에 빼앗고 몰래 취하는 것을 어찌 다 말할 수 있겠습니까?27)

형조에서 올린 내용에 의하면 관원들의 관심은 노비변정의 문제에 모아지고 있었다. 이를 위해서 태조는 형조의 요청에 따라서 노비변정도감을 만들었다. 여기서 주목되는 것은 관원들이 과전법을 '만세의 양법'으로 평가하고 있다는 점이다. 위의 내용에 의하면 과전법의 시행으로 '호강'들의 토지 '겸병'을 제한하고, 친척 간의 '쟁송'을 해결하였으므로, '공사'가 넉넉해지고, '상하'가 편안해졌다고 평가하고 있다. 이와 같은 평가는 과전법이 아직 다듬어야 할 부분이 있었지만, 이전의 혼란과 폐단을 상당부분 제거하는 역할을 하고 있었음을 보여준다.

이와 같이 과전법의 시행으로 田民의 변정의 문제 중에 '田'의 문제는 해결되고 '民'의 문제만 남았다는 인식은 과전법 시행 직후부터 나오고 있다. 이는 공양왕 3년의 다음의 기록을 통해서도 확인된다.

전하께서 왕위에 올라 私田의 폐단부터 없애고 과세 제도를 확립함으로써 소송의 근원을 숙청한 것은 실로 우리 三韓의 풍속을 위하여 아주 다행한 일입니다. 그런데 民口를 가지는 것만은 본래 제한이 없고 게다가 또 개인의 재산이라 하여 이러저러한 분쟁이 토지를 다투는 폐단보다 더욱 심한 바가 있습니다.28)

문하부 낭사에서는 과전법이 시행되면서 '사전의 폐단'을 없애고, '소송의 근원'을 숙정하여 토지의 문제는 해결하였다고 평가하고 있다. 이러한 평가 속에서 개혁파는 과전법을 만든 이후에는 노비의 변정에 관심을 집중하여, 공양왕 4년에는 인물추변도감을 설립하고 '결송법'을 만들어 노비의 변정을 적극 추진하였다.29)

---

27) 『태조실록』 권8, 태조 4년 11월 무자.
28) 『고려사』 권85, 형법2, 소송 공양왕 3년 10월조.

그러므로 태조는 과전경기 규정을 지키고자 하는 의지를 분명하게 표현하였다. 이는 태조 4년에 공신전을 논의하는 과정에서 나타났다. 공신전을 지방에 배치하자는 논의가 있자,[30] 사헌부는 공신전의 지방 배치를 반대하였다. 이는 대사헌 박경의 다음과 같은 언급을 통해서 알 수 있다.

> 士大夫들은 京城에 거주하여 왕실을 호위하므로 科田을 주어서 廉恥를 기르게 하고, 군사들은 변경에서 국가를 지키고 있으므로 軍田을 주어서 구휼하게 하였으되, 과전과 功臣田은 경기의 토지만 주고, 군전은 경기도 이외의 토지만 주게 하였으니, 이 법은 매우 좋은 것으로 실로 만세에 항상 시행해야 할 大典이니, 후세로 하여금 지켜서 고치지 말게 해야 할 것입니다. (중략) 私田을 경기 이외의 지방에 두면 사람마다 서로 다투어 요행을 바랄 것이며, 또 그 토지의 사방이 모두 公田이므로 畿內와 같이 主人이 있는 것과 같지 아니하니, 탐욕이 있고 교활한 무리들이 그 세력을 믿고 잠식하게 되어, 사방의 공전이 모두 없어질 것입니다.[31]

대사헌 박경은 공신전을 지방에 두는 것을 반대하고 있다. 그는 과전경기의 규정을 '만세'에 항상 행할 '大典'으로 해석하고, 이를 풀어서 공신전을 지방에 분배할 경우 교활한 무리들이 세력을 믿고 공전을 잠식할 것이라고 주장하였다. 이러한 대간의 주장은 수용되어서 태조는 공신전을 경기에 한정하여 분배하였다. 이와 같은 동향은 조선이 건국되면서도 개혁파의 과전경기의 원칙을 준수하였음을 보여준다.

이러한 입장은 국가의 역할에 대한 고려와는 다른 인식을 보여주는 것이었는데, 태조대에 시행된 정책들은 이와 같은 국가의 역할을 보다 확실

---

29) 박진훈 「고려말 개혁파사대부의 노비변정책」 『학림』 19, 1998.
   성봉현 「조선태조대의 노비변정책」 『충북사학』 11,12합집, 2000.
30) 『태조실록』 권7, 태조 4년 4월 정묘.
31) 상동조.

하게 정비하는 것이었다. 즉 도평의사사의 축소, 사병의 혁파, 왕실재정의 개혁 등은 결국 국가권력의 공공성을 높이고자 하는 것이었다.[32] 이는 공권, 공병, 공공재정 등을 확립하여 공공통치를 지향하는 것이었다.[33] 그러므로 이러한 동향은 결국 과전경기 정책을 지원하기 위하여 필요한 조치들이었다.

태종대에 들어서도 이러한 흐름은 같았다. 의정부를 만들고 육조체계를 정비하면서,[34] 서서히 국가 체계 전반을 정비하였고 과전법도 다듬었다. 태종대에 가정 먼저 나타난 과전법에 관한 논의는 과전을 경기 외의 지방으로 이전하자는 제안이었다.[35] 이는 태종 3년에 세곡을 운반하던 조운선이 대거 침몰당하면서 제안되었다.

과전법이 만들어지면서 경기를 제외한 삼남지역의 조세는 국가의 관할체제에 들어갔고 국가가 직접 전세를 수납하고 관리 운반해야 하였다. 세곡의 운반은 고려대부터 해상 조운을 이용하였으므로 당연히 태조대에도 조운선을 이용하였다.[36] 조운선의 이용에는 풍랑에 의한 파선도 일상사였다. 태조 4년 조운선 26척이 파손된 것은 그 대표적 예였다.[37]

조운선의 난파에도 불구하고 과전법의 형성이후 삼남지방의 세곡의 운송 양이 늘어났으므로 태종은 삼남지방의 부세를 모두 水運할 것을 명하고[38] 조운에 필요한 조운선을 수 백 척 만들 것을 추진하였다.[39] 태종 2

---

32) 최승희 『조선초기정치사연구』 지식산업사 2002.
33) 최이돈 「조선초기 공공통치론의 전개」『진단학보』 125, 2015.
34) 남지대 「조선초기 중앙정치제도연구」 서울대학교 박사학위논문 1993.
35) 과전의 하삼도 이급에 대한 논의는 한영우에 연구에 상세하게 정리되었다(한영우 앞의 논문).
36) 김옥근 「조선시대 조운제 연구」『경제학연구』 29, 1981.
37) 『태조실록』 권8, 태종 4년 8월 무진.
   충청도 조운선 10척과 경상도 조운선 16척이 바람을 만나 파선되었다.
38) 『태종실록』 2권, 태종 1년 8월 2일 무오.
   "漕運하는 것은 고금을 통하여 이익이 된다고 하였습니다. 진언한 바가 실로 마땅합니다. (중략) 각도의 병선으로 호송하게 하소서."하여, 유윤하였다.

년 기준으로 삼남에서 조운하는 세곡은 10만석을 넘었다.[40]

그러나 태종 3년 조운선이 크게 난파되어 죽은 사람이 1,000명에 달하고, 손실을 입은 곡식이 1만석에 상회하자[41] 세곡을 조운으로 운송해야 할지에 대한 논의를 대대적으로 하였다. 의정부를 비롯한 거의 모든 주요 관원들이 모여 논의 하였나,[42] 운송의 방법으로 漕運과 陸轉의 방법이 거론되었을 뿐 결론을 얻지 못하였다. 이 논의 다음날 사간원에서는 그 대안으로 경기과전의 이전을 다음과 같이 제안하였다.

> 모두 公田의 조세를 반드시 民力을 써서 수송하기 때문에, 경기는 쉽고, 下道는 어려우며, 사전은 비록 하도에 있더라도 그 田의 주인이 각자 임의로 그 雜物을 거두어들이기 때문에, 밭을 경작하는 佃客은 수송하는 폐단이 없고, 田主 또한 무역의 번거로움이 없습니다. (중략) 그 반인 5만 2천여 결은 예전과 같이 시행하고, 나머지 반인 5만 2천여 결은 공전에 붙여 경상 일도의 5만 2천여 결로써 바꾸어 充數하고, 그 上道 각 고을의 종전에 陸轉하던 조세는 전과 같이 하여 고치지 마소서.[43]

사간원에서는 조운과 육전의 모두가 폐단이 있다고 지적하면서 과전의 일부를 경상도로 옮길 것을 주장하였다. 과전과 공신전의 절반에 해당하

---

39) 『태종실록』 권2, 태종 1년 10월 병인.
   『태종실록』 권3, 태종 2년 5월 병술.
   삼도 체찰사 임정이 조운선 251척을 만들다. 삼도 체찰사 임정이 조운선을 만들었으니, 경상도에 1백 11척, 전라도에 80척, 충청도에 60척이었다.
40) 『태종실록』 권3, 태종 2년 6월 계축.
   충청, 경상, 전라도의 쌀과 콩을 조운하였는데, 전후로 운반한 것이 모두 10만 2천 3백 14석이었다.
41) 『태종실록』 권5, 태종 3년 5월 신사.
42) 『태종실록』 권5, 태종 3년 5월 병오.
   『태종실록』 권5, 태종 3년 6월 신해.
43) 『태종실록』 권5, 태종 3년 6월 임자.

는 5만 2천결을 경상도로 이전하자고 주장하고 있다.

이러한 근거로 "사전은 비록 하도에 있더라도 그 밭의 주인이 각자 임의로 그 雜物을 거두어들이기 때문에, 밭을 경작하는 佃客은 수송하는 폐단이 없고, 田主 또한 貿易의 번거로움이 없습니다."라고 주장하였다. 이러한 주장은 일단 과전 수조는 전주와 전객 간에 사사로이 해결할 수 있으므로 조운의 부담을 덜 수 있다는 것을 전제로 하고 있다. 그러나 이와 같은 주장은 수용되지 않았다.

사간원에서는 며칠 뒤 다시 소를 올려 과전 하삼도 이급을 다시 주장하였다. 이에 대하여 태종은 "과전을 바꾸자는 것은 人心이 浮動할까 두렵다."라고 인심의 '부동'을 이유로 수용하지 않았다.[44]

이미 국가에서 경기에 수조권을 분배한 것은 정책적으로 경기와 기타의 지역을 구별하여 나눈 것이었다. 그러므로 이러한 차이를 고려하지 않고 수조관리의 효율을 위한 방안으로 과전의 이급을 주장하는 것은 수용되기 어려웠다. 경기의 과전을 타 지역으로 옮기는 것은 사전과 공전에서 백성의 부담이 같아야 쉽게 논의될 수 있었다.

이 방안은 수용되지 않았지만, 경기의 과전을 타지역으로 옮길 수도 있다는 생각은 새로웠다. 일부 관원은 사전수조 지역과 공전수조 지역을 국가수조라는 관점에서 서로 바꿀 수 있다고 생각하였다.

이후 태종 5년에는 경기과전의 이급 방안을 군자곡의 부족의 채우기 위한 방안으로 다시 거론하였다. 호조 판서 이지는 군자곡의 부족을 해결하기 위해서 "功臣田과 科田이 30結 이상인 자는 3분의 1을 취하여 軍資에 붙이고, 이를 경상, 전라도로 옮겨서 그 수를 채워 지급하도록 하소서."라고 주장하였다. 태종은 이 안을 의정부에 내려서 六曹, 諸君, 三軍摠制 등과 같이 회의하여 아뢰라고 명하였다. 이에 의정부는 다음과 같이 답하고 있다.

---

44) 『태종실록』 권5, 태종 3년 6월 을해.

"공신전과 과전을 먼 지방으로 옮겨 주면 뒤에 반드시 폐단이 있을 것입니다."라고 보고하였다. 무릇 과전은 第一科가 1백결인데, 이것으로 차등을 두어 18과에 이르오니, 각각 5결씩 덜어 軍資에 붙이고, 또 새로 개간한 전지와 원래 군자에 속해 있던 전지로 일찍이 개인이 받은 것은 모두 군자에 환속시켜 군량을 넉넉하게 하소서.[45)]

대신들은 과전을 지방으로 옮기는 것은 '폐단'이 있을 것으로 논의하면서 오히려 관원이 받는 과전에서 각각 5결씩을 덜어서 군자에 붙이는 방안을 주장하였다. 여기서 대신들은 '폐단'의 구체적인 내용을 언급하고 있지 않았으나, 이 폐단은 앞에서 태종이 인심이 '부동'할 것을 지적한 것과 같은 맥락에서 언급된 것으로 짐작된다.

이와 같이 조운선의 문제를 해결하기 위해서, 또한 군자곡을 확보하기 위해서 과전경기의 규정을 파기하고 과전을 타지역으로 옮길 수 있다는 견해들이 제기되고 있었다. 물론 이러한 견해들은 '인심'이나 '폐단' 등의 이유로 수용되지 못하였다. 그 원인은 이급 방안이 수조권의 분급을 경기에만 한정적으로 지급하면서, 사전수조와 공전수조 간에 차이를 분명히 한 역사적 맥락을 고려하지 않았기 때문이었다.

경기가 수조지로 분급되면서 경기를 제외한 여타 공전수조 지역의 농민들은 그 지위를 높여가고 있었다. 그러한 동향을 보여주는 것은 태종 6년의 사헌부의 다음과 같은 지적이다.

나라에 3년의 저축이 없으면 그 나라는 나라가 아닙니다. 본조는 토지가 척박하여 소출이 많지 아니한데, 해마다 손실을 답험할 때, 각 고을의 수령이 대체를 돌아보지 아니하고 오로지 백성을 기쁘게 하기를 꾀하여, 給損이 과다해서 공가에 들어오는 것이 해마다 줄어듭니다.[46)]

---

45) 『태종실록』권9, 태종 5년 4월 갑술.
46) 『태종실록』권12, 태종 6년 12월 병술.

수령이 손실 답험을 허술하게 하고 있다는 지적이다. 조선이 건국되면서 공전수조는 수령이 거두어야 하는 체제로 전환하여, 수령의 손실답험은 필수적이었다. 그러므로 태조 1년부터 수령의 손실답험 규정을 만들고[47] 태종대에는 이를 정비하였다. 태종은 그 5년에 사헌부의 제안에 따라서 답험의 방식을 손실에 따라서 '損'을 주는 '隨損給損'방식으로 정비하였다.[48]

이러한 규정에 따라서 답험은 운영되었으나, 위의 언급에 의하면 수령은 '給損'을 과다하게 책정하여 전객이 유리하게 답험을 운영하고 있었다. 이러한 수령의 태도는 '백성을 기쁘게 하기를 꾀하여'라고 표현한 것에서 그 원인을 찾을 수 있다. 국초의 수령은 아직도 그 지위가 확고하지 못하였고, 토호나 향리가 지방에서 영향력을 행사하고 있던 상황에서[49] 그들과 갈등을 일으키지 않고 임기를 마치기 위해서 급손을 후하게 주고 있었다. 더욱 중요한 것은 태종 5년부터 수손급손제 답험을 시행하면서 급손이 늘고 있었다.[50] 이와 같은 상황은 공전수조의 지역에서 농민의 부담이 경기에 비해서 확연하게 줄어들고 있음을 보여준다.

물론 공전수조 지역 농민의 지위뿐 아니라 경기도를 포함한 모든 지역의 전객의 지위가 높아지고 있었다. 이는 태종 7년 양전의 사례를 통해서 살필 수 있다. 태종은 전국적으로 경차관을 보내어 양전을 하도록 하였는데, 이에 대하여 충청도 도관찰사는 양전 경차관이 일을 충실히 하지 못하고 있음을 지적하였다. 이에 태종은 다음과 같이 명령하였다.

---

47) 『태조실록』 권2, 태조 1년 9월 임인.
　　수령은 때때로 民田을 답험하고 가을에 가서 손실을 자세히 갖추어 써서 관찰사에게 보고하여 적당히 헤아려 조세를 감면하게 할 것.
48) 『태종실록』 권10, 태종 5년 9월 기유.
　　分數로 踏驗하는 것을 백성들이 모두 민망하게 여깁니다. 이제부터 이후로는 損에 따라 損을 주어 공사를 편하게 하소서.
49) 최이돈 「조선 초기 향리의 지위와 신분」 『진단학보』 110, 2010.
50) 최이돈 「조선 초기 損失踏驗制의 규정과 운영」 『규장각』 49, 2016.

국가에서 이에 佃客으로 하여금 사사 수령에게 投牒하게 하고, 수령
은 그 첩을 받아서 그 허실을 상고하게 하고, 인하여 별감을 보내어 재
차 심사를 행하게 하여, 과연 중하면 경차관을 追罪하고, 무고이면 投
牒한 자를 죄주고, 수령이 사실대로 분간하지 못한 자는 또한 똑같이
죄를 주게 하였다.[51]

이에 의하면 전객은 양전을 바르게 하지 않는 경차관을 투첩 즉 고소할
수 있었다. 그리고 고소된 관리들은 처벌을 받았다. 경차관이 고소를 당한
예를 보면, 판내섬시사 김여지를 고소한 자가 3백 42인이고, 형조 우참의
정역을 고소한 자가 2백 1인이고, 홍주 목사 허해를 고소한 자가 1백 35인
이었다.[52] 태종은 문제되는 관원들은 모두 停職시켰다. 이러한 예를 보면
전객은 그 지위를 높여서 경차관을 고소할 수 있는 지위까지 확보해가고
있었다.[53] 그러므로 전객이 기본 지위는 상승하고 있었으나, 사전수조와
공전수조 지역 간에 백성이 지는 부담의 차이는 오히려 확연하게 벌어지고
있었다.

이러한 상황에서 경기과전을 지방으로 이전할 수 있다는 제안들은 경기
백성을 자극하였다. 그러므로 경기의 사전수조와 여타지역의 공전수조 간의
부담의 차이는 조정의 문제로 제기되지 않을 수 없었다. 태종 9년 경기 농민
의 부담이 과중하다는 이유로 경기과전을 이전하고자 하는 방안이 제기되었
다.[54] 이 제안은 여러 관원의 다음과 같은 封事를 통해서 제시되었다.

---

51) 『태종실록』 권14, 태종 7년 10월 임오.
52) 고소자의 수가 상당히 많은데, 고소한 전객 중에는 품관 등 지방에서 위세를 가진
    이들이 상당수 포함되었을 것으로 추측된다.
53) 『태종실록』 권15, 태종 8년 3월 계해.
    『태종실록』 권12, 태종 6년 윤7월 무오.
54) 태종 8년 5월에 태조가 죽는다. 과전법은 태조의 成憲으로 이었으므로 이를 고치
    는 것은 태조 생전보다는 죽은 이후 논의하기 편할 수 있었다.

경기의 백성들이 사복시의 馬草와 사재시의 薪으로 인해 곤한데다
가, 무릇 과전을 받은 자는 거두는 것이 한정이 없으니 빌건대, 과전을
옮기어 경기 밖에 주소서.[55]

경기 백성의 부담을 이유로 과전의 이전을 주장하고 있다. 경기의 백성
은 여타의 지역의 백성과 그 부담이 달랐다. 이 내용에 의하면 경기의 백
성은 타지역에 비하여 사복시의 마초 등 관청에 내야하는 부담이 있었다.
더 중요한 것은 경기의 수조가 공전수조에 비하여 과하였다는 점이다. '거
두는 것이 한정이 없으니'라는 표현은 사전수조가 공전수조보다 부담이
매우 과하였음을 보여주었다.

그러므로 과전을 타 지역으로 옮겨달라고 요청하였다. 이는 '과전경기'의
규정에 근본적으로 이의를 제기하는 요구였다. 과전경기의 규정을 만들어
경기에 수조권을 분배하였을 때, 경기의 부담은 여타 공전수조 지역에 비
하여 과할 수밖에 없었다. 물론 이 문제는 고려에서 시행하던 방식에 따라
경기백성의 신분적 지위를 타 지역과 달리 규정한다면 해소할 수 있었다.
즉 경기백성에게 고려의 수조권적 지배하에 있던 白丁의 지위를 부여한다
면 가능하였다. 그러나 경기의 백성을 여타지역의 백성과 같게 일원적으로
良人으로[56] 규정하였으므로 그 차대를 해소해 달라는 요청은 정당한 것이
었다.

태종은 이러한 요청을 의정부에 논의하도록 명하였고, 의정부는 다음과
같이 대책을 제시하였다.

田法은 國初에 정한 것이므로 갑자기 고칠 수 없으니, 조를 거두는
사람으로 하여금 양식을 싸가게 하고, 佃客으로 하여금 공급하지 말게

55) 『태종실록』 권18, 태종 9년 7월 기축.
56) 한영우 『조선시대 신분사연구』 집문당 1997.
   유승원 『조선초기신분제연구』 을유문화사 1987.

하소서.57)

　의정부는 경기백성의 차대의 원인이 되고 있는 전주를 규제하는 것이 필요하다고 인식하였으나, 전객의 부담을 약간 줄이는 방법을 제안하는 것에 그치고 있다. 매우 심각한 문제가 제기되고 있었으나, 정부는 이에 대응할 준비가 아직 되어 있지 않았다.

　이상에서 볼 때 태종대 경기과전을 삼남지방으로 이전하자는 논의는 세 가지의 이유에서 제기되었다. 전세곡의 운송에서 오는 세곡선의 난파를 막기 위해서, 군자를 확보하기 위해서, 마지막으로 경기 백성의 차대를 해소하기 위해서 제기되었다. 이와 같은 주장은 공히 과전법의 가장 중요한 특징인 '과전경기'의 규정을 바꿀 수 있다고 생각하였다. 과전에서의 사전수조와 여타지역의 공전수조는 역사적 맥락에서 질적으로 다른 제도였다. 그러나 일부 관원들은 이 양자를 국가수조체제라는 관점에서 수조 관리의 효율을 높이기 위해서 일대일로 교환이 가능한 것으로 이해하고 있었다.

　물론 세곡 운송의 편의를 위한 방안이나 군자곡을 확보하기 위한 방안으로 제시된 경기과전의 이전의 제안은 다른 방법으로도 해결할 수 있었다. 이러한 주장은 단지 수조 운영의 효율을 높이고자 제안된 방안이었기 때문이다. 그러나 경기 백성의 지위를 거론하면서 제기된 사전수조와 공전수조에 간의 차대를 지적한 문제는 다른 방법으로 해결할 수 없는 문제였다. 그러므로 정부는 정면으로 그 해결책을 모색해야 하였다.

　고려 말 개혁파가 사전의 문제를 해결하기 위한 방안으로 제시한 '과전경기'의 규정이 심각한 문제에 봉착되고 있었다. 이는 단순히 경기과전을 타 지역으로 옮긴다고 해결될 수 없는 문제였다. 과전을 타 지역으로 옮기는 것은 모순을 타 지역으로 전가하는 것에 불과했다. 그러므로 정부는 시간을 가지고 이에 대한 방안을 적극적으로 모색해야 하였다.

---

57) 상동조.

3. 과전 田主의 규제

1) 대신의 지방 거주 금지

경기 백성의 사전수조에서 오는 부담이 분명하게 제기되면서 이를 개선하기 위한 여러 가지 방안이 제기되었다. 물론 경기 백성의 지위를 타지역과 달리 설정할 수도 있었다. 경기 백성의 신분을, 고려와 같이 白丁으로 규정하여 차대를 할 수도 있었다. 그러나 조선에서는 고려 말 생산력의 향상을 힘입어서 성장한 자립농을 국가 운영의 근간으로 삼고 일률적으로 양인의 지위를 부여하고 있었으므로 이러한 방법은 논외였다.

사전의 수조를 공전의 수조에 맞추는 것은 두 가지 방법이 있었다. 전주를 규제하여 과도한 수조를 제한하게 하는 간접적인 방법과 수조 방식을 개혁해서 제도적으로 과도한 수조를 조절하는 직접적인 방법이 있었다. 정부는 우선 간접적인 방법을 사용하였다. 그 한 가지는 전주를 서울에 거주하도록 거주를 한정해서 수조 시에 미치는 영향력을 제한하는 방법이었다. 다른 한 가지는 과도한 수조를 걷는 전주를 전객이 고소할 수 있도록 전주고소권을 부여하는 방법이었다.

먼저 시도한 방법은 전주의 거주를 한정하여 영향력을 제한하는 방법이었다. 사전의 수조가 과하게 운영되는 것은 일차적으로 전주의 지위가 관원이라는 것에 기인하였다. 전주의 지위로 인해서 '경제외적강제'가 작용하였던 것이다. 그러므로 정부는 관원을 규제하고자 하였다. 정부에서 규제의 대상으로 삼은 것은 모든 관원이 아니라 수조권 문제의 핵심이 되는 大臣들에 대한 규제였다.

과전법을 자세히 살펴보면, 대신 과전의 운영방식과 참상관 이하 과전의 운영방식에 중요한 차이가 있었다.[58] 3품 이하 참상관이 받은 과전은

---

58) 최이돈 「조선 초기 관원체계와 과전 운영」 『역사와 현실』 100, 2016.

대신이 받는 과전과 달리 운영되고 있었다. 즉 참상관의 과전은 현직에 있는 동안에만 주어지는 것이었으므로 세전되기 어려웠다. 그러므로 참상관인 전주는 전객을 장악하는 능력이 제한될 수밖에 없었고 전조의 과대한 수취도 쉽지 않았다. 이에 비해서 대신은 현직에 있지 않아도 과전을 지속적으로 유지하고 세전할 수 있었다. 그러므로 대신의 전객에 대한 지배력은 강하였다. 그러므로 과전의 수조에서 문제가 되는 것은 우선적으로 대신 과전의 경우였다. 그러므로 경기 과전에서 과도한 수조가 문제로 제기되면서 먼저 대신에 대한 규제를 가하였다.

태종 9년 경기과전에서 과다한 수조가 문제가 되면서 정부는 대신의 지방거주를 제한하는 조치를 추진하였다.[59] 대신의 지방거주를 제한한 논의는 태종 10년 전부윤 한답의 비리를 논하면서 시작되었다. 사헌부에서 다음과 같이 대신 한답의 처벌을 요청하였다.

> 사헌부에서 전 완산 부윤 한답의 죄를 청하였다. "한답이 김제군에 살고 있는데, 그 고을 백성이 군수의 불법한 일을 말하는 자가 있으므로, 한답이 향인을 데리고 가서 그 집을 헐었으니, 죄가 마땅히 장 1백 대에 해당합니다." 임금이 말하였다. "2품 이상이 외방에 사는 것을 일찍이 금한 슈이 있었다. 헌사에서 만일 이것으로 논한다면 가하지만, 사유 전의 일을 가지고 죄를 줄 수는 없다."[60]

사헌부는 한답이 지방에서 문제를 일으키자 처벌할 것을 요청하였다. 이에 대하여 태종은 "2품 이상이 외방에 사는 것을 일찍이 금한 법령이 있었다."라고 그 처리 방안을 제시하였다. 사헌부가 대신의 지방 거주를 금하는 규정을 거론하지 않았던 것은 규정은 있었으나 사문화되어 당시까지

---

59) 이하의 서술은 최이돈 「조선 초기 특권 관품의 정비과정」(조선시대사학보』 67, 2013) 참조.
60) 『태종실록』 권20, 태종 10년 11월 계유.

적용되지 않았음을 보여준다. 그러나 태종의 이와 같은 지적으로 이 규정
은 다시 의미를 가지게 되었다.

　　대신의 지방 거주를 금하는 규정은 태조대에 만들어진 것으로 추측된
다. 이는 태조 6년 태조가 내린 다음과 같은 명과 연결되는 것으로 보인다.

　　　　兩府 이하의 前銜 品官으로 하여금 항상 서울에 있어 왕실을 호위
　　　하게 하되, 양부는 6월 초1일에 한정하고 가선은 8월 초1일에 한정하
　　　였다.[61]

　　태조는 전함품관으로 하여금 서울에 거하여 호위하게 하였으나, 관심을
가진 것은 양부의 宰樞와 가선대부 이상의 관원들이었다. 태조는 가선대
부 이상이 서울에 거하기를 바랐다. 그런데 당시의 관원체계가 관직중심
의 체제여서 현직을 벗어나 지방에 거주하기 어려웠다.[62] 또한 대신이 관
품만을 가지는 것으로 위세를 유지할 수 없었기 때문에 지방에 거주하여
도 지방사회에 부담을 주지 않았다. 그러므로 태조대에 2품 이상 관원의
지방 거주를 규제하는 규정은 있었으나 이 규정이 시행되지 않았다.

　　그러나 태종 5년의 관제가 변화되어 관원체계가 관직 중심에서 관품 중
심으로 바뀌면서 가선대부 이상은 특권 관품이 되었고,[63] 이들은 관품만
을 가지고도 여전히 그 지위를 유지하였으므로 이들이 지방에 거주하는
경우에도 영향력을 행사할 수 있었다.[64] 그러므로 태종 6년부터 사헌부에
서 대신들의 지방 거주는 문제의 소지가 있음을 지적하고 있다.[65]

---

61) 『태조실록』 권11, 태조 6년 4월 을사.
62) 남지대 앞 논문.
63) 최이돈 「조선 초기 특권 관품의 정비과정」 『조선시대사학보』 67, 2013.
64) 최이돈 위의 논문.
65) 『태종실록』 권11, 태종 6년 6월 정묘.
　　前銜 3품 이하 가운데 受田한 人員은 모두 서울에 살면서 侍衛하도록 하였습니
　　다. 그러나 兩府 이상은 아울러 거론하지 않았기 때문에, 왕실을 호위하지 아니

대신의 지방거주가 구체적으로 문제가 된 것이 앞에서 본 한답의 사례였다. 특권을 가진 대신들의 지방 거주가 구체적으로 지방사회에 부담을 주면서, 이미 과도한 수조권의 행사가 조정에 문제로 제기 되는 상황에서 이는 예민하게 다루어 질 수밖에 없었다.

대신들의 지방거주 제한 문제가 조정에서 논의되고 그에 대한 규제가 마련되었음에도 불구하고 대신들의 지방거주는 지속되었다. 이는 태종 12년 사헌부의 다음과 같은 언급에 잘 나타난다.

> 전 도절제사 조익수, 전 부윤 강후, 이은, 검교 한성 조윤, 이홍림, 김회련 등은 관직이 2품인데, 과전을 받고도 경성에 살지 않고 물러가 외방에 거처하니, 청컨대, 죄를 가하게 하소서.[66]

사헌부는 조익수를 비롯한 2품 이상 관원이 지방에 거주하는 것을 탄핵하였다. 태종은 지방에 거주하는 대신의 과전을 거두는 처벌을 가하였다. 이미 대신들의 과도한 수조가 조정의 문제로 등장한 상황에서 과전을 거두는 처벌은 매우 의미있는 것이었다.

이러한 처벌에도 불구하고 2품 이상 관원의 지방거주는 계속되었다. 이는 태종 13년 사헌부의 다음과 같은 지적으로 알 수 있다.

> 2품은 외방에 있을 수 없다는 것이 이미 이루어진 법이 있습니다. 검교한성윤 손가흥, 박상경, 박후식, 고도관, 윤사혁, 최함, 여극해, 정도복, 전 이성 병마사 정과 등은 항상 외방에 거주하니 심히 미편합니다. 청컨대 告身을 거두고 다른 道에 移置하소서.[67]

하고 농장에 물러가 있으면서 官府에 드나들며 수령을 능욕하고, 시골 사람을 주구하여, 백성들에게 해를 끼치는 자가 간혹 있습니다. 원하건대, 모두 규리하여, 서울로 오게 하소서.

66) 『태종실록』 권24, 태종 12년 12월 신유.
67) 『태종실록』 권26, 태종 13년 7월 기축.

사헌부에서 지방에 거주한 대신 손가흥 등 상당수의 인원의 처벌을 요청하였다. 사헌부는 태종 12년에 시행한 과전을 수거하는 규제만으로 충분치 않다고 평가하고, 이들의 告身을 거두고 다른 道에 유배하는 강력한 규제를 취할 것을 요청하였다. 이에 태종은 이들을 서울로 돌아오도록 조치하였다.

이후 가선대부 이상의 대신들의 지방거주는 지속적으로 제한될 수밖에 없었다.[68] 이러한 규제는 태종 13년 이후 나타나는 道制와 郡縣制의 정비 등 지방제도 개혁이 시행되면서 더욱 강화되었다.

대신의 지방거주를 금지하는 규정이 만들어지면서, 수조의 과다 징수에 영향을 미쳤을 것으로 추측된다. 그러나 대신의 지방거주를 제한하는 것은 실제적인 효과보다는 상징적인 효과가 더욱 컸을 것으로 생각된다. 즉 국가는 이 조치로 특권신분인 대신도 규제할 수 있고, 그 규제의 방향은 백성에게 좋지 않은 영향을 미치지 못하게 하는 것이었음을 분명하게 제시하였다. 그러므로 대신의 지방거주 금지 규정은 이후 과전관리에 대한 논의에 새로운 방향을 분명히 제시한 조치였다.

2) 佃客의 田主告訴權

대신의 지방거주를 제한하였으나 대신의 거주를 제한 방법은 간접적인 제한이어서 과전수조를 과하게 걷는 것을 완전히 제한하는 것은 아직 한계가 있었다. 그러므로 전주에 대한 적극적인 견제가 필요하였는데, 이를 위해서 제시된 방법이 과도한 수조를 하는 전주를 고소할 수 있도록 전객에게 전주고소권을 부여하는 것이었다.

---

68) 『세종실록』권1, 세종 즉위년 9월 임술. "선지를 내려, 전직 2품 이상의 사람이 문 밖에 출입할 때에는 전에 승정원에 올리던 예에 따라, 어느 날 나갔다가 어느 날 돌아왔다는 사연을 기록한 緣故單子를 병조에 올리도록 하였다."

전주고소권이 거론된 것은 태종 15년 참찬 유관이 다음과 같이 관답험을 제안하면서 제기되었다.

> 경기에 있는 각 품의 과전을 소재지 官司로 하여금 답험하게 한 뒤에 조세를 거두소서.[69]

유관은 사전의 과다한 수조를 제한하기 위해서는 관답험이 필요하다고 제안하고 있다. 이러한 제안에 대하여 대신들도 쉽게 동의하면서 관답험을 쉽게 결정하였다. 그러나 관답험의 시행은 수조권을 크게 제한하는 중요한 조치였으므로 반발이 클 수밖에 없었다. 그러므로 태종은 관답험이 결정된 두 달 뒤에 다음과 같이 이를 다시 재론하였다.

> 官司가 전지를 답험한 뒤에 田主가 또 사람을 보내어 수조하면 가난한 백성이 두 번 지응을 감당하니 도리어 소요하게 된다. 전주로 하여금 답험하여 수조하게 하고 관사에서 횡렴하는 것을 살펴 금지하는 것만 같지 못하다.[70]

관답험이 시행되었으나 전주가 관답험에 계속 저항하자 태종은 관답험은 취소하고, 대신 '官司'에서 횡렴하는 것을 살펴 금지하도록 제안하고 있다. 즉 전주의 횡렴에 대한 국가의 규제를 제시하였다.

이러한 논의 중에 조정에서는 사전수조의 문제점들이 구체적으로 거론되었다. 태종은 "내가 들으니, 사전 수조에 전객이 한 섬을 바치고자 하여 반드시 23,4두를 써야 된다고 한다."[71]라고 수치까지 제시하면서 과도한 횡렴이 시행되고 있음을 지적하였다. 다수의 대신들도 이에 동의하였는데,

---

69) 『태종실록』 권29, 태종 15년 6월 경인.
70) 『태종실록』 권30, 태종 15년 8월 갑술.
71) 상동조.

이백지는 "전주가 답험하여 과중하게 거둘 뿐만 아니라, 또 薦, 炭, 薪, 草 같은 것을 횡렴하니, 요구하는 바가 한두 가지가 아닙니다."[72]라고 언급하였고, 호조 판서 윤향도 "조세 외에 재목과 잡물을 횡렴하는 자가 또한 있습니다."[73]라고 지적하였다.

구체적으로 수조에서 전주들의 횡렴이 분명해지자, '관사' 즉 국가의 규제를 분명히 하여 태종은 횡렴하는 자는 "전객이 반드시 고하여야 한다."라고 전객이 전주의 횡렴을 고소하도록 명하였다.[74] '관사'가 관여한다는 의미를 전객의 고소에 의한 전주의 처벌로 정리한 것이다.

전객고소권을 규정하였지만, 전객이 전주를 고소하는 것은 쉽지 않을 것으로 인지한 태종은 계속해서 "저들이 만일 고하지 않으면 나라에서 알 수가 없다."[75]라고 전객이 적극적으로 고소할 것을 강조하였다. 이에 호조에서는 위와 같은 논의를 종합하여 다음과 같이 제안하였다.

> 조를 바칠 때에 전객으로 하여금 스스로 헤아리게 하고, 스스로 평미레질하게 하고, 그 중에 불공평하게 답험하여 과중하게 조를 거두고 잡물을 횡렴하는 자는 수령이 고찰하여 그 사자를 가두고, 전주의 성명을 곧 憲司에 보고하고, 만일 수령이 혹 사정을 끼거나 혹 용렬하여 능하지 못한 자는 감사와 경차관이 엄하게 견책과 폄출을 가하여 『육전』에 의하여 논죄하고, 예전 습관을 그대로 따라서 전주를 두려워하여 관가에 고하지 않는 자는 전객도 아울러 논하게 하소서.[76]

호조에서는 횡렴에 대해서는 전객이 전주를 고소할 수 있는 전주고소권을 분명하게 명시하고, 특히 "전주를 두려워하여 관가에 고하지 않는 자는

---

72) 상동조.
73) 상동조.
74) 상동조.
75) 상동조.
76) 상동조.

전객도 아울러 논하게 하소서."라고 전주 고소를 활성화하기 위한 방안도 제안하였다. 전객의 전주고소권이 명백하게 규정되면서 전객의 지위는 상승하였고, 이는 과도한 과전수조의 문제를 해결하는데 도움이 되었을 것으로 추측된다.

전객의 전주고소권은 태종 15년 다음과 같은 태종의 언급을 통해서 거듭 확인된다.

> 隨損給損이 참으로 좋은 법이나, 어찌 반드시 그렇게 하겠는가? 또 공전은 혹은 이렇게 할 수 있지마는, 대소인원에게 준 과전을 어떻게 일률적으로 分數를 감할 수 있겠는가? 마땅히 수손급손의 법을 지키고, 만일 損을 주는 것이 불공평한 것이 있으면 백성들로 하여금 관가에 고하게 하는 것이 편하다."하고, 이에 각도 경차관에게 손실의 분수를 넉넉히 주라고 명하였다.77)

태종은 흉년이 들자 경차관에게 공전의 답험을 넉넉하게 책정하여 백성을 편하게 하도록 명하고 있다. 이와 같은 백성에게 편의를 주는 정책은 경기지역의 백성이라고 예외가 되기 어려웠다. 그러나 이러한 혜택은 태종의 지적에서 알 수 있듯이 공전에 한하고 있다. 태종은 과전의 경우는 "불공평한 것이 있으면 백성들로 하여금 관가에 고하게 하는 것이 편하다."라고 앞에서 결정된 바 있는 전주고소권을 다시 한 번 확인하고 있다. 전객의 전주고소권은 이후로 계속 확인된다.78)

이상에서 볼 때, 과전수조가 공전수조에 비하여 과한 것으로 분명하게 드러나면서 이를 시정하기 위해서, 전객의 전주고소권이 만들어졌다. 이는 전주에 대한 전객의 지위를 상승시키는데 크게 도움이 되었을 것으로 생

---

77) 『태종실록』 권30, 태종 15년 10월 경진.
78) 『세종실록』 권1, 세종 즉위년 10월 기묘.
　　『예종실록』 권3, 예종 원년 2월 무술

각된다.[79] 서양 중세 경제의 특징인 경제외적강제가 재판권에 힘입은 것이었음을 미루어 볼 때, 전객이 고소권을 확보하여 오히려 재판의 도움을 받게 된 것이 특이하다. 전객이 전주고소권을 확보하면서 전주의 경제외적강제는 상당히 제한될 수 있었다.

4. 官踏驗制의 시행

과전에서 과다한 수조의 문제를 해결하기 위해서 전객의 전주고소권을 마련하는 이면에서 수조방식에 대한 개혁방안도 논의되었다. 과전에서의 수조를 개선하여 공전수조에 맞추기 위해서는 전주에 대한 견제와 더불어 구체적으로 전주와 전객 사이에서 행해지는 수조과정에 정부가 관여할 필요가 있었다. 특히 과다 수조를 제한할 수 있도록 전주고소권까지 마련하였으나, 과다한 수조를 고소하기 위해서는 수조의 객관적인 기준을 세우는 것이 필요하였다. 수조의 기준을 정하는 가장 중요한 과정은 답험이었다. 그러므로 국가는 수조의 기준을 제시하고, 전주 답험의 자의성을 제한

---

79) 이경식 앞의 책, 206쪽에서 이경식은 전주를 고소하도록 한 조치의 실효성에 대하여 비판적으로 파악하고 있다. 그러나 법적 규정이 만들어 진 것은 분명하게 전객의 지위를 높이는 조치였다. 또한 이러한 전객이 전주를 고소할 수 있는 지위는 이후 조선왕조실록에서 계속적으로 확인되고 있다.
물론 전주고소권은 당시 전객의 대부분이었던 양인의 지위에 근거한 권리였다. 양인은 재판상의 지위가 낮지 않았다. 수령의 재판에 불복하여 상위기관에 재심을 청구할 수 있는 항소권을 가지고 있었고, 수령이 자신에게 행한 비리에 대해서는 수령을 고할 수 있는 수령고소권도 가지고 있었다(최이돈「조선초기 수령 고소 관행의 형성과정」『한국사연구』82, 1993). 과전과 관련해서 전객은 중앙에서 보낸 양전경차관의 잘못에 대해서도 고소할 수 있었다. 그러므로 전객이 전주고소권을 가진다는 것은 예외적인 현상이 아니라 수령고소권을 가지는 재판상 지위의 연장선상에서 부여된 권리였다. 당연히 전객의 재판상의 지위는 서양의 농노보다 높은 지위에 있었고, 물론 고려의 백정과도 다른 지위를 가지고 있었다.

하기 위해서 관에서 답험을 담당하는 관답험제를 추진하였다.

관답험은 태종 15년 참찬 유관이 제안하였다. 태종은 이 제안을 육조에 의논하도록 명하였는데, 육조에서는 다음과 같이 답하였다.

> 진언한 내용에 의하여 소재지 官司에서 損實踏驗의 帖字를 만들어 주소서. 전객이 경작한 전지의 損이 10분의 8에 이른 것은 조세의 수 납을 면제하여, 민생을 후하게 하고, 공전도 또한 이 예에 의하소서.[80]

육조는 유관의 의견을 검토하여 수령이 손실 답험하여 전주의 답험을 대신할 것에 동의하였다. 이에 태종은 관답험을 쉽게 결정하였다. 그러나 관답험에 대한 전주의 반발이 적지 않았다. 그러므로 태종은 앞에서 살핀 바와 같이 관답험이 결정된 두 달 뒤에 관답험을 취소하고 대신 전객의 전주고소권을 인정하였다.

그러나 전주고소권이 만들어졌지만, 과잉 수조의 문제는 완전하게 해결 되기 어려웠다. 전주고소를 활성화하기 위해서는 과다 수조의 객관적인 기준을 마련하는 것이 필요하였다. 그러므로 국가가 전주와 전객 사이의 수조과정에 관여하고자 하였다.

따라서 답험방법을 개선하는 논의는 지속될 수밖에 없었고 조금씩 개선 되어 갔다.[81] 태종 15년 전주의 자의적인 답험을 막기 위해서 전주가 답 험하는 시기를 벼 베기 전으로 규정한 것은 그러한 시도의 일환이었다.

경기 사전에서 백성이 지는 부담은 여러 가지 조치로 개선되고 있었으 나, 여전히 타 지역 백성에 비해서 과하였다. 그러므로 이 문제는 꾸준히 조정의 쟁점이 되었다.[82] 태종 16년에도 박은은 다음과 같이 상소하여 관 답험의 시행을 요청하였다.

---

80) 『태종실록』 권29, 태종 15년 6월 경인.
81) 『태종실록』 권30, 태종 15년 9월 무신.
82) 『태종실록』 권30, 태종 15년 11월 무신.

이제 만약 경기 밖으로 옮겨 준다면 오로지 成憲에 위배됨이 있을 뿐만 아니라, 畿外의 공전도 또한 앞으로 문란해질 것입니다. (중략) 경기 백성의 구습에 따라서 수조법을 개정하기를 공전의 예와 같이 하여 거의 중외의 신민의 소망을 잃지 않게 되는 것만 같지 못합니다.[83]

당시 조정에서는 경기과전을 이급하는 논의가 진행 중이었는데, 박은은 경기과전의 이급은 성헌에 어긋나며, 이로 인해서 경기 외의 공전의 문란이 있을 것이라고 반대하였다. 그는 경기백성의 부담을 줄이기 위해서 보다 본질적으로 과전의 수조법을 개정할 것을 요청하였다. 즉 과전의 답험을 '공전의 예와 같이'하는 관답험의 시행을 요청한 것이다. 이와 같은 주장은 단순히 경기과전을 하삼도로 이급하면 경기의 문제는 해결할 수 있으나, 여전히 경기의 모순을 타지역에 옮기는 것이 불과하였기 때문이었다. 과다한 과전수조의 문제는 답험을 전주에게 맡겨놓는 한 해결할 수 없었고 보았다. 이러한 반대가 있자, 정부에서는 논의하던 경기과전의 이급도 연기하였다.

관원들은 지속적으로 과전의 수조 시에 일어나는 폐단을 지적하면서 그 대응책이 계속 논의하였다.[84] 그러나 태종 17년 다시 조운선의 파선이 있자, 조정의 관심은 조운 문제를 해결하기 위해서 과전을 하삼도로 이전하는 문제로 전환되었다. 과전의 이전을 태종이 주도하였다. 이에 대해 우의정 한상경은 "만일 과전을 먼 지방에 옮기면, 후일에 조를 거둘 즈음에 많이 거두는 폐단이 있을까 두렵습니다. 이것은 홀로 소신의 의심이 아니라 衆論입니다."라고 경기과전을 이전하여도 과다한 수조의 문제는 해결되지 않음을 지적하면서 이를 반대하였다.

---

83) 『태종실록』 권31, 태종 16년 5월 신해.
84) 『태종실록』 권31, 태종 16년 5월 신해.
　　各品科田, 功臣田, 別賜田 등에서 수조할 때 무식한 奴子들이 여러 가지 폐단을 일으켜 백성들이 괴로움을 견디지 못하니, 이제부터 일체 금지하여서 민생을 후하게 하소서.

그러나 태종은 지속적으로 과전의 이전을 주장하면서 그 이유를 다음과 같이 제시하였다.

> 나도 또한 이 중론을 알지만 그러나 먼 지방에도 또한 감사 수령이 있어 고찰하니 무엇을 걱정하겠는가? 만일 후일에 기강이 무너지면 반드시 이 폐단이 생길 것이라고 한다면 어찌 먼 지방뿐이겠는가? 경기에도 또한 후하게 거두는 자가 있을 것이다. (중략) 경기 백성의 노고가 다른 도보다 배나 되니, 내가 심히 불쌍히 여긴다. 어떻게 하면 구휼할 수 있는가? 경등은 각각 구휼할 방도를 연구하라.[85]

태종은 과전을 옮기는 경우에 생길 폐단을 인정하였으나, 지속적으로 논의해 왔던 경기 백성의 수고를 이러한 방법을 통해서라도 해소하는 것이 필요하다고 주장하고 있다. 의정부 대신 등 관원들은 경기 백성의 부담을 해결해야 할 필요성을 지속적으로 인식하고 있었으므로 태종의 이러한 주장을 수용하였다.

이에 태종은 호조에 "과전의 3분의 1을 충청도, 전라도, 경상도 3도에 옮기어 주어라"[86]고 이급을 명하였다. 결국 10여 년간에 논의되었던, 경기 과전의 삼남지방 이전은 결정되고 시행되었다. 논의의 시작은 조운의 문제를 해결하기 위한 방안에서 출발하였으나, 결국은 경기 백성의 노고를 해소하기 위한 방안으로 결정되었다.[87]

---

85) 『태종실록』 권34, 태종 17년 7월 갑자.
86) 『태종실록』 권34, 태종 17년 7월 을해.
87) 김태영은 과전의 지방이전을 결정한 이후에 호조가 "금년 경기 안의 각 품 과전과 사사 전지를 監司로 하여금 그 損失을 조사하여 옮겨 준 후를 기다려서 公私를 아울러 모두 租를 거두게 하소서." 라는 구절을 인용하면서 이때에 관답험이 시행된 것으로 이해하고 있고(김태영 앞의 책 249쪽), 이러한 견해를 이경식도 받아들이고 있다(이경식 앞의 책, 201쪽). 그러나 이러한 내용은 논의의 흐름을 볼 때에, 결정된 정책을 수행하기 위한 절차를 호조가 아뢴 것으로 추가로 새로운 결정을 한 것은 아니었다. 즉 호조의 제안은 과전을 옮겨주기 위한 실행방안으로,

그러나 과전의 문제는 하삼도로 옮기는 것만으로 해결되지 않았다. 관원들은 과전수조 제도 자체를 개혁하지 않고는 그 부담을 삼남지방에 전가하는 것에 불과하다는 것을 잘 인식하고 있었다. 그러므로 과전이 이전되면서, 외방 과전의 수조법을 정비한다는 명분으로 관답험의 문제를 다시 제기하였다. 이 논의는 다음의 태종 17년 태종의 다음과 같은 명을 통해서 알 수 있다.

> 외방 과전의 수조하는 법을 세웠다. 두 議政에게 명하여 각 품 과전의 손실에 따라 수조하는 일을 의논하게 하니, 박은이 청하기를, "경기의 경작하는 자가 京中에 직접 납입하는 예에 의하여 전주의 자원하는 곳에 따라 5息 안에 한하여 수납하고, 5식 밖에 강제로 수운하게 하는 자는 교지를 따르지 않는 것으로 논하소서." 하였는데, 한상경도 또한 그 의논을 따르니, 전교하기를, "의논한 대로 시행하고 또 각 고을의 손실의 수에 따라 조를 거두라."하였다.[88]

과전이 외방으로 옮기게 되면서 조정에서는 외방 과전의 수조 방법을 논의하였다. 먼저 문제가 된 것은 전객이 수조를 전주에게 보낼 때, 어느 정도의 거리까지 운반을 책임져야 하는가의 문제였다. 이에 대하여서 정부는 경기에서 운송하는 예에 준하여 운송의 거리를 5息으로 한정하였다. 이와 더불어 답험 방식을 논의하였다. 이에 대해서 태종은 "각 고을의 손실 수에 따라 조를 거두라."고 명하고 있다. 이는 각 고을에서 수령이 행하는 손실답험에 따라서 과전의 조를 거두라는 명이었다. 결국 지방 과전에서 먼저 관답험이 시행되었다.

이러한 지방과전에서 관답험의 결정은 바로 경기에서도 적용되었다. 이

전지를 옮기기 위한 방안으로 감사에게 임시적인 답험을 허용한 것으로 이해된다. 그러므로 저자는 관답험은 이후 3달 뒤에 지방 과전의 관리를 논하면서 결정된 것으로 본다.

88) 『태종실록』 권34, 태종 17년 10월 을사.

는 태종 17년 다음의 기록을 보아서 알 수 있다.

　　재상들이 아뢰기를, "京圻의 수령, 위관 등이 전지의 손실을 살펴서
　답험한 것이 맞지 않고, 각 품의 과전이 損에 지나친 것이 더욱 심하여
　사람들이 모두 실망합니다. 하물며 지금 과전의 3분의 1을 하도에 이
　속한 경우이겠습니까?"하니, 임금이 옳게 여기었다. 이때에 이르러
　경차관을 나누어 보내고 인하여 전지하였다. "전지를 받은 전주와 경
　작자의 告狀을 살펴서 거짓으로 고한 자를 논죄하여라.89)

　이 내용에 의하면 경기도에 경차관을 보내어 답험을 조사하게 하고 있
다. 그 이유는 수령과 위관 등이 관답험을 한 결과에 대하여 과전의 전주
들이 불만을 표했기 때문이었다. 그러므로 태종은 경차관을 보내서 이를
다시 살피도록 하고 있다. 이러한 동향은 지방의 과전뿐 아니라 경기과전
에서도 관답험이 시행되었음을 보여준다.

　관답험이 결정된 이후에도 전주들의 관답험에 대한 저항은 있었다. 그
러나 이러한 반발은 수용되지 않았다. 관답험에 대한 반발은 세종 초까지
이어졌다. 한 예로 변계량은 "풍년이 들면, 밭 임자에게 맡겨서 스스로 심
사하게 하소서."라는 흉년에는 관답험, 풍년에는 전주답험의 타협안을 제
의하였다. 물론 이러한 타협안도 수용되지 않았다.90) 이후 간간이 관답험
을 문제로 삼는 논의가 있었으나 역시 수용되지 않았고,91) 관답험은 과전
수조의 규정으로 유지되었다.

　이상에서 볼 때, 오랜 논의 끝에 관답험이 시행되었다. 관답험의 시행으
로 과다 수조를 판정할 수 있는 기준이 명백해졌다. 이는 전주고소권과 연
결되면서 과다한 수조를 제한하는 중요한 제도가 되었다.

---

89) 『태종실록』 권34, 태종 17년 11월 병자.
90) 『세종실록』 권4, 세종 1년 7월 신유.
91) 『세종실록』 권8, 세종 2년 7월 병신.

관답험은 사전수조에 국가가 개입하는 행위였다. 이는 사전을 배정한 초기의 목적과 상치되는 행위였다. 사전을 관원에게 배정한 것은 단순히 전조를 수납할 수 있는 권리를 준 것 이상의 목적이 있었다.[92] 그러므로 국가에서 사전의 수수과정에 관여하기 시작한 것은 이미 사전의 의미가 달라지고 있음을 보여준다. 전객에게 전주고소권을 부여한 위에, 다시 관답험을 시행한 것은 국가가 수조권적 사적 지배는 허용하지 않겠다는 분명한 선언이었다. 국가가 수조 과정에 개입하면서 과전법에서 수조권적 지배는 구조적으로 어렵게 되었다.[93]

이러한 변화의 결과로 정부는 후속초치가 필요하였는데, 이는 외방의 전지의 매매를 허용하는 조치였다. 세종 6년 경기도의 감사는 다음과 같이 지방의 토지 매매를 허용해달라고 요청하고 있다.

무릇 田地를 放賣한 사람은 혹 부모의 喪葬이나, 혹 宿債의 상환이

---

92) 물론 개혁파가 수조권을 배정하면서 수조권적 지배까지 인정했는지는 분명하지 않다. 과전법을 구상하면서 '과전경기' 원칙의 성립시키고, 과전을 직전제로 운영할 것으로 구상하고 있었으므로(최이돈 「조선 초기 관원체계와 과전 운영」『역사와 현실』 100, 2016), 초기부터 수조권적 지배를 인정하지 않았을 가능성이 높다. 그러나 분급된 과전에서의 수조는 과다 징수되고 있어 경제외적강제가 나타나고 있었으므로 수조권적 지배는 실현되고 있었다. 그러므로 실제적인 수조권의 분배의 의미는 수조권적 지배를 인정하는 것으로 보아도 좋을 것이다.

93) 이경식은 관답험을 평가하면서 "토지분급제를 통한 양반지배층의 토지점유 전객지배가 제도적으로 부인되려면, 이 권한(직접수조)마저 폐기되지 않으면 안 되었다"라고 관답험에 대하여 소극적으로 평가하고 있다. 이러한 이해는 전주고소권과 관답험을 연결시켜서 이해하지 않았기 때문이라고 생각한다. 관답험으로 수조의 기준이 명백해지고, 법적으로 고소권을 전객이 가지면서, 이미 전객지배는 구조적으로 어려워졌다고 생각한다. 관답험을 시행한 이후『세종실록』에서 과전의 과다한 수조를 문제 삼아 조정에서 대책을 논한 경우는 거의 찾기 어렵다. 오히려 이전에 보기 힘든 전주가 고소당한 사례는 보인다. 그 한 예로 세종 10년에는 효령 대군이 과전의 불법징수로 고소를 당하고 있다. 이러한 고소는 분명 전객의 지위의 상승으로 가능한 것이었다(『세종실록』 권40, 세종 윤4월 을유).

나, 혹 집이 가난해서 살아갈 수 없으므로 인하여 모두 어찌할 수 없는 사정인데, 그 값을 모두 관에서 몰수하니 원통하고 억울함이 적지 아니 합니다. 또 서울 안에서는 주택을 건축할 基地와 菜田은 방매를 허가하 면서 유독 외방에 있는 전지의 매매는 금하는 것은 옳지 못한 일이니, 청컨대 매매를 금하지 말도록 할 것이며, 그 가운데에 국세도 청산하지 않고 관청 수속도 없이 처리된 것만 율에 의하여 시행하소서.94)

당시까지 정부는 전지의 매매를 금하고 있었다. 매매를 하는 경우 불법 으로 취급하여 그 매매한 값을 관에서 몰수하고 있었다. 이러한 조치는 과 전법의 규정에 근거한 조치였다.95) 즉 과전법에 전주를 보호하기 위해서 전객이 토지를 무단으로 매매하거나 증여하지 못하도록 규제하였다. 이와 같은 규정은 전주와 전객의 지위를 분명하게 보여주는 것으로, 전주가 전 지에 대한 처분권을 가지고, 수조권적 지배를 행사할 수 있는 법적 근거가 되었다.

그러나 태종 말까지 전주고소권과 관답험제의 시행으로 사실상 전주는 수조권적 지배를 강행하기 어려워졌다. 따라서 이에 상응하는 전지에 관 한 권리를 분명하게 정리할 필요가 있었다. 즉 전주의 처분권을 파기하고, 전객의 전지에 대한 권리를 분명히 정리해주는 조치가 필요하였다. 세종 6년의 조치는 전객의 전지에 대한 배타적인 지위를 분명히 한 것이었다. 경기의 감사가 과전이 분급된 지역의 전객의 이해를 대변하여 이러한 제 안을 한 것은 당연한 것이었다.

이와 같은 상황을 볼 때, 과전의 운영방식은 태종 말기의 전주고소권과 관답험의 시행으로 이전과는 다른 단계에 진입하고 있었다. 이는 이시기 에 이르러 이미 '과전국가관리체제'가 형성되었음을 잘 보여준다.

---

94) 『세종실록』 권23, 세종 6년 3월 기해.
95) 『고려사』 권78, 식화1, 전제 녹과전; 김태영 앞의 책 85쪽.

맺음말

이상으로 태종대 보이는 과전국가관리체제가 형성되는 과정을 검토하였다. 태종대의 논의는 과전의 사전수조와 공전수조 간에 보이는 수조방식의 차이에서 오는 갈등에 기인한 것이었다. 공전수조와 사전수조는 별개의 운영체계였으나, 국가수조라는 관점에서 하나이었으므로 상호 영향을 미치고 있었다. 그러므로 이를 잘 이해하기 위해서 이러한 논의의 근원이 되는 사전수조와 공전수조가 나누어지는 '과전경기' 규정이 어떻게 형성되는 지를 먼저 검토하였다.

1. 고려 말 가장 중요한 과제는 사전의 개혁이었다. 전시과체제가 해체되고, 수조지가 사전으로 세전되면서 국가와 백성은 큰 어려움에 봉착하였다. 그러므로 이성계 등 개혁파는 권력을 잡고 먼저 사전개혁에 착수하였다. 이들은 일단 정권을 유지하기 위해서 관원과 군인에게 토지를 분배하는 것이 시급하였으므로 개혁의 모델을 어렵게 설정하지 않았다. 고려 '전시과'의 원형을 회복하는 것을 목표로 하였다.

그러나 사전개혁을 시작한지 1년이 경과하면서 개혁론자들은 단순히 고려의 전시과를 재건하는 것만으로는 고려 말 대혼란의 핵심인 사전의 문제를 근본적으로 해결할 수 없다는 인식을 가지게 되었다. 사전 문제의 재발을 방지하려면 보다 근본적인 대책이 필요하였는데, 사전의 문제는 수조권의 분배에서 출발하였으므로 이에 대한 대책은 수조권을 폐지하는 것이었다. 그러나 개혁파는 자파의 유지를 위해서나, 보수파와 협의를 위해서 수조권을 폐지할 수 없었다. 그러므로 수조권을 최소한으로 분배하고, 수조권 분배지역을 중앙권력에 가까운 경기로 한정하여, 중앙권력의 감시 하에 두고자 하였다. '과전경기' 정책은 이러한 배경에서 성립하였다. 그러므로 과전경기의 정책은 기본적으로 수조권은 분배하되, 수조권의 행사에 국가가 관여할 수 있음을 함축하고 있었다.

과전경기 원칙의 삽입으로 과전법의 성격은 전시과와 전적으로 다른 제도가 되었다. 즉 고려의 전시과는 전국을 아우르는 수세 관리에 관한 규정이었다. 그러나 과전법은 실제적으로 경기에 한정된 수세관리 규정에 머무를 수밖에 없었다. 경기를 제외한 전국토가 공전수조 구역이 되어, 경기는 오히려 예외적인 지역이 되었다.[96)]

이러한 변화 속에서 국가의 기능도 달라졌다. 경기를 제외한 전국토를 공전수조지역으로 만들면서, 공전수조를 기반으로 국가를 운영하는 체제가 형성되었다. 국가는 이제 거의 전국에서 국민과 직접적인 관계를 맺어 수조를 관리하는 지위를 가지면서 국가의 역할이 달라지고 있었다.

'과전경기'의 정책은 매우 큰 변화였다. 이러한 변화는 개혁파가 고려 말의 대혼란을 뚫고 생산력을 발전시키면서 성장한 자립소농을 국가경영의 기축으로 구상하였기 때문에 가능하였다. 개혁파는 자립소농을 중심으로 국가를 운영하기 위해서 자립소농의 재생산 기반을 위협해서는 안 되었다. 그러므로 개혁파는 재생산 기반을 위협할 수 있는 수조권의 분배를 경기로 제한하고, 그 외의 전국을 공전수조지역으로 삼았다.

2. 개혁파가 경기지역만을 사전수조지역을 삼고, 여타의 지역을 공전수조지역으로 삼은 것은 개혁이었으나, 경기의 사전수조는 여타의 공전수조에 비하여 부담이 큰 것이었으므로 결국 경기지역을 차대한 것이었다. 시간이 가면서 이러한 경기 백성에 대한 차대는 사전수조가 공전수조와 비교되면서 문제로 표출될 수밖에 없었다.

사전수조와 공전수조를 비교하는 움직임이 태종대에 본격적으로 나타났다. 논의의 계기가 된 것은 태종 3년 세곡을 운반하던 조운선의 침몰이었다. 조운선의 침몰로 세곡의 운송에 어려움이 있자, 관원들은 과전의 일부를 지방으로 옮길 것을 제안하였다. 경기의 과전을 타지역으로 옮기는 것은 '과전경기' 규정을 만들었을 때, 수조권을 경기에 한하여 분배하고 이

---

96) 물론 태종 초까지 군전이 지방에서 한시적으로 운영되고 있었다.

를 정부가 관리한다는 이념에 저촉되었다. 더 중요한 것은 이미 국가에서 경기에만 수조권을 분배하여 백성이 지는 부담은 사전수조 지역과 공전수조 지역 간에 달랐다. 그러므로 이러한 역사적 맥락을 고려하지 않고 수세의 편의를 위하여 제안한 과전의 이전의 방안은 수용되기 어려웠다.

태종 5년에는 군자곡의 부족을 채우기 위한 방안으로 경기과전의 이급 문제가 다시 거론되었으나, 역시 같은 이유에서 수용되지 않았다. 이러한 제안들은 수용되지 않았으나 사전수전 지역과 공전수조 지역을 바꿀 수도 있다는 발상은 부담을 크게 지고 있던 경기백성을 자극하였다.

구체적으로 경기는 사전수조 지역이 되면서 수조의 부담이 줄지 않았으나, 공전수조 지역의 농민들은 국가의 직접 관리 하에 들어가면서 그 전조의 부담이 획기적으로 줄었다. 시간이 가면서 이러한 차대를 분명하게 인식한 경기백성들은 수조 지역을 바꾸는 방안들이 제시되자, 자연스럽게 경기과전 이전을 요청할 수 있었다.

태종 9년 경기 농민의 부담이 과중하다는 이유로 관원들은 경기과전 이전을 요청하였다. 과전의 수조가 전주의 횡포로 '거두는 것이 한정이 없는' 상황임을 지적하면서 이를 해결하기 위해서 과전을 타지역으로 옮겨달라고 요청하였다.

과전경기의 규정을 만들어 수조권을 분배하였을 때, 경기의 부담은 여타 공전수조 지역에 비하여 과할 수밖에 없었다. 이를 해결하기 위해서는 고려에서처럼 경기백성에게 공전지역과 다른 신분 지위를 부여할 수도 있었다. 그러나 정부는 경기의 백성도 일원적으로 '良人'으로 규정하였으므로, 경기의 차대는 해소해야 할 과제로 등장하였다. 이는 '과전경기'의 규정을 근본적으로 흔드는 매우 심각한 문제였다. 물론 이 문제는 단순히 경기과전을 타 지역으로 옮긴다고 해서 해결될 수 있는 문제는 아니었다. 과전의 타 지역 이전은 단순히 모순을 타 지역으로 전가하는 것에 불과했다. 그러므로 정부는 시간을 가지고 이에 대한 방안을 적극적으로 모색해야 하였다.

3. 경기 백성의 사전수조에서 오는 부담이 분명하게 제기되면서 이를 개선하기 위한 여러 가지 방안이 모색되었다. 사전의 수조를 공전의 수조에 맞추는 방법은 과도한 수조를 하는 전주를 제한하는 간접적인 방법과 수조 방식을 개혁하여 제도적으로 과도한 수조를 제한하는 직접적인 방법이 있었다. 정부는 우선 간접적인 방법을 사용하였다. 그 한 가지는 전주의 거주지를 서울로 한정하여 전주가 수조 시에 미치는 영향력을 제한하는 방법이었다. 다른 한 가지는 과도한 수조를 걷는 전주를 전객이 고소할 수 있도록 전주고소권을 부여하는 방법이었다.

먼저 시도한 방법은 전주의 거주를 서울로 한정하여 수조에 미치는 영향을 제한하는 방법이었다. 사전의 수조가 과하게 운영되는 것은 일차적으로 전주의 지위가 관원이라는 것에 기인하였다. 전주의 지위로 인해서 '경제외적강제'가 작용하였다. 그러므로 정부는 관원을 규제하고자 하였으나, 규제의 대상으로 삼은 것은 모든 관원이 아니라 과도한 수조의 중심에 있는 대신들이었다.

과전법을 자세히 살펴보면, 3품 이하 참상관이 받은 과전은 대신이 받는 과전과 달리 운영되고 있었다. 즉 참상관은 현직에 있는 경우에만 과전을 받았다. 그러므로 과전은 세전되지 않았고 전객을 장악하는 능력도 제한되었다. 물론 전조의 과대한 수취도 쉽지 않았다. 이에 비해서 대신은 현직에 있지 않아도 과전을 지속적으로 유지하고 세전할 수 있었다. 그러므로 대신은 전객에 대한 지배력을 강화할 수 있었다. 그러므로 경기 과전에서 과도한 수조가 문제로 제기되면서 대신에 대한 국가의 규제가 필요하였다.

경기과전에서 과다한 수조가 문제가 되면서 정부는 태종 9년부터 대신의 지방거주를 제한하는 정책을 추진하였다. 대신을 서울에 거주하도록 하고, 지방의 본거지로 가서 살지 못하도록 규제하였다. 과전의 지방 이전이 논의되는 상황에서 대신을 서울에 묶어 두어, 지방사회에 내려가 영향력을 행사하거나 과전의 수조에 부담을 주는 것을 막고자 한 조치였다. 태종 10년 이후 대신의 지방거주 규제가 확립되고, 이는 태종 13년 이후 나타나는 道制와 郡縣制의 정비 등 지방제도 개혁이 시행되면서 더욱 강화되었다.

4. 대신의 지방거주를 제한하는 것은 사전수조의 과도한 징수를 개선하는데 긍정적인 효과가 있었을 것으로 추측되나, 이는 간접적인 방법으로 전주의 과도한 수조를 제한하기에 아직 미흡했다. 그러한 상황에서 한걸음 더 나아간 방법이 전객에게 과도하게 수조하는 전주를 고소할 수 있는 전주고소권을 부여하는 것이었다.

태종 15년 관원들은 전주의 과도한 수조를 지적하였고, 이에 대한 방안으로 전주고소권을 제기하였다. 태종은 과도한 수조를 막기 위한 대안으로 '관사'에서 橫斂하는 것을 살펴 금지할 것을 제안하였다. 이는 전주가 횡렴하는 것을 국가에서 통제하겠다는 의도를 제시한 것이다. 이 제안은 대신들과의 논의를 통해서 구체적으로 전객의 전주고소권으로 정리되었다. 특히 호조에서는 고소를 활성화하기 위한 방안으로 "전주를 두려워하여 관가에 고하지 않는 자는 전객도 아울러 논하게 하소서."라고 전객의 전주고소를 유도하였다. 전주고소권이 규정되면서 과전수조의 문제는 상당부분 개선될 수 있었다.

수조의 과다한 징수는 경제외적강제의 일환이었다. 경제외적강제는 재판권에 의존하는 것이 보통이었다. 그런데 오히려 전객에게 전주고소권을 부여한 것은 국가가 수조권은 부여하였으나, 수조권적 지배까지는 인정하지 않았음을 분명히 보여준 조치였다.

5. 사전의 과다한 수조를 해결하기 위해서 대신의 지방거주를 제한하고, 전객의 전주고소권을 인정하면서, 이면에서는 수조방식에 대한 개혁 논의도 진행되었다. 전주고소권이 만들어졌으나, 고소를 활성화하기 위해서는

과다한 수조를 판단할 수 있는 명백한 기준이 필요하였다. 그러므로 정부는 전주와 전객 사이에서 행해지는 수조과정에 관여하고자 하였다. 가장 중요한 쟁점은 답험이었다. 국가는 전주 답험의 자의성을 개선하고, 과다 수조의 분명한 기준을 마련하기 위해서 답험을 국가가 주도하는 관답험제를 추진하였다.

관답험제는 태종 15년 참찬 유관이 제한하였다. 그는 과전의 과다한 수조를 비난하면서 관답험을 요청하였다. 이 요청에 대하여 태종은 긍정적이었고 지지하는 대신들도 있었으나 쉽게 결정되지 못하였다. 관답험은 국가가 전주와 전객 사이에서 벌어지는 수조의 과정에 관여하는 것이었으므로, 전주들이 이에 심각하게 저항하였다.

관답험의 시행이 지연되자, 경기 백성의 부담을 줄이기 위해서 과전을 타지역으로 옮겨 경기 백성의 부담을 나누어 달라는 요청도 계속되었다. 관원들은 관답험의 시행보다 과전을 삼남지역으로 옮기는 것을 더 쉽게 생각하였다. 그러므로 태종 17년 경기백성의 부담을 줄이기 위해서 과전을 하삼도로 이급하는 정책이 결정되었다.

그러나 단순히 경기과전을 하삼도로 이급하는 것은 과다한 수조 문제를 해결하는 올바른 방법이 되기 어려웠다. 경기 백성의 부담을 타지역으로 분산시킨 것에 불과하였다. 관원들은 답험을 전주에게 맡겨놓는 한 과다한 수조의 문제는 해결할 수 없다고 보았다. 그러므로 태종 17년 관원들은 과전을 외방으로 옮기면서, 외방 과전의 수조법을 정비한다는 명분으로 다시 관답험을 거론해서, 외방 과전에서 관답험을 시행하였다. 물론 외방 과전의 관답험은 경기 과전에도 그대로 적용되면서 전국의 관답험이 시행되었다. 이후 관답험에 대한 저항은 세종 초반까지 간간이 있었으나, 관답험 정책은 지속적으로 유지되었다.

6. 이상의 논의에서 볼 때, 태종대에 '과전국가관리체제'가 만들어졌다. 과전은 사전이었으나, 국가는 전객에게 전주고소권을 부여하고, 관답험을

시행하면서 과전 역시 국가가 관리하겠다는 것을 분명히 하였다. 과전국
가관리체제가 형성되면서 국가의 수조관리는 다음 단계로 진행될 수 있었
다. 세종 6년 전객의 전지 매매권을 확정하고, 세종 9년 공법의 논의를 시
작한 것이 그것이다. 전객의 전지 매매권은 전객의 전지에 대한 배타적인
권리를 확인하는 것이었고, 공법논의의 시작은 사전수조와 공전수조를 일
률적으로 답험할 수 있게 된 성과를 바탕으로 가능한 것이었다.

관답험은 성종 초에 조금 더 보완되면서 관수관급제로 진행되었다. 이
미 관답험과 전주고소권이 형성된 위에서 관수관급제로의 변화는 자연스
러웠다. 그러므로 성종 초 조정에서 별다른 논의 없이 관수관급제를 시행
하였다. 과전법의 성격을 수조권적 지배와 연결하여 논한다면, 관수관급제
가 시행되는 것으로 과전법의 소멸을 논하기 보다는 태종말 관답험의 시
행으로 그 시기를 잡는 것이 적당하다. 관답험의 시행을 앞두고 보여준 조
정에서의 길고 치열한 논란은 관원들이 이 논의를 관수관급제의 시행보다
더 비중 높게 생각하였음을 잘 보여준다. 태종말기 이후 과전법은 이미 수
조권적 지배와 거리가 있었다.

물론 조선이 과전국가관리체제를 만들었지만 사전을 폐지하지 않았다.
과전을 공전으로 만들지 않았고, 여전히 사전으로 인정하고 운영하였다.
사전수조제는 관수관급제로 바뀌고도 100년 가까이 유지되었다. 이는 사
전수조 역시 조선의 중요한 경제운영 방식이었음을 보여준다.

조선의 사전수조는 완성된 형태인 관수관급제에서 볼 수 있듯이 경제적
특혜를 주는 것이었으나, 이를 매개로 전객을 인신적으로 지배하는 것을
허용하지 않았다. 이는 수조권은 부여하지만 수조권적 지배는 허용하지
않는 특이한 형태였다. 이는 조선이 사전수조와 공전수조 모두를 경제운
영의 중요한 제도로 선택하면서 나타난 결과였다.

수조권은 부여하되 수조권적인 지배는 허용하지 않는 경제제도의 운영
은 매우 특이한 형태였다. 그러나 이와 같은 현상은 조선의 신분제도나 정

치제도에 견주어 보면 특별한 것이 아니었다. 조선은 신분제도에서 '혈통'을 중시하면서도 '능력'을 신분제 구성의 중요한 요소로 인정하고 있었다.[97] 정치제도에서 조선은 '사적지배'를 인정하면서도 '공공통치'를 지향하고 있었다.[98] 이와 같은 조선의 국가 운영의 특징은 조선이 중세적 특징인 '수조권적 지배', '혈통', '사적지배' 등의 요소를 벗어나 새로운 역사적 단계로 나아가고 있었음을 잘 보여준다. 그러나 여전히 이러한 요소들을 완전히 벗어버리지 못하고, 국가 운영의 중요한 요소로 여전히 사용하고 있었다는 점에서 조선은 아직 새로운 역사적 단계에 완전히 진입하지 못하였다. 이는 조선이 과도기적 역사단계에 있었음을 잘 보여주고 있다.(최이돈 「태종대 과전국가관리체제의 형성」 『조선시대사학보』 76, 2016).

---

97) 최이돈 「조선 초기 향리의 지위와 신분」 『진단학보』 110, 2010; 「조선초기 천인천민론의 전개」 『조선시대사학보』 57, 2011; 「조선초기 특권 관품의 정비과정」 『조선시대사학보』 67, 2013.
98) 최이돈 「조선 초기 공공통치론의 전개」 『진단학보』 125, 2015.

제5장 세종대 貢法 年分制의 형성
- 과전국가관리체제의 완성 -

머리말

세종대 공법은 매우 흥미로운 제도였다. 약 20년에 걸쳐서 약 18만 명이 참여한 초대형 논의를 통해서 만들어진 정책이었다. 이 논의 과정은 조선의 정치와 국가의 성격을 잘 보여주는 매우 소중한 것이었다. 그러나 그간의 연구에서 이와 같은 개방적인 논의와 국가 경영방식에 대하여 주목했음에도 불구하고, 그 결과인 공법에 대한 평가는 소극적이었다.

공법은 국가의 수조방식을 통합적으로 정비한 것이었다. 고려 말 개혁파는 공전 수조를 국가 운영의 중심으로 삼기 위해서 과전법에 '과전경기' 규정을 만들어 경기도의 사전수조 지역과 그 외의 공전수조지역을 분리하여 이원적인 과세제도를 운영하였다.[1]

그러나 조선이 건국되고 정비되면서 수조제도도 정비되면서 사전과 공전에서 수조의 방식은 거의 동시에 변화하였다. 조선의 수조제도에서 가장 중요한 것은 1결당 30두의 수조 상한제와 손실답험제의 시행이었다.[2] 조선초기를 통해서 1결 30두의 상한제는 변함없이 유지되었으나, 손실답험제는 변화하였다. 손실답험은 실제적으로 수조량을 정하는 제도로 정부는 답험권을 사전에서는 전주, 공전에서는 수령에게 주어 수조과정을 관리하게 하였다. 답험권은 수조권의 핵심이었는데, 전주에게 주어진 답험권

---

1) 최이돈 「태종대 과전국가관리체제의 형성」『조선시대사학보』76, 2016.
2) 최이돈 「조선 초기 전부의 법적 지위」 본서 제7장.

은 수조권적 지배의 가장 중요한 요소로 작용하였다.

손실답험제의 변화는 태종대에서부터 일어났다. 그 변화의 발단은 먼저 공전에서 나타났다.[3] 태종은 보다 적극적인 손실답험을 시행하기 위해서 태종 5년 수손급손제를 시행하였다. 이는 수령이 매년 답험을 시행하여 감조의 혜택을 주는 제도로 이를 통해서 백성들은 실제적으로 손실답험의 혜택을 누리게 되었고, 당연히 경제적 지위도 상승할 수 있었다.

이와 같은 변화는 사전의 수조에 영향을 주었다. 전객들은[4] 경기 외 지역의 백성들의 지위 상승을 주목하면서 수조권 하에서 차대를 받는 자신들의 지위를 바꾸기 위해서 노력하였다. 정부는 전객에게 협의양인으로 제일적인 지위를 부여하고자 하였으므로, 경기 백성의 차대를 개선하기 위해서 노력할 수밖에 없었다. 그 결과 정부는 과전국가관리체제를 만들어 전주의 답험권을 회수하고 이를 수령에게 맡기는 관답험을 실시할 수밖에 없었다.[5]

사전에서 관답험의 시행은 사전의 과잉수조 문제를 해결하기 위한 돌파구였으나, 수령이 시행하는 답험도 문제가 있었다. 수령이 담당하는 답험의 가장 중요한 문제점은 향리 토호 등 지역인사들과 유착되어 나타나는 부정이었다. 정부는 사전에서 관답험을 시행하려는 논의가 진행되자, 시급하게 관답험 상의 문제점을 보완하기 위한 논의를 진행하여, 결국 손실위관제를 시행하였다. 손실위관제는 답험만을 관장하는 별도의 관원을 한시적으로 두고, 상피제를 적용하여 비연고지역에 임명하는 제도였다. 물론이는 수령 답험의 문제인 지역연고에 따른 부정을 해소하기 위한 방안이었다. 또한 정부는 백성들에게 불공정한 손실위관에 대한 고소권을 부여하여 위관의 부정에 대해서 저항할 수 있는 조치도 취하였다.[6]

---

3) 최이돈 「조선초기 損失踏驗制의 규정과 운영」 『규장각』 49, 2016.
4) 최이돈 「조선초기 佃夫制의 형성과정」 『진단학보』 127, 2016.
5) 최이돈 「태종대 과전국가관리체제의 형성」 『조선시대사학보』 76, 2016.
6) 최이돈 「조선초기 損失踏驗制의 규정과 운영」 『규장각』 49, 2016.

이와 같은 태종대에 나타난 공전과 사전에서의 변화로 세종대에 이르면, 사전과 공전을 통합하는 수조체제의 정립이 가능한 상황이 전개되었다. 물론 농업기술의 발전에 따른 생산력의 변화로 이를 반영하는 새로운 세제의 구축도 공법논의의 중요한 요인에 하나였다.[7]

세종대에 진행된 공법논의는 이와 같은 상황에서 제기되었다. 통일된 수조체제를 마련하기 위한 개혁이었다. 왕과 관원들은 개혁의 실마리를 수조과정에서 나타나는 부정의 방지에서 찾고, 관원이 답험과정에 개입하는 것을 근원적으로 막기 위해서 답험과정을 없애고자 하였다.

공법은 세종이 그 12년 1결당 10두의 정액제를 제안하면서 논의를 시작하였다. 논의를 시작하자, 그간 잠복되어 있던 수조와 관련된 다양한 문제점들이 모두 노출되었다. 많은 문제점들이 노출되었지만, 이 문제 하나하나는 국가 재정의 근본이 되는 수조의 문제였기 때문에 소홀하게 다룰 수 없었다. 그러므로 논의의 결론은 쉽게 나지 않았고, 왕과 관원들은 논의를 거듭하였다. 18만 명이상의 의견이 수집되고, 약 20년 정도의 시간이 소요된 것은 그 중요성 때문이었다.

공법은 매우 중요한 연구 주제였으므로 연구자들의 관심도 컸다. 박시형이 공법 연구를 시작하였고,[8] 김태영은 이를 본격적으로 검토하여 기본적 이해의 틀을 제시하였다.[9] 그의 공법에 대한 본격적인 연구로 공법의 시행과정을 간결하게 잘 개관하고 있다. 최근 강제훈은 공법을 단일정액공법, 차등정액 공법 등으로 나누어 보다 세분해서 공법을 검토하는 성과를 내어 놓고 있어 공법이해에 도움을 주고 있다.[10]

그러나 공법은 그 논의가 길고 그 다루는 대상도 방대하여 이를 한두

7) 이태진 『한국사회사연구』 지식산업사 2008.
   이태진 『의술과 인구 그리고 농업기술』 태학사 2002.
8) 박시형 「이조전세제도의 성립과정」 『진단학보』 14, 1941.
9) 김태영 「과전법상의 답험손실과 수조」 『조선전기 토지제도사연구』 지식산업사 1983.
10) 강제훈 『조선초기 전세제도 연구』 고려대학교 출판부 2002.

편의 논문으로 다 설명하는 것은 어렵다. 공법 논의는 당시 국가와 지배신분의 본질을 잘 들어낸 중요한 논의였던 만큼, 주제를 좀 더 세분화하여서 자세히 살펴볼 필요가 있다. 그러므로 최근의 연구는 이를 좀 더 세분해서 그 영역을 나누어 검토하고 있다. 최윤오는 공법의 원리를 심도있게 검토하였고,[11] 이장우는 세종 27년의 논의를 분석하였다.[12] 이와 같은 연구들은 공법의 원리와 내용에 대하여 좀 더 심화된 이해를 제공하고 있다.

저자는 이장에서 공법의 한부분인 '연분9등제'의 형성과정을 검토하고자 한다. 연분제의 시행은 공법 논의의 가장 중요한 쟁점이었다. 공법의 논의는 해마다의 풍흉을 반영하는 답험을 피하기 위한 방안으로 논의를 시작하였으므로, 연분을 인정하지 않는 것이 공법 논의의 기본 방향이었다. 그러나 어느 시기부터 연분을 반영하는 방안이 수용되었고, 결국 연분9등제로 정비되었다. 그러므로 이 부분은 공법 논의 중 가장 중요한 쟁점이었으나, 기존의 연구에서 이 문제를 주제로 다룬 연구는 없었다. 그러므로 이장에서 연분의 논의 과정을 상세히 검토하고자 한다.

이와 더불어 공법논의의 성격에 대해서도 검토하고자 한다. 그간의 연구에서는 공법을 긍정적으로 평가하지 않거나, 이에 대한 의견을 분명히 제시하지 않는 경우가 대부분이었다. 즉 공법을 중세적인 틀 안에서 바라보거나 이를 묵인하는 정도의 입장이었다.[13]

---

11) 최윤오 「세종조 공법의 원리와 그 성격」『한국사연구』106, 1999; 「조선시기 토지개혁론의 원리와 공법 조법 철법」『대호 이융조교수 정년논총』2007.

12) 이장우 「세종 27년 7월의 전제개혁 분석」『국사관논총』92, 2000.

13) 공법의 대표적인 연구자는 김태영과 강제훈인데, 김태영은 공법의 개혁성을 본문에서는 잘 설명하고 있으나, 결론에서 "소농민 보호라는 그 이상도 가망 밖의 일일 수밖에 없었던 것이다."(김태영 앞의 책 343쪽)라는 평가로 마무리 하고 있다. 이와 같은 결론을 조선초기 시대상을 중세로 이해하면서, 그 틀 안에서 공법을 설명하기 위한 불가피한 결론으로 이해된다.
강제훈은 "객관적이고 합리적인 것"(강제훈 앞의 책 353)이라고 공법을 평가하는 것에 그치고 있고, 시대상에 대한 평가까지 나아가지 못하고 있다. 그의 공법연구는 손실답험제 연구의 연장선상에 서있는데, 그는 손실답험제를 공전 중심으로

　그러나 공법논의는 중세적 사회체계에서 일어날 수 없는 논의였다. 중세 경제는 권력의 분산과 위탁 위에서 운영된다는 특징이 있었다. 영주가 가졌던 불수불입권이 그 대표적인 예였고, 이를 바탕으로 행해진 경제외적강제가 구체적인 모습이었다.

　조선의 정부가 과전법을 통해서 전주에게 수조권을 위탁한 것도 유사한 형식이었다. 그러나 조선 정부는 과도한 수조를 이유로 과전국가관리체제를 만들어 전주의 답험권을 회수하였다. 그 연장선상에서 정부는 수령에게 부여한 답험권도 손실위관제를 마련하면서 회수하였다. 한걸음 더 나아가 답험에 대한 관원의 관여를 최소화하기 위해서 공법논의를 시작하였다.

　그러므로 공법논의의 중심에는 '國家-佃夫'가 있었다.[14] 즉 국가는 전지 소유자인 전부를 직접적으로 관리하고자 하였다. 정부는 전주나 수령이 백성을 사적으로 지배하는 것을 원치 않았다. 국가가 전주와 수령의 답험권을 회수한 것은 이를 분명하게 보여준다. 즉 국가는 고려 말부터 생산력의 발전을 기반으로 국역의 담당 주체로 성장하고 있는 전부의 지위를 인정하고 보호하여 국가의 기반으로 삼으려 하였다.[15] 이와 같이 국가가 백성을 전주나 수령에게 위임하지 않고 직접 관리하는 방식은 과전국가관리체제를 강화하는 것으로 이는 이미 중세적 지배 방식을 벗어난 것이었다.

　본고는 공법을 정리하기 위한 일환으로 연분9등제가 형성되는 과정을 검토하고자 한다. 먼저 세종 12년 공법의 예비논의과정에서 언급된 연분의 문제를 정리하고자 한다. 공법은 세종 12년 예비논의에서 본격적으로 거론되었고, 그 과정에서 많은 관원들이 연분에 관한 견해를 제시했는데

구상하면서 사전의 손실답험에서 나타나는 적극적인 변화를 충분히 검토하지 못하고 있다. 그는 그 연장선상에서 공법을 검토하고 있으므로, 공전과 사전에서 다르게 진행되었던 답험을 공법으로 통합하기 위한 과정에서 드러난 국가, 전주, 전부 사이의 변화를 입체적으로 설명하지 못하고 있다. 그러므로 그는 공법을 평가하면서 시대상에 대한 평가까지 나아가지 못하고 있다.

14) 최이돈 「조선초기 佃夫制의 형성과정」 『진단학보』 127, 2016.
15) 최이돈 「태종대 과전국가관리체제의 형성」 『조선시대사학보』 76, 2016.

이를 먼저 검토하여 연분에 대한 관원들의 생각을 정리하고자 한다.

또한 공법의 시행과 연분의 관계를 살피고자 한다. 공법은 세종 18년에 만들어졌고, 22년부터 시행되었다. 공법은 연분을 배제하고 전분을 중심으로 정비되었으나, 관원들은 여전히 연분을 공법에 반영하고자 계속 요구하였다.

마지막으로 공법의 개정과 연분의 관계를 정리하고자 한다. 공법은 수조량의 문제로 세종 26년에 개정되었다. 공법이 시행되면서 수조량이 과도하게 증액된 것이 드러나자, 감세를 위해서 규정을 전면 개정하는 것이 필요하였다. 그 과정에서 연분 9등제는 공법에 수용되었다.

본고는 이러한 일련의 공법논의를 통해서 드러나는 공법과 연분의 관계를 고찰하고, 나아가 국가의 입장을 구명하여 공법의 성격을 밝히고자 한다. 이 논고를 통해서 공법의 성격이 잘 드러나고, 나아가 조선 초기의 국가적 성격이 밝혀지기를 기대한다.

1. 貢法 예비 논의와 年分

공법논의가 본격적으로 제기된 것은 세종 12년이었다. 그러나 그 이전부터 세종은 공법 시행에 대한 의지를 여러 차례 표현하였다. 세종은 가장 먼저 세종 9년 문과의 책문을 통해서 공법에 대한 관심을 표현하였다. 세종은 그 9년 다음과 같이 손실답험제의 문제점을 제기하면서 공법의 필요성을 언급하였다.

> 田制는 해마다 朝臣을 뽑아서 여러 도에 나누어 보내어, 손실을 실지로 조사하여 적중을 얻기를 기하였다. 간혹 사자로 간 사람이 나의 뜻에 부합되지 않고, 백성의 고통을 구휼하지 아니하니, 나는 매우 이를 못 마땅하게 여겼다.16)

세종은 손실답험제에 대한 불만을 "백성의 고통을 구휼하지 아니하여"
라고 토로하였다. 세종은 손실답험제의 문제점을 해결하기 위하여 '공법'
의 시행을 제시하고, "그 방법은 어떻게 해야 하겠는가?"[17]라고 과거 응시
자의 의견을 물었다.

세종이 좀 더 구체적으로 공법 시행의사를 밝힌 것은 세종 10년이었다.
세종은 다음과 같이 조심스럽게 공법을 검토하고 있음을 밝혔다.

> 貢法이 비록 아름답다고 하지만은, 隨損給損의 법은 조종께서 이미 이
> 루어 놓으신 법으로 경솔히 고칠 수 없는 것이다. 만약 貢法을 한 번 시행
> 하게 되면 풍년에는 많이 취하는 걱정은 비록 면할 수 있겠지마는, 흉년에
> 는 반드시 근심과 원망을 면할 수 없을 것이니 어찌하면 옳겠는가.[18]

이 내용에 의하면 세종은 공법의 시행의 의사는 있었지만, 공법을 시행
하는 경우 나타날 부작용에 대하여 걱정하고 있었다. 이러한 세종의 의견
에 대하여 좌의정 황희도 수손급손제의 문제점에 대하여 공감하면서 "田
稅의 輕重高下가 한결같이 委官과 書員의 손에 달렸다."면서 손실답험제
를 비판하였다. 그러나 그는 공법의 시행보다는 다음과 같이 손실답험제
의 개선안을 제시하였다.

> 貢法을 본떠서 많고 적은 중간을 비교하여, 田地 몇 負에 쌀 몇 斗
> 의 수량을 미리 정하여, 추수기마다 각도의 각 고을로 하여금 농사의
> 풍흉을 살펴서 3등으로 나누어 아뢰게 하고, 이에 따라 세를 징수하는
> 것이 옳을 것입니다.[19]

---

16) 『세종실록』 권35, 세종 9년 3월 갑진.
17) 상동조.
18) 『세종실록』 권39, 세종 10년 1월 기해.
19) 상동조.

공법을 본받되 풍흉에 관계없이 시행하는 정액제가 아니라 풍흉에 따라서 3등급으로 나누어 수조하는 절충안을 제시하였다. 즉 연분 3등제를 제안하였다. 이와 같은 황희의 제안에 대하여 호조판서 안순도 "이 밖에는 다른 방법이 있을 수 없습니다."라고 동의하였다.

세종은 그 11년 "연전에 공법의 시행을 논의하고도 지금까지 아직 정하지 못하였다"라고 지적하면서, 다음과 같이 분명하게 공법 시행을 위한 방안을 검토하도록 명하였다.

> 만일 이 법을 세우게 된다면, 반드시 백성들에게는 후하게 되고, 나라에서도 일이 간략하게 될 것이다. 또 답험할 때에 그 폐단이 막심하니, 우선 이법을 행하여 1~2년간 시험해 보는 것이 옳을 것이다.[20]

세종은 답험제의 폐단을 지적하면서 '백성'을 위해서 공법의 시험이 필요함을 강조하였다. 또한 이와 같은 안에 대하여 백성들에게 가부를 물을 것도 명하였다.[21]

이시기에 이미 세종은 수조량을 1결당 10두로 할지 혹은 15두로 할지[22] 구체적으로 공법시행의 방안을 심사숙고하고 있었다. 이와 같은 세종의 적극적인 동향은 이미 세종 11년에 『농사직설』을 편간하여 총제 정초으로 서문을 쓰게 하고,[23] 이를 세종 12년 초에 전국에 배포한 동향[24]과 연결된다. 이는 세종이 세종 9년 과거의 대책으로 출제한 이후 일관되게 수조방식의 개혁을 준비하고 있었음을 짐작케 한다.

이와 같은 세종의 명에 의해서, 세종 12년 3월 호조에서는 다음과 같이 구체적인 공법 시행 안을 제시하였다.

---

20) 『세종실록』 권46, 세종 11년 11월 무오.
21) 상동조.
22) 상동조.
23) 『세종실록』 권44, 세종 11년 5월 신유.
24) 『세종실록』 권47, 세종 12년 2월 을유.

이제부터는 貢法에 의거하여 전답 1결마다 租 10두를 거두게 하되, 다만 평안도와 함길도만은 1결에 7두을 거두게 하여, 예전부터 내려오는 폐단을 덜게 하고, 백성의 생계를 넉넉하게 할 것이며, 그 풍재 상재 수재 한재로 인하여 농사를 완전히 그르친 사람에게는 조세를 전부 면제하게 하소서.[25]

호조에서는 공법으로 1결당 10두의 정액제를 제시하였다. 물론 생산력이 낮은 평안도와 함경도는 1결당 7두로 세액을 낮추었다.

여기서 주목되는 것은 풍재, 수재, 한재 등 災傷에 대한 災傷踏驗을 損失踏驗과 별도로 처리하고 있다는 점이다. 조선 정부는 고려와 달리 손실 답험과 재상답험을 별도로 집행하고 있었다.[26] 재상답험 역시 답험이 필요하였고, 수령이 답험과정에서 관여하면서 문제가 나타났기 때문에 공법 논의에 같이 언급하였다. 그러나 재상답험은 진휼규정으로 수조규정인 손실답험과 달랐으므로 여기서도 별도로 언급되었고, 이후에도 재상답험은 공법에 포함되지 않고 별도로 논의되었으며, 『경국대전』에도[27] 별도의 조항으로 처리되었다.

세종은 호조의 제안에 대하여 "여염의 細民에 이르기까지 모두 가부를 물어서 아뢰게 하라."라고 대대적인 의견의 수렴을 명하였다. 세종의 명으로 대대적인 여론의 수렴이 진행되었고, 그 해 8월에 호조에서는 18만 명에 이르는 인원의 여론을 수렴하여 보고하였다. 이것이 '세종 12년 공법 예비 논의'였다.[28]

여론의 수렴의 과정에서 관원들은 손실답험의 문제점에 대하여 심도있는 논의를 개진하였다. 문제점은 주로 田分과 年分에 대한 것으로 압축되

---

25) 『세종실록』 권47, 세종 12년 3월 을사.
26) 최이돈「조선초기 損失踏驗制의 규정과 운영」『규장각』 49, 2016.
27) 『경국대전』 호전 수조.
28) 이에 대한 전체적인 내용은 강제훈의 「세종 12년 정액 공법의 제안과 찬반론」 『경기사학』 6, 2002에 잘 정리되어 있다.

었다. 전분의 문제는 전국 전지의 토질이 정확하게 파악되지 않은 상황에
서 정액제인 공법의 시행은 적절한 수조 방법이 되기 어렵다는 지적이었다.
기존에 3등전제가 시행되고 있었지만, 대부분의 전지가 3등으로 분류되고
1, 2등전은 극소수에 불과하여서 관원들은 실제적으로 3등제가 시행되고
있지 않다고 보았다.[29] 그러므로 정액제인 공법의 시행을 위해서는 전품에
입각한 전지의 3등급제를 시행하는 것을 전제조건으로 제시하였다.

연분에 대한 지적이 더욱 치열하였다. 공법 반대론자들은 공법의 가장
큰 문제점으로 그 해의 풍흉을 반영하지 못하는 것으로 보고, 연분을 없애
는 것을 반대하였다. 그러므로 이들은 풍흉을 반영하는 손실답험제를 계
속 시행할 것을 주장하였고, 부수적으로 손실답험제의 유지 개선할 수 있
는 방안도 제시하였다.

연분을 이유로 공법을 반대하는 관원들의 주장을 살펴보자. 이조판서
권진은 다음과 같이 연분을 수용하지 않는 공법을 반대하였다.

> 연사에도 풍흉이 바뀌는 수가 있어, 가령 좋은 전답 1결을 경작하는
> 자가 풍년을 만났다면, 비록 전체가 잘된 것으로 보고 조세를 받더라
> 도 조금도 과할 것이 없지만, 10두만 거두고 만다면 국가의 세입이 줄
> 어들 것이요, (중략) 이렇게 되면 貢法의 폐해는 앞으로 踏驗의 폐단보
> 다도 더 심한 것이 있을 것입니다.[30]

권진은 공법이 풍흉을 반영하지 않는 것을 비판하고, 풍흉을 반영하지
않는 경우 "공법의 폐단은 앞으로 답험의 폐단보다 더 심한 것"이라고 주장
하였다. 이와 같은 주장은 공법시행을 반대하는 관원들의 기본입장이었다.
한 사례만 더 보면, 훈도관 이보흠도 다음과 같이 연분을 반영하지 않는
공법의 시행을 반대하였다.

---

29)『세종실록』권49, 세종 12년 8월 무인.
30) 상동조.

또 더욱이 흉년에 백성들은 기근 속에 허덕이고 있는데도 기어코 10
두를 다 받는다면 과중하여 중용을 잃는 결과가 될 것이요, 풍년으로
곡식이 많은 수확을 보았는데도 10두만을 거둔다면 이는 너무 경하여
역시 중용을 잃는 결과가 되어 국가의 공용이 이 때문에 혹 말라버리
기도 할 것이요, 민생도 이 때문에 생활을 이루어 나가지 못할 것이니
시행하지 말아야 할 것은 분명합니다.[31]

이보흠 역시 풍흉을 반영하지 않는 수세방식의 문제점을 지적하고 있
다. 이와 같은 공법은 '민생'에는 물론 '국가'에도 도움이 되지 않는다고 보
았고, 따라서 공법을 '시행하지 말아야'할 것으로 주장하였다.
　공법을 반대하는 자들은 위의 예와 같이 기본적으로 풍흉을 반영하지
않는 수조방법을 비판하면서 공법의 시행을 반대하였다. 그러나 일부의
관원들은 공법의 시행을 기본적으로 찬성하면서도 공법에 풍흉을 반영하
는 연분제를 수용하자는 안도 제시하였다. 낙안군수 권극화는 다음과 같
이 공법에 풍흉을 반영할 것을 제안하였다.

다만 경작한 전지 중에서 풍년에는 15두를 거두고, 중년에는 10두를
거두고, 흉년에는 7두를 거두게 하소서. 이와 같이 하면 풍년에 너무
적게 거둬들이는 불만과 흉년에 너무 많이 거둬들이는 한탄이 다 없어
질 것입니다.[32]

권극화는 기본적으로 공법의 시행에 찬성을 표현하면서, 다만 단일한
정액제에 찬성하지 않고, 풍년, 중년, 흉년으로 나누어 공법에 풍흉을 반영
할 것으로 요청하였다. 즉 중년에 10두를 기준으로 하되, 풍년과 흉년의
작황을 반영하여 공법의 시행에 융통성을 부여할 것을 제안하였다.
　이와 비슷한 견해를 양주부사 진중성도 다음과 같이 표현하였다.

---

31) 상동조.
32) 상동조.

풍년에는 上等은 1결에 20두, 中等은 15두, 下等은 10두를 거두고,
중년에는 상등은 1결에 15두, 중등은 10두, 하등은 7두를 거두며, 흉년
에는 상등은 1결에 10두, 중등은 7두, 하등은 3두를 거두어 그 해 농사
의 풍흉에 따라서 세를 거두게 하소서.[33]

진중성은 전분과 연분을 같이 반영하도록 제안하였다. 이미 전분으로
상, 중, 하의 3등전제를 시행하고 있는 현실을 인정하고, 여기에 다시 연분
으로 풍년, 중년, 흉년의 3등제를 시행할 것을 제안하였다. 즉 전분 3등과
연분 3등을 조합하여 9등제를 만들고, 그에 따라서 융통성 있는 공법의 시
행을 제안하고 있다.

물론 공법을 찬성하면서 연분을 공법에 반영하고자 하는 관원의 수는
적었다. 공법을 반대하는 이들의 주장의 핵심이 공법이 연분을 반영하지
않는다는 이유였으므로 공법에 찬성하면서 연분을 반영하자는 주장은 적
을 수밖에 없었다.

이상에서 볼 때, 공법을 반대 관원들은 연분제를 공법에 수용할 것을 주
장하기 보다는 연분을 반영하고 있는 손실답험제를 계속 유지할 것을 주
장하였다. 공법을 찬성하는 관원들은 풍흉에 의한 수조량의 문제는 이미
1결당 10두로 평균 수조량을 정한 것으로 충분하다고 생각하였고, 적정
수조를 위해서 토질에 따른 전분을 재평가하는 전분 개혁에 초점을 맞추
고 있었다. 극히 일부의 관원들만 공법에 찬성하면서, 연분을 공법에 가미
할 것으로 요청하였다.

공법 예비논쟁에서는 결국 공법의 반대자들이 많아서 공법의 시행을 보
류하였다. 이는 많은 관원들이 아직 연분을 인정하는 수조방식을 연분을
인정하지 않은 공법보다 적절한 수조방식으로 인식하였음을 보여준다. 또
한 이는 손실답험제가 문제는 있었지만, 공법을 수용해야 할 정도로 나쁜
제도로 인식되지 않았음을 보여주고 있다.

---

33) 상동조.

공법은 보류되었으나, 공법을 반대하는 이들의 비율이 공법의 찬성자보다 현격하게 많지 않았고, '小民'을 위하여 공법을 시행한다는 명분도 분명하게 살아있었다. 그러므로 여건이 조성되면 언제든지 공법을 시행하자는 논의는 재개될 수 있었다.

2. 貢法의 시행과 年分

세종 12년 공법 예비논의를 대대적으로 하였으나, 반대가 더 많았으므로, 이후 공법의 논의는 일시적으로 중지되었다. 그러나 공법 시행의 여건이 조성되면서 세종은 그 18년 다음과 같이 공법논의를 다시 재개하였다.

> 조종의 법을 경솔히 고칠 수 없는 까닭으로, 공법을 지금까지 시행하지 못했으나, 지금 그 폐단이 이와 같으니, 1~2년 동안 이를 시험하는 것이 어떻겠는가. 그러나 공의 수량이 많으면 백성들이 견딜 수 없으니, 만약 흉년을 만나면 수량을 감함이 옳을 것이다. 또 1결에 20斗는 너무 많으니, 15두로써 정하는 것이 어떻겠는가. 너무 많아도 옳지 못하고 너무 적어도 또한 옳지 못하다.[34]

세종은 1결당 15두 정액제를 제시하면서, 공법을 시험해보자고 제안하였다. 그는 "만약 흉년을 만나면 수량을 감함이 옳을 것이다."라고 수조에 연분 반영의 가능성을 완전히 배제하지 않았다.

이러한 세종의 제안에 대하여 관원들의 반응은 바로 둘로 나뉘었다. 많은 관원들은 "하교가 옳습니다."라고 동의하였으나, 예조판서 허성 등은 "『元典』의 손실의 예에 의거하여 시행하소서."라고 공법의 시행에 반대하고 손실답험제를 유지할 것을 주장하였다.

---

34) 『세종실록』 권71, 세종 18년 2월 기미.

공법논의는 세종 18년 윤6월 貢法詳定所를 만들면서 본격화되었다.[35] 관원들도 논의에 적극 참여하였다. 그 중 의정부 참찬 하연은 다음과 같이 시행 방안을 제안하였다.

> 각도의 토지의 肥瘠을 감안하여 9등의 조세를 정하고, 上等인 전라도는 그 해가 풍년이면 上上에 1결에 22두를, 上中에 21두를, 上下에 20두를 수납하게 하고, 中年일 경우에는 中上에 19두를, 中中에 18두를, 中下에 17두를 수납하게 하며, 흉년일 경우에는 下上에 16두를, 下中에 15두를, 下下에 14두를 수납하게 하고, 中等인 경기도는 그 해가 풍년일 경우에, 상등이라면 上三等은 전라도의 중등의 예에 준하여 수납하게 하고, 평년이면 전라도의 흉년의 예에 준하여 수납하게 하며, 흉년이면 下上에 13두를, 下中에 12두를, 下下에 11두를 수납하게 하며, 下等인 평안도는 그 해가 풍년이면, 상등은 경기의 중년의 예에 준하여 수납하게 하고, 중년이면 경기의 흉년에 예에 준하여 수납하게 하고, 흉년일 경우 하상에 10두를, 하중에 9두를, 하하에 8두를 수납하게 하소서.[36]

하연은 먼저 전분을 9등으로 나누었다. 기존의 3등전제를 그대로 수용하고, 도에 따른 비옥도로 상등도, 중등도, 하등도로 구분하는 3등도제를 수용하여 전품을 9등으로 나누었다. 여기에 연분을 풍년, 중년, 흉년의 3등급으로 나누었다. 전분과 연분을 조합하여서 조세를 15등급으로 나누어 부여하였다.

이러한 하연의 제안에 대하여, 대신들 중 일부는 "그 해의 풍흉을 보아 조세를 거두고 등급을 매겨 매년 이를 고치게 되면, 정실에 흘러 임의로 가감한다는 원망이 답험할 때와 다름이 없게 되어, 그 이름만 고쳤을 뿐 옛 그대로 되고 말 것입니다."[37]라고 공법에 풍흉을 반영하는 것에 대하여

---

35) 『세종실록』 권73, 세종 18년 윤6월 기묘.
36) 『세종실록』 권73, 세종 18년 윤6월 갑신.

우려를 표하였다.

위와 같은 관원들의 논의를 바탕으로 세종 18년 10월 공법 규정이 결정되었다. 의정부는 이를 다음과 같이 보고하였다.

> 각도와 토지 품등의 등급으로 수조하는 수량을 정하여, 상등도의 상등전은 매 1결에 18두로, 중등전은 매 1결에 15두로, 하등전은 매 1결에 13두로 정하소서. (중략) 하등도의 상등전은 매 1결에 14두로, 중등전은 매 1결에 13두로, 하등전은 매 1결에 10두로 정하소서. 제주의 토지는 등급을 나누지 말고 모두 10두로 정하소서.[38]

이 내용은 참찬 하연의 의견 중 연분 부분을 버리고, 전분에 해당하는 부분만 수용한 것이었다. 즉 기존의 3등전제를 그대로 이용하면서, 道를 기준으로 하는 3等道制를 가미하여 전분 9등제를 규정한 것이다. 연분은 완전히 배제하고 전분만으로 공법의 규정을 만들었다.

이와 같이 공법의 규정을 매우 쉽게 만들었다. 이미 세종 12년 공법 예비 논의이후 많은 관원들이 전분제과 연분제에 대하여 다양한 견해들을 제기하였다. 그러나 이러한 논의를 수용하지 않았다. 관원들은 연분제를 강조하여, 연분제 까닭에 공법에 반대하거나, 연분을 수용한 공법을 제안하였으나 연분은 반영하지 않았다. 관원들은 기존의 3등전제의 문제점도 충분히 지적하였다. 그러나 정부는 기존의 3등전제를 유지하고, 단지 3등도제를 추가한 것에 그쳤다. 관원 간에 심도 있는 논란이 오갔으나, 결국은 혼란이 없는 간결한 공법으로 귀결되었다.[39]

---

37) 상동조
38) 『세종실록』 권75, 세종 18년 10월 정묘.
39) 이와 같은 결정은 대부분의 관원들의 입장에서 볼 때, 매우 미진한 것이었다. 공법을 반대하는 관원들은 연분에 매우 강한 집착을 가지고 있었고, 공법을 찬성하는 관원들도 토질에 입각한 전분의 개정을 공법 시행의 전제조건으로 제시하고 있었다.

공법의 규정은 만들어졌으나, 규정은 바로 시행되지 않고 골격을 유지하는 범위에서 좀 더 다듬어졌다. 세종 19년 호조는 공법의 보완을 다음과 같이 제안하였다.

> 각도의 등급과 토지 품질의 등급으로써 수세하는 수량을 정합니다. 上等道의 上等水田은 매 1결마다 조미 20두, 旱田은 매 1결마다 豆 20두로 정합니다. (중략) 하등도의 상등 수전은 매 1결마다 조미 16두, 한전은 매 1결마다 황두 16두로 하고, 중등 수전은 매 1결마다 조미 14두, 한전은 매 1결마다 황두 14두로 하고, 하등 수전은 매 1결마다 조미 12두, 한전은 매 1결마다 황두 12두로 하며, 濟州의 토지는 등급을 나누지 아니하고 수전이나 한전이나 매 1결마다 10두로 정합니다.[40]

이 내용은 세종 18년의 규정과 그 기본 골격이 같았다. 다만 한전에 대한 규정을 추가하고 등급 간에 수조량을 조정하였다.

세종 22년에도 공법의 규정은 조금 보완되었다. 세종 22년 의정부는 다

예컨대 앞에서 하연이 기존의 3등전제를 그대로 수용하고, 3등도제를 추가하여 시행하고자 제안했을 때, 세종이 영의정 황희, 관원사 안순, 찬성 신개, 호조 판서 심도원 등을 불러 하연이 올린 田制를 의논하게 하였다. 이 때 모든 관원들은 "등급을 나누지 않고 一例로 부세를 거두게 되면 소득의 다과가 고르지 못할 것이며, 稅政이 中正을 잃게 될 것입니다."라고 기존의 3등전제를 인정한 공법의 시행을 반대하였다(『세종실록』 권73, 세종 18년 윤6월 갑신). 그러므로 이와 같은 공법의 안은 대다수의 관원들이 원하는 공법의 방안과 다른 것이었다.

그러나 이와 같이 미진한 공법 규정을 의정부가 앞장서서 수용하면서 공법은 쉽게 결정되었다. 쉽게 납득되지 않는 상황이 전개되었다. 이와 같은 상황은 일종의 협상이 왕과 대신들 사이에서 있었던 것이 아닌가라는 추측을 하게 된다. 흥미로운 것은 공법의 규정 논의가 진행되는 과정 중인 세종 18년 4월에 議政府署事制가 별다른 논의 없이 다시 복행되었다(『세종실록』 권72, 세종 18년 4월 무신; 『세종실록』 권76, 세종 19년 1월 갑인). 이와 같은 앞뒤 상황은 세종은 공법을 관철하고, 대신들은 의정부서사제를 복원하는 것으로 상호 협의한 것이 아닌가 하는 추측을 가능케 한다.

40) 『세종실록』 권78, 세종 19년 7월 정유.

음과 같이 규정의 보완을 요청하였다.

> 이제 이미 공법을 경상, 전라 두 도에 시험하여 보니, 그 지품이 한
> 도 안에서 같지 않을 뿐만 아니라 고을마다 현격하게 다르니, 일체로
> 조세를 거두는 것은 온당하지 못한 것 같습니다. (중략) 각 도의 관찰
> 사로 하여금 각 고을의 지품의 등수를 정하여 아무아무 고을은 상등으
> 로 삼고, 아무아무 고을은 중등으로 삼고, 아무아무 고을은 하등으로
> 삼아 나누어 삼등을 만드소서.[41]

의정부에서는 도 단위로 전품 3등급을 정한 것에 대하여 문제가 있음을
지적하고 고을단위로 3등급을 나눌 것을 제안하였다. 이와 같이 보완을 바
탕으로 호조는 공법의 개선안을 다음과 같이 정리하였다.

> 경상도, 전라도의 上等 고을의 上田, 中田 1결은 20두이고, 下田은
> 17두이며, 中等 고을의 상전 중전 1결은 19두, 하전 1결은 16두이며,
> 하등 고을의 상전 중전 1결은 18두, 하전 1결은 15두입니다. 충청, 경
> 기, 황해도의 上等 고을의 상전 중전 1결을 18두, 하전 1결은 15두이
> 고, 중등 고을의 상전 중전 1결은 17두, 하전 1결은 14두이며, 하등 고
> 을의 상전 중전 1결은 16두, 하전 1결은 13두입니다. 강원도 함길도
> 평안도의 상등 고을의 상전 중전 1결은 17두, 하전 1결은 14두이고,
> 중등 고을의 상전 중전 1결은 16두, 하전 1결은 13두이며, 하등 고을
> 의 상전 중전 1결은 15두이고, 하전 1결은 12두입니다.[42]

이 내용은 도 단위의 3등급의 분류를 유지한 위에, 또한 한 도 내의 고
을을 상등, 중등, 하등 고을로 나누었다. 이렇게 도와 고을을 3등으로 나누
면서 분류가 복잡해지자, 이를 상쇄하기 위해서 기존의 3등전제를 줄여서

---

41) 『세종실록』 권89, 세종 22년 6월 계미.
42) 『세종실록』 권90, 세종 22년 8월 기해.

상등과 중등을 합하여 하나로 하고, 하등을 별도로 하는 2단계 전품제를 시행하였다. 이를 조합하면서 결국 20두에서 12두에 이르는 9등급제를 결정하였다.

세종은 공법의 규정을 다듬으면서 한편에서는 공법을 부분적으로 시행하였다. 세종 20년에 공법을 전라도와 경상도에 제한적으로 시험하였다.[43] 그리고 2년의 시험을 거친 후에 세종 22년에 의정부에서 다음과 같이 경상, 전라 양 도에 전면 시행할 것을 요청하였다.

> 이 공법이 시험한 지가 이미 2년이 되었으나 별로 큰 폐단이 없사오니, 청하건대 이제부터는 경상 전라 양 도로 하여금 모두 貢法을 행하게 하소서.[44]

의정부에서는 경상도와 전라도에 시험한 공법이 큰 폐단이 없음을 보고하면서 경상도, 전라도 '모두'에 공법의 시행을 요청하였다. 이러한 의정부의 요청에 의해서 세종 22년 공법이 시행되었다. 세종 23년에는 의정부의 요청을 따라 충청도에도 확대 시행하였다.[45]

이상에서 볼 때에 세종 18년에 공법 규정을 만들고 정비한 후, 세종 20년, 21년 시험 시행을 거쳐서, 세종 22년 경상도와 전라도에, 세종 23년 충청도에 공법을 시행하였다.

그러나 공법의 규정이 만들어지고, 일부지역에서 시행되고 있었지만, 아직 전국적으로 공법을 시행하지 않는 상황이었으므로, 공법을 반대하였던 관원들은 공법의 문제점들이 제기되어 수정사항을 논의할 때마다, 자신의 견해를 꾸준하게 개진하였다.

공법 논의의 시작에서부터 공법시행을 반대하였던 영의정 황희는 기회

---

43) 『세종실록』 권85, 세종 21년 5월 신해.
44) 『세종실록』 권89, 세종 22년 5월 기유.
45) 『세종실록』 권93, 세종 23년 7월 신축.

가 있을 때마다 자신의 견해를 피력하였다. 세종 22년 황희는 다음과 같이 공법을 반대하였다.

> 바라옵건대, 委官이 손실을 정확하게 조사하는 제도를 엄하게 하고, 인하여 조종 때부터 마련한 隨損給損의 成憲대로 하는 것이 어떠합니까?[46]

황희는 공법의 시행을 반대하고 수손급손제의 손실답험으로 돌아갈 것을 요청하였다.

공법의 시행에 반대하지는 않았지만, 연분의 반영을 주장하였던 하연도 공법의 문제가 제기되자, 다음과 같이 연분 9등제를 제기하였다.

> 上上 1결마다 玄米 20두를, 밭은 1결마다 콩 20두를, 上中은 19두를, 上下는 18두를, 中上은 16두를, 中中은 15두를, 中下는 14두를, 下上은 12두를, 下中은 11두를, 下下는 10두를 받는 것으로 정하소서. (중략) 지금 법에 일정한 수량을 정해서 조세를 거두는 것은 일은 간편하나, 메마른 땅과 흉년에는 통하지 못합니다. 또 고을마다 고쳐 살펴서 分等한다는 논의는 상세하기는 하나, 일이 번거로워서 원망이 생기기 쉬운 동시에 또한 흉년에는 통하지 못합니다. 그러나 만약 연사에 따라 9등으로 분등한다면 일이 간편하면서 폐단도 없을 것입니다.[47]

하연은 공법을 반대하지는 않았고, 그의 견해 중 일부가 공법의 규정에 반영되었지만, 시행되고 있는 전분 중심의 공법에 대해서는 반대하고 있었다. 그러므로 그는 오히려 연분만으로 구성된 9등제를 제안하였다. 이러한 연분 중심의 공법은 결국 손실답험제로 돌아가는 것과 유사한 것이었는데, 이 경우 기존의 손실답험제의 문제점이 재론될 수 있었다. 그러므로 하연은 연분제를 시행하되, 필지마다의 답험이 아닌 고을단위의 답험을 주장하

---

46) 상동조.
47) 『세종실록』 권90, 세종 22년 7월 계축.

였다.

이상에서 볼 때에 세종 18년에 전분만으로 공법의 규정을 마련하여, 이를 조금씩 다듬으면서 세종 23년에는 전라, 경상, 충청도에서 공법을 시행하였다. 그러나 공법이 아직 일부지역에만 시행되었고, 시행과정에서 문제가 계속 제기되고 있었으므로 공법에 찬성하지 않는 관원들은 문제제기를 지속하였다. 이들은 공법을 폐지하고 손실답험으로 돌아가는 방안, 공법에 연분을 추가하는 방안 등을 제시하였다. 물론 기존의 3등전제에 대해서도 관원들은 불만스럽게 생각하고 있었다.

이와 같은 상황은 공법에 심각한 문제가 노출된다면, 언제든지 공법의 골간을 바꿀 수 있는 개정이 가능하였음을 보여주었다. 따라서 공법에 연분을 반영하지 않고 있었으나, 상황이 변화하면 연분을 공법에 추가할 수 있는 가능성이 아직 열려 있었다.

3. 貢法 개정과 年分

1) 공법 개정의 방향

공법의 논의 기간은 길었지만, 세종 18년에 공법상정소를 만들고서는 쉽게 추진되었다. 세종 18년 규정을 만들고, 세종 20년부터 시범운영을 시작하였고, 22년부터는 전라도 경상도에, 세종 23년에 충청도에 전면 시행하면서 시행과정은 순탄하였다.

그러나 공법은 매우 큰 과제였으므로 규정을 만든 후에도 지속적으로 문제점이 제기되었고, 이를 계속 규정에 반영하고 있었다. 물론 공법은 기존의 3등전제 위에, 도와 고을의 전품을 반영하는 전품 9등제의 틀을 유지하였다.

그러나 공법을 시행하면서 큰 틀을 흔들 수밖에 없는 매우 심각한 문제점이 노출되었다. 이는 공법에 의해서 수조한 결과 그 수조량이 손실답험제로 수조한 것보다 많은 양이 수조된 것이었다. 단순히 많은 것이 아니라 지역에 따라서는 2배 이상 수조량이 증가하였다. 공법은 1결당 최대 수조량을 20두로 대폭 감량한 것이었으나, 손실답험에 의한 연분을 적용하지 않으면서 결과적으로 그 수조량이 대폭 상승하였다.

이러한 조짐은 이미 공법을 시범 운영한 직후부터 나타났다. 이는 세종이 그 21년 경상도 관찰사 이선에게 명한 다음의 내용을 통해서 알 수 있다.

> 공법을 이제 정하였으나 오히려 백성에게 불편이 있을까 염려하는 까닭으로, 이제 전라, 경상 두 도에만 행하여 그 편리한 여부를 시험하게 하였다. 겨우 1년이 지나서 利害를 판단하지 못하겠는데, 경이 문득 정사년 下年의 조세를 무오년 中年의 賦稅와 비교하여, "공법을 행하여 거두는 수량이 전일보다 많으니 (공법을) 중지하자."고 하니 어찌 잘못이 아니겠는가.[48]

경상도 관찰사 이선은 공법을 시범 운영한 결과 수조의 양이 대폭 늘어났음을 지적하면서, 공법을 중지할 것을 청하였다. 이에 대하여 세종은 "겨우 1년이 지나서 利害를 판단하지 못하겠는데"라고 언급하면서 이선의 제안을 무시하였다. 아직 1년의 경험에 불과하였으므로 상황을 분명하게 정리하기에는 이른 시기였다.

그러나 시범운영을 거쳐서 공법을 세종 22년부터 경상도, 전라도에 전면 시행하면서 그 결과는 분명하게 나타났다. 세종 23년 우의정 신개는 다음과 같이 수조가 과중한 상황을 지적하였다.

> 공법의 收稅의 수가 손실의 수세의 수보다 혹은 배가 더하고 혹은

---

48) 『세종실록』 권85, 세종 21년 5월 신해.

조금 더하여서, 더하지 아니한 것이 없사오니, 망령된 생각에는, 각도
의 전지가 下等이 많은데 공법으로 수세할 적에 3등의 차이가 없기 때
문에 그러한 것이라 여겨지옵니다. 그러면 반드시 시험할 것도 없이
좋아하고 싫어함을 가히 미리 알 수 있을 것입니다. 그러므로 공법을
실행하여 永世토록 폐해가 없이 하려면, 앞에서 의논한 것처럼 下等을
3등으로 나누어서 시행하는 것이 편할 것입니다.49)

좌의정 신개는 공법의 시행으로 수세가 대폭 늘었음을 밝히고 있다.50)
신개는 공법에 찬성한 대표적인 관원이었는데, 공법에 심각한 문제가 있음
을 지적하고 있다. 그는 '영세토록 폐해가 없이 하려면' 감세를 하여야 하
고, 이를 위해서는 공법의 기본틀을 바꾸는 개정이 필요함을 지적하였다.

그간도 공법의 세세한 규정들을 계속 손질해왔으나, 전분을 기준으로
하는 9등제 수세의 골격은 유지하였다. 그러나 신개가 지적하듯이 공법의
시행으로 수조량이 이전에 비하여 대폭 늘자, 공법의 기본틀을 유지하는
것은 불가하였다. 신개는 수조량의 감액을 위해서 하등전을 3등으로 나눌
것을 요청하였다.

앞에서 지적하였듯이 전분 9등제는 매우 간단하게 만들어졌다. 기왕의

---

49) 『세종실록』 권93, 세종 23년 7월 기해.
50) 상동조. 신개는 구체적으로 늘어난 수조량을 제시하고 있다.
  "이제 往年의 各道 踏驗實數의 가장 많은 것과 貢法의 收稅數를 상고하오면,
  경상도는 갑인년의 實이 쌀·콩 합하여 16만 9천 8백 11석이온데, 공법은 8만 7
  천 9백 17석 13두가 더하였고, 전라도는 갑인년의 실이 15만 8천 1백 84석 11두
  이온데, 공법은 11만 8백 2석 8두가 더하였고, 충청도는 경신년의 실이 9만 4백
  51석 12두이온데, 공법은 9만 7천 3백 88석 10두가 더하였고, 황해도는 경신년의
  실이 4만 1천 5백 73석 10두이온데, 공법은 10만 1천 7백 57석이 더하였고, 강원
  도는 경신년의 실이 2만 99석 13두이온데, 공법은 1만 1천 3백 8석 3두가 더하였
  고, 경기도는 갑인년의 실이 3만 7천 3백 90석 3두이온데, 공법은 1만 2천 8백
  10석 11두가 더하였고, 함길도는 경신년의 실이 2만 9천 2백 44석 8두이온데, 공
  법은 2만 6천 9백 88석 1두가 더하였고, 평안도는 경신년의 실이 5만 4천 7백
  46석 12두이온데, 공법은 8만 7천 5백 93석 6두를 더하였습니다."

공법 논의에서 수조제도 전반에 대하여 심도있는 문제제기가 있었고, 관원들은 특히 3등전제에 대해서 많은 불만을 표현하였다. 그러나 공법에서는 3등전제를 그대로 인정하고, 다만 도 단위와 고을 단위의 전품을 추가하는 것이 전부였다. 그러므로 공법규정은 기존의 3등전제 위에 있었다. 사실상 공법의 시행을 위해서 정부가 한 일은 도와 고을을 전품에 따라서 분류한 것이 전부였다.

이와 같은 상황이 제기되면서 공법은 논의를 원점에서 다시 시작할 수밖에 없었다. 그 가장 중요한 이유는 수조량이 이전보다 현격하게 늘어나면서 공법을 강행한 기본 이념이 위협을 받았기 때문이었다. 세종은 공법이 '소민'을[51] 위한 개혁임을 강조하였고, 이 명분을 내세워 공법을 강행할 수 있었다. 그러나 결과적으로 공법이 과중한 과세로 드러나면서 공법이 소민을 위한다는 명분과 거리가 있었다.

그러므로 감세를 위해서 모든 방법이 동원될 수밖에 없었다. 전분 9등제의 근간이 되는 3등전제부터 다시 근본적으로 검토할 수밖에 없었다. 당연히 공법의 규정에서 배제되었던 연분도 감세를 위한 방안으로 다시 논의의 대상으로 등장할 수 있었다.

이와 같이 공법에 의한 수조의 과다는 매우 심각한 상황을 초래하였지만, 공법을 근본적으로 개정하는 것은 쉽지 않은 일이었다. 그러므로 세종은 좌의정 신개의 개정 요청을 수용하지 않았다. 세종은 문제가 분명하게 제기된 이후 세종 25년에 이르기까지 이를 공개적으로 논의하지 않고, 문제를 처리하기 위한 장고에 들어갔다.

그 과정에서 오히려 세종은 수령을 통해서 백성들에게 공법의 본의가 백성을 위한 것임을 수시로 강조하였다. 세종이 그 24년에 수령에게 명한 다음의 기록은 이를 잘 보여준다.

---

51) 『세종실록』 권35, 세종 9년 3월 갑진.

벼를 답험하는 데에는 支待하는 폐해가 있고 종이와 筆墨의 비용이
있다. 이 때문에 옛날 제도를 상고하여 공법을 시행하는 것이고 많이
거둬들이려는 뜻이 있어서 한 것은 아니다. 그러나 무식한 백성들이
어찌 공법의 본의를 알겠는가. 너희들은 이를 알라.[52]

이는 홍주목사 조수산 등을 수령으로 내려 보내면서 세종이 언급한 것
으로 '공법의 본의'를 해명하고 있다. 공법은 답험의 문제점을 해결하기 위
한 것이고, "많이 거둬들이려는 뜻이 있어서 한 것은 아니다."라고 강조하
였다. 이와 같은 동향은 수령을 내려 보낼 때마다 반복되었는데,[53] 이는
세종이 과도한 수조로 인해, 공법 시행에 대한 자부심에 많은 손상을 입었
음을 짐작케 한다.

그러나 세종은 단순히 수령을 통해서 백성을 설득하려한 것만은 아니었
다. 세종은 수령을 통해서 백성의 동향을 좀 더 상세하게 알고자 하였다.
이는 다음 세종의 언급을 통해서 알 수 있다.

공법이 官에 수입되는 것은 많고 백성에게 이익이 되는 것이 적으므
로, 백성들이 모두 이를 싫어한다 하니, 그대들은 편리한가, 편리하지
않은가를 깊이 살펴서 아뢰라.[54]

이는 영동현감 박여 등을 임지에 보내면서 당부한 것이다. 세종은 수령
에게 공법의 시행으로 인한 백성의 동향을 세심하게 살필 것을 당부하고
있다.

장시간 숙고를 거듭한 세종은 그 25년 7월에 자신의 소회를 다음과 같
이 피력하면서 공법의 개정 논의를 시작할 것을 명하였다.

---

52)『세종실록』권97, 세종 24년 7월 기묘.
53)『세종실록』권97, 세종 24년 7월 을유;『세종실록』권97, 세종 24년 9월 신유.
54)『세종실록』권98, 세종 24년 12월 계묘.

지금의 조세를 보면 예전보다 倍나 되니 백성들의 원망을 역시 알 수 있다. 내가 공법으로 많이 거두어서 나라를 부하게 하려 함이 아니었다. 다만 손실법의 폐해를 염려하여 이 법을 세운 것인데, 이제 이 지경에 이르렀으니 중하게 거둔다는 비평을 면하기 어려울 것이다. 그러나 법이라는 것은 아침에 고치고 저녁에 변할 수 없는 것이니, 공법을 그대로 하면서 백성에게 편리할 것을 대신들과 의논하여 아뢰라.[55]

세종은 조세가 '예전보다 배나 되니', '중하게 거둔다는 비평'을 면하기 어려울 것으로 사태를 심각하게 인식하고 있었다. 그러므로 세종은 관원들에게 공법의 시행은 계속하되, 그 규정을 개정하여 '백성에게 편리'하도록 하라고 명하였다.

이와 같은 개정 논의가 시작되자, 관원들은 다양한 의견을 개진하였다. 처음부터 공법에 반대하던 황희는 "수손급손하는 것은 祖宗의 成憲이오니, 貢法을 혁파하고 損實法을 실행하는 것만 같지 못하옵니다."[56]라고 공법의 폐지를 주장하였다.

그러나 황희와 같이 공법 폐지를 주장하는 관원은 극소수였다. 기본적으로 공법을 유지하면서 개선안을 모색하였다. 신개는 다음과 같이 하전을 세분하여 감세해주는 방안을 주장하였다.

공법을 백성이 매우 편하게 여기는데 다만 下田租稅가 重한 것을 싫어한다 하옵니다. 만약 다시 下田을 심사하여 상, 중, 하의 3등으로 정하고 末減하여 세를 거두면, 백성이 더욱 편하게 여길 것이옵니다.[57]

신개는 앞에서 주장한 것과 같이 하등전을 다시 3등급으로 나누어, 하등전의 수조량을 줄여줄 것을 제안하였다. 이와 같은 신개의 주장에 많은

---

55) 『세종실록』 권101, 세종 25년 7월 계해.
56) 상동조.
57) 상동조.

관원들은 "下田의 조세를 감하는 것이 옳을 것입니다."[58]라고 찬성을 표하였다.

전분에 대한 개정과 더불어 공법에 연분을 추가하는 안도 제시되었다. 세종 25년 8월 사간원은 "공법의 실행으로부터 조세가 들어오는 것이 갑절로 더하여", "창고가 넘쳐서 쌓을 만한 곳이 없습니다."[59]라고 당시 상황을 언급하면서 다음과 같이 개정안을 개진하였다.

> 年事의 豊凶을 3등으로 나누어서 지금의 세액으로 上年의 조세로 하고, 그 中年과 下年의 조세는 이것으로 遞減하게 하소서. (중략) 각 동리의 직책이 있는 品官으로 地品에 따라서 9등으로 나누게 하소서.[60]

사간원은 지력에 따라서 전분을 9등으로 나누도록 하고, 연분도 풍흉에 따라서 3등으로 나눌 것을 제안하고 있다. 전분 9등제를 제안하였으나 기존의 3등전제를 인정하지 않고 전품에 따라 새롭게 전지를 구분할 것을 요청하였다. 이와 같이 관원들은 기존 공법의 틀을 바꾸는 완전히 새로운 개정안을 제시하였다.

이러한 관원들의 논의가 진행되었으나, 쉽게 결론을 얻기 어려웠으므로 세종은 논의의 과정에서 감세를 위한 임시조치를 호조에 명하였다.

> 장차 下田의 등급을 나누어서 다시 조세의 액수를 정하겠으나, 우선 금년에 3도의 下田은 매 1결에 각기 2斗를 감하여, 백성의 바라는 데에 따르게 하라.[61]

세종은 임시조치로 하등전의 감세를 명하였다. 그는 "공법을 실행하려

---

58) 상동조.
59) 『세종실록』 권101, 세종 25년 8월 정해.
60) 상동조.
61) 『세종실록』 권101, 세종 25년 7월 갑자.

+면 그 조세를 감하여야 백성에게 편할 것이다."⁶²)라고 감세의 필요성을 강조하면서, 하전은 결당 2두를 감하여 부담을 줄여주었다. 세종은 이러한 조치로 감세가 미흡하다고 보고, 3개월 뒤에도 추가로 "三道의 上田, 中田 매 1결에 1두를 감하고, 下田 매 1결에 전에 감한 2두에다가 또 2두를 감하여 백성의 편한 것을 따르게 하라."고 감세를 명하였다.⁶³)

세종은 공법 개정논의를 통해서 관원들의 주장을 수용하여 본인의 생각을 정리하였고, 자신의 정리된 생각을 25년 10월에 대신들을 불러서 논의하고, 대신들이 동의하자 이를 다시 집현전과 양사의 관원들을 불러서 다음과 같이 논의하였다.⁶⁴)

지금 年分 9등 田分 5등으로 租를 거두고자 한다. 염려되는 것은 土田을 고쳐서 측량하는 것이 1~2년에 할 수 있는 일이 아니매, 경차관을 나누어 보내어 우선 舊田籍을 가지고 田品을 살펴 헤아려서 먼저 5등으로 나누게 하고, 結卜束把를 고쳐 頃畝步의 법으로 만들고, 年의 상하를 보아 9등의 조세를 거두고자 한다. 이를 정부와 육조에 의논하니, 모두 가하다 하는데, 너희들은 어떻게 생각하는가.⁶⁵)

세종은 연분 9등과 전분 5등제를 제시하고 있다. 관원들은 전분 5등제에 대해서는 동의하였으나, 연분 9등제에 대해서는 의견이 나뉘었다. 일부

---

62) 『세종실록』 권101, 세종 25년 7월 무진.

63) 『세종실록』 권102, 세종 25년 10월 기축 1. 호조에 전지하기를, "경상, 전라, 충청도의 下田은 밭의 품질이 척박하여서 납세하는 백성에게 혹 근심과 탄식이 있게 되므로, 일찍이 교지를 내려 금년만은 매 1결에 2두씩 감하게 하였는데, 그 공법에 따라 세를 거두는 수는 장차 다시 의논하여 정하겠으나, 그러나 금년은 여름에 가물고 가을에 장마져서 화곡의 결실이 되지 않았으니, 우선 금년은 삼도의 上田 中田 매 1결에 1두를 감하고, 下田 매 1결에 전에 감한 2두에다가 또 2두를 감하여 백성의 편한 것을 따르게 하라."하였다.

64) 『세종실록』 권102, 세종 25년 10월 무신.

65) 상동조.

의 관원들이 "연분을 9등으로 나누는 것은 불가하니 다만 3등 혹은 5등으로 나누는 것이 편하겠습니다."[66]라고 연분의 구분을 줄일 것을 제안하였다. 그러나 대다수의 관원들이 연분 9등, 전분 5등 안에 동의하자, 세종은 이를 공법 개정안으로 결정하였다. 이후 세종은 바로 관원을 보내어 舊田籍을 가지고 전품을 헤아려 5등급으로 나누는 작업을 수행하게 하였다.[67]

세종이 제시한 안은 관원들의 의견을 수렴하여 기존의 공법규정을 새롭게 정비한 것이었다. 전분 5등제는 이미 신개가 제시한 방안을 수용한 것이었다. 그러나 이미 3등전제에 대한 불신이 컸으므로, 하등전을 3, 4, 5등급으로만 나누지 않고, 토질이 좋은 하등전은 1, 2등급으로도 책정하였다. 즉 기존의 3등급제를 버리고 전체 전지의 등급을 5등급으로 책정하였다.[68]

이와 같은 과정에서 문제점도 노출되었다. 관원들은 하등전 중에 일부 전지가 1, 2등급으로 책정되어 부담이 과도하다고 지적하였다. 이에 세종은 "5등전의 1, 2등을 推移하여 6등으로 하라"는 명하였다. 즉 하등전에서 1, 2등에 책정된 전지를 3등전으로 정하고, 3등전 이하는 한 등급씩 낮추어 4, 5, 6등전으로 낮추어, 결국 5등제를 6등제로 바꾸었다.[69] 전분 6등제의 시행으로 대다수의 하등전이 3, 4, 5, 6등전이 되면서 감세의 혜택을 누리게 되었다.

연분 9등제는 기존에 연분을 전혀 배려하지 않았던 것에 비하여 파격적인 조치였다. 연분 9등제는 세종 22년 하연에 의해서 제시된 견해를 수용한 것이었다. 특히 하연은 연분제의 시행에서 나타날 수 있는 문제점을 막기 위해서 고을단위의 연분제를 제안하고 있는데,[70] 이도 그대로 수용되었다. 감세를 위해서 전분을 손보는 것만으로 충분하지 않았으므로, 연분

---

66) 상동조.
67) 『세종실록』 권102, 세종 25년 12월 정유.
68) 『세종실록』 권103, 세종 26년 1월 경신.
69) 『세종실록』 권104, 세종 26년 6월 갑신.
70) 『세종실록』 권90, 세종 22년 7월 계축.

도 수용되었다.

연분 9등제는 제안을 할 때부터 일부 관원들이 반대하였다. 연분을 공법에 반영하는 것은 동의하였으나, 9등으로 나누는 것은 너무 번거롭다고 생각하였다. 이후에도 관원들은 연분을 9등제로 나누는 것을 반대하였다. 세종 26년 공법 논의 중에서 호조판서 박종우 등은 다음과 같이 연분 9등제를 비판하였다.

> 九等年分은 번거롭고 冗雜하오니, 마땅히『周禮』를 따라서 年分上下의 제도에 약간 損益을 가하게 하소서.[71]

박종우 등은 9등급은 너무 용잡하다고 비판하였다. 박종우 등만이 아니라 영의정 황희도 "九等年分은 節目이 복잡합니다."[72]라고 반대하였다. 공법의 지지자인 좌의정 신개도 "연분 9등은 너무 세밀하여 등급이 相近해서 奸吏들의 요행수가 될 것입니다."[73]라고 연분 9등제를 다시 논의할 것으로 요청하였다.

이러한 요청들은 연분을 3등 혹은 5등제로 시행하자는 것이었으나, 세종은 이를 수용하지 않다. 세종은 이왕에 연분을 수용한다면, 그간 오랫동안 시행해본 경험이 있는 수손급손답험의 연분 9등제를 수용하여 시행하는 것이 부작용이 적다고 판단한 것으로 추측된다. 연분 9등제는 상상년을 10분으로 하고, 상중년을 9분으로 하여 1분씩을 차차로 줄여서 하하년을 2분으로 정한 것이었다.[74] 이는 과전법의 분수답험제와 수손급손제를 그대로 이은 것이었다.[75]

이상에서 볼 때, 공법 시행의 결과 수조량이 과도하게 늘면서 개정이 불

---

71)『세종실록』권104, 세종 26년 6월 갑신.
72) 상동조.
73) 상동조.
74)『세종실록』권105, 세종 26년 8월 경오.
75) 최이돈「조선초기 損失踏驗制의 규정과 운영」『규장각』49, 2016.

가피하였다. 특히 이는 소민을 위한다는 명분에 배치되는 것이었으므로 공법의 전면 개정이 불가피하였다. 개정을 위한 많은 논의가 있었고, 이러한 의견들을 종합 반영한 전분 6등, 연분 9등제가 개정안으로 결정되었다.

전분 6등제는 기존의 3등전제를 버리고 전품에 따라서 새롭게 전지를 분등한 것이었다. 연분 9등제는 손실답험의 9등제를 그대로 반영한 것이었다. 이러한 개정은 결과적으로 세종 12년 공법 예비논의에서부터 관원들이 진지하게 제안하였던, 전분과 연분에 관한 방안들을 반영하였고, 나아가 손실답험제의 장점을 잘 계승한 의미있는 개혁이었다.

2) 개정공법의 시행

공법은 전분 6등, 연분 9등제로 새로운 골격이 형성되었다. 정부는 이를 구체화하기 위하여 세종 25년 11월 전제상정소를 설치하였다. 세종은 진양 대군 이유를 都提調로 삼고, 의정부 좌찬성 하연, 호조 판서 박종우, 지중추원사 정인지를 提調로 삼았다.[76]

전제상정소의 가장 중요한 일은 전분 6등, 연분 9등제에 입각해서 구체적으로 수조량을 정하는 것이었다. 전제상정소는 세종 26년 6월 제도 정비를 위한 기초 작업을 시작하였다. 6등의 전지의 크기를 규정하기 위해서 1결당 생산력을 얼마로 규정해야 할지를 관원들에게 의견을 수렴하였다.[77] 전제상정소는 이와 더불어 지방의 품관들과 노동들에게 기초자료를 수집하였다.[78] 상정소는 이러한 자료에 기초해서 上上年에 57畝의 토지에 대하여 1등전의 생산량은 40석, 6등전의 생산량은 10석으로 정하였다.[79]

전제상정소는 세종 26년 11월에 다음과 같이 '1등전의 생산량을 40석'

---

76) 『세종실록』 권102, 세종 25년 11월 갑자.
77) 『세종실록』 권104, 세종 26년 6월 신축.
78) 『세종실록』 권105, 세종 26년 7월 신해.
79) 『세종실록』 권105, 세종 26년 8월 경오.

으로 하는 기준에 입각해서 다음과 같이 수조량을 결정하였다.

1. [세율] 1결의 면적 57畝의 收稅도 역시 이에 의하여 20분의 1비율로 정한다.
1. [전분] 上上年의 1등 전지의 조세는 30말, 2등 전지의 조세는 25말 5되, 3등 전지의 조세는 21말, 4등 전지의 조세는 16말 5되, 5등 전지의 조세는 12말, 6등 전지의 조세는 7말 5되로 정한다.
1. [연분] 年分을 9등으로 나누고 10분 비율로 정하여 全實을 上上年으로 하고, (중략) 2분실을 하하년으로 한다.
1. [동과수조] 20말로써 同科로 結을 정하여 6등 전지의 1결은 1백52畝, 5등 전지의 1결은 95무, 4등 전지의 1결은 69무, 3등 전지의 1결은 54무 2분, 2등 전지의 1결은 44무 7분, 1등 전지의 1결은 38무로 정한다.
1. [연분의 결정] 각도 감사는 각 고을마다 年分을 살펴 정한다.[80]

이 내용을 정리하면 다음과 같다. ① 수조율을 1/20로 명시하였다. 과전법에서 1/10로 수조율을 하였으나, 이를 다시 1/20로 정비하였다. 이와 같은 변화는 그간 국가가 수조하였던 현실적인 수조량을 수조율에 반영한 것이었다.

② 전분은 전지를 6등급으로 나누고, 1등급에서부터 등급에 따라서 전지의 수조량을 15%씩 감량하였다. 즉 6등전은 1등전에 비하여 75%를 감한 양이 되었다.

③ 연분은 9등급으로 나누고, 1등급 당 10%를 감량해주었고, 고을단위로 연분을 정하였으며, 연분을 책정하는 주체를 감사로 정하였다. 연분의 기본 구조는 수손급손답험의 구조를 그대로 가져왔으나, 답험의 단위와 답험의 주체를 달리했다.

④ 전분에 입각한 전지의 면적을 수세의 편의를 위해서 1결 20두를 기

준으로 환산하여서 1결당 면적을 조절하였다. 1등전은 38무, 2등전은 44무, 3등전은 54무, 4등전은 69무, 5등전은 95무, 6등전은 152무로 정하였다. 이는 과전법에서 1결의 면적이 상등전은 20무, 중등전은 39무, 하등전은 57무이었던 것에[81] 비교할 때 대다수였던 기존의 하등전이 3, 4, 5, 6등전으로 책정되었으므로 1결당 절대면적은 상대적으로 많이 넓어졌다.[82]

---

81) 『용비어천가』 37장 주.

82) 공법으로 실제적인 전지가 축소되었다는 견해도 있다. 김태영은 실제의 전지가 축소되었다고 보면서 하등전이 신공법에서 많이 제 1, 2, 3등전으로 편입되었고 주장하였다(김태영 앞의 책, 291~312쪽). 그러나 하등전에서 1, 2등전으로 편입된 전지는 6등전제로 바뀌어 새로이 3등전이 추가되면서 대부분 3등전으로 조정되었을 것으로 보이며, 3, 4, 5등전으로 분류되었던 전지는 4, 5, 6등전지로 하향 조정되었을 것으로 보인다. 그러므로 하등전은 대부분 3, 4, 5, 6등전지로 배정되었을 것으로 보인다. 하등전의 면적(4,184평)과 3등전의 면적(3,931평)이 큰 차이가 없었고, 6등전의 면적(11,035평)은 넓었으므로 공법으로 실면적은 확대되었다고 보는 것이 적절하다.

또한 김태영이 전지가 축소되었다고 보는 다른 근거로 山田의 분등을 제시하였다. 김태영은 산전이 3등전제에서 하등전으로 파악되었을 것으로 가정하고(291쪽) 있으나 이는 사실과 상이한 주장이다. 나아가 그는 산전이 6등전제에 포함될 때에 5, 6등전으로 편제되었을 것으로 주장하고 있으나(312쪽) 산전이 극히 척박한 전지로 하등전 밖에 배치하였음을 고려한다면, 산전이 5등전에 포함될 가능성은 극히 희박한 것으로 생각된다.

특히 당시 논의의 대상이 되고 있는 것은 하삼도의 전지였는데, 하삼도의 전지는 산전의 경우에도 배수제를 적용하지 않았다(『세종실록』 권109, 세종 27년 7월 을유). 배수제를 적용하지 않는 경우 산전의 크기는 6등전의 크기를 넘어가기 어려웠다. 또한 중요한 것은 산전은 그 비중이 적어서 공법의 논의에서 논외로 처리하였다. 이와 같은 산전의 상황을 고려한다면, 산전을 거론하면서 공법에서 실제적 전지가 축소되었다고 주장하는 것은 공감하기 힘들다.

최윤오도 그의 논고에서 하등전을 3등전에, 산하전, 산요전, 산상전을 4, 5, 6등전에 비견하면서 실면적이 크게 감축된 것으로 주장하고 있으나(최윤오 「세종조 공법의 원리와 그 성격」, 『한국사연구』 106, 1999, 17쪽), 하등전을 3등전에, 산전을 4, 5, 6등전에 비견하는 것은 공감하기 힘들다. 특히 최윤오는 배수제를 적용해서 산전의 넓이를 계산하고 있으나, 당시 하삼도의 경우 배수제를 적용하지 않았다는 것을 고려하면, 산전의 실면적도 6등전의 크기를 넘기 어려웠다.

물론 일부의 하등전의 전지는 1, 2등전으로 책정되기도 하였으나, 5등전제가 6등전제로 바뀌면서 하등전에서 1, 2등전으로 책정되었던 전지가 다시 3등전으로 조정되면서 그 부담은 많이 완화되었을 것으로 추정된다. 또한 연분의 추가는 이전이 없던 것으로 수조의 감량에 크게 유용하였다.

세종은 수조량이 결정되자, 이를 하삼도 몇몇 고을에 대신을 보내어서 시험하였다.[83] 청안과 비인 등 몇몇 고을을 새로 정한 공법의 규정에 의해서 전품을 정하고, 수조량을 산출하였다. 청안의 경우 다음과 같았다.

> 청안의 새로 정한 전품으로 계산한다면 상상년에는 3천 8백 41석, 상중년에는 3천 4백 57석, 상하년에는 3천 73석이 되고, 중상년에는 2천6백 89석, 중중년에는 2천 3백 4석, 중하년에는 1천 9백 20석이 되며, 하상년에는 1천 5백 36석, 하중년에는 1천 1백 52석, 하하년에는 7백 68석이 된다. 공법을 적용할 때에는 신유년에는 米豆 합계하여 2천 5백 80석, 임술년에는 2천 3백 58석, 계해년에는 특히 감면하여 1천 1백 94석이 되고, 손실을 따를 때에는, 기미년은 1천 3석, 경신년은 1천 5백 15석이 된다.[84]

청안의 경우 새로운 기준으로 수조량을 산출해서 세종 21년에서 24년까지의 수조와 비교해보았다. 공법을 적용하였던 세종 23년(신유)과 24년(임술)의 수조량은 새로 정한 공법의 중중년과 비슷하였다. 또한 손실답험으로 수조한 세종 21년(기미)에서 22년(경신)까지의 수조량은 새로 개정한 공법의 하상년 정도였다.[85] 개정공법으로 수조할 조세의 평균을 중중년에

---

83) 『세종실록』 권105, 세종 26년 윤7월 계묘.
84) 『세종실록』 권105, 세종 26년 8월 경오.
85) 비인의 사례도 유사한 수준이었다.
　　비인의 새로 정한 전품으로 계산한다면 상상년에는 2천 2백 25석, 상중년에는 2천 2석, 상하년에는 1천 7백 80석이고, 중상년에는 1천 5백 57석, 중중년에는 1천 3백 35석, 중하년에는 1천1백 12석이 되며, 하상년에는 8백 90석, 하중년에는 6백 67석, 하하년에는 4백 45석이 된다. 공법을 적용한 신유년(세종 23년)에는 1

비정해 볼 때, 개정된 공법의 수조량은 기존의 공법의 수량과 달라진 것이
없었다.

이와 같은 결과에 대하여 세종은 다음과 같이 자신의 견해를 표현하였다.

> 근년의 관리들이 損實을 다룰 때에는 너무 소홀히 하여 수십 분의
> 1을 收稅하기에 이르렀으니, (중략) 이제 두 고을에서 산출한 수량을
> 보니 너무 과중하여 의심이 난다. 장차 대신들과 함께 다시 의논할 것
> 이다.[86]

세종은 개정공법으로 책정된 수조량이 '과중'한 것으로 이해하면서, 동
시에 기존의 실제적인 수조량이 1/10의 수조율을 지키지 못하였음을 강조
하였다.

즉 기초자료의 조사에 의하면 세종 중반의 생산력의 수준은 상당히 높
은 것으로 조사되었다. 그러나 그간의 수조에서 생산력에 상응한 수조를
시행하지 못하였다. 즉 수손급손제 등의 시행으로 적극적인 급손을 부여
하면서[87] 정부가 거두는 실제적인 수조량은 1/10에 이르지 못하고 있었다.

이러한 상황을 파악한 세종과 관원들은 기존의 수조량을 존중하여 수조
율을 1/10에서 1/20로 조정하였다. 왕과 정부는 이미 '천하의 中正'한 방법
으로 이해되던 1/10 수조율을 포기하고, '소민'들을 위해서 기꺼이 '貊道'인
1/20 수조율을 선택하였다.

1/20로 수조율을 조정하였어도 개정된 공법의 수조량은 중중년을 기준
으로 볼 때, 기왕의 공법의 수조량과 비슷한 수준이었다. 그러나 정부는
개정공법의 수조 기준을 1/20이하로 낮추지 않았다. 1/10 수조율은 포기하

천 3백 36석, 임술년(세종 24년)에는 1천 3백 59석이 된다. 손실을 따를 때에는
무오년(세종 20년)은 7백 90석, 기미(세종 21년)년는 1천 2백석, 경신(세종 22년)
년은 2백 92석이 된다.

86) 『세종실록』 권105, 세종 26년 8월 경오.
87) 최이돈 「조선초기 損失踏驗制의 규정과 운영」 『규장각』 49, 2016.

였으나, 1/20 수조율 이하로 더 낮추는 것은 어려웠기 때문이었다. 물론 개정된 공법에는 연분의 책정이 포함되어 있었으므로, 1/20의 수조율을 그대로 유지하여도 연분으로 통해서 얼마든지 수조량을 조절할 수 있었다.

개정된 공법의 전면시행은 失農 등의 영향으로 보류되었다. 공법의 시행이 보류된 상황에서도 기존의 공법의 수세가 과하다는 것을 인정하였으므로, 감세는 계속 추진되었다. 세종은 그 27년에 실농한 정도에 따라서 감세를 명하였다.[88] 또한 세종 28년에도 흉년이 들자, 연분만을 적용하여 감세를 시행하였다.[89]

세종은 그 29년에 개정공법을 하삼도에 전면적으로 시행하였다. 이후에 관원들의 관심은 연분의 책정에 집중되었다. 결국 전조의 감량은 연분에 의해서 결정되었기 때문이었다. 이는 세종 29년 사헌부의 다음과 같은 언급을 통해서 짐작할 수 있다.

> 경상도, 충청도는 전년에 농사가 조금 풍년이 되었는데, 다만 貢法의 年分이 지나치게 높아서 세를 징수함이 중하게 되고, 또 公私의 負償의 징수로 인하여 저축이 거의 없어졌습니다.[90]

사헌부는 연분이 지나치게 높게 책정되었음을 지적하고 있다. 개정공법을 적용할 때, 실제적인 수조량은 연분에 의해서 결정되었으므로 관원들은 공법 연분의 책정에 관심이 높았다.

연분이 높은 것을 지적하는 관원들이 있었지만, 연분이 낮은 것을 지적하는 관원들도 있었다. 의정부는 다음과 같이 연분이 낮게 책정되었음을 지적하였다.

---

88) 『세종실록』권110, 세종 27년 11월 계미.
89) 『세종실록』권112, 세종 28년 5월 신미.
   전날에 3등으로 나눈 밭을 가지고 年을 9등으로 나누어 稅를 정하면 중도를 잃는 폐단이 없어지고, 세를 거두는 경중이 거의 적당함을 얻을 것입니다.
90) 『세종실록』권115, 세종 29년 3월 갑신.

전라, 충청 두 도 감사가 장계한 年分이 너무 경하니, 청하건대 조관
을 보내어 다시 답험하소서.[91]

의정부에서는 연분이 낮게 책정된 것으로 문제삼고 있다. 이와 같은 논
의 상황은 연분의 책정에 조정의 관심이 집중되고 있음을 보여준다.[92]
그러나 위와 같은 관원들의 지적에는 당시 어느 정도 선에서 연분이 책
정되었는지 그 실상을 알기 어렵다. 기왕의 청안이 사례를 고려할 때, 연
분을 중중년으로 책정한다면, 수조량은 손실답험에 의한 수조량을 상회하
였을 것으로 짐작할 뿐이다.
연분 책정의 구체적인 자료는 찾기 어렵지만, 다음의 이극증의 언급은
당시 관원들이 연분을 책정할 때 가졌던, 기본적인 입장을 잘 보여준다.

한 면의 토지를 모두 中下이상으로 年分하면 척박한 땅의 납세가
너무 무거워지고, 또 下上이하로 연분하면 기름진 땅의 납세가 너무
가벼워집니다. 가벼워지는 것은 괜찮지만, 너무 무거워진 경우는 진실
로 딱합니다.[93]

이극증은 연분의 상정이 中下이상이면 납세가 무거워지고, 下上이하이
면 납세가 가벼워진다고 언급하고 있다. 연분이 중하로 책정하면 1결당
10두를 거두는 것이었는데, 이를 무겁게 보았고, 하상으로 책정하면 1결당
8두를 거두는 것이었는데, 이를 가볍게 보았다. 당시 1결당 생산량을 400
두로 보는 것이 표준이었으므로, 10두나, 8두 등은 최대생산량의 1/40을
하회하는 수준이었다. 그러므로 '무겁다' '가볍다'라는 평가는 객관적인 평
가라기보다는 기존의 수조량에 비교하는 상대적인 평가로 이해된다.

---

91) 『세종실록』 권118, 세종 29년 10월 기묘.
92) 관원들이 연분의 책정에 관심을 집중하고 있는 것은 여러 자료에서 확인된다(『세
  종실록』 권126, 세종 31년 12월 경신).
93) 『성종실록』 권54, 성종 6년 4월 신축.

이와 같은 이극증의 주장은 개인적인 주장이었지만, 조정에서 공개적인 논의에서 의견을 개진한 것으로 관원들의 일반적인 인식을 표현한 것으로 이해된다. 특히 이와 같은 주장은 앞의 검토한 내용과 잘 연결이 된다. 앞의 청안현의 검토에 의하면 기존공법에 의한 수조량이 개정공법의 中中年에 해당하였고, 답험손실에 의한 수조량이 개정공법의 下上年에 해당하였다.

그러므로 이극증이 공법의 상정에서 중하년과 하상년을 거론한 것은 당시 관원들이 개정공법에서 연분 기준을 만든 상황을 충분히 이해하고 연분의 책정에 임하고 있었음을 보여준다. 즉 당시 관원들은 연분의 책정에서 중하년이나 하상년을 기본적인 연분으로 상정하고 있었다. 연분을 평균적으로 중하년을 기준으로 책정하였다고 가정하면, 당시 정부는 평균 1결당 10두의 수조를 실현하고 있었음을 보여준다.[94]

이상에서 볼 때, 공법의 큰 틀은 개정공법으로 인해서 크게 변화하였다. 전분이 세분화되고, 연분이 새롭게 첨가되었다. 전분은 기존의 3등전제의 문제점을 충분히 반영하여 현실의 전품을 반영한 것이었다. 또한 연분을 추가하였다. 추가된 연분은 기본형식이 손실답험과 같았다. 손실의 등급을 10% 단위로 나누고, 9등제로 수조액을 감해주는 양식이었다. 그러므로 결국 손실답험의 전분 3등, 연분 9등제가 공법의 전분 6등 연분 9등제로 바뀐 것이었다.

공법은 개정을 통해서 손실답험제와 다시 만나고 있었다. 물론 긴 공법 논의를 통해서 드러나 생산력과 전품제의 실상을 전분에 반영하여 부세의 적정성을 높였고, 연분의 부과 단위를 고을단위로 바꾸면서 중간 부정을 최소화 하여 투명성을 제고하였다.

---

94) 흥미롭게도 1결당 10두의 수조량은 세종이 처음 공법을 제안하면서 제시한 수치와 일치된다.

맺음말

　이장은 공법을 정리하기 위한 일환으로 연분9등제가 형성되는 과정을 검토하였다. 이상의 검토를 정리하면서 결론을 맺고자 한다.

　1. 공법논의가 본격적으로 제기된 것은 세종 12년이었다. 그 이전부터 세종은 공법 시행에 대한 의지를 여러 차례 표현하였고, 세종 11년 공법의 시행에 대한 분명한 의사를 표현하였다. 이에 의해서 호조에서는 18만 명에 이르는 인원의 여론을 수렴하여 보고하였다. 이것이 '세종 12년 공법 예비 논의'였다.

　여론의 수렴의 과정에서 관원들은 손실답험의 문제점에 대하여 심도있는 논의를 개진하였다. 문제점은 주로 田分과 年分에 대한 것으로 압축되었다. 전분의 문제는 전국의 전지의 토질이 정확하게 파악되지 않은 상황에서 정액제인 공법의 시행은 적절한 수조 방법이 되기 어렵다는 지적이었다. 기존에 3등전제가 시행되고 있었지만, 대부분의 전지가 하등전으로 분류되고 상등전과 중등전은 극소수에 불과하여서 관원들은 실제적으로 3등제가 시행되고 있지 않다고 보았다. 그러므로 정액제인 공법의 시행을 위해서는 전품에 입각한 전지의 3등급제를 시행하는 것을 전제조건으로 제시하였다.

　연분에 대한 지적은 더욱 치열하였다. 공법 반대론자들은 공법의 가장 큰 문제점으로 그 해의 풍흉을 반영하지 못하는 것으로 보고, 연분을 없애는 것을 반대하였다. 일부의 관원들은 공법의 시행을 기본적으로 찬성하면서도 공법에 풍흉을 반영하는 연분제를 수용하자는 안도 제시하였다. 공법을 반대하는 주장의 핵심이 공법이 연분을 반영하지 않는다는 이유였으므로 공법에 찬성하면서 연분을 반영하자는 주장은 적었다.

　공법 예비논쟁에서는 결국 공법의 반대자들이 많아서 공법의 시행을 보류하였다. 이는 많은 관원들이 아직 연분을 인정하는 손실답험을, 연분을 인정하지 않은 공법보다 적절한 수조방식으로 인식하였음을 보여준다. 또한 이는 손실답험제는 문제가 있었지만, 공법을 수용해야 할 정도로 나쁜 제도로 인식하지 않았음을 보여주고 있다.

공법은 보류되었으나, 공법을 반대하는 이들의 비율이 공법의 찬성자보다 현격이 많지 않았고, '소민'을 위한다는 공법 시행 명분도 분명하게 살아있었다. 그러므로 여건이 조성되면 언제든지 공법을 시행하자는 논의는 재개될 수 있었다.

2. 세종은 공법 시행의 여건이 조성되자, 1결당 15두 정액을 제시하면서 그 18년 공법논의를 다시 재개하였다. 이러한 세종의 제안에 대하여 관원들의 반응은 바로 둘로 나뉘었다. 많은 관원들은 동의하였으나, 예조판서 허성 등은 공법의 시행에 반대하고 손실답험제를 유지할 것을 주장하였다.

공법논의는 세종 18년 윤6월 貢法詳定所를 만들면서 본격화되었고, 관원들도 논의에 적극 참여하였다. 논의의 결과 기존의 3등전제를 그대로 이용하면서, 道를 기준으로 하는 3等道制를 가미하여 전분 9등제를 규정하였다. 연분을 완전히 배제하고 전분만으로 공법의 규정을 만들었다.

이와 같이 공법의 규정을 매우 쉽게 만들었다. 이미 세종 12년 공법 예비 논의 이래 많은 관원들이 전분제과 연분제에 대하여 새로운 견해들을 제기하였다. 그러나 이러한 논의를 수용하지 않았다. 관원들은 연분제를 강조하여, 연분제 까닭에 공법에 반대하거나, 연분을 수용한 공법을 제안하였으나 연분은 반영되지 않았다. 공법에 찬성한 관원들도 기존의 3등전제를 인정하지 않고, 새로운 전분의 책정을 공법시행의 전제조건으로 제시하였다. 그러나 의정부의 주도로 3등전제를 기본으로 하고, 3등도제를 추가한 것에 그쳤다. 관원 간에 심도 있는 대안들이 제기되었으나, 대다수의 관원들이 바라지 않는 방식으로 공법이 규정되고 말았다.

공법의 규정은 만들어졌으나, 규정은 바로 시행되지 않았다. 세종은 공법의 규정을 다듬으면서 한편에서는 공법을 부분적으로 시험하였다. 세종 20

년부터 공법을 시범운영 하였고, 2년의 시험을 거친 후에 세종 22년에 경상도, 전라도에, 세종 23년에는 충청도에 확대 시행하였다.

그러나 공법이 일부지역에만 시행되면서 시행과정에서 크고 작은 문제가 계속 제기되었다. 그러므로 공법에 찬성하지 않는 관원들은 계속 공법의 수정을 요청하였다. 일부는 공법을 폐지하고 손실답험으로 돌아가는 방안을 제시하였고, 일부는 공법에 연분을 추가하는 방안을 제시하였다. 물론 기존의 3등전제를 그대로 수용한 것에 대해서도 관원들은 불만스럽게 생각하고 있었다. 이와 같은 상황은 공법에 심각한 문제가 노출된다면, 언제든지 공법의 골간을 바꿀 수 있는 개정이 가능하였음을 보여주었다. 따라서 상황의 변화에 따라 연분을 공법에 추가할 수 있는 가능성이 아직 열려 있었다.

3. 공법은 매우 큰 과제였으므로 규정을 만든 후에도 지속적으로 문제점이 제기되었고, 이를 계속 규정에 반영하고 있었다. 물론 공법은 전품 9등제의 틀을 유지하였다. 그러나 공법을 시행하면서 매우 심각한 문제점이 노출되었다. 이는 공법에 의해서 수조한 결과 그 수조량이 손실답험제로 수조한 것보다 많은 양이 수조된 것이었다. 단순히 많은 것이 아니라 지역에 따라서는 2배 이상 수조량이 증가하였다.

공법의 시행으로 수조량이 이전에 비하여 대폭 늘자, 공법의 기본 틀을 유지하는 것은 불가하였다. 이를 해결하기 위해서는 3등전제를 기반으로 만든 전분 9등제를 전면 검토할 필요가 있었다. 이와 같은 상황이 제기되면서 공법을 원점에서 다시 논의할 수밖에 없었다. 세종은 공법이 '소민'을 위한 개혁임을 강조하였고, 이 명분을 내세워 공법을 강행할 수 있었으나, 공법이 과중한 과세로 드러나면서 공법의 명분이 위협을 받았다. 그러므로 감세를 위해서 모든 방법이 동원될 수밖에 없었다. 전분 9등제의 근간이 되는 3등전제부터 다시 근본적으로 검토할 수밖에 없었다. 당연히 공법의 규정에서 배제되었던 연분도 감세를 위한 방안으로 다시 논의의 대상으로 등장할 수 있었다.

장시간 숙고를 거듭한 세종은 그 25년 7월에 공법의 개정 논의를 시작할 것을 명하였다. 개정 논의가 시작되자 관원들은 다양한 의견을 개진하였다. 처음부터 공법에 반대하던 황희는 공법의 폐지를 주장하였다. 그러나 황희와 같이 공법 폐지를 주장하는 관원은 극소수였다. 기본적으로 공법을 유지하면서 개선안을 모색하였다. 논의에서 관원들을 전분과 연분 등 기존 공법의 틀을 완전히 바꾸는 새로운 개정안을 제시하였다.

세종은 공법 개정논의를 통해서 관원들의 주장을 수용하여 25년 10월에 개정안으로 전분 5등제와 연분 9등제를 피력하였다. 전분 5등제는 하등전을 3등으로 나누는 방법으로 제안되었으나, 관원들이 이미 3등전제에 대한 불신이 컸으므로, 하등전을 3, 4, 5등급으로만 나누지 않고, 기존의 3등전제를 버리고 전체 전지의 등급을 5등급으로 책정하였다. 물론 하등전을 1, 2등 전지로 책정하는 것은 무리가 있었으므로, 결국 하등전에서 1, 2등의 전지가 된 전지를 3등전으로 내려 정하고, 3등전 이하는 한 등급씩을 낮추면서 전분 5등제를 6등제로 바꾸었다. 전분 6등제의 시행으로 대다수의 하등전이 3, 4, 5, 6등전이 되면서 감세의 혜택을 누리게 되었다.

연분 9등제는 기존에 연분을 전혀 배려하지 않았던 것에 비하여 파격적인 조치였다. 연분제를 시행하면서 연분제의 시행에서 나타날 수 있는 부정을 막기 위해서 고을단위의 연분제를 채택하였다. 연분을 9등으로 나누는 것을 제안할 때부터 일부 관원들이 반대하였다. 9등급이 번거로우니 이를 3등 혹은 5등제로 하자는 요청이었다. 그러나 세종은 이왕에 연분을 수용한다면, 그간 오랫동안 시행해본 경험이 있는 손실답험의 연분 9등제를 수용하여 시행하는 것이 부작용이 적을 것으로 판단하였다. 그러므로 연분 9등제는 과전법의 손실답험을 이은 것이었다.

결국 전분 6등제와 연분 9등제는 세종 12년 공법 예비논의에서부터 관원들이 진지하게 제안하였던, 전분과 연분에 관한 다양한 방안들을 잘 반영하고, 나아가 손실답험제의 장점까지 잘 계승한 방안이었다.

4. 공법이 전분 6등제, 연분 9등제로 새로운 골격이 결정되자, 정부는 이를 구체화하기 위하여 세종 25년 11월 전제상정소를 설치하였다. 전제상정소는 관원은 물론 지방의 품관들과 노농들에게 문의하여 적정 수조량을 정하였다. 상정소는 기초자료에 입각해서 上上年에 57畝의 토지에 대하여 1등전의 생산량은 40석, 6등전의 생산량은 10석을 정하여 세종 26년 11월에 개정공법을 발표하였다.

즉 1) 수조율을 1/20로 명시하였고, 2) 전분은 전지를 6등급으로 나누고, 1등급에서부터 등급에 따라서 전지의 수조량을 15%씩 감량하였다. 3) 연분은 9등급으로 나누고, 1등급 당 10%를 감량해주었고, 고을단위로 연분을 정하였으며, 연분을 책정하는 주체를 감사로 정하였다. 4) 전지의 면적을 수세의 편의를 위해서 1결 20두를 기준으로 환산하여서 1결당 면적을 조절하였다. 이와 같은 조치로 1결당 절대면적은 상대적으로 많이 넓어졌다. 또한 연분의 추가로 풍흉에 따른 수조량의 조정도 원활하게 되었다.

세종은 그 29년에 개정공법을 하삼도에 전면적으로 시행하였다. 이후에 관원들의 관심은 연분의 책정에 집중되었다. 결국 전조의 수조량은 연분에 의해서 결정되었기 때문이었다. 연분 책정의 구체적인 자료는 찾기 어렵지만, 성종대 이극증은 연분의 상정이 中下이상이면 납세가 무거워지고, 下上이하이면 납세가 가벼워진다고 언급하고 있다. 이와 같은 이극증의 주장은 개인적인 주장이었지만, 조정에서 공개적인 논의에서 의견을 개진한 것으로 관원들의 일반적인 인식을 표현한 것으로 이해된다. 즉 당시 관원들은 연분의 책정에서 중하년이나 하상년을 기본적인 연분으로 상정하고 있었다. 연분을 중하년을 기준으로 책정하였다고 가정하면, 당시 정부는 평균 1결당 10두의 수조를 실현하고 있었음을 보여준다.

이상에서 볼 때, 공법은 세종 26년의 개정을 통해서 그 큰 틀이 완성되었다. 전분은 기존의 3등전제의 문제점을 충분히 인정하고, 현실의 전품을 반영하여 새롭게 6등제로 정비되었다. 연분은 손실의 등급을 10% 단위로 나누고, 9등제로 수조액을 감해주는 양식으로, 손실답험의 형식을 그대로 계승하였다.

5. 이상의 검토를 통해서 볼 때에 공법의 시행은 몇 가지 점에서 중요한 의미를 가지는 것으로 보인다.

① 가장 먼저 지적할 것은 공법은 개정을 통해 연분제를 수용하면서, 손실답험제와 맥락을 이었다. 공법은 손실답험의 문제점을 개혁하기 위한 새로운 제도였으나, 손실답험제와 대립된 제도가 아니고, 적정 수조를 위한 노력이라는 점에서 그 맥을 이어가는 연속선상에 있는 제도였다. 즉 공법은 과전법의 손실답험제와 이후 적정수조를 이루고자 추진된 수조제의 개혁 정책을[95] 내적, 형식적으로 잇는 정책이었다.

② 공법의 시행으로 수조제 운영방식의 적정성과 투명성이 제고되었다. 공법의 논의를 통해서 전지의 전품에 따른 생산력이 분명하게 드러났으며, 이를 적정하게 반영하는 전품 6등제를 시행하여 수조의 적정성을 높였다. 또한 연분 9등제를 통해서 작황을 섬세하게 반영하여 적정성을 높였으며, 답험단위를 고을과 면으로 책정하면서 운영의 투명성을 높여 수조과정에서 일어날 수 있는 부정을 현격하게 제어하였다.

연구자들 중에는 공법이 시행된 이후, 운영 과정에서 나타나는 문제점을 들어서 공법을 소극적으로 평가하는 경우도 있었다. 그러나 공법을 통해서 법적 규정으로 확보한 적정성과 투명성은 당시의 과제를 해결하기 위한 진지한 노력에 의한 성과임을 분명히 인정해야 한다. 공법의 시행이후 나타나는 문제점은 새로운 역사적 과제로 다음 시기에 풀어야 할 문제였다. 법적으로 확보한 개혁의 성과와 다음의 역사적 과제를 상쇄시켜 평가해서는 곤란하다. 그러한 맥락에서 공법을 '애매한 수취제'로[96] 평가하

---

95) 최이돈 「조선초기 損失踏驗制의 규정과 운영」『규장각』 49, 2016.
96) 김태영 위의 책, 343쪽.

는 주장은 공감하기 어렵다. 공법뿐 아니라 모든 개혁으로 성취된 제도들도 이후의 시점에서 보면 여전히 문제를 가지고 있었으므로 '애매한' 제도로 평가할 수밖에 없다.

③ 공법은 세종이 천명한 것과 같이 '소민' 지향적인 정책이었다. 공법은 그 시작이 소민의 부담을 덜기 위한 것으로 출발하였다. 그러므로 공법의 논의과정에서 18만 명에 이르는 '細民'의 여론을 청취하였고, 공법의 논의 과정에서 가장 중요한 쟁점이 관원과 향리, 토호 등의 부정을 방지하는 것이었다. 실제로 공법의 시행으로 수조과정에서 관원과 향리, 토호 등의 부정을 획기적으로 개선하였다.

이미 공법의 규정이 마련되었지만, 개정이 추진된 가장 중요한 이유 역시 과잉 수조가 나타나면서 소민을 위한다는 명분에 손상을 주었기 때문이었다. 그러므로 공법의 개정은 소민을 의식하면서 추진되었는데, 그 과정에서 현실의 수조가 1/10의 수조율을 실현하지 못하는 상황이 드러났으나, 왕과 정부는 소민들이 부담하고 있는 현실의 수조량의 인정하였다. '천하의 中正'한 방법으로 이해되던 1/10 수조율을 포기하고, 貊道로 치부되는 1/20 수조율을 선택하고 선언한 것은 유교를 국시로 하였던 조선의 관원들이 선택하기 쉬운 방안을 아니었을 것이다.

공법의 추진과정이나 공법의 규정을 통해서 드러난 왕과 관원들의 태도를 보면, 이들은 백성들이 국가의 기반임을 분명하게 인지하고 있었다. 이는 왕과 관원들이 公天下의 이념에 입각한 公共統治의 이상을[97] 공법의 추진과정에서도 실현하려고 노력하였음을 잘 보여준다.

④ 공법의 시행으로 일원화된 수조체제를 정비할 수 있었다. 과전법의 수조체제는 '과전경기' 규정의 편입으로 공전수조와 사전수조로 나뉘면서 이원적으로 운영되었다. 답험권이 전주와 수령에게 나누어져 부여된 것은 이를 잘 보여준다. 정부는 적정수조를 시행하기 위해서 전주의 답험권과

---

97) 최이돈 「조선 초기 공공통치론의 전개」『진단학보』125, 2015

수령의 답험권을 차례로 회수하였고, 결국 공법을 시행하면서 이를 일원적으로 통일하여 국가가 관리할 수 있게 되었다. 즉 공법의 시행으로 '과전국가관리체제'가 완성되었다고 볼 수 있다.

⑤ 물론 이와 같은 공법논의에서 보여주는 왕과 관원의 태도나, 1/20 수조율과 수조제도의 운영방식은 서양 중세의 수조 방식과 질적으로 다름을 보여주었다. 영주들은 위탁받은 권력을 가지고 수조량을 임의로 정하였고, 그 수조량은 생산량의 50%를 상회하기도 하였다. 그러므로 공법에서 보이는 조선의 수조제도는 이미 중세적인 수준을 넘어선 것이었다.

제3부

佃夫의 지위

제6장 고려 후기 收租率과 과전법

머리말

그간 과전법에 대한 연구자들의 관심은 매우 높았다. 과전법이 조선의 경제적 성격, 나아가 국가적 성격을 잘 보여주는 제도였기 때문이었다. 그간 많은 연구들이 과전법과 수조권적 지배를 연결시키면서 과전법을 전시과와 유사한 제도로 이해하였고, 조선의 중세적 성격을 보여주는 제도로 보았다.[1] 따라서 그간 납조자인 佃客의 지위도 매우 취약한 것으로 평가하였다. 수조권적 지배하에 경제외적강제를 당하는 존재로 이해하였다.

저자도 최근 과전법에 관심을 표현하여, 과전법은 전시과와는 성격이 다른 제도였다는 점을 주장하였다. 먼저 과전법을 신분제와 연결시켜 검토하여, 과전의 성격은 단일하지 않고, 과전 중에서 대신의 과전만 신분적 성격을 가진다고 보았다.[2] 그마저도 태종대 전객의 전주고소권과 관답험 등의 시행으로 '과전국가관리체제'를 만들면서 수조권은 이미 수조권적 지배와는 거리가 있다고 보았다.[3]

물론 이러한 변화와 함께 전객의 지위도 상승하였다고 보았다. 이미 과

1) 이성무『조선초기 양반연구』일조각 1980.
   김태영『조선전기토지제도사연구』지식산업사 1983.
   이경식『조선전기 토지제도연구』일조각 1986.
   김용섭「토지제도의 사적 추이」『한국중세농업사연구』지식산업사 2000.
2) 최이돈「조선 초기 관원체계와 과전 운영」『역사와 현실』100, 2016.
   최이돈「세조대 직전제의 시행과 그 의미」『진단학보』126, 2016.
3) 최이돈「태종대 과전국가관리체제의 형성」『조선시대사학보』76, 2016.

전법이 시행되면서 공전수조 지역의 전지 소유자들은 수조권적 지배에서 벗어났고, 태종대 과전국가관리체제를 정비한 이후 경기 지역의 전지소유자의 지위도 상승하여 수조권적 지배를 벗어났다고 주장하였다.[4]

결국 저자는 과전법이 전시과와 다른 제도였다고 주장하고 있다. 과전법은 수조권의 부여에 기인한 수조권적 지배와 멀어지면서 이미 중세적 성격을 탈피하고 있었다. 그러므로 과전법은 국가의 관점에서 새로운 생산관계를 보여주었다. 과전법의 시행과 그 변화 속에서 신분적 경제관계의 성격이 점차 약해지고 있었다.

그간의 연구에서 충분히 검토하지 못한 과전법의 다른 특징의 하나는 수조율이었다. 과전법은 수조율을 1/10로 규정하였다. 이는 전시과에서 수조율을 분명하게 명시하지 못한 것과 비교하면, 과전법이 공전과 사전을 망라해서 1/10수조율을 명시하였다는 것은 매우 중요한 변화로 이해된다.

과전법의 수조율은 고려의 수조율과 비교를 통해서 그 의미를 이해할 수 있는데, 그간 고려의 수조율에 대해서는 상당한 논란이 있었다. 연구자들은 고려의 수조율에 대하여 다양한 견해를 보여주고 있다. 강진철은 기존의 통설을 대변하여 고려의 수조율이 1/4라고 주장하였다.[5] 그러나 이에 대하여 이성무는 이의를 제기하고, 고려초기부터 십일조가 시행되었다고 주장하였다.[6] 이성무의 견해는 김용섭 등의 지지를 받고 있다.[7] 강진철도 이성무의 견해를 일부 수용하여 고려전기에는 여전히 1/4의 수조율

---

4) 최이돈 「조선초기 佃夫制의 형성과정」, 『진단학보』 127, 2016.
5) 강진철 「고려전기의 지대에 대하여」, 『한국중세토지소유연구』 일조각 1989.
6) 이성무 「고려 조선 초기의 토지 소유권에 대한 제설의 검토」, 『성곡논총』 9, 1978.
   이성무 『조선 초기 양반연구』 일조각 1980.
7) 김용섭 「고려전기의 전품제」, 『한우근박사정년기념 사학논총』 1981.
   김태영 위의 책.
   박종진 「고려초 공전 사전의 성격에 대한 재검토」, 『한국학보』 37, 1984.
   김재명 「고려시대 십일조에 관한 일고찰」, 『청계사학』 2, 1985.
   이경식 「고려전기의 평전과 산전」, 『이원순교수 화갑기념사학논총』 1986.
   박국상 「고려시대의 토지분급과 전품」, 『한국사론』 18, 1988.

이었으나, 고려후기에 수조율이 십일조로 바뀐 것으로 수정하였다.

그러나 강진철은 고려 초기의 정치상황을 들어서 고려 초기에는 십일조를 시행하기 어려웠다고 주장하고 있고, 반대로 고려 초기부터 십일조가 시행되었다고 주장하는 이들은 고려 후기 정치 상황이 수조율을 십일조로 낮추기 어려운 상황이었다고 주장하고 있다.

이러한 주장을 합치면, 고려의 정치 상황은 고려 초기에 십일조를 시행하기 어려웠고, 또한 고려 후기에 기존의 세제를 십일조로 바꾸기에 쉽지 않았을 것으로 보인다. 그러나 흥미롭게도 모든 연구자들은 결과적으로 고려에서 십일조가 시행되었다는 것에 동의하고 있다.

그러나 이와 같은 연구 상황과 달리, 조선의 왕과 관원들은 고려에서 십일조가 시행되지 않았다고 주장하고 있다. 이들은 과전법의 시행으로 조선에서 비로소 십일조가 시행되었다고 주장하고 있다. 세종과 관원들은 공법의 시행을 둘러싸고 고려의 전제와 세제를 깊이 있게 검토하였는데, 그 검토의 결과로 고려의 수조율이 십일조가 아니었다고 주장하고 있다. 이러한 주장은 이들이 20여 년 간 긴 공법논쟁을 통해서 확인된 결과라는 점에서 신뢰가 간다.

그러므로 저자는 세종과 관원들의 주장을 수용하여, 고려에서 십일조가 시행되지 않았다는 관점에서 고려 후기의 수조율을 검토하고, 이를 바탕으로 과전법의 수조율인 십일조 시행의 의미를 추구하고자 한다. 고려의 수조율이 과전법의 수조율로 바뀌는 과정의 검토를 통해서 과전법의 성격과 조선의 국가성격이 분명해지기를 기대한다.

1. 고려의 1/4 수조율

고려의 수조율은 1/4이었다. 이는 고려 992년(성종11) 다음과 같은 규정에 근거한 수조율이었다.

    公田租는 수확의 4분의 1을 징수하라.8)

이 기록에 의하면 성종은 공전조를 1/4로 할 것을 명하고 있다. 그러므로 1/4 수조율이 시행된 것은 매우 분명하다. 그러나 여기의 공전은 소유권적 공전인지 수조권적 공전인지 연구자간에 의견이 나누인다. 1/4 수조율을 보여주는 기록은 이 자료가 유일하기 때문이다.

강진철은 이를 수조권적 공전으로 이해하였다. 이에 비해 이성무는 공전의 수조율을 십일조라고 이해하였으므로, 여기의 1/4 수조율은 소유권적 공전의 수조율이라고 주장하였다.9) 이 견해는 김용섭 등에 의해서 공감을 받았다. 다만, 김용섭은 공전의 수조율을 일률적으로 이해하지 않고 왕실의 농장과 같은 경우는 1/2수조율을, 국가의 소유지로서 각급 관청에 소속된 특정한 농지는 1/4 수조율을 적용한 것으로 이해하였다.10)

'공전조' 1/4에 대한 해석은 연구자에 따라서 다르게 이해되고 있으나, 위의 규정이 납조자의 의무를 규정하는 법조문이라는 점을 고려해야 한다. 즉 법조문의 내용은 당대인들이 혼란 없이 이해할 수 있어야 한다. 당대인들은 위의 내용이 의미하는 바를 정확하게 알고 있었다.

연구자들이 경험하는 혼란은 전근대인들이 법적 용어를 사용하면서 한 가지 의미만으로 단일하게 사용하고 있지 않았다는 것에 기인한다. 이미 연구자들이 지적하였듯이 '조'나 '전조'의 용례도 단일하게 사용되지 않았다.11) 그러나 『고려사』의 자료를 유심히 보면, 용어에 대한 중심 용례와

---

8) 『고려사』 권78, 식화1, 전제 조세.
9) 김용섭 「고려전기의 전품제」 『한우근박사정년기념 사학논총』 1981.
10) 김용섭 앞의 책 120쪽.
11) 박종진 「고려초 공전 사전의 성격에 대한 재검토」 『한국학보』 37, 1984.
    김재명 「조세」 『한국사』 14, 1993, 337쪽.

주변 용례는 혼란이 되지 않도록 분명하게 구분하고 있었다.

고려사에 보이는 '전조'의 용례는 대부분 수조권적 용어였다. 물론 '公廨田租'[12] '公須田租'[13] 등의 소유권적 용례로 짐작되는 사례가 없는 것은 아니지만, 이러한 경우 '공수' '공해'라는 그 의미를 한정할 수 있는 용어를 첨가하여서 혼란의 소지를 없애고 있다. 그러므로 별다른 단서 없이 사용된 용어는 중심적 용례로 이해하는 것이 적절할 것이다. 즉 성종대의 '공전조'는 문맥상 별다른 단서가 없는 것으로 보아서 전조의 중심 용례인 수조권적 용례로 보아야 한다.

『고려사』에는 '공전조'라는 용어는 위의 성종대의 용례가 유일하나, 공전조와 사전조를 통칭하는 '公私田租'라는 표현은 여러 군데 나온다. 가장 유명한 기록은 과전법의 다음과 같은 구절이다.

모든 公私田租는 매 논 1결에 糙米 30말, 밭 1결에 잡곡 30말로 한다.[14]

여기의 공사전조의 의미는 공전조와 사전조를 의미하고, 별다른 단서 없이 사용되었으므로 이 전조는 수조권적 수조를 의미함이 분명하다.

『고려사』에 보이는 公私田租의 용례를 하나 더 살피면, 『고려사』 진휼조의 다음과 같은 구절이다.

경기의 백성들이 난리 때문에 제 고향에서 떠나 돌아다니게 되어 논밭들이 황폐하게 된 것이 많으니 만일 그들을 관대하게 돌보아주지 않는다면 어떻게 다시 돌아오도록 할 수 있겠는가? 그러므로 경기의 公私田租는 3년을 기한으로 그 3분의 1을 감소시키도록 할 것이다.[15]

---

12) 『고려사』 권128, 열전41, 조원정.
13) 『고려사』 권78, 식화1, 전제 조세.
14) 『고려사』 권78, 식화1, 전제 녹과전.
15) 『고려사』 권80, 식화3, 진휼.

여기서도 공사전조는 공전조와 사전조를 의미하고 수조권에 입각한 수조를 의미한다. 여기의 전조를 소유권적 용어로 사용하였다면, 난리의 대책으로 수조권에 입각한 수조에 대한 감조 규정도 별도로 언급해야 하였다.

그러므로 성종대의 공전조는 당시의 일반적인 용례를 따라서 수조권적 용어로 이해하는 것이 적절하다. 물론 이러한 용례는 그대로 조선에서도 사용되었다.[16]

연구자들이 그간 공전조를 소유권적 용어로 이해하는 경우에도 그 근거로 제시하는 자료는 매우 제한되었다. 1/10의 수조율을 수조권적 수조율이라고 주장하면서 별다른 논증 없이 1/4수조율은 소유권적 수조율로 정리하는 경향이 있었다. 물론 연구자들은 공전에서 소유권적 수조율을 1/4로 이해하는 근거가 되는 자료를 일부나마 제시하였다. 김용섭은 다음과 같은 973년(광종 24)의 판문을 그 자료로 제시하였다.

> 陳田을 일구어 경작한 사람은 그 토지가 私田일 때에는 첫 해에는 그 수확을 경작자에게 모두 주고, 2년째부터 비로소 田主 절반씩 나누게 한다. 公田일 때에는 3년간은 경작자에게 다 주고 4년째부터 비로소 法에 따라 收租한다.[17]

이 기록은 연구자들 간에 논란이 많은 구절이다. 여기서의 공전과 사전을 수조권적 공전과 사전으로 이해하는 견해도 있지만,[18] 필자는 이것은 소유권적 관계를 설명하고 있는 자료로 이해하고 있다. 이 자료가 수조권적 관계를 보여주는 것이라면, 과전법의 규정에서 볼 수 있듯이 수조지를 진전으로 만든 경작자에 대한 처벌을[19] 거론하지 않고, 오히려 권리만을

---

16) 『태조실록』 권11, 태조 6년 정미.
17) 『고려사』 권78, 식화1, 전제 조세.
18) 이영훈 「고려전호고」 『역사학보』 161, 1999.
19) 전주는 전객이 전지를 잘 관리하지 못하면 임의로 전지를 처분할 수 있었다(『고려사』 권78, 식화1, 전제 녹과전).

인정해 주는 규정을 만드는 것은 적절하지 않다고 보기 때문이다.

여기서 주목되는 것은 공전의 경우 수조율을 명시하지 않고, '법'에 따라 收租한다라고 명시하였다는 점이다. 그러므로 이 내용은 공전의 수조율이 사전과는 다르다는 것을 암시하고 있다. 그러므로 김용섭은 이 자료를 근거로 공전에서 소유권에 의한 수조율은 1/2이 아닐 것으로 추정하고[20] 이를 성종 11년의 공전조 1/4 자료와 연결시켜서 이해하고 있다.

그런데 왜 왕과 관원들은 그 수조율을 분명하게 밝히지 못하였을까? 분명하게 명시하지 못한 것은 사전에서는 1/2 수조율이 확정된 것과 달리 공전에서의 수조율을 확정하지 못하였음을 보여준다. 물론 이 내용은 광종대의 개혁적 분위기를 잘 전하고 있다. 즉 정부는 진전의 개간을 활성화하기 위하여 전주의 횡포로부터 개간자를 보호하는 규정을 만들었고, 공전에서 수조율을 낮추고자 하는 논의도 진행하였다. 그러나 1/2의 소유권적 수조율을 낮추는 것은 쉽게 합의하지 못하였으므로, 1/2수조율을 분명하게 명시하지 못하였다.

당시 정황은 호족들이 여전히 강하여 아직 관직의 체계를 따라 수조권을 분급하는 전시과도 시행하지 못하는 상황이었다. 그러므로 국가의 재정 기반을 약화시킬 수 있는 공전의 수조율을 낮추는 것은 쉽지 않았을 것으로 짐작된다. 당연히 결정이 보류된 상황에서 소유권에 입각한 수조율은 기존과 같이 1/2이 적용되었을 것으로 짐작된다.

저자는 공전에서 1/4로 소유권적 수조율을 낮추는 것은 실현되지 않았을 것으로 짐작한다. 이는 1111년(예종 6)에 보이는 다음의 진전개간에 대한 규정을 통해서 짐작할 수 있다.

3년 이상 묵은 陳田을 일구어서 얻은 수확은 2년간은 전호에게 주고, 3년째에는 전주와 절반씩 나누게 하고, 2년간 묵은 陳田에 대해서

---

20) 김용섭 위의 책 119~120쪽.

는 수확을 네 몫으로 나누어 그 중 한 몫은 전주가 가지고 세 몫은 전호가 가지도록 하며, 1년간 묵은 陳田은 그 수확을 세 몫으로 나눠 그 중 한 몫은 전주가 가지고 두 몫은 전호가 가지도록 하였다.[21]

이 내용은 진전의 개간을 활성화하기 위한 방안으로 기본적인 내용은 앞에서 살핀 광종대의 규정과 같다. 다만, 시간이 지나면서 진전의 상태에 따라서 그 몫을 나누는 기준을 세분화하고 있다. 이와 같이 세분화한 규정을 만든 것은 진전의 관리에 국가가 지속적으로 주목하고 있었음을 보여준다.

그러나 특이하게도 이는 광종대의 규정과 달리 공전에 대한 부분이 기록되고 있지 않다. 아니 정확하게 표현하면 공전과 사전을 나누어서 설명하고 있지 않다. 다만, 전주라는 용어를 통해서 이 규정이 사전에 대한 규정이 아닐까 짐작할 뿐이다. 그러나 국가에서 진전에 대한 관리를 보다 섬세하게 추진하고 있는 상황에서 공전에 대한 규정이 없다고 보는 것은 자연스럽지 않다. 오히려 공전과 사전을 나누어 별도로 규정할 필요가 없어졌다고 보는 것이 자연스럽다. 이 내용에 전주로 표현하고 있지만, 공전도 사전에 준하여 처리하였다고 보는 것이 적절하다. 즉 공전에서의 소유권적 수조율은 사전에서와 같이 1/2이었다고 추측된다.

요컨대 광종대에 공전에서 소유권적 수조율을 낮추려는 논의가 있었으나, 고려의 생산력 수준과 호족의 지지 위에 형성된 중앙집권력의 수준을 고려할 때, 공전에서 1/4로 수조율을 낮추는 개혁은 쉽지 않았으리라고 짐작된다. 생산력과 집권력이 올라간 조선에서도 소유권에 입각한 수조는 공전과 사전의 구분 없이 모두 1/2이었다는 점을 유념할 필요가 있다.

이와 같이 1/4의 수조율을 둘러싸고, 연구자 간에 견해 차이가 있는 것은 992년(성종 11) 공전조 1/4를 해석할 수 있는, 1/4 수조율을 보여주는

---

21) 『고려사』 권78, 식화1, 전제.

다른 자료가 거의 없기 때문이었다. 그러나 좀 더 유심히 자료를 고찰하면, 고려에서 1/4 수조를 짐작케 해주는 자료가 없지는 않다. 먼저 검토할 것은 1362년(공민왕 11) 백문보가 언급한 다음의 자료이다.

> 國田之制는 漢의 限田을 본받아서 '十分稅一'을 받을 따름인데 경상도의 토지로 말하면 세는 다른 도들과 같다고 하지만, 수레와 배로 나르는 비용이 또 그 곱절이나 됩니다. 그리하여 田夫들이 먹는 것은 열에 하나(食十入其一) 밖에 되지 않으니 당초에 정한 足丁은 7결, 半丁은 3결씩 더 보태어 주어서 稅價를 보충하도록 합시다.[22]

이 자료에 '國田之制'를 거론하면서 '十分稅一' 즉 '십일세'를 명시하고 있어 십일조가 시행된 것을 보여주는 가장 확실한 자료로 이해되고 있다. 그러나 연구자들은 이 자료의 앞부분만을 인용하고 있다.[23] 이 자료를 이해하기 위해서는 그 배경을 설명하고 있는 뒷부분을 잘 알아야 한다.

이 내용의 핵심은 족정과 반정을 받고 있는 이들에게 전지를 더 지급하자는 것이다. 그 이유는 족정과 반정을 받고 있는 이들이 십일세를 내고 있는데, 십일세를 내는 과정에서 운송비용이 과하게 들어서 이들이 받는 수조량이 규정에 미치지 못하고 있다고 지적하고 있다. 백문보는 이들이 십일세를 내는 과정에서 수송비가 많이 들고 있으므로 이들에게 수송비로 나간 비용을 보전해주기 위해서 추가로 전지를 7결내지 3결씩 더 지급하자고 요청하고 있다.

일단 여기서 족정과 반정을 받고 십일세를 내는 이들은 누구였을까? 백문보의 이와 같은 주장은 이 주장이 있기 조금 전인 공민왕 5년 6월에 행한 다음의 정책과 연관되는 것으로 짐작된다.

---

22) 『고려사』 권78, 식화1, 전제.
23) 김용섭 앞의 책 121쪽; 김재명 「조세」 한국사 14, 1993, 341쪽.

국가에서 토지 17결을 한 足丁으로 하여 군인 1丁에게 주는 것은 옛날 토지 제도가 끼친 법이다. 모든 軍戶들은 본래 連立한 것인데 이 토지를 남에게 빼앗긴 자가 있으면 그들이 신고에 의하여 다시 돌려주게 할 것이다.24)

공민왕은 군인에게 군전을 지급하고, 그 과정에서 군전을 빼앗긴 군인들에게는 이를 되찾아주고 있다. 그러므로 백문보가 거론한 족정 및 반정을25) 받고 있는 이들은 군인이었을 것으로 추측된다. 군인은 지급받은 족정과 반정으로부터 수조를 받고 있었다.

그러면 여기서 군인이 내는 십일세는 무엇이었을까? 그런 관점에서 앞의 자료를 다시 보면, 여기서 '十分稅一'라는 표현이나, '稅價'라는 표현에서 볼 수 있듯이 '租'가 아니라 '稅'라는 용어를 사용하고 있다. 군인은 족정으로 부여된 토지에서 田租를 받고 있었으나, 역시 田稅를 내고 있었다. 전세는 문종 23년에 제정되었다.26) 즉 군인은 전조를 받았으나 그 중의 십분의 일을 전세로 내고 있었다. 물론 문종대에 규정된 전세는 그 양이 십일세에 미치지 못하고 있으나, 과전법의 규정을 고려한다면27), 점차 그 양이 늘어나는 추세였고, 공민왕대에 이르면 십일세로 정리된 것으로 짐작된다.

여기에 보이는 전부의 실체가 궁금한데, 이 문장 중 전부는 유일하게 주어가 될 수 있는 명사로, 문맥의 흐름상 족정과 반정을 받는 군인으로 이해된다. 만약 전부가 군인이 아니라면, 문맥의 흐름상 다른 주어를 추가하여야 한다. 그러므로 전부를 군인으로 이해하고, 문맥의 흐름을 따라서 군인의 형편을 '먹는 것은 열에 하나(食十入其一)'28) 밖에 되지 않는 것으로

---

24) 『고려사』 권79, 식화2, 借貸.
25) 족정 반정에 대해서는 여러 가지 논의가 있지만, 여기서는 전지로 이해하였다(김용섭 앞의 책 97쪽).
26) 『고려사』 권78, 식화1, 조세.
27) 『고려사』 권78, 식화1, 녹과전.

해석하였다.

물론 전부를 전객으로 이해하고, '食十入其一'를 '食十八其一'로 보아 전객이 '10중에 8'을 먹는 것으로 해석하는 견해도 있지만,[29] 군인의 형편을 논하는 자리에서 별도의 전객의 이야기를 끼워 넣어 해석하는 것은 자연스럽지 않다. 특히 당시 전객은 '10중에 8'을 먹을 수 있는 처지도 아니었다.

백문보는 당시 수조를 내는 전객의 처지를 1362년(공민왕 11) 다음과 같이 설명하고 있다.

> 빈민들은 해마다 몇 묘의 토지를 경작하는데 租稅가 그 수확의 절반을 차지하므로 그 해를 넘기지 못하여 벌써 식량이 떨어집니다.[30]

일반 백성은 불과 몇 묘의 토지를 경작하고 있었고, 수조는 수확의 절반을 차지하고 있었다. 그러므로 백성들의 식량은 해를 넘기기 전에 떨어지는 상황이었다.

위와 같은 전객의 상황을 고려할 때, 위에서 언급한 '전부'는 전객으로 이해하기 힘들고, '10중에 8'을 먹는 처지로 해석하기도 힘들다. 문맥의 흐름을 존중하여 전부를 군인으로 이해하는 것이 자연스럽고,[31] 전부의 처

---

28) 권영국 등은 이 구절을 食十八其一로 이해하고 전부가 먹는 것이 '18분의 1'입니다로 번역하였다(권영국 등 『역주 고려사 식화지』 한국정신문화연구원 1996, 225쪽). 이렇게 해석하는 경우 그 의미가 분명하지 않기 때문에 이를 '10중에 8입니다'로 해석하기도 하였는데, 박종진은 이를 따랐다.(박종진 『고려시기 재정운영과 조세제도』 서울대학교출판부 2000, 95쪽)

이렇게 해석하는 것은 한문 구절을 바르게 이해하였다고 보기 힘들고, 특히 내용상 문맥의 흐름과도 잘 연결되지 않는다. 그러므로 원문에서 '入'자와 '八'자는 혼동되기 쉬운 자임을 주목하여 여기의 '八'자를 '入'으로 해석하였다. '먹는 것은 열에 하나(食十入其一)'로 해석하여 문맥의 흐름을 맞추었다. 이와 유사한 '入'의 용례로 "民輸其十, 宮入其一二."(정약용 『경세유표』 권7) 등과 같은 예를 들 수 있다.

29) 권영국 등 『역주 고려사 식화지』 1996, 226쪽.

30) 『고려사』 권79 식화2, 차대.

지를 '먹는 것은 열에 하나(食十入其一)'로 해석하는 것이 적절하다.

즉 당시 군인들은 받은 수조에서 십일세와 운송비를 부담하고 실제로 받는 수조는 10% 정도에 불과하였다. 그러므로 백문보는 이러한 군인의 처지를 개선하기 위해서 전지의 추가 지급을 제안한 것이었다.

이와 같은 저자의 해석이 옳다면, 여기서 다시 한 번 살펴보고 싶은 것은 군인인 전부가 받았던 수조의 양이다. 이 자료에서 백문보는 군인들이 수조한 것 가운데 전세와 수송비 등을 내고 남은 '열에 하나밖에' 먹지 못하는 당시 군인의 현실을 문제로 삼고 있다. 백문보는 소출의 10%밖에 먹지 못하는 군인들의 상황을 개선하기 위해서 추가로 수조지를 주자고 주장하고 있다. 이에 의하면 군인이 받고 있는 적정수조량은 소출의 10%를 넘어서는 것을 알 수 있다.

군인전의 수조량은 얼마였을까? 백문보의 주장을 따라가면, 군인들은 받은 전조에서 전세로 10%를 내고, 전세의 배가 넘는 운송비용을 지출하고 있었다. 물론 백문보가 주장한 내용은 수치로 계산할 정도로 정확한 것이 아니었다고 보이므로, 수조량을 정확하게 계산하기에 적절하지 않다. 그러나 족정은 7결, 반정은 3결을 보충해주자는 내용을 바탕으로 수조율

---

31) 고려에서 '佃夫'의 용례는 많지 않으나, 『고려사』나 『고려사절요』에 보이는 용례에 의하면 전부가 족정을 받는 군인과 별도의 지위에 있음을 보여주는 자료는 없다. 『고려사』와 『고려사절요』에 의하면 지밀직사사 이공보와 동지밀직사사 박려가 佃夫에서 올라 '暴貴'한 것으로 표현되어 있다. 이 자료의 분위기를 검토할 때, 이공보와 박려가 문벌귀족 출신이 아닌 것은 분명하나, 그의 출신이 족정을 받는 군인정도의 지위는 가졌을 것으로 가정해도 무리는 없다.
   『고려사절요』 권23, 충선왕 2년 동시월. "以李公甫 知密直司事, 朴侶 同知密直司事, 金廷美 爲密直副使, 侶及公甫 皆以田夫暴貴"
   『고려사』 권122, 열전35, 이대순. "公甫亦其弟也, 以田夫暴貴, 至僉議評理 封泰安君."
   저자는 조선에서의 佃夫를 검토하면서 전부는 전객이 수조권적 지배를 벗어난 상태를 칭하는 호칭으로 이해하였다(최이돈 「조선 초기 佃夫制의 형성과정」 『진단학보』 127, 2016).

을 추정해 볼 수는 있는데, 군인들은 적어도 생산량의 20% 가까이 수조하고 있었다고 추정할 수 있다.

군인이 받는 20% 정도의 수조량은 이미 성종대에 규정된 공전조 1/4을 연상하게 한다. 그러므로 위의 자료로 군전에서 군인이 받는 사전수조율도 공전수조율에 준하는 25%정도가 아니었을까 추측해본다. 이러한 추측이 가능하다면, 성종대 공전조 1/4은 수조권적 수조율로 이해할 수 있겠다.

고려에서 수조율이 1/4임을 보여주는 자료가 하나 더 있다. 이는 다음 1103년(숙종 8)의 둔전에 관한 기록에 보인다.

> 주진의 둔전은 군 1隊에 토지 한 결씩을 주되 전은 1결에서 한 석 아홉 말 닷 되, 수전은 한 결에 석 석을 각각 받으라. 10결에 20석 이상을 낸 色員을 표창하되, 군졸이나 백성에게서 쌀을 거두어 수를 채운 자는 벌을 주기로 결정하였다.[32]

위의 내용은 숙종대 둔전 경영에 대한 기록이다. 이 내용에 의하면 수전의 경우 1결에 3석의 수조를 목표로 하고 있었고, 실제로는 1결당 2석만 거두어도 관리자인 색원을 표창한 것을 보아서 1결당 2석의 수조를 실현하고 있었던 것으로 보인다. 이 수량은 당시의 생산량과 비교해 볼 때에 1/4 수조율을 실현하고 있었던 것으로 짐작된다.[33]

그러나 이 내용에 대하여 안병우는 둔전이 국가의 소유지임을 주목하면서 1/4 수조율을 소유권적 공전의 수조율로 해석하고 있다.[34] 그러나 이 자료는 일반적인 둔전의 운영과 다른 새로운 둔전의 운영방식이었음을 주목해야 한다.

---

32) 『고려사』 권82, 병지2, 둔전.
33) 안병우 「고려의 둔전에 관한 일고찰」 『한국사론』 10, 1984.
34) 박종진은 둔전을 2과전에 속하는 전지로 이해하고, 수조율도 소유권적 수조인 1과공전과 수조권적 수조인 3과공전 사이에 위치하였을 것으로 추정하고 있다(박종진 앞 논문).

이 둔전의 운영은 몇 가지 점에서 기존의 둔전과 다르다. ① 군인 1대에 전지 1결은 지급하고 있는데, 군인 1대를 25명으로[35] 계산한다면, 이는 1인당 전지 4負를 지급하는 방식의 둔전이었다.[36] ② 수조량은 전의 경우 1두 정도, 수전의 경우 2석 기준으로 볼 때, 1두 남짓을 수조하는 방식이었다. ③ 수조하는 관리를 포상하는 규정을 둔 것을 보면, 일반 둔전과 달리 수조의 과정이 쉽지만 않았음을 보여준다.[37]

이와 같은 특징을 고려할 때에 숙종 8년에 시행한 둔전은 기존의 둔전과는 다른 신둔전제로 보인다. 이와 같은 신둔전제는 그대로 조선 초기에도 시행되었다. 조선에서 신둔전제는 태종 7년 의정부의 다음과 같은 계에 의해서 시행되었다.

前年 7월에 本府에서 傳旨를 받고 各官 各浦 各鎭의 屯田을 罷하였사온데, 上項의 田畓과 革罷한 각 寺社의 전답 및 陳地를 매 10戶마다 각각 50卜씩을 지급하여 그 근처의 民戶로 하여금 경작하게 하고, 그 중의 한 사람을 頭目으로 정해서 秋成 때가 되면 損實을 분간하여 각기 그 官에다 거두어 저축하게 하소서.[38]

의정부는 신둔전제로 호급둔전제를 제안하고 있다. 이 제도는 몇 가지 점에서 고려의 신둔전제와 같았다. ① 전지를 10호당 50卜 즉 1호 당 5卜

---

35) 『고려사』 권83, 병3, 주현군.
　　이기백 「고려주현군고」 『역사학보』 29, 1965, 67쪽.
36) 이기백은 1대의 1결을 오기로 보고, 1인당 1결로 해석하고 있다(이기백 「고려 양계의 주현군」 『고려병제사연구』 1968, 266쪽).
37) 군인 1대에 1결의 전지를 배당방식은 전지와 노동력을 대비할 때, 기존의 둔전체제 내에서는 완결되는 조치로 이해하기 힘들다. 고려에서는 둔전의 구체적인 경영을 보여주는 자료가 없지만, 조선 후기의 경우를 보면, 둔전군 1인당 0.45두락에서 0.75두락을 경작하였다(송양섭 『조선후기 둔전연구』 경인문화사 2006). 이와 같은 둔전의 기본적인 상황은 고려에서도 다르지 않으리라 짐작된다.
38) 『태종실록』 권13, 태종 7년 1월 정묘.

즉 5負를 지급하고 있다. ② 분급한 전지 수조량은 小戶를 기준으로 호당 1두를 거두고 있었다.[39] ③ 수조를 위해서 頭目을 세우고, 수조의 성과를 수령의 고과와 연결시키고 있었다.[40]

조선의 호급둔전제는 태종대의 대외관계의 불안 속에서 국방을 위한 재원의 조달을 위해서 만든 것으로 고려의 신둔전제를 모방한 것이었다. 정부는 전지의 지급을 거론하고 있었으나, 사실상 매호마다 지급할 5부의 전지를 마련하지 못하였다.[41] 사실 국가가 각 호에 지급할 국유지가 있었다면, 이와 같은 제도는 불필요하였다. 그 전지의 수조를 국방의 재원으로 사용하면 되었다. 그러므로 정부는 전지를 지급하지 못하였으나, 둔전의 명분을 얻기 위해서 종자를 지급하는 戶給種子制로 이를 대치하여 운영하였다.[42] 따라서 둔전이라는 이름은 있었으나, 사실상 군비를 위한 屯田租가 새롭게 설정된 것이었다.

고려 숙종대의 상황도 유사한데, 여진과의 관계가 악화되면서 국방을 위한 재원이 확충이 필요하였다. 숙종 7년 완안부 여진이 정주를 침공해왔고,[43] 이에 국방의 재원 마련을 위해서 숙종 8년 신둔전제를 시행하였으며, 숙종 9년에는 신기군, 신보군, 항마군 등 별무반을 조직하여[44] 여진의 침범에 대비하였다.

그러나 고려에서도 군인에게 나누어줄 전지의 마련하는 것은 쉽지 않았을 것으로 보인다. 이는 우왕 원년 2월 다음의 기록을 통해서 짐작할 수 있다.

---

39) 『태종실록』 권18, 태종 9년 12월 계묘.
　　庶人工商賤口, 大戶三斗, 中戶二斗, 小戶一斗. 疲癃廢疾者, 勿收. 其外方, 依已曾行移收戶給屯田之數.
40) 이경식 「조선초기 둔전의 설치와 경영」『한국사연구』 21,22, 1978, 75쪽.
41) 이경식 위의 논문 77쪽.
42) 이경식 위의 논문 76~77쪽.
43) 『고려사』 권12, 숙종 8년.
44) 『고려사』 권81, 병1, 병제사.

> 둔전법의 목적은 방수군과 벼슬 못한 호반을 부려서 공한지를 골라
> 힘에 알맞게 한데 모여서 농사하게 하여 배와 수레로 나르는 고역을
> 덜게 하려는 것이다. 그런데 지금 戶給種子하여 흉풍을 막론하고 거두
> 어들이기를 규정이 없이 하니 백성들이 매우 고통스러워한다.[45]

이는 우왕대에 종자만 나누어 주는 戶給種子制가 시행되었음을 보여준
다. 숙종대에 시행된 신둔전제가 이후에도 간헐적으로 종자만 나누어주는
방식인 호급종자제의 방식으로 시행되었음을 보여준다. 정부는 분배할 국
유지가 없었으므로 이와 같은 변통을 취한 것이었다. 국가에서 분배할 국
유지가 있었다면, 이러한 제도를 만들 필요가 없이 그 소출을 국방비로 사
용할 수 있었다.

조선에서 호급둔전제에 의해서 수조하는 둔전조는 전지 5負 당 1두를
내는 것으로, 그 양은 1결당 20두로 십일조를 기준한 수조량이었다. 조선
에서 소유권적 공전 수조율은 1/2이었으나, 전지를 분배하지 못하는 상황
에서 둔전세를 수조권적 수조율로 수조하였다.

이와 같은 상황은 고려에서도 유사하였을 것으로 보인다. 신둔전에서
거두는 수조율은 1/4로 추정되는데, 이는 국가가 분배할 전지가 없었으므
로, 이 역시 수조권적 수조율이었을 것으로 추정된다. 고려와 조선에서 그
수조량은 1두로 유사하였고, 생산력 차이로 인해서 수조율은 조선에서는
십일조, 고려에서는 1/4이었을 것으로 추정되며, 이 수조율은 공히 수조권
적 수조율로 일치하였다.

이상의 검토를 종합할 때, 성종대 보이는 공전조 1/4는 수조권적 수조율
로 판단된다. 그간 1/4의 공전조를 소유권적 수조로 해석한 것은 자료에
근거를 것이라기보다는, 공전에서 수조권적 수조율을 십일조라고 주장하
면서 1/4 수조율을 소유권적 공전에 적용한 것에 불과하였다. 그러므로 위
에서 살핀 군전과 둔전의 사례로 미루어보아 성종 11년의 공전조 1/4은

---

45) 『고려사』 권82, 병2, 둔전.

수조권적 수조율로 이해하는 것이 타당한 것으로 보인다.

이상에서 고려의 수조권적 수조율은 십일조가 아니었고 1/4이라고 보았다. 이렇게 본다면, 그간 연구자들이 주장한 고려의 십일조는 어떻게 이해해야 할까? 이에 대해서는 다음 장에서 검토하고자 한다.

2. 십일조와 과전법

과전법 체제 하의 조선 초기의 수조권적 수조율은 십일조였다. 세종은 1437년(세종 19)에 다음과 같이 조선에서 십일조가 시행되고 있음을 언급하고 있다.

> 우리 태조께서 즉위하여 먼저 토지의 경계를 바루고 조세 받는 수량을 정하셨다. 水田 1결마다 糙米 30두, 투田 1결마다 잡곡 30두로 하니, 곧 옛날 什一의 수량이다.[46)]

세종은 공법을 논하면서 과전법의 수조율이 십일조임을 분명하게 밝히고 있다. 특히 세종은 십일조 1결당 30두를 태조가 정한 제도로 이해하고 있다. 세종은 과전법을 만들면서 비로소 십일조를 시행한 것으로 이해하고 있다.

그러면 조선의 왕과 관원들은 고려의 수조율을 어떻게 이해하였을까? 세종은 그 26년 다음과 같이 고려의 수조율은 십일조가 아니었다고 주장하고 있다.

> 고려의 세법이 어떤 것은 3, 4분의 1을 취하고, 어떤 것은 5, 6분의 1을 취하여 그 剝民함이 심하였다. 근년의 관리들이 損實을 다룰 때에

---

46) 『세종실록』 권78, 세종 19년 7월 정유.

는 너무 소홀히 하여 수십 분의 1을 收稅하기에 이르렀다. 이것이 사람들의 마음에 습관이 되어 지금의 이 새 법을 비록 先王의 什一之法으로 정한다 하더라도 어리석은 백성들이 어찌 다 알겠는가.[47]

세종은 고려의 수조율은 십일조가 아니라고 주장하고 있다. "어떤 것은 3, 4분의 1을 취하고, 어떤 것은 5, 6분의 1을 취하여"라고 고려의 수조율이 1/10을 넘어가고 있음을 명시하고 있다. 이와 같은 세종의 주장은 공법의 규정을 논하는 가운데 주장된 것이었으므로, 여기의 '수세'는 수조권적 수조를 의미하는 것이었다. 이와 같은 세종의 주장은 공법의 논의가 심화되면서 고려 수조제에 대하여 깊이 있는 검토 결과 나온 주장이었다.

고려에서 수조권적 수조율은 1/4이 통설이었으나, 십일조를 제시한 것은 이성무였다.[48] 그의 주장은 김재명에 의해서 보강되었으며,[49] 김용섭 등[50] 다수의 연구자에 의해서 지지를 받았다. 연구자들은 고려에서 십일조가 시행되었음을 인정하였지만, 그 견해는 고려초부터 십일조가 시행되었다는 주장과 고려후기부터 시행되었다고 주장으로 나뉜다.

이성무 등은 고려초부터 십일조가 시행되었다고 주장하고 있다. 그는 조준의 상소를 근거로 고려 태조의 명에 의해서 십일조가 시행되었다고 주장하고 있다. 그러나 강진철은[51] 고려후기부터 수조율이 십일조로 바뀌었다는 주장하였다. 그 주장의 핵심은 고려 초에는 십일조의 수조율을 시행할 수 있는 정치적 상황이 되지 못하였다는 것이다. 다만, 고려 후기에 보이는 십일조에 대한 기록을 인정하면서, 고려 후기에는 십일조가 시행

---

47) 『세종실록』 권105, 세종 26년 8월 경오

48) 이성무 앞의 책.

49) 김재명 「고려시대 什一租에 관한 일고찰」 『청계사학』 2, 1985.

50) 김용섭 앞의 책 121쪽.

51) 강진철은 「고려전기의 공전 사전과 그의 차율수조에 대하여」(『역사학보』 29, 1965)에서는 1/4 수조율을 주장하였으나, 「고려전기의 지대에 대하여」(『한국중세토지소유연구』 1980, 122쪽)에서는 고려 후기에 십일조로 바뀌었음을 인정하였다.

되었음을 수용하였다.

그러나 강진철의 주장과 같이 고려는 호족연합정권으로 시작하였고, 전시과의 시행도 건국 후 상당한 세월이 흐른 후에야 가능했던 상황이었으므로, 고려초 특히 태조대에 십일조를 시행하기 어려웠을 것으로 보인다. 또한 김재명이 주장하고 있듯이[52] 고려 후기 무신란과 몽고간섭 등 정치적 대혼란이 지속되어 국가의 재정 궁핍은 심각하여 녹봉을 주는 것도 힘들었으므로, 기존의 수조율을 십일조로 낮출 수 있는 상황도 아니었다.

그러므로 역사적 정황을 보면, 고려 초기는 물론 고려 후기에도 십일조를 시행하기 어려운 상황이었다. 그러함에도 연구자들은 정황으로 볼 때, 일어나기 힘든 십일조가 고려에서 시행되었다고 주장하거나 그 주장을 수용하고 있다.

저자는 앞에서 살핀 세종의 주장에 근거하여 고려에서는 십일조가 시행되지 않았다는 관점에서 그간 고려에서 십일조를 논증한 자료들을 다시 한 번 검토해 보고자 한다. 세종의 주장은 20여년의 치열한 공법 논쟁 중에 고려의 전제와 세제를 충분히 검토한 결과였기 때문이다.

지금까지 십일조를 논증하는 자료로 거론된 것은 4가지 정도이다. 이규보, 이제현, 백문보, 조준 등의 자료이다. 이 자료들을 기록된 시기 순으로 검토해 보자. 고려에서 십일조를 가장 먼저 거론한 자료는 이규보의 『동국이상국집』의 다음 자료이다.

> 우리 국가는 만세의 도읍을 정하고 사방의 貢稅를 받는다. 먹을 것이 제일 중요하다는 것을 알고 천 칸이나 되는 창고를 지어 여기에 저장하게 하였다. 수로로 운수하는 배들은 서로 꼬리를 물고, 육로로 수송하는 수레들은 서로 뒤를 잇는다. 取人하기를 薄하게 하여, 비록 공전에서 什一만을 받더라도, 均地에서 생산한 바가 매년 千百에 이를 것이다. 그러나 露積한 것이 많으니, 어찌 그 저장이 허술하지 않겠는가?[53]

---

52) 김재명 위의 논문.

이 내용은 이규보가 1189년(명종 19) 사마시에 장원급제하고, 그 해에 지은 것으로 추정되는 大倉泥庫 상량문의 일부이다. 이 내용 중 주목되는 부분은 "取人하기를 薄하여, 비록 공전에서 십분의 일만을 받더라도, 均地에서 생산한 바가 매년 千百에 이를 것이다."라는 부분이다. 이규보는 '取人하기를 薄하게'라고 당시 수조에 임하는 정부의 입장을 설명하고, 이를 '什一'의 '십일조'와 '均地'의 '均田制'로 수식하고 있다. 또한 '생산한 바가 매년 千百'이라는 표현과 '노적한 것이 많으니'라는 표현으로 당시의 풍성한 재정 상황을 표현하고 있다. 그러나 '십일만을 받더라도'라는 표현에 주목할 필요가 있다. 즉 이는 가정적 표현으로 당시의 실상을 설명한 것이라기보다는 작자의 희망을 표현한 것으로 보인다.[54]

주지하다시피 이규보의 희망과 달리 당시 고려의 국가재정은 이미 의종대부터 어려워지고 있었다. 이는 『고려사』 식화지의 다음과 같은 기록을 통해서 짐작할 수 있다.

> 의종과 명종 이후로 권세 있고 간사한 자들이 나라의 정치를 제멋대로 좌우하여 백성들을 못 살게 굴고 국가의 경비를 남용하여 쌀 창고들이 텅 비었다.[55]

이 기록에 의하면 국가의 재정이 이미 의종대부터 기울기 시작하였고, 무신정권이 등장한 이후 더욱 심각해졌다. 이 글을 지은 명종 19년의 상황

---

53) 『동국이상국집』 권19, 雜著 上樑文.
   取人也薄, 雖公田什一而征, 均地所生, 尙歲計百千以數, 然率多於露積, 不奈幾於慢藏, 無可奈何, 姑息而已.
54) 이 자료를 처음 인용한 것은 김재명이다. 그는 "이 내용은 그 앞 뒤 부분이 매우 과장되어 있다."라고 지적하고 있다. 그러나 그는 "미화된 표현은 작자의 희망이 포함된 것에 불과"하다고 언급하면서 이 자료를 십일조를 밝히는 자료로 인용하였다(김재명 「高麗時代 십일조에 관한 一研究」 한국정신문화연구소 석사학위 논문 1984).
55) 『고려사』 권78, 식화1.

도 이에서 벗어나기 어려웠다. 재정이 어려워 명종 14년 試職의 녹봉을 줄였고,[56] 명종 16년에는 "좌창이 비어서 녹봉을 지급할 것이 없었다."고[57] 기록하는 상황이 전개되고 있었다. 이러한 상황은 쉽게 개선되지 않았고 이후 고종대,[58] 원종대 지속적으로 "창고가 허갈하여 백관 녹봉을 줄 수 없다."[59]라는 기록이 보이고 있었다.

그러므로 무인정권의 상황은 '取人하기를 薄하게'라는 표현이나 '십일조'나 '균전제' 등을 거론할 수 있는 형편이 아니었다. 이규보는 기록은 당시 역사적 상황에 비추어 볼 때, 大倉의 건립을 미화하고, 나아가 무인정권의 정책을 찬양하는 수사적 표현으로 보인다. 그러므로 이 자료만을 가지고 고려에서 십일조가 시행되었다고 주장하기에는 미흡하다.

그런데 첨언하고 싶은 것은 이규보가 균전제와 십일조를 같이 거론하고 있다는 점이다. 그간의 연구에서 고려에서 균전제는 실제로 이루어지지 않았다고 논증되었으나,[60] 균전제가 가지는 개혁론적 성격에는 주목하지 않았다. 균전제는 고려 후기 개혁론으로 정전제와 같이 꾸준히 거론되고 있었다. 즉 균전제는 정전제와 함께 신진사대부의 개혁의 방향이었다. 예컨대 충선왕은 즉위교서에 '平均分給'[61]을 논하였고, 이제현은 충숙왕 7년 과거의 책문에서 '井田制'을 강조하였으며, 공민왕은 그 원년의 교지에 '井田不均'[62]을 지적하였다. 또한 고려말 개혁파들은 과전법 시행의 정당성을 선왕의 '均田制'를 복구하는 것으로 주장하였다.[63]

특히 주목할 것은 균전론과 정전론이 십일조와 같이 거론되고 있다는

---

56) 『고려사』 권78, 식화1, 녹과전.
57) 『고려사』 권80, 식화3, 녹봉.
58) 『고려사』 권80, 식화3, 녹봉.
59) 『고려사』 권78, 식화1, 녹과전.
60) 강진철 앞의 책, 363쪽.
61) 『고려사』 권78, 식화1, 전제 경리.
62) 『고려사』 권80, 식화3, 녹봉.
63) 『고려사』 권78, 식화1, 전제 녹과전.

점이다. 개혁파는 정전제와 균전론의 이상이 실현되는 구체적 모습을 십일조라고 이해하였다. 이규보가 위의 기록에서 균전과 십일조를 같이 거론하였고, 이제현은 정전제와 십일조를 같이 거론하였으며,[64] 개혁파는 과전법에서 균전제의 이상을 논하면서 십일조를 실현하였다. 그러므로 위의 자료는 이규보가 수사적인 표현을 통해서, 자신의 희망과 개혁의 방향을 균전제과 십일조로 표현한 것으로 이해할 수 있다.

다음으로 고려에서 십일조가 시행되었다는 근거로 제시된 자료는 이제현의 자료이다. 이는 이제현의 策問에 보이는 다음과 같은 자료이다.

> 맹자가 "夏后氏는 50묘에서 貢稅를 받고, 殷人은 70묘에서 助稅를 받고, 周人은 1백 묘의 徹稅를 받았으니, 그 실상은 모두 10분의 1이다."라고 하였다. (중략) 이처럼 經界, 井田, 什一의 세법은 천하 국가를 경영하는 데 의당 먼저 힘써야 할 것이다. (중략) 우리 朝宗이 나라를 세우고 지켜온 지 지금까지 4백 년이라, 나라를 다스리는 법도와 백성에게 세를 받아들이는 제도가 대략 옛날 제도와 부합되고 후세에 전할 만하다. 소위 內外足丁 半丁, 轉祿의 位, 役分 口分 加給 補給의 名, 조세의 數, 肥饒 磽薄 9등급의 品 등의 5種의 제도가 있으며, 그 밖의 負結은 토지를 측량하는 소이고 斗石은 곡식을 되는 소이다. 이것이 옛날에 經界, 井田, 什一의 법과 같은 것인가, 같지 않은 것인가?[65]

이글은 과거응시자들을 시험하기 위한 策問이다. 이제현은 책문의 서두에 맹자의 정전제와 십일조를 이상적인 모범으로 제시하였다. 그는 고려가 400년간 만든 제도를 나열하면서, 고려의 제도가 맹자가 제시한 정전제나 십일조와 같은 것인가를 묻고 있다.

---

64) 『익재집』 익재난고 권9하, 책문.
65) 위의 책.
　　所謂內外足半之丁, 轉祿之位, 役分, 口分, 加給, 補給之名, 租稅之數, 肥饒 磽薄九等之品, 五種之宜, 與夫曰負曰結 所以量地者, 曰斗曰石 所以量穀者, 其與古者經界井田什一之法, 有同不同乎.

그러므로 이 내용은 고려에서 십일조가 행해졌다는 것을 주장하는 내용
이 아니다. 오히려 이제현은 과거응시자들에게 당시 고려의 상황이 정전
제나 십일조에 입각한 개혁이 필요로 함을 제시하고 있다. 이제현은 응시
자들이 정전제나 십일조의 관점에서 당시 고려의 제도를 개혁하는 방안을
서술하기를 기대하였다. 그러므로 이 내용은 고려에서 십일조가 시행되지
않았음을 방증하는 자료로 보는 것이 적절하다.

이제현의 십일조에 대한 입장은 그가 경종대의 전시과를 평가한 다음의
내용에도 동일하게 나타난다.

> 4대를 지나 경왕이 田柴科를 마련하였으니, 비록 소략한 점은 있으
> 나 옛날의 世祿의 뜻이 있었다. 九一의 助나 什一의 賦, 또한 君子 小
> 人의 우대 여부에 대해서는 논할 겨를이 없었다. 후세에 여러 번 그것
> 을 정리하려 했으나 마침내 구차스럽게 되고 말았다. 대개 그 시초에
> 경계를 긴급한 일로 삼지 않았으니, 그 水源을 분탕질하고서야 하류의
> 맑음을 구한들 어찌 될 수 있으랴? 애석한 것은 당시 군신들이 孟子의
> 말로써 법제를 강구하여 아뢰고 힘써 행하지 않은 것이다.[66)]

이제현은 경종이 전시과를 만든 것을 평가하면서, 전시과는 세록의 뜻
을 가진 제도였다고 설명하고 있다. 그러나 그는 당시에 '九一의 助나 什
一의 賦' 등 십일조를 논의할 '겨를이 없었다.'라고 지적하고 있다. 이후에
도 고려 정부에서는 이에 관심이 있어 "여러 번 그것을 정리하려 했으나"
하지 못하였음을 지적하였다. 그는 결국 '孟子의 말로써 법제'를 만드는 일
즉 십일조를 시행하지 못했다고 안타까워했다.

---

66) 『익재집』 익재난고 권9하 史贊 景王.
　　歷四世景王 作田柴之科 雖有疏略 亦古者世祿之意也 至於九一而助 什一
　　而賦 及所以優君子小人者 則不暇論也 後世屢欲理之 終於苟而已矣 蓋其
　　初不以經界爲急 撓其源而求流之淸 何可得也 惜乎當時群臣 未有以孟子之
　　言講求法制 啓迪而力行之也.

그러므로 이 내용은 앞에서 검토한 책문의 내용과 그 맥락이 같은 것이다. 이제현은 맹자의 정전제와 십일조를 이상으로 삼고, 고려에서 십일조가 시행되지 못한 것에 대한 아쉬움을 표현하였다. 이제현은 신진사대부를 대표하는 인물로서, 고려 말 개혁의 필요성을 분명하게 인식하고, 정전제와 십일조의 시행을 개혁의 방향으로 이해하고 있었음을 보여준다.

이제현은 고려의 '國史가 불비한 것'을 유감으로 여기고 백문보, 이달충과 함께 『紀年傳志』를 만들려고 하였고, 실제로 태조에서 숙종에 이르는 역사를 편찬하고 史論을 남기고 있다.[67] 이와 같은 이제현의 동향은 개혁을 위해서 고려의 역사를 세심하게 살피고 정리한 것으로 이해된다. 이와 같이 고려의 역사를 세심하게 살핀 그가 고려에서 십일조를 시행하지 못하였다고 주장하는 것은 어느 누구의 기록보다 신뢰할 수 있다.

다음으로 백문보의 기록을 살펴보자. 이는 이미 앞에서 검토한 것으로, 이제현의 책문과 더불어 많이 인용되는 내용으로 백문보가 1362년(공민왕 11)에 언급하였다.

> 國田之制는 漢의 限田을 본받아서 '十分稅一'을 받을 따름인데 경상도의 토지로 말하면 세는 다른 도들과 같다고 하지만, 수레와 배로 나르는 비용이 또 그 곱절이나 됩니다. 그리하여 田夫들이 먹는 것은 열에 하나밖에 되지 않으니 당초에 정한 足丁은 7결, 半丁은 3결씩 더 보태어 주어서 稅價를 보충하도록 하소서.[68]

이 자료에 '國田之制'를 거론하면서 '十分稅一' 즉 '십일세'를 명시하고 있다. 그러므로 이 자료는 십일조가 시행된 가장 확실한 자료로 이해되고 있다. 이 내용을 검토하기 전에, 흥미로운 것은 백문보는 충숙왕 7년, 앞에서 검토한 이제현의 책문에 답안을 서술하여 과거에 합격한 인물이라는

---

67) 『고려사』 권112, 열전25, 이제현.
68) 『고려사』 권78, 식화1, 전제.

점이다.[69] 백문보는 이제현의 문제에 대하여 우수한 답안을 써서 次席이라는 성적으로 합격하였다. 이는 백문보가 이제현이 제시한 십일조가 시행되지 못하는 고려의 현실을 비판하고, 십일조에 입각한 개혁방안을 제시하여 과거에 합격하였음을 보여준다. 과거 합격 이후에도 백문보는 이제현과 함께 『국사』를 기록하면서 고려 역사에 대한 인식도 같이 하였다.[70] 그러므로 백문보가 이제현과 달리 고려에서 십일세가 있었다고 주장하는 것은 당혹스럽다.

그러나 이 내용은 이미 앞에서 검토한 바와 같이 그 핵심은 족정과 반정을 받고 있는 군인들에게 전지를 더 지급하자는 것이다. 그 이유는 족정과 반정을 받고 있는 이들이 십일세를 내고 있는데, 십일세를 내는 과정에서 운송비용이 과하게 들어서 이들이 받는 수조량이 규정에 미치지 못하였기 때문이었다.

즉 군인들은 자신이 받는 수조에서 십일세를 전세라는 명목으로 국가에 내고 있었다. 위의 기록에서 볼 수 있듯이 경상도의 경우는 개성에서 먼 지역이어서 전세의 운송비가 많이 들었다. 그러므로 백문보는 군인들에게 운송비를 보전해 주기 위해서 전지 7결내지 3결을 추가로 지급해 줄 것을 제안하고 있다. 그러므로 백문보가 여기서 논하는 십일세를 십일조로 이해해서는 안 된다.

그러므로 백문보의 자료는 일반 전객을 대상으로 하는 수조를 설명하는

---

69) 이제현은 충숙왕 7년, 공민왕 2년 두 차례 지공거로 과거의 책제를 출제하였다. 현재 남아있는 책제는 총 4건인데, 순서대로 살피면 앞의 두 건은 충숙왕 7년에 해당하고, 뒤의 두 건은 공민왕 2년에 해당하는 것으로 보인다. 십일조를 거론한 책제는 두 번째에 기록된 것으로 기록의 순서로 보나, 충숙왕 7년이 갑인주안이 만들어진 직후라는 시기적인 상황을 볼 때, 충숙왕 7년 과거의 책제로 이해된다. 그러나 김형수는 이 책제를 공민왕 2년의 것으로 이해하고 있어서 저자의 견해와 다르다(김형수「책문을 통해서 본 이제현의 현실인식」『한국중세사연구』 13, 2002).

70) 『고려사』 권112, 열전25, 이제현.

자료가 아니었다. 그러므로 위의 자료로 고려에서 십일조가 시행되었다고
보는 것은 적절하지 않다. 백문보의 개혁적 입장을 고려할 때에, 그는 이제
현과 같이 정전제와 십일조를 개혁의 이상으로 가지고 있었다고 짐작된다.

마지막으로 검토할 내용은 사전개혁 상소에 보이는 조준의 십일조에 대
한 언급이다. 조준은 과전법의 시행을 요청하면서 다음과 같이 십일조가
고려에서 시행되고 있음을 거론하고 있다.

> 태조가 건국하고 즉위한 지 34일 만에 여러 신하들을 맞아들여 만나
> 보고 개탄하면서 말하기를 "근년에 백성들에게 혹독하게 수탈하여 토
> 지 1頃의 租를 6石까지 받아 냈으므로 백성들이 살기 어렵게 되었다.
> 나는 이것을 아주 가련하게 생각한다. 지금부터는 마땅히 십 분의 1을
> 받는 제도를 써서, 밭 1負에 租 三升를 받도록 하여야 할 것이다."라고
> 하면서 드디어 민간에서 거두어들이는 3년간의 租를 면제하여 주었습
> 니다.[71]

조준은 과전법의 시행을 요청하면서 이미 고려 태조부터 십일조를 시행
하였다고 주장하고 있다. 그런데 그는 구체성을 부여하기 위해서 '1負에
租 三升'의 기록을 추가하면서 오히려 자료의 신뢰성을 훼손하였다.

이 기록의 근거가 되는 원 사료는 『고려사』 전제, 조세에 보이는 다음
의 기록일 것이다.

> 태조 원년 7월에 태조가 해당 관원들에게 말하기를 "泰封의 군주는
> 백성들을 제 욕심대로 다루면서 오직 수탈하는 것만을 일삼아 舊制를
> 준수하지 않았다. 그리하여 1頃의 토지에서 조세 6碩을 징수하였고 管
> 驛의 戶에게서는 絲 3束을 부과하였기에 마침내 백성들로 하여금 밭갈
> 이와 베짜기를 그만 두고 정처 없이 떠나는 자가 연달아 생겼으니 지금
> 부터 부세를 징수하는 데는 마땅히 舊法을 쓰도록 하여야 할 것이다.[72]

---

71) 『고려사』 권78, 식화1, 녹과전.

이 기록을 위의 것과 비교하면, 태조가 "1頃의 토지에서 조세 6碩을 징수하였다."라고 언급한 것까지는 같다. 즉 왕건이 과다한 수조에 대하여 문제를 삼고, '舊制' '舊法'을 거론한 것은 진실이었다. 그런데 중요한 것은 왕건은 십일조를 언급하지 않았다. 구법이 무엇이었는지는 분명치 않다. 구법이 십일조였다면, 이를 분명하게 명시하였을 것이다. 그러나 왕건을 이를 명시하지 않았다. 당시 정치적 상황을 볼 때, 태조는 수조율을 구체적으로 언급할 형편이 아니었다. 특히 십일조를 언급할 상황이 되지 못하였다. 상당한 세월이 지난 경종대에 이르러서야 전시과를 시행하고 성종대에 가서 공전에서만 수조율을 1/4로 규정할 수 있었다.

그러나 조준은 이 기록에 의지하여, '舊法'[73]을 십일조로 해석하고 고려 말 당시의 십일조의 수조량인 '1負에 租 三升'까지 추가하면서 이를 개혁의 논리로 이용하였다. 그러므로 조준이 지적한 고려에서 십일조를 시행하였다는 주장은 신뢰하기 어렵다.

사실 고려 말 개혁파는 1결당 30두의 수조를 부담스럽게 생각하였다. 조준은 1차 개혁 상소에서 1결당 20두의 수조를 주장하였다.[74] 고려말의 상황에서도 1결 30두를 수조로 정하는 것은 당시 생산력을 고려할 때에 과한 것이었다. 그러나 개혁파는 손실답험제의 도입으로 감세해주는 것을 고려하면서 1결당 30두로 결정하였다.[75] 개혁파가 과전법에서 1결 20두의 수조를 기본적인 수조량으로 생각한 것은 개혁파가 과전법 규정의 말미에 田稅의 규정을 만들면서, 1결당 2두로 정한 것에 잘 나타난다.[76] 이는 전

---

72) 『고려사』 권78, 식화1, 전제, 조세.
73) 『고려사절요』에서는 '天下通法'으로 수식하고 있다(『고려사절요』 태조 원년 추7월조). 이는 조준의 상소문의 기사를 참고하여 태조 원년의 기사를 분식한 것으로 보인다.
74) 『고려사』 권78, 식화1, 녹과전.
75) 최이돈 「조선초기 損失踏驗制의 규정과 운영」 『규장각』 49, 2016.
76) 엄밀하게 고찰하면, 이 내용을 평면적으로 비교하기 어려운 점이 있다. 수조와 수세 간에 품목이 차이가 있다. 수조는 糙米(造米), 雜穀이었고, 전세의 품목은 白

세는 손실답험이 적용되지 않았으므로, 3두로 하지 않고 2두로 책정한 것이었다.[77] 그러므로 조준의 상소를 근거로 고려 초부터 십일조가 시행되었다고 주장하거나, 나아가 고려 초부터 1결 30두가 수조량이었다고 주장하는 것은 동의하기 힘들다.[78]

이상에서 이규보, 이제현, 백문보, 조준 등의 자료를 검토해 보았다. 이규보의 자료는 당시의 정황을 고려할 때에, 과장된 수사적 문장으로 이해된다. 다만, 이는 단순한 수식이 아니었고 그의 희망을 기록한 것으로 보인다. 그는 균전론과 십일조의 시행을 희망하고 있었는데, 이와 같은 이규

米, 黃豆였다. 조미와 백미는 그 도정의 정도가 다르고 가격의 차이가 있는 것으로 인식되므로 이에 대한 검토가 요한다. 그러나 다음의 몇 가지 용례로 보아서 백미라는 표현은 조미와 큰 차이가 없었던 것으로 짐작된다.

① 먼저 전의 소산인 잡곡과 황두가 비교되고 있으나, 세종 26년의 기록에 의하면 "한전과 수전은 비록 매 결에 30두라고 하나, 수전은 糙米이고, 한전은 黃豆이다.(『세종실록』 104권, 세종 26년 6월 갑신)"라고 잡곡과 황두를 같은 것으로 이해하고 있다. 따라서 잡곡과 황두는 1:1의 관계에 있었다. 이러한 용례를 보아서 조미와 백미 간에도 차이를 두지 않았을 것으로 보인다.

② 조선 건국기는 전세를 白米가 아닌 粳米로 거두고 있었다. 세종 6년의 자료를 보면, "각 품 科田稅는 水田 5결당 粳米 10말"(『세종실록』 권26, 세종 6년 12월 을사)"이라는 내용을 보아 당시 내는 전세는 白米가 아닌 粳米였다. 이와 같은 사례는 관원들이 과전법의 백미라는 표현을 조미와 의미있는 차이를 가진 용어로 해석하지 않았음을 보여준다.

물론 당시 糙米보다는 粳米가 더 도정이 잘 된 것으로 이해되고 있었다. 그러나 그 차이도 크게 인식되지 않았다. 그러므로 태종대 녹봉을 粳米에서 造米로 바꾸는 것에 대하여 관원들은 별다른 반대 의견을 표하지 않았다(『태종실록』 권24, 태종 12년 8월 무인).

③ 그러나 점차 세월이 가면서 고급 도정미인 백미의 사용이 늘어났고, 백미의 가치가 조미와 비교하여 정리되면서 조미와 백미 간에 구분은 분명해져간 것으로 이해된다(『세조실록』 권11, 세조 4년 윤2월 계미).

77) 『고려사』 권78, 식화1, 전제.

78) 강진철은 십일조는 부정하면서도 '租三升'은 인정하는 입장을 취하고 있다(강진철 앞 논문). 그러나 조선에서 전세를 1결당 2두로 정한 상황을 고려하면 이 주장을 수용하기 어렵다.

보의 인식은 그가 신진사대부 개혁론의 원류가 될 수 있었음을 보여준다.

이제현은 책문과 사론에서 공통적으로 고려 초부터 정전제와 십일조를 시행하지 못한 것을 매우 아쉬워하였다. 이제현의 책문은 과거응시자들을 시험하는 문장이었으므로 응시자들이 공감하기 어려운 내용을 기록하기 어려운 것이었고, 그의 사론 역시 역사를 평가하는 글이었으므로 直筆이었을 것으로 보인다. 특히 이제현은 고려사 편찬을 시도하였다는 점에서 볼 때, 고려사에 매우 정통하였을 것으로 보이므로 그의 기록은 매우 신뢰가 간다. 이제현이 정전제과 십일조를 책문과 사론을 통해서 구체적으로 거론하고 있는 것은 신진사대부의 개혁구상이 이규보가 희망을 서술한 수준에서 좀 더 구체화되었음을 보여준다.

백문보가 언급한 십일세는 전조가 아니라 전세에 대한 것이었다. 그의 정치적 행적을 보면, 그 역시 스승인 이제현을 따라 정전제와 십일조를 개혁의 이상으로 삼았을 것으로 짐작된다.

조준은 태조의 행적을 구체적으로 거론하면서 고려에서부터 십일조를 시행하였다고 주장하고 있다. 그러나 그 상소는 개혁을 위해 권문세족과 치열하게 싸우는 상황에서 서술된 것임을 고려해서 한다. 균전론과 십일조의 개혁은 개혁파의 오랜 숙원이었다. 개혁파는 과전법을 시행하기 위해서 과전법이 전시과의 균전의 뜻을 잇는 것임을 강조하였고, 이미 십일조를 고려 태조가 시행한 것임을 강조하는데 주저하지 않은 것으로 짐작된다.

이상에서 볼 때, 고려에서 십일조를 시행하였다는 것을 뒷받침할 만한 자료는 없는 셈이다. 분명한 것은 이규보 이후 신진사대부들은 개혁의 이상을 가지고 십일조를 거론하였다. 그들은 균전제나 정전제를 실현하는 구체적인 모습으로 십일조를 이해하였고, 이를 기회 있을 때마다 표현하고 있었다. 이러한 개혁의 방향에 대하여 충선왕, 공민왕 등 개혁을 주도한 왕들도 공감하여 교서에서 균전과 정전을 언급하고 있었다. 그러므로 십일조는 신진사대부의 개혁 이상이었을 뿐, 고려에서 실현되었다고 볼 수 없다. 따라서 세종은 "고려의 세법이 어떤 것은 3, 4분의 1을 취하고, 어떤 것은 5, 6분의 1을 취하여 그 剝民함이 심하였다."[79]라고 분명하게 언급할 수 있었다.

이상의 검토로 볼 때, 고려 전기나 혹은 후기에서부터 십일조가 시행되었다고 주장하는 견해는 그 근거가 너무 박약하다. 국가의 운영에서 수조율은 가장 근본이 되는 규정이었다. 규정은 명료하고 선명해야 한다. 그러나 고려의 정부는 십일조의 시행을 한 번도 분명하게 명시하지 않았다. 그러므로 연구자들은 십일조의 그림자만을 가지고 십일조와 같은 국가운영의 근본이 되는 제도가 시행되었음을 주장하고 있다.

그러나 고려 관원들은 중요한 규정은 분명하게 명시하였다. 공전에서의 수조율을 이미 성종대에 1/4로 분명하게 명시하였다. 관원들은 수조율뿐아니라 구체적으로 수조량까지 전품에 따라서 자세하게 기록하고 있다. 이는 고려의 관원들이 수조율과 수조량을 분명하게 명시하는 것이 중요하다는 것을 깊이 인식하고 있었음을 보여준다.

맺음말

이상과 같이 과전법의 수조율을 이해하기 위해서 고려후기의 수조율을 검토하여, 이를 조선의 수조율과 비교하여 보았다. 이를 위해 고려에서 논의되는 수조율을 중심으로 1/4수조율, 십일조로 나누어 검토해 보았다. 고려에는 1/2 수조율도 있었으나, 이는 소유권에 입각한 지대로 수조권적 수조제인 과전법과 연관성이 적기 때문에 논하지 않았다.

1. 먼저 1/4 수조율에 대하여 검토해 보았다. 고려에서는 조선에서 보이

---

79) 『세종실록』 권105, 세종 26년 8월 경오.

지 않는 1/4 수조율이 시행되고 있었다. 이는 성종대에 공전조를 논하면서
표현된 것으로 고려에서 1/4 수조율이 시행되었음을 분명하게 보여준다.
그러나 고려에서 1/4수조율을 보여주는 명료한 자료는 이것 하나에 그쳤
으므로 1/4 수조율에 대하여 연구자들의 견해는 나누어졌다. 강진철은 1/4
수조율을 수조권적 수조율로 이해하였으나, 이성무는 이를 소유권적 수조
율로 이해하였다. 이성무는 수조권적 수조율로 십일조를 상정하고 있었으
므로 공전조를 소유권적 수조율로 상정하였다.

　　그러나 『고려사』에는 1/4 수조율을 짐작케 하는 자료가 두 가지 있다.
하나는 군전 관련 자료이고, 하나는 둔전 관련 자료이다. 이제현이 지적한
군전 관련 자료를 유심히 보면, 이제현은 군인이 실제적으로 10%정도의
수조를 하고 있는 상황을 문제로 삼고, 족정과 반정을 받고 있는 군인들에
게 40% 정도의 전지를 더 지급하자고 제안하고 있다. 이는 군인이 받아야
할 적정 수조가 10%가 아니라 20%에 육박하는 것이었음을 보여준다.
20%정도의 수조량은 자연스럽게 공전조 1/4을 연상케 한다. 즉 이 자료는
사전인 군전에서 수조율이 분명하게 십일조가 아님을 보여주었으며, 그
수조량은 1/4에 달하는 것으로 추정케 해주고 있다.

　　다른 하나의 자료는 숙종대의 둔전 자료이다. 둔전에서 보여주는 수조
율이 1/4정도라는 추정은 이미 안병우에 의해서 제시되었다. 그러나 안병
우는 둔전이 국유지임을 주목하면서 이를 소유권적 공전의 수조율로 해석
하였다.

　　그러나 주목할 것은 숙종대 보이는 둔전은 기존의 둔전이 아니고, 신둔
전제였다는 점이다. 이 둔전은 1인당 4負의 전지를 나누어 주고, 1두 정도
의 수조를 거두는 새로운 둔전제도였다. 이러한 새로운 둔전제는 고려말
기에는 물론 조선초기에도 시행된 戶給屯田制였다. 국방의 안위가 문제로
제기되면서 군비의 조달이 필요한 정부에서 고안해낸 방법이었다. 형식은
국가에서 토지를 주고 수조하는 형식을 취하고 있었지만, 국가는 실제로

나누어줄 전지를 가지고 있지 못하였다. 나누어줄 국유지를 가지고 있었다면, 신둔전제를 만들 필요 없이 그 전지에서 나오는 수조를 군비로 사용할 수 있었다. 그러므로 신둔전제는 사실상 군비를 위해서 새로운 조세인 屯田租를 만든 것이었다.

그러므로 둔전조는 조선에서 수조권적 수조율을 적용하여 5負당 1두를 거두고 있었는데, 그 수조량은 4負당 1두를 거두었던 고려의 것과 비슷하였다. 그러나 생산력의 차이로 인해서 조선에서는 십일조에 해당하였고, 고려에서는 1/4의 수조율에 해당하였다. 수조율은 달랐으나, 고려와 조선에서 공히 수조권적 수조율이었던 것으로 보인다.

그러므로 군전과 둔전의 예에서 볼 때, 고려에서 공전조 1/4은 수조권적 수조율이었던 것으로 보인다. 물론 공전의 경우 공전조 1/4로 명확하게 규정하였으나, 사전의 경우는 분명하지 않다. 그러나 사전의 경우도 군전의 예를 비추어 볼 때, 공전에 준하는 수조율을 적용하였을 것으로 추측된다.

2. 연구자들은 고려에서 십일조가 시행되었다고 주장하고 있다. 고려에서 수조율에 대한 통설은 1/4수조율이었으나, 이성무가 고려에서 십일조가 시행되었다는 견해를 제시하여 연구자들의 지지를 받으면서 그 입지를 넓혀가고 있다. 다만, 연구자 간에 이견이 있어, 십일조가 고려 초기부터 시행된 것으로 보는 주장과, 고려 후기에 수조율이 변화하면서 십일조가 등장하였다는 주장이 대립하고 있다. 고려의 수조율을 1/4로 주장하였던 강진철은 고려 후기의 십일조 관련 자료를 인정하면서 고려 전기에는 1/4의 수조율이었으나, 고려 후기에 십일조로 수조율이 바뀐다고 주장하였다.

고려사의 모든 연구자들이 시행시기에 대해서는 이견이 있었지만, 결국 고려에서 십일조가 시행되었음을 인정하고 있다. 이는 십일조가 시행되었다고 언급하는 몇몇의 자료가 고려후기에 보이기 때문이었다. 이규보, 이제현, 백문보, 조준 등의 자료가 그것이다.

그러나 흥미로운 것은 조선의 왕과 관원들은 고려에서 십일조가 시행되었다고 인정하지 않았다. 십일조는 과전법의 시행과 더불어 시작된 것으로 이해하고 있었다. 세종은 분명하게 고려의 수조율을 1/3에서 1/6에 해당하는 것으로 수치까지 거론하면서 고려에서 십일조의 시행을 부정하였다. 이와 같은 세종의 지적은 공법논의를 오랫동안 진행하면서 고려의 전제와 세제를 심도있게 검토한 결과라는 점에서 신뢰가 간다.

그러므로 고려에서 십일조가 시행되었다고 언급한 자료들을 검토해보았다. 이규보의 자료는 당시의 정황을 고려할 때에, 과장된 수사적 문장으로 이해된다. 다만, 이는 단순한 수식은 아니었고 그의 희망을 기록한 것으로 보인다. 그는 균전론과 십일조의 시행을 희망하고 있었는데, 이와 같은 이규보의 인식은 그가 신진사대부 개혁론의 원류가 될 수 있었음을 보여준다.

이제현은 책문과 사론을 통해 고려 초부터 정전제와 십일조를 시행하지 못한 것을 매우 아쉬워하였다. 특히 이제현은 고려사 편찬을 시도하였다는 점에서 볼 때, 고려사에 매우 정통하였을 것으로 보이므로 그의 기록은 매우 신뢰가 간다. 이제현이 정전제과 십일조를 책문과 사론을 통해서 구체적으로 거론하고 있는 것은 신진사대부의 개혁구상이 이규보가 희망을 서술한 수준에서 좀 더 구체화되고 있음을 보여준다.

백문보가 언급한 십일세는 전조가 아니라 전세에 대한 것이었다. 그의 정치적 행적을 보면, 그 역시 스승인 이제현을 따라 정전론과 십일조를 개혁의 이상으로 삼았을 것으로 짐작된다. 그가 전세에서나마 십일세를 언급한 것은 십일조에 대한 인식의 연장선상에서 언급한 것으로 이해된다.

조준은 태조의 행적을 구체적으로 거론하면서 고려에서부터 십일조를 시행하였다고 주장하였으나, 그 상소는 개혁을 위해 권문세족과 치열하게 싸우는 상황에서 서술된 것임을 고려해야 한다. 개혁파는 과전법을 시행하기 위해서 과전법이 전시과의 균전의 뜻을 잇는 것임을 강조하였고, 고려 태조가 이미 십일조를 시행했다는 것을 주장하는데 주저하지 않은 것으로 짐작된다.

이상에서 볼 때, 분명한 것은 이규보 이후 신진사대부들은 개혁의 이상을 가지고 십일조를 거론하였다. 그들은 균전제나 정전제를 실현하는 구체적인 모습으로 십일조를 이해하였고, 이를 기회 있을 때마다 표현하였다. 이러한 개혁의 방향에 대하여 충선왕, 공민왕 등 개혁을 주도한 왕들도 공감하여, 그들의 교서에서 균전과 정전을 언급하고 있었다. 그러므로 십일조는 신진사대부의 개혁 이상이었을 뿐 고려에서 실현되었다고 볼 수 없다.

이상의 검토를 통해서 고려에서는 수조권적 수조율이 1/4이었음을 알수 있었다. 이규보 이후 신진사대부들은 정전제와 균전제를 개혁의 방향으로 생각하였고, 이를 구현하는 것이 십일조라고 이해하였다. 그러므로 세종이 주장한 바와 같이 십일조는 과전법에 의해서 시행된 개혁파의 중요한 성과였다.

물론 이와 같이 수조율을 낮출 수 있었던 것은 고려말이후 늘어난 생산력에 기인한 것이었다.[80] 구체적인 예로 屯田租에서 볼 수 있었듯이 고려의 1/4수조율에 의한 수조량 1斗는 조선의 십일조에 의한 수조량 1斗에 상응한 것이었다.

이와 같이 과전법에서 수조율을 바꾼 것은 조선이 몇 가지 점에서 고려와 다른 국가적 성격을 가지게 하는데 기여하였을 것으로 가정된다.

① 수조율의 감소는 수조권의 실제적인 영향력을 축소시켰고, 결국 수조권적 지배의 강도에 영향을 주었다. 태종대에 이르면 과전국가관리체제가 형성되어 수조권적 지배가 실제적으로 해체되는데, 이러한 수조권적 지배의 약화는 이미 수조율을 낮추는 변화에서부터 시작되었다.

② 수조율의 감소는 농민층의 지위 향상에 도움이 되었다. 고려의 주된 생산자층인 白丁은 낮은 생산성과 높은 수조율로 자립이 쉽지 않았다. 그

---

80) 이태진『한국사회사연구』지식산업사 2008.

러나 고려 말 농업생산력의 향상과 수조율의 감축에 힘입어 백정층은 상
당수가 자립소농으로 그 지위를 높였고, 국가에 의해서 齊一的 지위를 부
여받은 良人이 될 수 있었다.

③ 수조율의 변화는 국가의 운영방식도 영향을 끼쳤다. 고려 정부는 낮
은 생산력 하에서 수조권을 매개로 백정을 향리의 지배하에 두어 비균질
적인 통치체제를 형성할 수밖에 없었다. 그러나 조선은 높은 생산력과 낮
은 수조율 하에 성장한 자립소농을 담지층으로 삼아 일원통치제제를 구축
하였다. 국정의 안정적 운영의 기초가 되는 소농의 재생산 기반을 보장하
기 위하여, 정부는 소민보호와 민본을 이념으로 삼아 공공통치를 지향해
가고 있었다.

그러므로 1/10 수조율로 상징되는 과전법체제와 조선의 국가적 성격은
전시과가 보여주는 고려의 국가적 성격과 상당히 다른 것으로, 이미 중세
적 모습을 벗어나고 있었다(최이돈 「고려 후기 수조율과 과전법」『역사와
현실』 104, 2017).

제7장 조선초기 佃夫의 법적 지위

머리말

그간 과전법에 대한 연구자들의 관심은 매우 높았다. 과전법이 조선의 경제적 성격, 나아가 국가적 성격을 잘 보여주는 제도였기 때문이다. 그간 많은 연구들이 과전법과 수조권적 지배를 연결시키면서 과전법을 전시과와 유사한 제도로 이해하였고, 조선의 중세적 성격을 보여주는 제도로 이해하였다.[1]

그러나 과전법의 규정에는 연구자들이 크게 관심을 가지지 않은, 전시과와는 전혀 다른 규정들이 포함되어 있다. 그 한 예가 '과전경기' 규정이다. 과전경기 규정은 과전을 경기에 한하여 배정하도록 한 규정으로 과전법의 특징을 잘 드러내주는 매우 중요한 규정이었다.[2]

이 규정은 조선정부가 고려와는 다른 통치방식을 목표로 하고 있음을 함축하고 있었다. 즉 조선정부는 고려와 달리 경기를 제외한 대부분의 지역에서 민으로부터 직접 수조하는 공전수조체제를 정비하였고, 이를 바탕으로 민을 직접적으로 관리하는 통치체제를 구축할 수 있었다. 농민도 공전수조체제의 정비로 경제적 처지가 좋아졌고, 국가의 각종 전세 및 국역을 담당하는 지위로 성장하면서, 협의의 양인으로 신분적 지위를 높여갈 수

---

1) 김태영 『조선전기토지제도사연구』 지식산업사 1983.
   이경식 『조선전기 토지제도연구』 일조각 1986.
   김용섭 「토지제도의 사적 추이」 『한국중세농업사연구』 지식산업사 2000.
2) 최이돈 「태종대 과전국가관리체제의 형성」 『조선시대사학보』 76, 2016.

있었다.

물론 공전수조체제의 정비는 경기의 사전 수조에도 영향을 주었다. 결국 태종대에는 과전국가관리체제를 만들면서, 사실상 사전 수조의 부담 역시 공전 수조와 유사한 수준으로 경감되었다.[3] 전주가 전객에게 규정 이상을 수조하는 것이 어려워지면서 수조권적 지배는 이미 태종대에 소멸될 수밖에 없었다. 이러한 변화는 모두 과전경기 규정으로 말미암아 일어났다. 그러므로 과전경기의 규정은 과전법이 본질적으로 전시과와 다른 제도임을 보여주는 중요한 규정이었다.

이와 더불어 크게 주목을 받지 못한 규정이 전객의 보호 규정이다. 과전법에는 전시과와 달리 전객을 보호하는 규정이 명시되어 있다. 전객을 보호하는 규정은 두 가지였다. 하나는 전주가 전객의 토지를 점탈하지 못하도록 한 규정과, 다른 하나가 전주는 전객에게 정한 양 이상을 수조하지 못하도록 한 규정이었다.

이 규정에 의해서 전객이 보호를 받는다면, 전주는 전객의 전지를 점탈하는 것은 물론, 규정으로 정한 이상의 수조도 불가능하였다. 따라서 전주가 전객을 인신적으로 지배하여 경제외적강제를 실현하기도 어려웠다. 이를 근거로 과전법은 처음부터 수조권적 지배를 허용하지 않았다고 주장할 수도 있다.

그러나 그간 이 규정을 진지하게 검토하지 않았다. 오히려 연구자들은 전주가 전객의 전지를 탈취한 사례나, 전조를 과잉 징수한 사례들을 강조하면서 과전법체제 하에서 수조권적 지배가 관철되었다고 주장하였다.[4] 그러나 과전법의 핵심이 되는 규정을 가볍게 본다면, 과전법의 특징은 드러날 수 없다. 과전법은 전시과와 다를 것이 없는 제도로 이해되고, 중세적인 것으로 평가될 수밖에 없다.

---

3) 최이돈 위의 논문.
4) 이경식 위의 책.

과전법에 보이는 전객을 보호하는 규정은 의미가 없었을까? 전객의 보호규정을 가볍게 이해한 것은 전근대 국가의 기능에 대한 선입관에 기인한 것으로 보인다. 즉 국가는 지배신분의 국가였으므로 지배신분이 피지배신분을 보호하는 보호규정을 어겨도 큰 문제가 아니었다는 생각이 그 근저에 있었다.

물론 조선이 지배신분의 국가라는 것은 재론의 여지가 없다.5) 그러나 조금 더 생각해보아야 할 것은 지배신분 전체의 이해관계와 지배신분 개인의 이해관계가 어떻게 작용하는가의 문제이다. 전근대국가에서 법은 지배신분 전체의 합의였다. 지배신분들은 왜 피지배신분을 보호하는 법을 만드는데 합의하였을까? 당연히 이는 피지배층의 성장과 저항에 따른 양보일 수밖에 없었다. 또한 지배층도 일정 정도 이상의 수탈을 법으로 제한하지 않으면, 지배기반을 확보할 수 없고, 지배체제를 흔들어 지배신분의 지위를 보장하기 어렵다고 판단하였다. 즉 고려 말의 혼란을 경험한 조선의 지배신분들은 체제의 안정을 위해서 전객을 보호하는 규정에 합의할 수밖에 없었다.

그러나 지배신분의 집단적 이해관계는 지배신분 개인의 이해관계와 항시 일치되지는 않았다. 지배신분 개인의 관점에서 보면, 피지배신분의 수탈은 언제나, 어느 상황에서나 바람직한 것이었다. 그러나 지배집단의 이해관계를 대변하는 국가는 지배신분 개인의 수탈을 일탈로 규제하였다.

조선에서 지배집단의 이해관계는 왕이나 대신들을 대표하는 의정부의 이름으로 관철되었다. 조선전기를 통해서 왕과 대신 간에는 서로 국가 운영의 주도권을 장악하기 위한 치열한 경쟁이 전개되고 있었기 때문에,6)

---

5) 최이돈 「조선 초기 특권 관품의 정비과정」 『조선시대사학보』 67, 2013.
   최이돈 「조선 초기 관원체계와 과전 운영」 『역사와 현실』 100, 2016.
   최이돈 「조선 초기 提調制의 시행과정」 『규장각』 48, 2016.
   최이돈 「세조대 직전제의 시행과 그 의미」 『진단학보』 126, 2016.
6) 최이돈 「조선 초기 공치론의 형성과 변화」 『국왕 의례 정치』 이태진교수 정년기념논총 태학사 2009.

대신이나 왕족 개인의 일탈이 일단 노출되면 쉽게 넘어가기 어려웠다. 특히 성종대 이후에는 사림 역시 언관권을 바탕으로 국가 운영의 주도권 경쟁에 끼어들면서 노출된 일탈은 더욱 철저하게 규제되었다.[7]

이러한 관점에서 보면, 그간 인용된 전주가 전객의 전지를 침탈하거나 과도하게 수조를 한 사례들은 대부분 국가에 의해서 불법으로 적발되어 처벌을 받으면서 노출된 사례들이었다.[8] 그러므로 이 사례들은 지배신분의 지위를 보여주기 보다는, 오히려 국가가 지배집단 공동의 이해를 위해서 지배신분 개인의 일탈을 지속적으로 규제하였음을 잘 보여준다. 그러므로 그러한 논증을 바탕으로 과전법의 성격을 중세적인 것으로 규정하는 주장은 재고되어야 한다.

따라서 과전법의 성격을 분명히 정리하기 위해서 과전법의 전객 보호규정을 통해서 나타나는 佃客의 지위를 좀 더 객관적으로 검토하는 것이 필요하다. 다만, 한 가지 유념할 것은 전객이라는 용어는 세종 초반에 소멸되었다는 점이다. 태종 세종대를 통해서 전객의 지위가 상승하면서 전객이라는 용어는 소멸되었고 변화한 지위를 반영하여 전지소유자들을 '佃夫'로 칭하였다.[9] 그러므로 본장에서 전객은 물론 佃夫까지 묶어서 그 지위를 검토하고자 한다.

전부의 법적 지위는 고려 말 과전법에 나타난 전객의 보호규정에 언급된 지위를 바탕으로 하였다. 그러므로 과전법의 전객 보호규정을 살펴서 그 의미가 무엇인지 검토해보고, 이러한 규정이 구체적으로 어떻게 적용되고 있었는지 검토하고자 한다.

그러나 전주의 불법을 국가가 적발하고 처벌하기 위해서는 전부의 고소권이 확보되어야 하였다. 즉 전주의 불법을 확인하는 절차가 필요하였다. 불법에 대한 고발은 피해를 입은 당사자인 전부가 할 수밖에 없었다. 과연

7) 최이돈『조선중기 사림정치구조연구』일조각 1994.
8) 이경식 위의 책.
9) 최이돈「조선초기 佃夫制의 형성과정」『진단학보』127, 2016.

전부가 전주의 수탈에 대하여 저항하고 고소할 수 있었는가는 매우 중요한 쟁점이 된다.

조선 정부는 규정을 만들고 이를 관철하기 위해서 불법적으로 손해를 입은 피해자의 고소를 활용하고 있었는데, 이러한 고소권이 전부의 보호규정을 지키는데 구체적으로 어떻게 작용하였는지도 검토하고자 한다. 이러한 고찰을 통해서 과전법의 성격과 조선 초기 국가의 성격이 보다 분명해지기를 기대한다.

1. 田地의 占奪과 佃夫

1) 전지 점탈 금지 규정

佃夫의 지위는 전객 지위의 연장선상에 있었다.[10] 그러므로 전부의 지위는 전객의 법적 지위에서부터 검토의 실마리를 찾아갈 수 있다. 佃客의 법적 지위는 과전법에 다음과 같이 규정되어 있다.

> ① 전객은 그가 경작하고 있는 토지를 別戶의 사람에게 자기 마음대로 판다거나 마음대로 줄 수 없다. 만일 사망하거나 이사하거나 호가 없어진 자나, 남은 땅을 많이 차지하여 고의로 황무지를 만들어 버린 자의 전지를 전주의 뜻을 따라 임의로 처분하는 것을 허용한다.[11]

①의 내용은 전객의 의무조항으로 전주가 전객에 대하여 가지는 지위를 규정하고 있다. 전객은 임의로 자신의 전지를 처분할 수 없었다. 전지의

---

10) 최이돈 「조선초기 佃夫制의 형성과정」『진단학보』 127, 2016.
11) 『고려사』 권78, 식화1, 전제 녹과전.

처분은 전주의 허락을 득하여야 하였다. 또한 전주는 전객의 경작에 관여하고, 경작이 부실한 경우 이를 빌미로 전지를 처분할 수 있는 권리가 있었다. 그러므로 전객의 전지 소유권은 완전하지 않았다. 전주는 전지의 처분 및 관리에 관여할 수 있는 전지에 대한 권리를 가지고 있었다. 전지의 소유권자를 전객이라고 부르는 이유는 여기에 있었다.

그러나 과전법에는 전객을 보호하는 전객의 권리 조항도 명시되어 있었다. 이는 두 가지 조항으로 다음과 같다.

> ② 田主가 佃客이 경작하는 밭을 빼앗으면, 1부에서 5부까지는 笞 20, 5부마다 1등을 더하여 죄가 杖 80에 이른다. (전주의) 職牒은 거두지 않는다. 1결 이상을 빼앗으면 그 田丁을 다른 사람이 갈마들어 받음을 허용한다.
>
> ③ 모든 공전 사전의 租는 논은 1결마다 糙米 30말, 밭은 1결마다 잡곡 30말이다. 이 밖에 함부로 거두는 경우는 贓罪로 논한다.

②과 ③의 내용은 전객을 전주로부터 보호하는 조항으로 전객의 법적 지위를 잘 보여주고 있다. 즉 전주는 전객의 소경전을 탈취할 수 없었고, 규정 이상의 수조를 할 수 없었다. 전주가 전객의 전지를 탈취하거나 과도한 수조를 하는 경우 처벌을 받았다. 과전법 상의 전객의 법적 지위는 ①의 의무와 ②,③의 권리로 규정되어 있었다.

②, ③의 전객의 권리를 그간 적극적으로 검토하지 않았고, 연구자들은 ①의 의무 조항에 근거해서 전주가 전객의 전지를 탈취할 수 있고, 과다한 수조를 실현할 수 있는 신분적 지위에 있다고 보았다. 당연히 이와 같은 전주의 지위를 근거로 조선을 신분적 지위에 근거한 경제외적강제가 시행되는 봉건적 사회로 이해하였다.[12]

이와 같은 주장의 뒤에는 지배신분의 이해관계가 국가의 이해관계와 항

---

12) 이경식 위의 책.

시 일치된다는 가정이 함축되어 있었다. 즉 국가는 지배신분의 국가이므로 지배신분의 이해관계는 국가의 이해관계와 일치된다고 생각한 것이다. 그러므로 피지배신분을 보호하는 규정을 지배신분이 어겨도 국가는 이를 크게 문제삼지 않을 것이라는 가정이 전제되고 있었다.

그러나 이러한 가정이 맞는 것일까? 과연 국가와 지배신분의 이해관계는 항시 일치하였을까? 좀 더 구체적으로 말하면, 과연 지배신분의 집단적 이익과 지배신분 개인의 이익이 항시 일치하는 것일까?

국가의 이해관계와 지배신분 개인의 이해관계가 일치한다고 이해한다면, 조선 정부, 즉 지배집단이 백성을 위해 모색하고, 노력한 결과들을 쉽게 사상해 버리기 쉽다. 그러므로 전객의 권리와 의무를 균형 잡힌 관점에서 설명할 필요가 있다.

과전법에 규정된 전객을 보호하는 규정이 어떠한 의미를 가졌는지는 그 운영상을 조금만 살펴보면 쉽게 파악할 수 있다. 이를 위해서 먼저 전주가 전객의 전지를 탈취하지 못하게 한 규정은 어떠한 의미가 있었는가를 살펴보자. 이를 위해서 과전법에 보이는 전주가 전지를 탈취하지 못하도록 한 규정을 다시 한 번 살펴보자.

> 田主가 佃客이 경작하는 밭을 빼앗으면, 1부에서 5부까지는 笞 20, 5부마다 1등을 더하여 죄가 杖 80에 이른다. (田主의) 職牒은 거두지 않는다. 1결 이상을 빼앗으면 그 田丁을 다른 사람이 갈마들어 받음을 허용한다.[13)]

우선 지적할 수 있는 것은 이 조항이 매우 상세하게 규정되어 있다는 점이다. 전주가 전객의 토지를 탈취하는 경우 1負에서부터 처벌하였고, 그 탈취량에 따라서 형량을 늘려갔다. 5부까지는 태 20대, 추가 5부마다 한 등급을 더하였고, 결과적으로 25부를 탈취하면 중형인 장형에 처하였다.

---

13) 상동조.

장형도 역시 5부마다 형량을 추가하여 장 80대까지 이르도록 하였다.

1결 이상을 탈취한 경우는 그 과전을 빼앗아 다른 관원에게 주었다. 태종대에 이르러 관원이 장형 이상의 죄를 범하면 직첩과 과전을 몰수하도록 규정하였는데,[14] 이에 따라서 과전을 25부 이상 탈취한 전주는 장형을 받게 되면서 직첩과 과전을 환수당하게 되었다.[15]

특히 유념해야 할 것은 전주가 과전을 탈취하는 것은 贓罪의 범주에 해당하는 것이었다. 전주는 관원의 지위에 있었고, 전지의 탈취는 지위에 근거한 것이었으므로 이를 '관리로서 관민의 재물을 착복한 것'[16]으로 해석하였다.[17] 국가에서 장죄에 대해서는 다른 죄에 비해서 더욱 엄격하게 처리하였는데, 장죄의 경우 처벌이 자신에게만 내려지는 것이 아니라 아들과 손자에게도 미쳤다. 장리의 아들과 손자를 청요직에 임명하지 않았고,[18] 장리 아들의 과거 응시도 규제하였다.[19] 이 규정은 『경국대전』에도 명시되었다.[20] 그러므로 정부가 전지를 탈취하는 전주에게 부여하는 형벌은 무거웠다.

그러나 이러한 규제는 개혁파가 과전법을 만들면서 계획한 것에 비하여 많이 약화된 것이다. 조준은 창왕 즉위년 7월 다음과 같이 전지를 탈취한 자를 강하게 처벌할 것을 제안하였다.

주장하는 관원이 땅을 주는데 1결을 더 준 경우나 1결을 더 받은 경우나, 땅을 거두는 데서 1결을 빠뜨린 경우나 땅을 반환할 때에 1결을

---

14) 『태종실록』 권20, 태종 10년 10월 임술; 권26, 태종 13년 11월 무자
    장죄 이상을 범하는 경우 과전을 거두지 않는 경우도 있었으나, 직첩을 거두는 경우에는 과전도 같이 거두었다(『태종실록』 권29, 태종 15년 6월 계유).
15) 『고려사』 권78, 식화1, 전제 녹과전.
16) 『세종실록』 권27, 세종 7년 2월 임인.
17) 과전에서 전조를 과하게 거두는 경우도 장죄에 처하였다.
18) 『세종실록』 권72, 세종 18년 6월 갑자.
19) 『세종실록』 권92, 세종 23년 2월 계미.
20) 『경국대전』 이전 중앙관직.

감추어 둔 경우나, 부자가 관에 고하지 않고 사사로이 서로 주고받은 경우나, 아비가 죽었는데 그 아들이 아비가 받아먹던 토지를 국가에 반환하지 않은 경우나, 남의 땅 1결 이상을 빼앗은 경우나, 공전 1결을 감추어 둔 경우 등, (위반한 자를) 모두 사형에 처한다.[21]

위의 내용은 과전의 운영에서 불법을 행한 자들을 처벌하는 규정을 제안한 것이다. 이 규정에 의하면 전지를 1결 이상 탈취한 자는 사형에 처할 것을 제안하고 있다. 이와 같은 제안은 사전의 폐단에서 오는 심각한 혼란을 체험하면서, 개혁파가 전제의 질서를 바로 잡고야 말겠다는 결의를 보여주고 있다.

그러나 이러한 무거운 형벌은 과전법을 계속 정리해가는 가운데 많이 가다듬어졌다. 개혁파는 『대명률』 등을 참고하면서 『대명률』과 유사한 수준으로 전지 탈취자의 형량을 조정하였다.[22]

일단 전객 전지를 탈취하는 전주를 처벌하는 규정을 법으로 만든 것은 중요한 성과였다. 이를 근거로 국가는 체제의 안정을 위해서, 이를 어기는 개인을 왕과 정부의 이름으로 규제할 수 있었기 때문이었다.

이에 비하여 전시과에는 이와 같은 탈취를 금하는 규정을 두지 못하였다. 고려의 전시과는 경종대에 가서야 시행되었고, 이후 계속 다듬었으나 전객을 보호하는 규정을 두지 못하였다. 과전법에서 이와 같은 전객을 보호하는 규정을 명확하게 명시한 것은 과전법이 성격은 물론 국가의 성격을 잘 보여주는 것이었다.

---

21) 『고려사』 권78, 식화1, 전제 녹과전.
22) 『대명률』 戶律 盜賣田宅條.
   "타인의 전택을 침탈한 자로, 田 一畝, 屋 一間 이하는 태 50, 매 전 5무, 옥 3간마다 일등을 가하고, 杖 80 徒 2년까지 죄를 준다. 관원의 경우는 2등을 가하여 처벌한다."

2) 전지 점탈 규제의 실제

　과전법에는 전주가 전객의 전지를 점탈하지 못하도록 한 보호규정을 두었는데, 과연 이러한 보호 규정이 얼마나 잘 지켜졌을까? 조선 초기를 통해서 전주가 전객의 전지를 빼앗은 사례는 「조선왕조실록」에 거의 나타나지 않는다.23) 조선 초기에 전주가 전객의 전지를 탈취한 사례는 조말생의 사례가 거의 유일하다. 세종 12년 사헌부는 조말생이 전주로서 전객의 전지를 탈취하였다고 다음과 같이 탄핵하였다.

　　한미한 친척인 韓會의 전토를 2년 동안 田租를 바치지 않았다고 말을 만들어 빼앗아 경작하였사옵니다.24)

　조말생은 전객 한회의 전토를 탈취하였다. 이 사건 전후의 과정을 검토해보면, 조말생은 한회로부터 2년간 전조를 내지 않은 이유로 3결 16부에 달하는 전지를 탈취하였다.25) 이를 파악한 대간이 세종 8년 조말생을 탄핵하자 세종은 대간의 요청을 받아들여 탈취물을 몰수하고 조말생을 유배보냈다. 당시 조말생은 병조판서로서26) 세종의 신임을 받는 대신이었으나 형벌을 피하지 못하였다.

　이러한 사례는 전주가 전객의 전지를 탈취할 수 있었음을 보여준다. 특히 조말생이 대신의 지위를 이용하여 탈취한 것이므로 이를 지배신분의

---

23) 조선 초기에 전지를 탈취해서 자신의 것으로 만드는 것은 쉽지 않았다. 전지를 탈취한 후 완전히 자신의 것으로 만들기 위해서는 관가에서 인증을 받는 입안 절차가 필요하였기 때문에 전지의 탈취는 흔적이 남았다(『세종실록』 권92, 세종 23년 3월 정미). 그러므로 전주들이 전지를 탈취하여 탈 없이 완전히 자신의 것으로 만드는 것은 쉽지 않았다.
24) 『세종실록』 권48, 세종 12년 4월 신묘.
25) 『세종실록』 권58, 세종 14년 12월 기해.
26) 『세종실록』 권31, 세종 8년 3월 갑인.

신분적 토지의 탈취로 해석할 수 있다. 사실 과전의 운영제도 상 대신을 제외한 3품 이하의 관원들이 과전을 탈취하는 것은 쉽지 않았다. 즉 3품 이하 관원의 과전은 현직에 있는 경우만 전조를 받는 직전으로 운영되었으므로[27] 구조적으로 전객을 강도 있게 장악하기 어려웠고, 나아가 과전을 탈취하기도 쉽지 않았다. 대신은 과전을 세전하였으므로 상대적으로 강하게 전객을 장악할 수 있었고, 나아가 과전의 탈취도 용이하였을 것으로 짐작된다. 대신인 조말생의 사례가 조선왕조실록에 보이는 것은 그러한 정황과 관련되는 것으로 짐작된다.

그러나 지배신분인 대신도 전객의 전지를 탈취하면 처벌을 받았다. 조말생은 관직을 삭탈 당하고 유배되었다. 당시 사헌부의 관원들은 이 정도의 처벌로 족하다고 생각하지 않았다. 대사헌 권도는 다음과 같이 강하게 조말생을 처벌할 것을 주장하였다.

> 그 죄를 논한다면 형률에도 正條가 있고, 또한 조종의 성헌에도 있는데, 전하께서 모두 이를 따르지 않으시니, 원컨대 형률 조문에 의거하여 絞刑에 처하시든지, 그렇지 못하면 成憲에 의거하여 刺字에 처하소서.[28]

권도는 조말생을 사형에 처하자고 요청하고 있다. 권도나 조말생은 모두 지배신분이었으나, 지배신분 전체의 이해관계를 대변하여 권도는 조말생의 탈취를 개인적 일탈로 규정하고 강한 처벌을 요청하였다. 지배신분의 집단적 이해와 개인 조말생의 이해관계는 상충되었다. 지배신분의 합의인 법률을 위반하여 통치기반을 흔드는 개인에 대해서, 사헌부는 지배신분 전체의 집단적 이익을 관리하기 위해서 처벌을 요청하였다.

타인의 소유를 탈취하는 것은 전근대 사회에서 뿐 아니라 통시대적으로

---

27) 최이돈 「조선 초기 관원체계와 과전 운영」 『역사와 현실』 100, 2016.
28) 『세종실록』 권32, 세종 8년 6월 갑자.

거의 모든 사회에서 나타날 수 있다. 다만 이러한 사태에 어떻게 대응하는
가에 따라서 국가의 성격과 그 시대적 수준을 알 수 있다. 조선 정부는 전
지의 탈취를 금하는 명확하고 구체적인 법적 규정을 가지고 있었고, 실제
로 이를 집행하고 있다. 즉 지배신분 전체의 이해관계를 대변하는 국가는
법을 위반하는 지배신분 개인의 행위를 묵인하지 않았다.

조선왕조실록에는 전주가 전객의 전지를 탈취한 사례는 극히 제한적으
로 나타나고 있어, 사례들을 통해서 그 일반적 성격을 정리하기에 어려움
이 있다. 물론 사례가 많이 노출되지 않는 것 자체도 의미가 있는 것으로
보인다. 즉 국가의 엄격한 처벌로 전주가 전객의 전지를 탈취하는 사례가
적었다고 해석되기 때문이다.

그러나 조금 더 당시 상황을 잘 이해하기 위해서 논의의 범위를 확대해
서 전주와 전객 사이가 아닌, 일반적인 전지의 탈취 사례를 검토해보는 것
은 전주의 전객 전지 탈취를 이해하는데 도움이 될 것이다.

타인의 전지의 탈취하는 경우 그 처벌은 전객의 전지를 탈취하는 것보
다 엄하게 규정되었다. 『태종실록』에 의하면 전택을 侵占하는 경우 '杖 80
대와 徒 2년'[29]의 처벌을 가하고 있었다. 『경국대전』에는 타인의 전택을
據執하는 경우 '杖 100 徒 3년'으로 처벌이 강화되었다.[30]

당시 전지 탈취사례를 검토해보면, 탈취자의 신분은 주로 대신과 왕족
으로 나타난다. 세종 10년 의금부는 동지총제 이군실이 전지를 탈취하였
다고 다음과 같이 밝히고 있다.

> 동지총제 이군실이 오랫동안 강무장을 관장하니 그 위엄을 빙자하
> 여 광주의 船軍 이규의 전지를 빼앗고, 또 금화현의 둔전을 청탁하여
> 얻어 양민을 시켜 경종하였습니다.[31]

---

29) 『태종실록』 권17, 태종 9년 4월 계유.
30) 『경국대전』 형전 사천조.
31) 『세종실록』 권39, 세종 10년 2월 임술.

의금부는 이군실이 선군 이규의 전지를 탈취하였고, 또한 둔전을 차지하고 양민을 시켜서 경영하였음을 밝혔다. 이군실은 2품 대신의 지위를 바탕으로 전지를 탈취한 것으로 보인다. 세종은 죄를 지은 이군실을 파면시키고, 탈취한 전지는 본 주인에게 돌려주었다.

대간들은 이군실의 처벌이 파면만으로는 부족하다고 주장하면서 추가처벌할 것을 요청하였다. 그러나 세종은 '태종조의 공로'를 거론하면서 거절하였다. 이에 대간들은 "元勳大臣일지라도 진실로 탐욕이 많고 포학하여 백성을 침해한다면 공이 그 죄를 가릴 수 없다고 생각합니다."라고 맞섰다. 이군실이 지배신분의 전체적 이해관계와 배치되는 행위를 하였으므로 처벌은 당연하였으나, 그간 지배신분 전체 즉 국가에 끼친 공을 고려하면서 그 형량을 결정하였다. 대간들은 그간의 공로와 별도로 범죄의 경중에 따라서 처벌해야함을 주장하였으나, 세종은 이군실의 공을 감안하여 파면에 그쳤다.[32]

대신이 전지를 탈취한 사례를 하나 더 살피면 성종 8년 조득림의 사례를 들 수 있다. 사헌부는 경기 관찰사 이덕량을 추국할 것을 다음과 같이 요청하였는데, 그 배경을 사관은 다음과 같이 기록하고 있다.

> 이 앞서 수원 선군 김계남이, 파산군 조득림이 자기의 전지를 빼앗아 차지하였다고 소송하여, 사헌부에서 교지를 받아 경기 관찰사 이덕량으로 하여금 판결하게 하였는데, 4개월이 넘도록 이덕량이 판결한 바가 없었으므로, 사헌부에서 이덕량을 추국하기를 계청하였다.[33]

이 내용에 의하면 파산군 조득림이 선군 김계남의 전지를 탈취하였다. 선군 김계남은 전지를 탈취한 조득림을 고소하였으나, 경기 관찰사 이덕량은 판결을 미루었다. 이에 사헌부는 조득림을 비호한 이덕량을 추고할

---

32) 『세종실록』 권39, 세종 10년 2월 을축.
33) 『성종실록』 권77, 성종 8년 윤2월 기미.

것을 요청하였다. 성종은 사헌부의 탄핵에 의해서 이덕량을 감사직에서 파면하였다.[34] 새로 감사에 임명된 박중선은 바로 재판을 거행하였고, 그 결과에 따라서 정부는 조득림을 파직시켰다.[35] 이와 같은 사례는 대신이며 세조대 공신인 조득림도 전지를 탈취하면 처벌을 받았음을 잘 보여준다. 당연히 조득림을 비호하던 경기 관찰사 이덕량도 파직을 당하였다.

전지의 탈취에 대신뿐만 아니라 왕실의 종친들도 참여하였다. 이는 세종 8년 세종이 충청도 감사에게 명한 다음의 내용을 통해서 확인할 수 있다.

> 도내 충주의 청룡, 금생, 용두, 엄정, 억정, 향림 등 사찰의 田地가 다른 사람들에게 부당하게 빼앗겼는데도, 수령이 금하지 않을 뿐만 아니라 비록 고소한 사람이 있더라도 시일을 지체하여 판결하지 않으며, 간혹 사정을 알면서도 지휘한 사람도 있다. 윗 항목의 것을 빼앗아 차지한 사람의 관직 성명과 사정을 알면서도 지휘한 사람과 시일을 지체하여 판결하지 않은 수령을 추핵하여 아리라.[36]

세종은 사찰 전지의 탈취 사건을 조사하라고 명하고 있다. 세종이 이러한 명령을 내린 이유에 대하여 史官은 "임금이 효령 대군의 가신과 노자들이 부당하게 빼앗아 폐단을 만든다는 말을 들은 까닭으로 이러한 명령이 있었다."고 왕족이 전지 탈취에 관여하고 있음을 밝히고 있다.

이러한 세종의 명이 있자, 전지 수탈자에 대한 재판은 진행되었고, 재판의 결과에 따라서 사헌부에서는 다음과 같이 이들의 처벌을 요청하였다.

---

34) 상동조.
   이덕량은 성종 7년 12월 24일에 경기 관찰사에 임명되었다(『성종실록』 권74, 성종 7년 12월 계사). 조득림 사건의 판결 지연을 이유로 성종 8년 윤2월 22일에 파직되었고, 바로 그날 박중선이 경기 관찰사로 임명되었다.
35) 『성종실록』 권79, 성종 8년 4월 병오.
36) 『세종실록』 권32, 세종 8년 5월 병오.

효령 대군의 가신 김이와 종 석이는 충주의 청룡, 엄정, 억정 등 절 소속의 전지 도합 15여 결을 위의 절에 사는 중들이 아내를 가졌다고 허물을 돌리어 점탈하였습니다. (중략) 판충주목사 김사청과 판관 김후생은 권세에 아부해서 김이 등의 행위를 금하지 않았을 뿐만 아니라 어물어물 감싸서 결급해 주었고, 원통함을 호소하는 중들을 도리어 잡아 가두어 침포한 기세를 길러 주었사오니, 율에 의해서 首犯 김사청은 장 80에 처하고 從犯 김후생은 장 70에 처하소서.37)

사헌부는 전지를 침탈한 효령대군의 가신과 가노들을 처벌할 것과 나아가 이를 묵인한 충주목사와 판관까지 처벌할 것을 요청하였다. 세종은 이를 수용하여 탈취자들을 처벌하였고, 이를 묵인한 목사와 판관을 파직하였다.

그러나 이 사건의 중심에는 효령 대군이 있었다. 김이 등은 대군의 위세를 업고 전지를 탈취하였다. 그러나 왕실의 위엄을 고려하여 효령대군의 처벌까지는 진행되지 않았다. 효령대군이 처벌되지 않았으나, 이러한 사례는 왕실의 위세를 힘입어도 전지를 탈취하면 처벌을 면치 못함을 잘 보여주었다.

왕실의 종친이 전지의 탈취에 관여하여 처벌을 받은 사례를 하나만 더 들어보자. 성종 1년 대간은 이준의 잘못을 다음과 같이 거론하고 있다.

세조께서 준을 당연히 주살해야 될 것임을 알지 못하는 바가 아니지마는, 특별히 우애의 천정이 지극하여 임영대군의 마음을 상할까 염려해서 준을 내버려두고 문죄하지 않았습니다. (중략) 준은 또 조그만 공로가 있는 것을 믿고서 스스로 근신하지 않고 傔從으로 하여금 백성의 전지를 약탈까지 하였고, 때로는 도리 아닌 말까지 하였습니다.38)

---

37) 『세종실록』 권34, 세종 8년 10월 계해.
38) 『성종실록』 권2, 성종 1년 1월 병신.

대간은 귀성군 이준의 가신과 종들이 전지를 약탈하였다고 지적하고 있다. 당시 이준은 정치적인 견제로 이미 유배 중이었다. 그러므로 이 내용에도 정치적인 공격이 포함되었을 것으로 짐작된다. 그러나 당시의 정황상 허위로 종친을 모함하기는 어려웠을 것으로 보인다. 그러므로 이와 같은 동향은 종친이라도 전지를 탈취한 경우에는 문제가 되고 탄핵될 수 있었음을 잘 보여준다.[39)]

물론 왕족이나 대신 등 지배신분이 아닌 경우도 전지의 탈취는 가능하였다. 타인의 재산을 탈취하는 일은 신분에 관계없이 상시적으로 일어날 수 있었다. 태종 1년의 김종남의 사례는 이를 보여준다. 동북면 도순문사인 김주승은 다음과 같이 김종남이 타인의 전지를 탈취하였다고 보고하였다.

> 진명포에 付處한 전 소감 김종남은 왕지를 따르지 않고 마음대로 출입하며, 이 농사 때를 당하여 함부로 남의 전지를 빼앗으므로, 수령이 법을 받들어 금지하였으나 도리어 꾸짖고 욕하였습니다.[40)]

이 내용에 의하면 소감의 지위를 상실한 김종남이 유배된 상황에서 남의 전지를 빼앗았고, 이를 적발한 수령을 오히려 욕하고 있다. 김종남은 이미 소감의 지위를 상실한 유배된 죄인의 몸이었으나 전지를 탈취하였다.

타인의 전지 침탈은 신분과 관계없이 얼마든지 일어날 수 있었다. 물론 이러한 침탈에 대하여 김종남의 경우에서처럼 정부는 적절히 대응하고 있었다. 조선왕조실록에는 지배신분이 아닌 자가 전지를 침탈한 사례는 극히 제한적으로 언급되고 있다. 이러한 이유는 대신이 아닌 자들의 전지 침탈이 적었기 때문이 아니라, 지배신분이 아닌 일상적인 침탈의 경우 법에

---

39) 전지 탈취에 대한 처벌 내용이 구체적으로 드러나지 않는다. 이준은 이미 유배되어 있었고, 반역의 죄로 몰려, 주살을 논의하는 상황이었으므로, 전지의 탈취에 대한 처벌은 적은 일로 처리되었다.

40) 『태종실록』 권15, 태종 8년 4월 기해.

따라서 정상적으로 처리되었고, 대신의 처벌은 '계문치좌'의 규정에 의해서[41] 왕의 재판이 필요하였으므로 조정에서 논의의 대상이 되었기 때문이었다.

이와 같은 일반 전지 탈취의 사례들은 전주가 전객의 전지를 탈취하는 동향을 짐작케 한다. 당연히 전주의 전객 전지 탈취는 대신이나 왕실 종친 등 지배신분에 의해서 나타날 수 있었다. 국가는 전지의 탈취가 구체적으로 확인된 경우 그 책임을 물었다.

이상에서 볼 때, 과전법에서 전주가 전객의 전지 탈취하지 못하도록 한 규정은 잘 지켜지고 있었다. 전주가 전객의 전지를 탈취할 수 있었다. 그러나 국가의 성격을 이해하기 위해서 더 주목해야 할 것은 국가가 전지를 탈취한 지배신분에 대해 대응한 방식이다. 조선 초기에 전지를 탈취한 지배신분을 거의 예외 없이 처벌하였다.

당시 권력구조의 속성을 보아도 왕실 종친이나 대신이 전객의 전지를 탈취하는 경우 노출되면 처벌되는 것이 당연하였다. 즉 당시 왕과 대신은 서로 주도권을 장악하기 위하여 노력하였고,[42] 각각 왕권과 재상권을 강화하기 위해서 맞서고 있었다.[43] 그러한 상황에서 대신이나 왕족의 개인적 일탈이 노출되는 경우 왕이나 재상 어느 편에서도 쉽게 넘어가기 어려웠다. 더욱이 성종대부터는 사림이 정치세력으로 등장하여 언론권을 바탕으로 주도권 경쟁에 참여하면서 왕족이나 대신의 일탈에 대한 규제는 더욱 강해졌다.[44]

이상의 검토를 통해서 국가는 체제를 유지하기 위해 만들어 놓은 법을 준수하려고 지속적으로 노력하고 있었음을 확인하였다. 즉 조선의 지배신

---

41) 최이돈 「조선 초기 특권 관품의 정비과정」『조선시대사학보』 67, 2013.
42) 최이돈 「조선 초기 공치론의 형성과 변화」『국왕 의례 정치』 이태진교수 정년기념논총 태학사 2009.
43) 최이돈 『조선중기 사림정치구조연구』 일조각 1994.
44) 최이돈 앞의 책.

분들은 자신들이 합의한 법의 질서 내에서 통치하고자 노력하였고, 법을 넘어선 사적 지배는 배제하고자 하였다. 이것이 조선 초기의 지배신분이 지향하였던 공공통치의[45) 실제였고, 조선의 국가적 성격이었다.

2. 過剩 收租와 佃夫

1) 과잉 수조 금지 규정

과전법에서 전객의 지위를 보여주는 다른 한 가지는 전주가 전객의 과잉 수조를 금하는 규정이다. 이를 다시 한 번 자세히 살펴보자.

모든 공전 사전의 租는 논은 1결마다 糙米 30말, 밭은 1결마다 잡곡 30말이다. 이 밖에 함부로 거두는 경우는 贓罪로 논한다.[46)

이는 공전과 사전에서 수조의 양을 규정하고 있다. 논에서는 1결당 조미 30두, 밭에서는 잡곡 30두로 정하였다. 이를 넘어가는 징수는 장죄로 규정하였다. 그 형량이 구체적이지는 않지만 장죄로 규정한 것은 무거운 처벌이었다. 이미 언급한 바와 같이 장죄는 그 처벌이 아들과 손자에게까지 미쳤다.

이 내용 역시 창왕 즉위년에 조준이 제안한 것을 다듬은 것이었다. 조준이 처음 제안한 것은 다음의 내용과 같다.

收租奴가 관청의 수조 지시에 관한 공문서를 받지 않았거나 관청에

---

45) 최이돈 「조선 초기 공공통치론의 전개」 『진단학보』 125, 2015.
46) 『고려사』 권78, 식화1, 전제 녹과전.

서 제정한 斗量에 맞는 斗를 쓰지 않은 자는 장형 100대에 처한다. 도
조 받는 종이 한 말 이상 더 받은 자는 장형 80대에 처하며 토지를 받
은 자가 자기 종이 田租를 초과하여 받아들인 것을 알고서도 관청에
보고하지 않을 때에는 그를 장형 70대에 처한다.[47]

이 내용을 보면, 수조를 관리하는 주체가 수조노인 것이 흥미롭다. 수조
노는 수조의 공문을 지참하고, 관청에서 지정한 두량의 말로 수조해야 하
였다. 이를 어기면 장형 100대에 처하였다. 1말 이상의 과다한 수조에 대
하여 장형 80대에 처하도록 하였다. 재미있는 것은 전주는 수조노가 과다
한 수조를 한 것을 아는 경우에 관청에 보고하도록 하고 있다. 수조의 행
위에 대한 책임은 모두 수조노에게 있고, 전주는 단지 '보고'의 책임만을
부과하고 있다. 물론 이를 보고하지 않으면 장형 70대에 처하고 있다.

이와 같은 내용은 앞에서 살핀 전주가 전객의 전지를 탈취한 경우에 대
응하는 방식과 전혀 다르다. 전지 탈취의 경우에 창왕 즉위년의 논의에는
사형을 제안하였고, 이후 완화되면서도 구체적으로 5負 단위로 세밀하게
그 형량을 정하였다. 그러나 과잉 수조에 대해서는 처음의 제안에서부터
전주가 아니라 수조노에게 책임을 지도록 하였고, 과전법에도 세세한 내
용 없이 두루뭉술하게 臟罪로 정리하였다.

이와 같은 내용은 당시 개혁파가 가지고 있었던 내적 갈등을 함축하여
보여준다. 개혁파는 창왕 즉위년에 개혁안을 제안할 때에 전시과의 회복
을 그 목표로 하였다.[48] 그러므로 전지의 탈취에 대해서는 단호하게 대응
하였으나, 전시과의 전통을 따라서 수조권적 지배를 용인한다는 의식을
가지고 있었던 것으로 추측된다. 그러므로 과잉 수조의 책임을 전주가 아
닌 수조노에게 지우고 있었다.

이후 창왕 원년에 수조권적 지배를 제한하기 위해서 '科田京畿' 규정을

---

47) 상동조.
48) 최이돈 「태종대 과전국가관리체제의 형성」 『조선시대사학보』 76, 2016.

추가하여 수조권을 경기에 한정해서 제한 배정하는 것으로 결정하였다.[49] 그러나 경기에 부여한 수조권에 여전히 수조권적 지배를 허용해야 할지에 대해서는 명료하게 정리하지 못한 것으로 짐작된다. 그렇기 때문에 과잉 수조에 대해서 세세한 규정을 만들지 못한 것으로 보인다.

그러나 이 정도에 그친 위의 규정만으로도 매우 소중한 성과였다. 이로써 사전에서 1결당 30두로 수조의 양이 분명하게 정해졌다. 이와 같이 명료하게 사전에서의 수조량을 규정한 것은 전시과체제에서는 찾을 수 없는 것이다.[50]

고려 말의 이제현, 백문보, 조준 등 신진사대부는 1/10수조라는 이상론을 가지고, 고려 말 수조의 실태를 비판할 수 있었고[51] 이를 과전법에 담을 수 있었다. 그러므로 과전법에서 공전뿐 아니라 사전의 수조량을 분명하게 명시하고, 이를 어기는 경우 처벌하는 규정을 만든 것은 개혁파의 이상을 실현한 것이었다.

1결당 30두라는 규정을 조금 더 음미한다면, 이는 전지에서 거두어갈 수 있는 수조량의 상한선을 규정한 것이었다. 공전이나 사전의 수조는 해마다의 작황을 감안하는 답험손실이 진행되었고, 이에 따라서 실제적인 수조량은 변화가 있을 수밖에 없었다. 답험은 실제적으로 작황에 따른 손실분을 인정해서 감액을 정하는 것이었으므로, 답험에 의한 감액에 관계없이 이 규정에 따라서 과전법 체제 하에서 수조량은 1결당 최대 30두를 넘어갈 수 없었다.

즉 답험으로 수조의 감액이 없다면, 전객은 작황에 관계없이 1결당 30두를 내어야 하였다. 1결당 30두는 세종대 공법 논의에서 처음에 세종이 답험을 없애고 정액제로 1결당 10두의 수조법을 제안하였던 것을 고려한다면 적은 양은 아니었다. 그러나 고려 말의 극도의 과잉 수조를 경험한

---

49) 최이돈 위의 논문.
50) 전시과의 수조율에 대한 논의는 이경식이 잘 정리하고 있다(『고려전기의 전시과』 서울대학교출판문화원 2007, 94쪽).
51) 『고려사』 권78, 식화1, 전제 녹과전.

상황에서 개혁파가 1결당 30두의 수조 상한선을 법으로 명시한 것은 분명한 개혁이었다.

이 규정에서 특히 중요한 것은 공전과 사전에서 공히 같은 수조량을 명시하고 있다는 점이다. 이 규정으로 말미암아 사전 수조의 양을 여타 공전 수조의 양과 같이 비교하여 논의할 수 있었다. 즉 사전에서의 전주의 자의성은 공전과 비교되면서 보다 명백하게 드러날 수 있었다. 이는 이후 사전에서 과잉 수조에 대한 논의가 공전 수조와 비교되면서 진행된 것을 보면 분명하게 드러난다.[52]

또한 1결당 30두의 수조를 어긴 경우 '贓罪'라는 가볍지 않은 처벌을 분명하게 명시한 것도 의미가 있다. 국가가 공공통치를 기본 이념으로 정비하면서[53] 특히 관원의 사적인 지배는 가장 중요한 규제의 대상이었다. 관원의 사적 지배는 결국 경제적 침탈로 연결되는 것이었으므로, 국가는 이를 장죄로 규정하고 특별히 관리하였다. 그러므로 과도한 수조를 장죄로 규정한 것은 매우 의미있는 조치였다.

물론 1결당 30두로 수조를 결정한 것은 창왕 즉위년 조준이 제안한 것에 비하여 과한 것이었다. 창왕 즉위년에 조준은 "공전이나 사전을 막론하고 전조는 1결에 米 20두로 함으로써 백성들의 생활을 유족케 할 것입니다."[54]라고 결당 20두를 제안하였다. 그러나 과전법에서는 1결당 30두로 인상되었다. 이와 같은 인상은 개혁파가 이를 보완하는 답험손실 규정을 고려하였기 때문이었다.

개혁파는 과전법을 만들면서 거의 동시에 답험손실 규정을 정비하였다. 과전법의 답험손실의 규정은 다음과 같다.

都評議使司가 損實을 十分을 비율로 삼아 정하기를 청하였다. 손실

---

52) 최이돈 「태종대 과전국가관리체제의 형성」 『조선시대사학보』 76, 2016.
53) 최이돈 「조선 초기 공공통치론의 전개」 『진단학보』 125, 2015.
54) 『고려사』 권78, 식화1, 전제 녹과전.

이 1분이면 1분의 조를 감하고, 차례로 준하여 감하되 손실이 8분에 이르면 그 조를 전부 면제한다. 답험은 그 관의 수령이 심사 검사 판단하여 감사에 보고하고 감사는 위관을 보내 다시 심사한다. 감사의 首領官이 또 살펴서 답험이 사실이 아닌 경우에는 죄를 준다. 各品科田의 損實은 그 전주로 하여금 스스로 심사해서 조를 거두게 한다.[55]

개혁파는 처음에 결당 20두의 정액제를 구상하고 있었으나, 작황을 고려해야 한다는 생각을 추가하면서 결당 30두의 상한선을 정하고, 작황에 따른 손실을 인정하는 것으로 정책을 전환하였다. 즉 그 해의 작황에 따라서 피해를 입은 비율에 비례해서 수조를 감해주는 규정을 만든 것이다. 비율에 따라 수조액을 감하고, 80%의 손실을 입으면 조를 면해주었다.

그러나 남는 문제는 답험의 주체였다. 답험의 주체를 공전에서는 수령, 사전에서는 전주로 규정하였다. 전주는 사전의 수조에서 답험을 수행할 수 있는 권한을 부여받고 있었다. 전주가 수조권을 통해서 위임받은 권한은 결당 30두라는 상한선 내에서 수조량을 결정하는 것이었고, 이는 물론 답험을 통해서 관철될 수 있었다. 그러므로 법적으로 전주에게 주어진 수조권적 지배의 실체는 이정도의 범위 안에 있었다. 따라서 과전법의 규정을 인정한다면, 과전법체제 하에서 나타날 수 있는 과잉 수조의 문제는 이미 30두라는 상한선이 정해져 있었으므로, 전주에게 위임된 답험의 범위 내에서의 문제였다.

그러므로 과전법은 이와 같은 수조의 상한규정을 가지지 못하였을 뿐만 아니라 이를 위반하는 경우에 대한 처벌 규정도 가지지 못한 전시과와는 질적으로 다른 제도였다.

---

55) 『고려사』 권78, 식화1, 전제 답험손실.

2) 과잉 수조 규제의 실제

과연 이러한 과잉 수조를 금하는 규정이 잘 지켜졌는가? 전주가 과잉 수조를 하고 있다는 언급은 조선왕조실록에 상당한 빈도로 나타난다. 이를 검토하여서 과잉 수조에 대한 규정이 어떻게 지켜졌는지 살펴보자. 유념할 것은 전주의 과잉 수조의 문제는 두 가지의 관점에서 섬세하게 살펴야 한다는 점이다. 즉 그 하나는 이미 법으로 정해진 1결당 30두를 넘어선 불법적인 수조이었는가? 다른 하나는 전주가 답험을 적절하게 시행하지 않아서 나타나는 과잉 수조였는가?[56] 과잉 수조는 이 두 가지 모든 경우에 가능하였다.

과전법이 시행되고 태조대에 이르기까지 과전법에 대한 불만은 제기되지 않았다. 오히려 당시의 관원들은 과전법의 시행에 대하여 매우 만족스러워하고 있었다.[57] 특히 공전수조 지역의 백성들의 지위는 수조권적 지배에서 벗어나게 되면서 높아지고 있었다. 그러한 동향을 보여주는 것은 태종 6년의 사헌부의 다음과 같은 지적이다.

> 해마다 손실을 답험할 때, 각 고을의 수령이 대체를 돌아보지 아니하고 오로지 백성을 기쁘게 하기를 꾀하여, 給損이 과다해서 공가에 들어오는 것이 해마다 줄어듭니다.[58]

수령이 손실 답험을 허술하게 하고 있다는 지적이다. 조선이 건국되면서 공전수조는 수령이 거두어야 하는 체제로 전환하여, 수령의 손실 답험은 필수적이었다. 그러므로 손실답험의 규정을 다듬었고[59] 태종대에는 이

---

56) 이하의 서술은 최이돈 「태종대 과전국가관리체제의 형성」 『조선시대사학보』 76, 2016 참조.
57) 『태조실록』 권8, 태조 4년 11월 무자.
58) 『태종실록』 권12, 태종 6년 12월 병술.

를 대폭 정비하였다. 태종은 그 5년에 사헌부의 제안에 따라서 답험의 방식을 분수 답험에서 손실에 따라서 '損'을 주는 '隨損給損'방식으로 정비하였다.[60]

이러한 규정에 따라서 답험은 운영되었으나, 위의 언급에 의하면 수령은 '給損'을 과다하게 책정하여 공전수조에서 백성이 유리하게 답험을 운영하고 있었다. 이러한 수령의 태도는 '백성을 기쁘게 하기를 꾀하여'라고 표현한 것에서 그 원인을 찾을 수 있다. 국초의 수령은 아직도 그 지위도 확고하지 못하였고, 토호나 향리가 지방에서 영향력을 행사하고 있던 상황에서[61] 그들과 갈등을 일으키지 않고 임기를 마치기 위해서 급손을 후하게 주고 있었다. 이와 같은 상황은 공전수조의 지역에서 농민은 이전과 달리 수조권적 지배에서 벗어나 경제적 지위를 높일 수 있었음을 보여준다. 공전 지역의 백성들은 그러한 지위의 변화를 바탕으로 국가 운영의 부담을 책임지는 담지층으로 성장할 수 있었다.

공전수조 지역에서 백성들의 사정이 호전되고 있는 상황은 경기 사전수조 지역의 전객을 자극하였다. 전객들은 공전 수조 지역에서 일어나고 있는 변화를 의식하면서 자신들이 공전수조 지역보다 부당하게 높은 부담을 지고 있다는 것을 문제삼기 시작했다. 즉 태종 9년 경기 백성들은 자신들의 부담이 타 지역보다 과중하다는 이유로 과전을 타 지역으로 이전해 줄 것을 요청하였다. 이 제안은 다음과 같은 封事를 통해서 제기되었다.

> 경기의 백성들이 사복시의 馬草와 사재시의 薪으로 인해 곤한데다가, 무릇 과전을 받은 자는 거두는 것이 한정이 없으니 빌건대, 과전을 옮기어 경기 밖에 주소서.[62]

---

59) 『태조실록』 권2, 태조 1년 9월 임인.
60) 『태종실록』 권10, 태종 5년 9월 기유.
61) 최이돈 「조선 초기 향리의 지위와 신분」 『진단학보』 110, 2010.
62) 『태종실록』 권18, 태종 9년 7월 기축.

경기 백성은 자신들의 부담을 타 지역과 비교하면서 과전의 이전을 주장하고 있다. 이 내용에 의하면 경기의 백성은 타 지역에 비하여 사복시의 마초 등을 더 부담하고 있었다. 더 큰 부담은 수조의 부담이었다. '거두는 것이 한정이 없으니'라는 표현은 사전수조의 부담이 컸음을 보여주고 있다.

이 내용을 통해서 전주가 전객에게 과다한 수조를 하고 있는 것을 알 수 있다. 그러나 과다한 수조의 내용은 무엇이었는지 분명하지 않다. 규정된 1결당 30두 이상을 거두는 것이었는지, 1결당 30두는 넘지 않았으나 전주 답험의 감액이 적절히 시행되지 않아서 공전에 비해 과다하게 수조하는 것이었는지 분명치 않다.

그러나 이미 30두 이상을 거두는 것을 처벌하는 조항은 마련되어 있다는 점을 감안하면 과다 수조의 내용이 조금 선명해진다. 즉 1결당 30두 이상의 과다한 수조가 문제라면 이에 대한 처벌을 요청하면 되었다. 과전의 이급까지 주장할 필요는 없었다. 그러나 경기 백성들은 경기의 과잉 수조의 문제는 과전을 이급을 하지 않으면 해결되지 않는 것으로 이해하고 있었다. 그러므로 경기 백성이 주장하는 과잉 수조는 답험에서 비롯된 것으로 추측된다. 즉 경기 백성들은 전주의 답험에 기인한 과중한 부담을 문제 삼은 것이었다.

이러한 상황이 제시되자 태종은 이에 대한 대책을 의정부에 논의하도록 명하였다. 그러나 의정부의 대책은 다음과 같이 시원치 않았다.

> 田法은 國初에 정한 것이므로 갑자기 고칠 수 없으니, 조를 거두는 사람으로 하여금 양식을 싸가지고 가게 하고, 佃客으로 하여금 공급하지 말게 하소서.[63]

의정부는 경기백성이 다른 지역에 비하여 차대를 받고 있다는 것은 인

---

63) 상동조.

정하였으나, 조를 거두는 과정에서 나타나는 부담을 개선하는 것에 그치고 있다. 전주 답험에 기인한 과잉 수조의 문제가 단순히 조를 거두는 과정에서 나타나는 부담을 줄이는 것으로 해결될 수는 없었다.

주목되는 것은 의정부가 1결당 30두를 넘어서는 경우에 처벌한다는 규정을 거론하지 않고, 이 정도 해결책만을 제시한 것이다. 이는 경기 백성의 과잉 수조의 문제가 전주 답험에 기인하였기 때문이었다.

의정부는 경기 백성의 부담이 크다는 것은 분명이 인지하였으나, 답험의 범위 내에서의 과다한 수조는 이미 과전법 상에 과전을 경기에 배치하는 '과전경기'의 규정을 만들면서 예상할 수 있었던 문제였다. 그러므로 답험의 범위 내에 있는 과잉 수조를 해결하는 것은 전주의 답험권을 손보아야 하는 문제였다.

쉽게 좋은 해결 방안을 찾지 못했으나, 이와 같은 문제의 제기로 전주의 답험을 개선하는 것은 조정의 과제가 되었다. 이와 같은 상황 속에서 과잉 수조를 해결하는 논의에 새로운 전기를 마련한 것은 태종 15년 참찬 유관이었다. 그는 다음과 같이 과잉 수조를 제한하기 위한 방안으로 관답험을 제안하였다.

> 경기에 있는 각 品의 科田은, 소재지 官司로 하여금 踏驗하게 한 뒤에 조세를 거두소서.[64]

이 내용은 유관이 육조를 통해서 의정부에 올린 진언이었다. 조정에서는 과잉 수조의 문제를 해결하기 위해서 지속적으로 논의하였고, 유관은 이를 해결하기 위한 방안으로 관답험을 제안한 것으로 보인다.

유관의 이와 같은 제안은 매우 의미있는 것이었다. 이는 과잉 수조의 초점이 전주의 답험에 있음을 분명하게 보여준다. 저자는 앞의 논의에서 과

---

64) 『태종실록』 권29, 태종 15년 6월 경인.

잉 수조의 문제를 답험의 범주 안의 문제이며, 수조량이 30두를 넘어서는 문제는 아니었다고 추측하였지만, 이는 정황적 증거를 통해서 추정한 것에 그치는 것이었다. 그러나 유관의 이와 같은 지적은 당시 과잉 수조의 핵심이 답험의 문제였음을 명료하게 보여준다. 의정부는 이러한 유관의 요청을 수용하여 "소재지 官司에서 손실답험을 하고, 답험 첩자를 만들어 주게 하소서."라고 관답험을 요청하였다.[65]

그러나 관답험에 대한 전주들의 반대는 거셌고, 이에 관답험이 결정된 2개월 후 이 문제를 다시 논의하였다.[66] 일부의 관원들은 그간의 과잉 수조의 실상을 언급하면서 관답험의 강행을 요청하였으나, 관답험의 시행으로 수조량이 줄 것을 예상한 전주의 반발이 거셌으므로, 호조에서는 일단 관답험의 시행을 보류하고 다음과 같이 과잉 수조를 막기 위한 다른 개선 안을 제안하였다.

> 租를 거둘 즈음에 전주의 使者가 명백하게 답험하고, 조를 바칠 때에 전객으로 하여금 스스로 헤아리게 하고, 스스로 평미레질하게 하고, 그 중에 불공평하게 답험하여 과중하게 조를 거두고 잡물을 횡렴하는 자는 수령이 고찰하라.(중략) 예전 습관을 그대로 따라서 전주를 두려워하여 관가에 고하지 않는 자는 전객도 아울러 논하게 하소서.[67]

이에 의하면 관답험을 포기하고, 두 가지 개선안을 제안하고 있다. 첫째, 조를 바칠 때, 전객이 스스로 그 수를 헤아리고, 평미레질도 직접 하도록 하고 있다. 과잉 수조는 수조량을 계량하는 과정에서도 일어나고 있었음을 알 수 있다. 둘째, 불공평한 답험으로 인한 과중한 수조와 잡물의 횡렴한 전주를 전객이 고소하게 하였다. 즉 '불공평한 답험'이 고소의 대상으

---

65) 상동조.
66) 『태종실록』 권30, 태종 15년 8월 갑술.
67) 상동조.

로 규정되고 있다. 이미 1결 당 30두를 넘어서는 수조는 과전법의 규정에 의해서 고소할 수 있었으나, 답험은 전주에게 위임되어 있었다. 그러나 이는 불공평한 답험이 고소의 대상으로 규정되고 있다. 이러한 결정은 분명하게 당시의 과다 수조 문제의 초점이 전주 답험의 공정성에 있었음을 보여준다.

관답험의 시행은 보류되고 있었으나, 사전의 과잉 수조 문제의 쟁점이 전주 답험의 문제로 정리되면서, 조정의 관심은 전주의 답험을 규제하는 방안으로 모아지고 있었다. 조정에 이러한 분위기가 형성되면서 관답험은 태종 17년 과전의 하삼도 이급을 결정한 직 후에 다음과 같은 태종의 명에 의해서 결정된다.

> 외방 科田의 수조하는 법을 세웠다. 두 議政에게 명하여 각 품 科田의 損失에 따라 수조하는 일을 의논하게 하다. (중략) 전교하기를, "의논한 대로 시행하고 또 각 고을의 손실의 수에 따라 租를 거두라."하였다.[68]

외방으로 이급한 과전의 수조법을 논의하면서, 이급한 과전의 수조를 고을의 손실에 따라서 정하도록, 즉 관답험에 의해서 결정하도록 명하였다. 즉 외방의 과전에서부터 관답험이 시행되고 있다. 외방 과전의 관답험은 경기 과전의 관답험으로 이어졌다.

관답험의 시행으로 당연하게 전주의 수조량이 줄어들 수밖에 없었다.[69] 그러므로 관답험이 시행된 이후에도 전주들의 반발은 지속되었다. 한 예로 세종 1년 변계량은 "흉년이 들면 사전도 아울러 심사하고, 풍년이 들면 밭 임자에게 맡겨서 스스로 심사할 것을 허가하소서."[70]라고 관답험과 전주답험을 병행해서 시행할 것을 제안하였다. 그러나 관원들을 이를 반대

---

68) 『태종실록』 권34, 태종 17년 10월 을사.
69) 『태종실록』 권34, 태종 17년 11월 병자.
70) 『세종실록』 권4, 세종 1년 7월 신유.

하였다. 그 중 조말생은 다음과 같이 반대하였다.

> 만약 흉년에 아울러 심사하고 풍년에는 전주가 스스로 심사하는 것
> 을 허락하면, 이것은 흉년에는 납세를 정확하게 하고, 풍년에는 마음대
> 로 걷게 하는 것이라, 실로 中正한 방법이 아니니, 행할 수 없습니다.[71]

조말생은 전주 답험을 허락하는 것은 '마음대로 걷게 하는 것'이라고 전
주 답험을 분명하게 반대하였다. 관원들의 생각이 이러하였으므로 세종도
역시 이 문제를 다음과 같이 분명하게 정리하였다.

> 공전과 사전은 다 國田이다. 손실답험이 다른 것은 마땅치 않다. (중
> 략) 만세를 두고 변치 않는 법을 만들려고 한다면, 경차관으로 답험하
> 게 하는 것보다 더 좋은 것은 없다. 법을 세우고 제도를 정하는 것은
> 오랫동안 전하는 것을 필요로 하는 것이니 풍년과 흉년에 따라 다르게
> 하겠는가?[72]

세종은 공전과 사전을 모두 '國田'이라고 보았다. 그러므로 국전에서는
손실답험도 같아야 한다고 주장하였다. 이와 같은 세종의 해석으로 사전
에서 관답험의 시행을 확정하였다.

관답험이 시행되면서 수조의 기준이 분명하게 정리되었다. 사전에서의
과잉 수조의 문제는 1결당 30두의 상한선 규정과 관답험의 규정을 만들면
서 큰 흐름이 정리되었다. 물론 과잉 수조의 문제는 이후에도 지속적으로
거론되었다. 그러나 이미 관답험이 시행되어 수조량이 분명하게 산출된
이후에 제기되는 과잉 수조의 문제는 이와 같은 규정을 정비하기 이전과
는 내용과 질을 달리할 수밖에 없었다.

---

71) 상동조.
72) 『세종실록』 권5, 세종 1년 9월 신유.

이후의 수조에 관한 논의는 새로운 단계로 전환된다. 즉 사전에서의 적정 수조의 문제에서 공전과 사전을 포괄하는 국가의 적정 수조의 문제로 전환된다. 세종 재위 기간 내내 논쟁의 대상이 된 공법의 논의가 그것이다. 공법 논의는 사전의 과잉 수조 논의의 연장선상에서 국가의 적정 수조를 검토하는 것이었다.

물론 이 단계에서는 공전과 사전을 나누어 논의하지 않았다. 이는 이미 국가의 관점에서 공전과 사전 간의 수조량은 동등한 것으로 보았기 때문이었다. 즉 정부는 사전에서 과잉 수조는 이미 해결된 문제로 인식하였다.

3. 佃夫의 田主告訴權의 실제

佃夫의 법적 지위를 살펴보았다. 전부는 법으로 전주의 전지 침탈과 전주의 과잉 수조로부터 보호를 받고 있었다. 국가는 국가의 안정적 운영을 위해서 지배신분 개인의 침탈이나 수탈을 불법으로 규정하고 제재를 가하고 있었다.

국가가 전주의 불법을 적발하고 처벌하기 위해서 전부에게 전주고소권을 부여하였다. 전주의 불법에 대한 고발은 피해를 입은 당사자인 전부가 할 수밖에 없었다. 과연 전부가 전주의 수탈에 대하여 저항하고 고소할 수 있었는가는 매우 중요한 쟁점이 된다.

조선에서의 재판제도는 잘 정비되어 있었다. 백성들은 일단 수령에게 재판을 받을 수 있었다. 백성들은 수령의 재판에 불만이 있으면, 상위 재판정에 항소할 수 있었다. 백성은 상위의 재판정인 감사, 나아가 사헌부에 재심을 받을 수 있었다. 이러한 절차를 거친 후 여전히 불만이 있으면, 신문고, 상언, 격쟁 등 왕의 재판을 받는 공식 비공식의 절차도 있었다.

물론 유교 가족주의적 이념에서 자녀가 가장을 고소하거나, 노비가 주인을 고소하는 것, 나아가 부민이 수령을 고소하는 것에는 제한이 있었다. 그러나 그러한 경우에도 신체나 재산상의 피해를 입은 것은 여전히 고소할 수 있었다. 노비의 경우 주인이 신체상 재산상 피해를 입은 것을 고소할 수 있었고,[73] 부민은 수령에게 신체상 재산상 피해를 입은 것을 고소할 수 있었다.[74] 서양 중세의 농노는 오직 영주의 재판만 받을 수 있었고, 영주가 최종 재판권을 가지면서 경제외적강제가 가능했다는 점을 고려한다면, 조선의 재판제도는 중세적 수준을 넘어선 것이었다.

전부는 전주를 고소할 수 있었을까? 먼저 전부들은 전주의 전지의 점탈에 대하여 고소할 수 있었는지 살펴보자. 앞에서 살핀 바와 같이 전주가 전부의 전지를 점탈한 사례는 세종 12년 조말생이 전객 한회의 전지를 탈취한 사건이 거의 유일하다. 이 내용을 보면, 조말생이 한회의 전지를 탈취한 것은 밝히고 있으나, 이러한 비리가 한회의 고소에 의해서 밝혀진 것인지는 분명하지 않다.[75]

그러므로 전주 전객의 관계에 있지 않는, 다른 사람의 전지를 탈취한 사례들을 통해서 간접적으로 상황을 살필 수밖에 없다. 전주 전객의 관계에 있지 않은 경우 전지를 탈취한 사례는 앞에서 살핀 것과 같이 상당수 있으

---

73) 최이돈 「조선 초기 천인천민론의 전개」 『조선시대사학보』 57, 2011.
　　만약에 본주가 자식이 있는 자의 재산을 침탈한다면 노비라도 자손이 狀訴하는 것을 허락하소서(『세조실록』 권11, 세조 4년 1월 기축).

74) 최이돈 「조선 초기 수령고소 관행의 형성과정」 『한국사연구』 82, 1993.
　　"부민의 고소란 곧 수령이 범한 과오를 보복하려고 고하는 것을 이르는 것이요, 자기의 억울한 사정을 호소하는 것을 이르는 것이 아니다. 만약 억울하게 그 부모를 욕보이거나, 직첩을 뺏거나, 함부로 요역에 보내거나, 백성들의 토지를 침해 강탈하는 등의 일은 비록 다시 다른 법을 세우지 않더라도 자연 행할 수 있을 것이라." (중략) 앞서 이를 논의하는 사람들이 말하기를, "贓吏 이외의 것도 역시 고소를 허용하면 풍속이 몹시 박해질 것이요, 고소하지 않으면 억울한 정을 펴지 못할 것이라." 하여, 드디어 河演의 논의를 좇아 자기의 억울한 일도 고소하여 伸救할 수 있도록 허용하라(『세종실록』 권51, 세종 13년 3월 병자).

75) 『세종실록』 권48, 세종 12년 4월 신묘.

며, 고소자가 분명하게 밝혀진 사례들도 보인다.

그 대표적인 것이 성종 8년 조득림의 사례를 들 수 있다. 사헌부는 경기 관찰사 이덕량을 추국할 것을 다음과 같이 요청하였는데, 그 배경을 사관 은 다음과 같이 기록하고 있다.

> 이 앞서 수원 선군 김계남이, 파산군 조득림이 자기의 전지를 빼앗아 차지하였다고 소송하여, 사헌부에서 교지를 받아 경기 관찰사 이덕량으로 하여금 판결하게 하였는데, 4개월이 넘도록 이덕량이 판결한 바가 없었으므로, 사헌부에서 이덕량을 추국하기를 계청하였다.[76]

이 내용에 의하면 파산군 조득림이 선군 김계남의 전지를 탈취하였고, 선군 김계남은 전지를 탈취한 조득림을 고소하였다. 고소에 따라서 파산군 조득림은 처벌을 받았다.

한 사례만 더 살피자면, 전부들은 대신 뿐 아니라 왕족의 전지 탈취에도 고소할 수 있었다. 이는 세종 8년 사찰의 토지를 점탈한 효령대군의 가신들을 처벌한 사례를 통해서 확인할 수 있다. 사헌부에서는 다음과 같이 이 사건의 고소자가 중들이었음을 밝히고 있다.

> 효령 대군의 가신 김이와 종 석이는 충주의 청룡, 엄정, 억정 등 절 소속의 전지 도합 15여 결을 위의 절에 사는 중들이 아내를 가졌다고 허물을 돌리어 점탈하였다. (중략) 판충주목사 김사청과 판관 김후생은 권세에 아부해서 김이 등의 행위를 금하지 않았을 뿐만 아니라 어물어물 감싸서 결급해 주었고, 원통함을 호소하는 중들을 도리어 잡아 가두어 침포한 기세를 길러 주었사오니, 율에 의해서 首犯 사청은 장 80에 처하고 從犯 후생은 장 70에 처하소서.[77]

---

76) 『성종실록』 권77, 성종 8년 윤2월 기미.
77) 『세종실록』 권34, 세종 8년 10월 계해.

효령대군의 가신과 가노들이 사찰의 전토를 탈취하자 중들은 이를 고소하여 결국 전토를 탈취한 효령대군의 가신과 가노들을 처벌할 수 있었다. 효령대군의 위세를 업은 전지의 탈취에 대해서도 피해자는 고소하여 이를 바로 잡을 수 있었다.

위의 조득림의 사례나 효령대군의 사례는 전지를 침탈당하는 경우 피지배신분인 선군이나 승려 등 피해자가 고소의 주체로 나서고 있음을 보여준다. 이와 같이 피지배신분은 가해자인 지배신분을 고소하는 지위를 확보해 가고 있었다. 이러한 상황을 고려한다면, 전주가 佃夫의 전지를 침탈한 경우에도 佃夫는 고소로 대응하였다고 짐작된다.

전지 탈취에 대한 피지배신분의 고소가 일상적이었다고 이해한다면, 앞에서 살핀 세종 12년 조말생이 전객 한회의 전지를 탈취한 사건도 다시 해석해볼 수 있다. 즉 기록에는 한회가 고소하였다는 언급은 없지만, 고소가 일상적이었다는 점을 고려한다면, 한회는 단순히 피해자일 뿐 아니라 이 사실의 고소자였을 것으로 짐작된다. 즉 한회의 고소로 조말생의 비리가 드러난 것으로 이해할 수 있다.[78] 따라서 佃夫는 전주를 고소할 수 있었고, 고소에 따라서 전지를 탈취한 전주는 처벌되었다고 볼 수 있다.[79]

---

78) 『세종실록』 권48, 세종 12년 4월 신묘.
79) 조선왕조실록에 고소자가 분명하게 드러나는 사례는 적다. 피해자가 고소하는 것이 일상적인 것이 되면서, 대부분의 경우에 피해자의 이름만을 명시하고 고소자를 분명하게 기록하지 않은 결과이다. 전지의 침탈을 당하면 피해자가 고소자로 나서는 것이 당연하였으므로, 조선왕조실록에 피해자가 고소자인 것을 일일이 밝힐 필요가 없었다.
위에서 검토한 조득림과 효령대군의 사건에 고소자가 명시된 것은 특별한 사례였기 때문이었다. 위의 두 사례는 하위 재판과정에서 수령과 감사 등의 부정이 드러나면서, 고소자가 적법한 절차를 거쳐서 고소하였는지를 분명히 명시할 필요가 있었다. 즉 고소자가 하위 재판에 불복하여 사헌부에 항소를 하는 경우, 피해자가 상위 재판기관에 재판을 요청하기 위해서는 하급 재판 기관의 재판을 받은 절차가 필요하였다. 즉 하급기관에 고소하는 절차를 지키지 않고, 상위 재판기관에 직접 고소하는 것은 '越訴'로 처벌을 받았다. 그러므로 이러한 절차를 확인하는 과

佃夫는 전지의 탈취뿐 아니라 과잉 수조를 한 전주를 고소할 수 있었다. 앞에서 언급한 바와 같이 전객은 일단 과전법에서 근거하여 '1결당 30두'를 넘는 경우에 고소할 수 있었다. 또한 태종 15년 이후에는 1결당 30두 이내에서 '불공평한 답험'으로 수조한 경우에도 전주를 고소할 수 있었다.

이와 같이 과잉 수조에 대한 고소권은 확보되었으나, 전객이 구체적으로 전주를 고소하였을까? 과잉 수조에 대한 고소 사례는 조선왕조실록에 많지 않다. 태종 12년에 각림사의 수조가 과다하다고 전객들이 전주를 고소한 사례가 아래와 같이 보인다.

> 원주 각림사 주지 석휴가 와서 아뢰었다. "頑愚 한 승도들이 신이 서울에 나아갔을 때, 전세를 후하게 거두어서 전객이 관에 고소하였고, 또 요역도 다단합니다."하니 왕이 승정원에 명하여 원주에 馳書하기를, "후하게 거두어들인 일은 핵문하지 말라."명하였다.80)

각림사에서 전객들에게 과다하게 수조하였다. 각림사가 수조권을 가지게 된 것은 태종이 왕위에 오르기 전에 독서하던 곳으로, 태종의 특별한 배려에 의한 것으로 짐작된다.81) 각림사에서는 왕의 비호를 믿고 전객에게 과다하게 수조를 하였다.

이에 전객들이 과다하게 수조한다는 이유로 전주를 원주 목사에게 고소하였다. 고소에 의한 재판이 진행되는 과정에서 각림사 지주인 석휴는 이러한 사정을 태종에게 알렸고, 태종은 목사에게 각림사의 승려들을 처벌을 하지 말 것을 명하였다.

정에서 고소자의 이름이 노출되었다.

그러나 고소가 일상화되어 있는 상황에서, 위와 같이 특별한 문제가 있지 않다면, 조선왕조실록에 구체적으로 고소자를 밝힐 필요는 없었다. 단순히 피해자를 언급하는 것만으로도 이 사건을 피해자가 고소하였음을 함축하였기 때문이다.

80) 『태종실록』 권24, 태종 12년 10월 기사.

81) 상동조.

이 경우 과다한 수조의 구체적인 내용이 무엇이었는지는 분명하지 않다. 그러나 1결당 30두를 넘어가는 과잉 수조는 아닌 듯하다. 이미 태종 9년부터 전주의 답험에 의한 과잉 수조가 문제로 제기되었고, 경기의 백성들이 경기 과전을 이전해 달라는 논의가 제기된 맥락에서 본다면, 이때의 문제 제기도 답험 범위 내의 과잉 수조로 이해된다. 그러나 이 시기는 아직 답험 범위 내의 과잉 수조에 대해서는 정부의 입장이 마련되지 않았다. 그러므로 태종도 이를 더 문제삼지 않도록 지시할 수 있었고, 관원들도 더 이상 이에 대한 이의를 제기하지 않았다.

과잉 수조로 고소된 사례를 하나만 더 들면, 세종 10년에는 효령 대군이 과전의 불법 과잉 징수로 고소를 당하였다. 사헌부에서는 다음과 같이 효령대군의 과잉징수를 고발하고 있다.

> 효령 대군 이보의 하인들이 과전에서 수조할 때 쌀과 콩 10여 석을 불법 징수하였습니다. 일이 赦令이 내리기 전에 있었으므로 치죄할 수는 없으나, 청하건대 불법 징수한 쌀과 콩은 배상시켜 각각 본 주인에게 돌려주게 하소서.[82]

사헌부는 효령대군 이보의 하인들이 과전의 수조 시에 '쌀과 콩 10여석을 불법 징수'하였음을 밝히고 있다. 이러한 지적은 피해자가 사헌부에 고소한 것을 조사하여 보고한 것으로, 이 불법은 佃夫가 고소하였다. 또한 이미 태종 15년부터 불공평한 답험에 의한 과잉 수조를 범죄로 규정하였고, 관답험까지 시행하고 있었으므로, 위의 과잉 수조는 답험의 범위 내의 과잉 수조로 이해된다. 그러므로 과잉 수조한 양도 '10여 석'으로 정확하게 제시되었다.

세종은 효령대군의 과잉 수조가 이미 사면령이 내리기 전에 일어난 일이었음을 고려하여 효령대군을 처벌하지는 않고, 불법 징수한 곡물만 보

---

82) 『세종실록』 권40, 세종 윤4월 을유.

상하도록 처리하였다.

　이상에 볼 때, 佃夫는 전주의 전지 침탈과 과잉 수조에 대하여 구체적으로 고소할 수 있었다. 국가는 규정된 전부 보호 규정을 지키기 위해서 전부의 고소를 허용하고, 고소된 경우에 이를 절차를 따라서 처리하였다. 물론 전부들은 대신이나 왕족 등 지배신분의 불법 행위도 고소할 수 있었고, 국가는 고소를 수용하여 지배신분을 처벌하였다.

맺음말

　1. 이상과 같이 佃夫의 법적 지위를 검토해 보았다. 전부의 법적 지위는 과전법에 보이는 전객의 보호규정을 바탕으로 정비되었다. 과전법에는 전객을 보호하는 조항이 명시되어 있었다. 전주는 전객의 소경전을 탈취할 수 없었고, 규정 이상의 수조를 할 수 없었다. 전주가 전지를 탈취하거나 과도한 수조를 하는 경우 처벌을 받았다.

　그러므로 전부의 법적 지위를 살피기 위해서, 먼저 과전법에 나타나는 전객의 보호규정을 살펴서 그 의미가 무엇인지 검토해보고, 이 규정이 구체적으로 어떻게 적용되고 있었는지를 검토하였다. 또한 법적 규정을 적용하기 위해서 피해를 입은 당사자인 전부가 문제를 제기할 수 있는 고소권이 있었는지도 검토하였다.

　2. 과전법에 규정된 전객을 보호하는 규정은 어떠한 의미였을까? 먼저 전주가 전객의 전지를 탈취하지 못하게 한 규정을 자세히 살펴보았다. 과전법에는 전주가 전객의 전지를 탈취하는 것을 금하고, 탈취한 경우의 처벌을 자세히 규정하고 있다. 전지를 1부 탈취하면 태형에 처하였고, 25부 이상을 탈취하면 중형인 장형에 처하였다. 특히 유념해야 될 것은 전주가 과전을 탈취하는 것은 臟罪에 해당하였다.

전주가 전객의 전지를 점탈하지 못하도록 한 보호규정은 실제로 잘 지켜졌을까? 전주가 전객의 전지를 탈취한 사례는 조말생의 사례가 거의 유일하다. 병조판서 조말생은 전객 한회의 전지를 탈취한 것으로 드러나 처벌을 받았다. 조말생은 병조판서로서 세종의 신임을 받는 대신이었으나 형벌을 피하지 못하였다.

전주가 전객의 전지를 빼앗은 사례가 적으므로 조금 더 당시 상황을 잘 이해하기 위해서 전주와 전객 사이가 아닌, 일반적인 전지의 탈취 사례도 검토해 보았다. 당시 전지 탈취사례를 검토해보면, 탈취자의 신분은 주로 대신과 왕족 등 지배신분으로 나타난다. 정부는 전지를 탈취한 자를 대신, 왕족을 막론하고 적법한 절차를 거쳐서 처벌하였다.

조선 초기를 통해서 과전법에서 전주가 전객의 전지를 탈취하지 못하도록 한 규정은 잘 지켜지고 있었다. 조선 초기의 전객은 전주의 전지 침탈로부터 국가의 보호를 받고 있었다.

3. 과전법에서 전객의 지위를 보여주는 다른 한 가지는 전주가 전객의 과잉 수조를 금하는 규정이다. 공전과 사전에서 수조의 양을 1결당 30두로 정하고, 이를 넘어가는 수조는 과잉 수조로 규정하여 처벌하였다.

이와 같이 명료하게 사전에서의 수조량을 규정한 것은 전시과에서는 찾을 수 없다. 고려 말 신진사대부들은 1/10수조라는 이상론을 가지고, 사전 개혁을 추진하고 이 규정을 과전법에 담을 수 있었다. 그러므로 과전법에서 공전뿐 아니라 사전의 수조량을 분명하게 명시하고, 이를 어기는 경우 처벌하는 규정을 만든 것은 개혁파의 이상을 실현한 것이었다.

1결당 30두라는 규정은 전지에서 거두어갈 수 있는 수조량의 상한선을 규정한 것이었다. 공전이나 사전의 수조는 해마다의 작황을 감안하는 손실답험이 진행되었고, 이에 따라서 실제적인 수조량은 변화가 있을 수밖에 없었다. 그러나 답험에 의한 감액에 관계없이 이 규정에 따라서 과전법 체제 하에서 수조량은 1결당 최대 30두를 넘어갈 수 없었다. 고려 말의 극도의 과잉 수조를 경험한 상황에서 개혁파가 1결당 30두의 수조 상한선을 법으로 명시한 것은 분명한 개혁이었다.

이 규정이 특히 중요한 것은 공전과 사전에서 공히 같은 수조량을 명시하고 있다는 점이다. 이 규정으로 말미암아 사전 수조의 양을 여타 공전 수조의 양과 같이 비교하여 논의할 수 있었다. 즉 사전의 수조에서 보이는 전주의 자의성은 공전과 비교되면서 보다 명백하게 드러날 수 있었다. 또한 1결당 30두의 수조를 어긴 경우 '贓罪'라는 가볍지 않은 처벌을 분명하게 명시한 것도 의미가 있었다.

그러나 남는 문제는 손실답험의 주체였다. 답험의 주체를 공전에서는 수령, 사전에서는 전주로 규정하였다. 이에 따라 전주가 수조권을 통해서 위임받은 권한은 결당 30두라는 상한선 내에서 답험을 통해서 수조량을 결정할 수 있는 권한이었다. 그러므로 법적으로 전주에게 주어진 수조권적 지배의 실체는 답험의 범위 안에 있었다.

4. 과연 이러한 과잉 수조를 금하는 규정이 잘 지켜졌는가? 유념할 것은 전주의 과잉 수조의 문제는 두 가지의 관점에서 섬세하게 살펴야 한다는 점이다. 즉 그 하나는 이미 법으로 정해진 1결당 30두를 넘어선 불법적인 수조였는가? 다른 하나는 전주가 답험을 적절하게 시행하지 않아서 나타나는 1결당 30두 이내에서의 과잉 수조였는가? 과잉 수조는 이 두 가지 모든 경우에 가능하였다.

과전법이 시행되고 태조대에 이르기까지 과전법에 대한 불만은 제기되지 않았다. 오히려 당시의 관원들은 과전법의 시행에 대하여 매우 만족스러워하고 있었다. 특히 공전수조 지역의 백성들의 지위는 수조권적 지배에서 벗어나게 되면서 높아지고 있었다. 공전수조의 답험은 수령이 담당하고 있었는데, 수령의 답험은 사전의 답험보다 給損을 후하게 주고 있었다. 이와 같은 상황에서 공전 수조 지역의 백성들은 경제적 지위를 높이면서, 국역을 담당하는 담지층으로 성장할 수 있었다.

공전수조 지역에서 백성들의 사정이 호전되고 있었으나, 사전 수조 지역의 전객들은 수조권적 지배 하에서 사정이 좋지 않았다. 경기의 전객들은 공전 수조 지역에서 일어나고 있는 변화를 의식하면서 자신들이 공전 수조 지역보다 높은 부담을 지는 것을 부당하게 여기고 문제를 삼기 시작했다. 경기 백성은 태종 9년 자신들의 부담을 타 지역과 비교하면서 부담의 원인이 되고 있는 과전을 타 지역으로 이전해 달라고 요청하였다.

경기 백성이 지적하는 과잉 수조의 내용은 무엇이었을까? 이미 30두 이상을 수조하는 것을 처벌하는 조항은 마련되어 있었으므로, 30두 이상의 과다한 수조가 문제라면 이에 대한 처벌을 요청하면 되었다. 과전의 하삼도 이급까지 주장할 필요는 없었다. 그러나 경기 백성들은 경기의 과잉 수조의 문제를 과전 이급을 하지 않으면 해결되지 않는 것으로 이해하고 있었다. 즉 경기 백성들은 전주의 답험에 기인하는 30두 이내에서 부과되는 과다한 수조를 문제 삼은 것이었다. 이와 같은 상황은 이미 이 시기에 이르면, 1결당 30두 이상을 거두는 과잉 수조는 법에 의해서 처리되고 있었음을 의미하였다.

경기 백성들이 문제를 제기하면서 정부는 경기 백성의 부담이 크다는 것은 분명이 인지하였으나, 답험의 범위 내에서의 과다한 수조는 이미 과전법 상에 과전을 경기에 배치하는 '科田京畿'의 규정을 만들면서 예상할 수 있었던 문제였다. 그러므로 답험의 범위 내에 있는 과잉 수조를 해결하는 것은 간단한 문제가 아니었다. 전주 답험의 범위에서 나타나는 과잉 수조를 해결하는 방안을 마련하는 것은 수조권에 대한 새로운 해석과 결단이 필요한 문제였다.

이후 지속적인 논의를 통해서 이 문제는 조금씩 해결되었다. 태종 15년에는 호조의 제안에 따라서 '불공평한 답험'을 범죄로 규정하고, 불공평한 답험을 한 전주를 전객이 고소하도록 하는 '전주고소권'을 만들었다.

더욱이 태종 17년에는 과전을 하삼도에 이급하면서, 지방에서부터 관답험을 시행하였다. 물론 지방의 관답험은 그대로 경기도에도 적용되었다. 관답험의 시행은 전주의 답험에 기인한 과잉 수조의 문제를 해결하는 큰 계기가 되었다.

물론 과잉 수조의 문제는 이후에도 지속적으로 거론되었다. 그러나 이미 관답험이 시행되어 적정 수조량이 분명하게 산출된 이후에 제기되는 과잉 수조의 문제는 이와 같은 규정을 정비하기 이전과는 내용과 질을 달리할 수밖에 없었다.

이후의 수조 방식에 관한 논의는 새로운 단계로 넘어갔다. 적정 수조의 문제가 사전에서 국가수조로 전환되었다. 즉 세종 재위 기간 내내 논쟁의 대상이 된 공법의 논의가 그것이다. 공법 논의는 사전에서 과잉 수조 논의의 연장선상에서 국가의 적정 수조를 검토하는 것이었다. 이는 당시 공권력의 성격과 조선의 국가적 수준을 잘 보여주는 중요한 논의였다.

5. 이상에서 볼 때, 국가는 국정의 안정적 운영을 위해서 지배신분 개인의 침탈이나 수탈을 불법으로 규정하고 전부에게 전주고소권을 부여하였다. 전주고소권이 주어졌지만, 전부는 전주를 실제로 고소할 수 있었을까? 전부가 전주를 고소할 수 없다면, 전부에 대한 법적 보호 규정은 의미를 가지기 어려웠다. 먼저 전부는 전주의 전지의 점탈에 대하여 고소할 수 있었을까? 앞에서 살핀 바와 같이 전주가 전부의 전지를 점탈한 사례는 세종 12년 조말생이 전객 한회의 전지를 탈취한 사건이 거의 유일하였다. 이 내용을 보면, 피해자의 이름은 밝혀지고 있으나, 고소자가 누구인지 밝히지 않고 있다.

그러나 전객의 전지가 아닌, 타인의 전지를 탈취한 경우를 조사해보면, 전지를 탈취당한 피해자는 대신, 왕족 등 신분의 고하를 막론하고 가해자를 고소하였고, 정부는 가해자를 적법한 절차에 의해서 처리하는 것이 일반적이었다.

이러한 상황을 고려할 때, 앞에서 조말생이 한회의 전지를 탈취했다고 피해자만을 거론하고 있지만, 고소자가 한회였음을 짐작할 수 있다. 따라서 전지를 탈취당한 전부는 전주를 고소할 수 있었고, 고소에 따라서 전지를 탈취한 전주는 처벌되었다.

전부는 전지의 탈취뿐 아니라 과잉 수조를 한 전주도 고소할 수 있었다. 앞에서 언급한 바와 같이 일단 과전법에서 근거하여 '1결당 30두'를 넘는 경우에 전객은 전주를 고소할 수 있었다. 또한 태종 15년 이후에는 1결당 30두 이내에서도 '불공평한 답험'으로 과잉 수조를 한 경우에도 전객은 전주를 고소할 수 있었다. 과잉 수조에 대한 고소 사례는 조선왕조실록에 많지 않으나, 그 사례들을 검토해보면 과잉 수조를 한 전주는 법에 의해서 처벌되고 있었다.

6. 이상의 검토를 통해서 볼 때, 국가는 전지의 침탈이나 과잉 수조를 금하는 규정을 만들었을 뿐 아니라 실제로 이를 충실하게 운영하여 전부를 보호하고 있었다. 전부들 역시 자신을 고소의 주체로 성장시켜 자신에게 피해를 가하는 이들에게 신분에 관계없이 저항하고 고소할 수 있는 지위를 확보하고 있었다.

1) 이와 같은 이해는 기존의 연구에서 전주는 전객의 전지를 '마음만 먹으면' 탈취할 수 있었다고 주장하는 견해와 상반된다. 지배신분인 대신들과 왕족들은 전지를 탈취할 수는 있었으나 역시 처벌도 면하지 못하였다. 결국 조선 초기 지배신분들은 전지를 탈취할 수 있는 지위에 있지 못하였다. 전부는 국가의 보호를 받으면서 그 지위를 높여가고 있었다.

2) 이러한 관점은 국가와 국가권력을 기존의 연구와는 다르게 파악하는 방식이다. 조선은 지배신분의 국가였으나, 국가의 안정적 운영을 위해서 지배신분의 합의인 법을 만들고, 법에 근거한 공공통치를 지향하고 있었다. 당연히 법을 어긴 자는 체제의 안정을 위해서 지배신분이어도 처벌을 받을 수밖에 없었다. 특히 당시의 정치권력은 왕과 대신에게 있었는데, 이 양자 간에는 주도권을 장악하기 위해 상호 견제하는 관계에 있었으므로,

대신이나 왕족의 개인적인 불법은 노출되면 처벌을 면하기 어려웠다.

3) 전지를 침탈하거나 전조를 과하게 받은 지배신분에 대한 처벌은 엄하였다. 전지를 침탈하거나 전조를 과하게 받는 경우 '贓罪'로 처벌하였다. 공공통치를 지향하던 정부는 지배신분의 사적지배를 규제하였다. 사적지배는 결국 경제적 침탈로 나타났는데, 정부는 관원의 경제적 침탈에 대해서 특별히 장죄로 규정하고 별도로 관리하였다. 장죄는 본인뿐 아니라 자손에게까지 제약을 주는 무거운 것이었다. 장죄를 받은 죄인의 자손은 과거를 볼 수 없었고, 청요직에 나아갈 수 없었다. 즉 장죄를 범하면 자신은 물론 자손까지 지배신분이 될 수 있는 진출 통로가 혈통적으로 봉쇄되었다.

4) 조선의 정부는 공공통치를 위해서 상하의 다양한 재판의 절차를 마련하였다. 전부는 수령, 감사, 사헌부 등의 최소한 3차례의 재판의 기회가 있었고, 그 외에 신문고, 상언, 격쟁 등 왕의 재판을 받을 수 있는 별도의 기회도 있었다. 전부는 자신의 지위를 지키기 위해서 재판을 적극 이용하였고, 다양한 재판의 기회로 인해서 지배신분의 불법은 쉽게 노출될 수 있었다. 서양 중세의 농노들이 받을 수 있는 재판은 영주의 재판에 한정되었고, 오히려 이를 통해서 경제외적강제가 가능하였던 것과 비교하면, 조선의 재판 제도는 중세의 수준을 벗어난 것이었다.

5) 이와 같은 견해는 과전법을 전시과와 비슷한 것으로 이해하는 견해와도 상반된다. 전시과는 전부를 보호하는 규정은 물론, 사전의 수조량도 명확하게 규정하지 못하였다. 당연히 사전의 수조량은 전주가 결정하였고, 국가가 사전 수조량을 규제하는 것은 불가능하였다. 고려 말의 혼란은 그 연장선상에 있었다. 그러므로 과전법과 전시과는 질적으로 다른 제도였다.

6) 조선 초기 전부는 이미 수조권적 지배, 전주의 사적 지배를 벗어나, 국가의 '공공통치'를 받는 지위에 있었다.[83] 즉 중세적 사적 지배를 벗어난 존재였다. 그러나 조선 초기의 공공통치는 지배신분의 합의에 의해서

---

83) 최이돈 「조선 초기 공공통치론의 전개」 『진단학보』 125, 2015.

만들어진 법의 범주 내에서의 통치였다. 전부들은 아직 법을 만드는 주체로 성장하지 못하였다. 그러므로 전부는 '중세적 지위'는 벗어났으나, 아직 '근대적 지위'는 확보하지 못한 '근세적 지위'에 있었다.

제8장 田主佃夫制의 형성

머리말

그간 과전법에 대한 연구자들의 관심은 매우 높았다. 과전법이 조선의 경제적 성격, 나아가 국가적 성격을 잘 보여주는 제도였기 때문이었다. 그간 많은 연구들이 과전법과 수조권적 지배를 연결시키면서 과전법을 전시과와 유사한 제도로 이해하였고, 조선의 중세적 성격을 보여주는 제도로 주장하였다.[1] 그러므로 그간의 연구에서 佃客의 지위를 매우 취약한 것으로 평가하였다. 수조권적 지배하에 경제외적강제를 당하는 존재로 이해하였다.

저자도 최근 과전법에 관심을 표현하여, 과전법은 전시과와는 성격이 다른 제도였다는 점을 주장하였다. 먼저 과전법을 신분제와 연결시켜서 검토하여, 과전의 성격은 단일하지 않고, 대신의 과전만 신분적 성격을 가진다고 보았다.[2] 또한 직전제는 기왕의 주장과 달리 대신의 과전에 변화를 준 것이었다고 보았다. 이미 과전법은 초기부터 3품 이하의 과전이 직전제로 운영되고 있었으므로, 직전제의 시행으로 영향을 받은 것은 대신의 과전이었고, 직전제는 수신전과 휼양전이 소멸한 정도의 변화였다고 보았다.[3]

1) 이성무 『조선초기 양반연구』 일조각 1980.
   김태영 『조선전기토지제도사연구』 지식산업사 1983.
   이경식 『조선전기 토지제도연구』 일조각 1986.
   김용섭 「토지제도의 사적 추이」 『한국중세농업사연구』 지식산업사 2000.
2) 최이돈 「조선 초기 관원체계와 과전 운영」 『역사와 현실』 100, 2016.

더불어 저자는 태종대 전객의 전주고소권과 관답험 등의 시행으로 '과전
국가관리체제'를 만들면서, 사전에서의 수조량을 공전의 수조량과 맞춰지
게 되어 이후 수조권은 이미 수조권적 지배와는 거리가 있다고 보았다.[4]

결국 저자는 과전법이 이미 만들어질 때부터 전시과와 다른 제도였다고
주장하고 있다. 과전법에서 세록전적 과전은 소수의 고위관원인 대신에게
만 부여되었으나, 수조권의 부여에 기인한 수조권적 지배는 이미 태종대
에 소멸된다고 주장하였다.

이러한 관점에 선다면, 과전법 하 전객의 지위를 기왕의 연구와는 달리
평가할 수 있다고 가정된다. 이미 과전법이 시행되면서 공전수조 지역의
전지 소유자들은 수조권적 지배에서 벗어나 그 지위를 상승시켰고, 태종
대 과전국가관리체제를 정비한 이후 경기 지역의 전지소유자의 지위도 상
승할 수밖에 없었을 것으로 짐작된다. 그러므로 본고는 과전법 시행 이후
전지소유자의 지위 변화를 검토하는 일환으로 納租者의 지위 변화를 호칭
의 변화를 통해 검토하고자 한다.

본고에서 주목하는 것은 과전법 시행이후 납조자의 명칭이 다양하게 나
타나는 현상이다. 과전법에서 납조자를 佃客으로 호칭하였다. 전객이라는
용어는 납조자의 지위를 잘 보여주는 용어로 이를 근거로 연구자들은 수
조권을 둘러싼 관계를 '田主佃客制'로 명명하였다. 그러나 이러한 중요한
용어가 職田制나 官收官給制 등의 제도가 시행도 되기 전인 세종대에 소
멸되었다. 이후 전객을 대신할 용어들이 佃人, 佃戶, 佃夫 등 다양하게 등
장하게 되는데, 이러한 새로운 용어의 등장은 전객 지위의 변화에 따른 적
절한 용어를 찾기 위한 모색으로 판단된다.

이와 같은 변화에 대하여 그간의 연구에서도 관심을 가졌다. 이영훈은
전호제 구명의 관점에서 전객, 전호 등의 용어의 변화를 검토하였다.[5] 그

---

3) 최이돈 「세조대 직전제의 시행과 그 의미」 『진단학보』 126, 2016.
4) 최이돈 「태종대 과전국가관리체제의 형성」 『조선시대사학보』 76, 2016.
5) 이영훈 「조선전호고」 『역사학보』 142, 1994.

러나 이영훈은 전호제가 가지는 의미를 고려에서 조선후기까지 크게 검토
하는 입장이었으므로 조선 전기의 용어의 변화에 대해서 상세하게 고찰하
지 못하였다.[6]

그러므로 본고는 먼저 태조 태종대에 걸쳐서 전객이라는 용어가 어떻게
사용되었는지를 검토하고자 한다. 그리고 태종대부터 나타나는 전객 지위
의 변화를 살피고자 한다. 태종대 전객지위의 변화는 私田에서 나타나는
과잉 수조의 문제에 대한 정부의 대응과정을 통해서 구체화되었는데, 이
를 먼저 살피고자 한다. 또한 전객 지위의 변화에 따른 새로운 호칭으로
佃人, 佃戶 등이 등장하는 과정을 검토하고자 한다. 마지막으로 변화한 전
객의 지위를 대변하는 최종 용어로 佃夫가 결정되고, 전부가 납조자의 지
위를 표현하는 법적 용어로 자리 잡으면서 田主佃夫制가 정비되는 과정을
검토하고자 한다.

이러한 용어 변화의 정리를 통해서 납조자 지위의 변화가 구체적으로
드러나기를 기대하고, 나아가 과전법과 조선 초기 국가의 성격에 대한 이
해가 보다 분명해지기를 기대한다.

1. 태조 태종대 佃客

전객이라는 용어는 과전법이 만들어지면서 처음 나타났다. 납조자의 지
위를 함축한 용어였다. 이에 비하여 수조권자는 전주로 칭하였다. 전주와
전객이 대칭으로 사용된 용례는 『고려사』 식화지에 다음과 같이 보인다.

---

6) 고려 전호의 용례에 대한 연구도 본고의 고찰에 도움이 되었다. (이영훈 「고려전
호고」 『역사학보』 161, 1999; 이경식 「고려시대의 전호농민」 『고려시대 토지제
연구』 2012).

> 田主가 佃客이 경작하는 있는 땅을 5부까지를 빼앗는 자는 태형 20
> 대에 처하고 5부가 많아질 때마다 죄를 한 등급씩 높여서 장형 80대에
> 이르기까지의 처벌을 적용한다.7)

이 내용은 전주가 전객의 전지를 탈취하지 못하도록 한 규정이다. 이 규
정 중 수조권자인 전주와 전지소유자인 전객이 대칭으로 나타나고 있다.
전객이라는 용어는 과전법 이전에는 보이지 않는 용어로 여기에 처음으로
보인다.

조선에 들어서 전객이라는 용어는 태종 3년의 다음과 같은 사간원의 상
소에서 처음 사용되었다.

> 사전은 비록 하도에 있더라도 그 밭의 주인이 각자 임의로 그 잡물
> 을 거두어들이기 때문에, 佃客은 수송하는 폐단이 없고, 田主는 또한
> 무역의 번거로움이 없습니다.8)

이 내용은 조운선이 파선되어, 조운의 문제를 조정에서 논의하면서 사
간원이 언급한 것이다. 여기서 수조권자인 전주와 납조자인 전객이 대칭
적으로 표현되고 있다.

전주와 전객을 대비적으로 사용한 사례를 하나 더 든다면, 태종 15년
과전의 수조법을 논하면서 호조에서 언급한 다음의 예를 들 수 있다.

> 과전, 공신전의 조를 거둘 즈음에 전주의 사자가 명백하게 답험하고,
> 조를 바칠 때에 전객으로 하여금 스스로 헤아리게 하고, 스스로 평미
> 레질하게 하고, 그 중에 불공평하게 답험하여 과중하게 조를 거두고
> 잡물을 횡령하는 자를 수령이 고찰하여 그 사자를 가두고, 전주의 성
> 명을 곧 憲司에 보고하게 하소서.9)

---

7) 『고려사』 권78, 식화1, 전제.
8) 『태종실록』 권5, 태종 3년 6월 임자.

이 내용은 과전에서 나타나는 과도한 수조를 개선하기 위한 방안을 논의하는 과정에서 나타난 것이다. 여기서도 전주와 전객은 수조권자와 납조자를 대칭적으로 표현하고 있다. 이와 같은 용례 역시 과전법이 시행되면서 수조권자와 납조자 간에 전주와 전객의 관계가 형성되었음을 잘 보여준다. 그간 연구에서 이와 같은 내용을 바탕으로 조선 초기에는 수조권을 둘러싸고 전주전객제가 형성되었음을 주장할 수 있었다.10)

그러나 사전수조 지역의 전지소유자가 전객으로 호칭된 것과는 달리 공전수조지역의 전지소유자는 전주로 호칭되고 있었다. 이는 태조 원년 다음과 같은 태조의 명을 통해서 확인할 수 있다.

> 천신산 골짜기에 머물렀는데, 田禾 2畝가 말에게 손해를 입은 것을 보고, 조기에게 명하여 말 주인에게 布를 징수하여 田主에게 주도록 하였다. 이내 명령하기를 "지금부터 만약 말을 놓아서 곡식을 해치게 한 사람이 있으면, 비록 내 자제일지라도 또한 죄를 용서하지 않을 것이다."11)

위의 내용은 태조가 황해도 평주로 이동하는 중에 생긴 일로, 행차 중에 수행군사의 말이 길 옆의 밭을 손상시키자, 왕은 피해를 보상하도록 명하였다. 여기서 보상을 받은 이를 '田主'로 표현하였다. 여기의 田主는 황해도 지역의 사례였으므로, 수조권자가 아니라 전지소유자를 지칭한 것이었다.

과전법에서 수조권의 분배를 경기에 한정하였다. 그러므로 여타 지역의 전지소유자는 수조권적 지배에서 벗어나 고려에서와는 다른 지위를 가질 수 있었다. 그러므로 공전수조 지역의 전지소유자의 지위를 표현하여 田

---

9) 『태종실록』 권30, 태종 15년 8월 갑술.
10) 이성무 『조선초기 양반연구』 일조각 1980.
　　김태영 『조선전기토지제도사연구』 지식산업사 1983.
　　이경식 『조선전기 토지제도연구』 일조각 1986.
11) 『태조실록』 권1, 태조 1년 8월 신미.

主라는 용어를 사용한 것은 당연한 것이었다.

이와 같이 경기 외 지역의 전지소유자를 전주라 칭하는 것은 경기의 전지 소유자를 전객으로 칭하는 것과 대비된다. 즉 경기 지역의 전지소유자들은 수조권적 지배를 벗어나지 못한 것에 비하여 여타 지역의 전지소유자는 수조권적 지배를 벗어나 그 지위를 향상시키고 있었다.

사전 수조지역의 전지소유자를 전객이라고 부르고, 공전 수조지역의 전지소유자를 전주라고 호칭하는 것은 과전법의 다음과 같은 규정에 연유한 것이었다.

> 佃客은 그가 경작하고 있는 토지를 別戶의 사람에게 자기 마음대로 판다거나 마음대로 줄 수 없다. 만일 사망하거나 이사하거나 호가 없어진 자나, 남은 땅을 많이 차지하여 고의로 황무지를 만들어 버린 자의 전지를 田主의 뜻을 따라 임의로 처분하는 것을 허용한다.[12)

전지소유자가 전지를 임의로 매매하거나 기증할 수 없었다. 그러한 경우 전주는 전지를 임의 처분할 수 있었다. 또한 전주는 전객이 전지를 '황무지'로 만드는 경우 즉 경영에도 관여하여 전지를 임의 처분할 수 있었다. 즉 수조권자는 납조자의 전지의 처분을 제한하고, 경영에도 관여할 수 있었다. 이는 전주의 원활한 수조를 위한 규제였으나, 원활한 수조를 넘어선 수조권적 지배를 가능케 하는 법적 권리로 작용하고 있었다. 소유권은 배타적인 소유 및 처분을 그 내용을 하였으나, 전객의 소유권은 온전하지 못하였고, 수조권자의 규제 하에 있었다. 그러므로 이 규정은 수조권자를 전주로 표현할 수 있는 근거가 되었다. 따라서 수조권자와 납조자를 주와 객을 나누어, 전주와 전객으로 표현한 것은 그 실상을 함축하고 있었다.

이에 비하여 공전수조 지역의 전지소유자들은 이와 같은 법적 규제를 벗어나 있었고, 당연히 배타적인 소유권을 가지고 있었으며, 전지의 처분

---

12) 『고려사』 권78, 식화1, 전제 녹과전.

도 자유롭게 하고 있었다. 이는 세종 5년 세종의 다음과 같은 언급을 통해
서 확인할 수 있다.

> 근래 해마다 계속하여 실농하였으므로 인하여 민생이 어려운데, 왕
> 년의 수많은 환자곡을 일시에 다 거둬들인다면 전토와 재산을 다 방매
> 하여 그 살아갈 바를 잃을 것이 우려되니, 왕년의 환상곡을 보상하지
> 못한 자는 각도의 경차관으로 하여금 그 민호의 산업을 상고하여, 참
> 작 재량하여 시행하게 해서 살아갈 바를 잃지 않도록 하라.13)

세종은 실농으로 인한 백성을 위해서 환자곡의 운영을 잘 할 것을 지시
하고 있다. 실농으로 백성들이 '전토와 재산을 방매할까 걱정하고 있다.
이러한 언급으로 볼 때, 경기 이외의 공전수조 지역의 백성들은 전토에 대
한 실제적인 소유권 및 처분권을 가지고 있었다.

그러나 조선 초기에 전객이라는 용어는 경기 전지소유자에게만 국한되
어 사용되지 않았다. 경기 지역의 전지소유자를 포함하여 전국의 전지소
유자를 통칭할 때에 전객으로 불렀다. 이는 태종 6년 태종이 의정부에 내
린 아래의 명을 통해서 확인할 수 있다.

> 각도에서 지난 해 개량한 전토로 만일 적당함을 잃은 곳이 있다면,
> 조세를 거둘 때에 있어, 佃客의 진고를 허용하여 핵실하여 아뢰도록
> 하라.14)

태종은 양전을 시행하면서 이를 잘 진행하기 위해서 양전과정에서 부정
한 행위를 한 관원을 '전객'으로 하여금 고소하도록 명하고 있다. 당시 양
전을 시행한 지역은 '각 도'로 표현한 바와 같이 경기도에 한하지 않았다.

---

13) 『세종실록』 권22, 세종 5년 11월 기해.
14) 『태종실록』 권12, 태종 6년 윤7월 무오.

따라서 여기의 전객은 전주전객제의 전객이 아니었고, 전국의 전지의 소유자까지 지칭한 것이었다. 경기도는 물론 전국의 전지소유자를 전객으로 통칭하였다.

수조권지역이 아닌 전국의 전지소유자를 전객으로 칭한 것은 태종 7년 충청도 도관찰사 김수자의 요청에 답한 다음과 같은 언급을 통해서 거듭 확인할 수 있다.

> 국가에서 이에 佃客으로 하여금 각각 수령에게 투첩하게 하고, 수령은 그 첩을 받아서 그 허실을 상고하게 하고, 인하여 별감을 보내어 재차 심사를 행하게 하여, 과연 중하면 경차관을 추죄하고, 무고이면 투첩한 자를 죄주고, 수령이 사실대로 분간하지 못한 자는 또한 똑같이 죄를 주게 하였다.15)

이 내용은 충청도 도관찰사가 충청도 양전의 진행상황을 보고한 것에 대한 대응책을 거론한 것이다. 여기서도 전국의 전지소유자를 전객으로 통칭하고 있다.

그러므로 이상에서 볼 때, 전주와 전객은 수조권자와 납조자를 지칭하는 대칭적 용어로 사전수조 지역에서 전주전객제가 시행되었음을 잘 보여준다. 이에 비하여 공전 수조지역의 백성들을 전주로 불렀다. 경기 사전수조 지역 백성과 여타 공전수조 지역 백성 간에는 법적, 실제적 지위에서 차이가 있었다. 즉 아직 전국의 전지 소유자들 간에 齊一的 지위가 형성되지 않고 있었다.

그러나 전객이라는 용어가 전지 소유자들을 통칭하면서 이미 전주로 그 지위를 상승시킨 공전수조 지역의 전지소유자들에게도 적용되고 있었다. 물론 공전수조 지역의 백성을 전객으로 호칭하는 것은 적절하지 않았다. 그러므로 공전수조 지역 백성이 지위에 맞는 호칭을 획득하기 위해서 경

---

15) 『태종실록』 권14, 태종 7년 10월 임오.

기 사전수조 지역 백성의 지위가 공전수조 지역의 백성과 같아지기까지
기다려야 하였다.

2. 태종 세종대 佃客의 성장

1) 過剩 收租의 규제

사전 수조지역의 전지소유자들이 전객의 지위에 머물게 되면서 이들은
자신들이 부담하는 田租가 공전수조 지역보다 많다는 것을 인식하게 되었
다. 경기만 부담이 큰 것은 과전법에 '科田京畿' 규정을 만든 것에 원인이
있었다. 고려 말 개혁파는 사전의 문제를 심각하게 인식하고 사전의 문제
를 해결하기 위해서 사전의 배치를 경기에 한정하였다. 즉 경기의 사전수
조 지역과 여타의 공전수조 지역으로 나눈 것이다. 그러므로 공전수조 지
역의 백성은 수조권적 지배를 벗어났으나, 경기의 백성은 수조권적 지배
하에 여전히 남게 되었다.[16]

당연히 경기 사전수조는 공전수조에 비하여 그 부담이 높았다. 이에 비
해 공전수조 지역의 농민들은 공전수조로 바뀌면서 그 부담이 현격히 줄
어 그 지위를 높이고 있었다. 공전수조 지역의 백성들의 부담이 줄고 있음
은 다음의 기록을 통해서 확인할 수 있다. 그러한 동향을 보여주는 것은
태종 6년의 사헌부의 다음과 같은 지적이다.

나라에 3년의 저축이 없으면 그 나라는 나라가 아닙니다. 본조는 토
지가 척박하여 소출이 많지 아니한데, 해마다 손실을 답험할 때, 각 고

---

16) 이하 서술은 최이돈 「태종대 과전국가관리체제의 형성」 『조선시대사학보』 76,
    2016 참조.

을의 수령이 대체를 돌아보지 아니하고 오로지 백성을 기쁘게 하기를
꾀하여, 給損이 과다해서 공가에 들어오는 것이 해마다 줄어듭니다.[17]

공전수조 지역의 답험은 수령에게, 사전수조 지역의 답험은 전주에게
위임되어 있었다. 위의 내용에 의하면 수령이 손실답험에서 급손을 후하
게 주고 있다. 이는 수순급손제 답험이 시행되면서 수령이 부여하는 급손
이 후해졌고, 이와 같은 상황에서 공전수조의 지역에서 농민의 부담이 경
기에 비해서 확연하게 줄어들고 있었다.[18]
　그러므로 경기의 사전수조와 여타지역의 공전수조 간 부담의 차이는 조
정의 문제로 제기되지 않을 수 없었다. 태종 9년 경기 농민의 부담이 과중
하다는 이유로 경기과전을 이전하고자 하는 방안이 제기되었다. 이 제안
은 다음과 같은 관원들의 封事를 통해서 제시되었다.

　　경기의 백성들이 사복시의 馬草와 사재시의 薪으로 인해 곤한데다
　가, 무릇 科田을 받은 자는 거두는 것이 한정이 없으니 빌건대, 과전을
　옮기어 경기 밖에 주소서.[19]

경기 백성의 부담을 이유로 과전의 이전을 주장하고 있다. 경기의 백성
은 여타의 지역의 백성과 그 부담이 달랐다. 가장 중요한 것은 경기의 수
조가 공전수조에 비하여 과하였다는 점이다. '거두는 것이 한정이 없으니'
라는 표현은 사전수조가 공전수조보다 부담이 매우 과하였음을 잘 보여주
었다.
　그러므로 과전을 타 지역으로 옮겨달라고 요청하였다. 이는 '과전경기'
의 규정에 근본적으로 이의를 제기하는 요구였다. 물론 이 문제는 고려에

---

17) 『태종실록』권12, 태종 6년 12월 병술.
18) 최이돈 「조선 초기 향리의 지위와 신분」 『진단학보』 110, 2010.
19) 『태종실록』권18, 태종 9년 7월 기축.

서 시행하던 방식에 따라 경기백성의 신분적 지위를 타 지역과 달리 규정
한다면 해소할 수 있었다. 즉 경기백성에게 공전수조 지역과 다른 지위를
부여한다면 가능하였다. 그러나 정부는 경기의 백성을 여타지역의 백성과
같게 일원적으로 狹義良人으로 보았으므로 그 차대를 해소해 달라는 요청
은 정당한 것이었다.

이를 해소하기 위한 모색이 정부에 의해서 다양하게 진행되었다. 그 중
하나가 태종 15년의 전객에게 전주를 고소할 수 있도록 전주고소권을 부
여한 것이었다. 호조에서는 관원들의 논의를 종합하여 다음과 같이 제안
하였다.

> 조를 바칠 때에 전객으로 하여금 스스로 헤아리게 하고, 스스로 평
> 미레질하게 하고, 그 중에 불공평하게 답험하여 과중하게 조를 거두고
> 잡물을 횡렴하는 자는 수령이 고찰하여 그 사자를 가두고, 전주의 성
> 명을 곧 憲司에 보고하고, 만일 수령이 혹 사정을 끼거나 혹 용렬하여
> 능하지 못한 자는 감사와 경차관이 엄하게 견책과 폄출을 가하여 『육
> 전』에 의하여 논죄하고, 예전 습관을 그대로 따라서 전주를 두려워하
> 여 관가에 고하지 않는 자는 전객도 아울러 논하게 하소서.20)

호조는 전주의 횡렴에 대해서 전객이 전주를 고소할 수 있는 전주고소
권을 부여할 것을 요청하였다. 이러한 제안에 따라 전주고소권이 전객에
게 주어졌다. 이는 과도한 과전수조의 문제를 해결하는데 도움이 되었다.

전주고소권과 더불어 관답험제도 제안되었다. 과전에서의 과잉 수조의
근본적인 원인은 전주의 답험에 있었다. 그러므로 사전수조를 공전수조에
맞추기 위해서는 전주가 행하는 답험에 정부가 관여할 필요가 있었다. 특
히 과다 수조를 제한할 수 있도록 전주고소권까지 마련하였으므로 고소의
활성화를 위해서 과다한 수조의 객관적인 기준을 세우는 것도 필요하였다.

---

20) 상동조.

관답험제는 태종 17년 외방 과전의 수조법을 정비한다는 명분으로 태종의 다음과 같은 명으로 시행되었다.

> 외방 科田의 수조하는 법을 세웠다. 두 議政에게 명하여 각 품 科田의 손실에 따라 수조하는 일을 의논하게 하였다. (중략) 전교하기를, "의논한 대로 시행하고 또 각 고을의 손실의 수에 따라 조를 거두라." 하였다.[21]

과전의 일부를 외방으로 옮기게 되면서 조정에서는 지방 과전의 수조방법을 논의하였다. 그 과정에서 관답험이 제안되었고, 태종은 이를 수용하여 관답험 시행을 명하고 있다. 결국 관답험은 지방 과전에서 먼저 시행되었고, 이어서 경기에서도 시행되었다.[22]

정부는 경기 과전에서의 사전수조와 여타지역에서의 공전수조의 부담을 맞추기 위해 노력하였고, 이에 따라 과전의 운영방식은 태종 말 전객의 전주고소권과 관답험의 시행으로 이전과는 다른 단계에 진입하고 있었다. 이는 이시기에 이르러 이미 과전국가관리체제가 형성되었음을 잘 보여준다. 과전국가관리체제 하에서 전주는 국가의 규제로 인해 규정 이상을 수조하는 것이 어려웠고, 사실상 수조권적 지배도 불가능하게 되었다. 이러한 변화로 전객의 지위는 크게 상승할 수 있었다.

2) 佃人 佃戶

사전수조량과 공전수조량의 차이를 해소하는 방안이 결국 과전국가관리체제로 정리되면서, 전객의 지위가 상승하였고, 전객이라는 호칭에도 변화가 생겼다. 과전법은 직전제, 관수관급제로 그 형태를 바꾸었으나, 수조

---

21) 『태종실록』 권34, 태종 17년 10월 을사.
22) 『태종실록』 권34, 태종 17년 11월 병자.

지의 분급이라는 기본적인 틀은 바뀌지 않았고 조선 전기를 통해서 유지
되었다. 그러나 전객이라는 납조자를 부르는 호칭이 일찍이 소멸되었다.
세종 14년에 세종이 다음과 같이 전객을 언급한 것이 전객의 마지막 용례
였다.

> 公家에서 부득이 짚을 써야 할 곳이라면 사복시의 예에 의하여 나누
> 어 정하여 상납하게 하고, 佃客으로 하여금 납부하지 않게 하면 또한
> 폐단을 덜게 할 수 있을 것이다.[23]

세종은 과전에서 짚을 거두는 문제를 논하는 중에 납조자를 전객으로
언급하고 있다. 세종은 전객의 부담을 경감시키기 위해서, 이전에 과전에
서 10부마다 1속의 짚을 거두던 것을 개선하는 방안을 논의하였다. 그런
데 흥미로운 것은 이 논의에 참여하였던 관원들은 전객이라는 용어의 사
용을 피하고 있었다는 점이다. 논의에 참여한 김종서는 납조자들을 '小
民'[24]이라 표현하였고, 권맹손 역시 '民戶'[25]라는 용어를 사용하였다. 전객
이라는 용어를 사용하고 있지 않았다. 세종만이 전객으로 호칭하고 있을
뿐이었다. 즉 조정의 전반적인 분위기는 이미 전객이라는 용어를 사용하
지 않는 분위기였다. 이 용례를 마지막으로 전객이라는 용어는 이후 사용
되지 않았다. 이는 이미 세종 전반에 전객이라는 용어가 전지 소유자를 지
칭하기에 적절한 용어가 아니라는 것을 조정에서 인식하고 있었음을 보여
준다.

국가 과전관리체제가 형성된 직후부터 관원들은 전객을 대치하기 위한
새로운 용어들을 검토하였다. 가장 처음 대안으로 제기된 용어는 佃人이
라는 용어였다. 태종 16년 좌의정 박은이 다음과 같이 전인이라는 용어를

---

23)『세종실록』권58, 세종 14년 12월 무자.
24) 상동조.
25) 상동조.

사용하였다.

> 대간 형조 三功臣 등이 예궐하여 이방간의 죄를 청하였으나, 듣지
> 않았다. 좌의정 박은이 계하여 청하기를 "懷安君이 받은 전지를 제거
> 하여 佃人으로 하여금 그 집에 출입하지 못하게 하소서."하니, 임금이
> 옳게 여기었다.26)

관원들은 태종에게 이방간에게 죄를 줄 것을 요청하였으나, 태종이 듣
지 않자, 관원을 대표해서 박은은 이방간이 '받은 전지' 즉 과전을 회수하
여 佃人들이 드나들지 못하게 하자고 요청하였다. 전인이라는 용어는 조
선왕조실록에서 이 기록에 처음 나왔는데, 그 의미는 앞뒤의 문맥으로 미
루어 보아, 과전과 연결이 되는 백성, 즉 전객을 지칭하는 것으로 보인다.
전객이라는 용어가 분명히 있음에도 전인이라는 용어를 사용하였다. 이는
이미 용어에 대한 새로운 모색이 시작되었음을 보여준다.

전인의 용례는 세종 10년에 다음 호조의 언급에서 다시 확인 할 수 있다.

> 各道의 田地를 묵은 것이나 개간한 것을 구별할 것 없이 모두 측량해
> 서 地籍簿를 만들게 하소서. (중략) 경차관이 항상 왕래하며 고찰하게
> 하여 옳게 측량하도록 힘써 민생을 편하게 하소서. 그 중에 공정하게 측
> 량하지 않은 자와 鄕吏나 佃人을 지도하지 아니하여, 일부러 탈락되게
> 하여 이익을 도모하는 자가 있으면 『육전』에 의하여 다스리소서.27)

호조에서는 개간하여 경작되는 전지를 확보하기 위한 방안을 제안하고
있다. 개간지 관리를 잘하기 위하여 잘못한 관원을 처벌하는 규정을 만들
고 있다. 여기에 전인이라는 용어를 사용하고 있는데, 여기의 전인은 문맥
상 전지의 탈락으로 이득을 보는 존재로, 전지를 개간한 주체 즉 전지의

---

26) 『태종실록』 권32, 태종 16년 11월 을묘.
27) 『세종실록』 권41, 세종 10년 8월 갑진.

소유자로 보는 것이 자연스럽다.[28] 특히 이 규정이 '각도의 전지'를 대상으로 한 것이었으므로, 경기는 물론 공전수조 지역을 망라하는 것이었다. 이 경우 이전의 용례라면 전객으로 표현해야 하였으나, 여기서는 전인으로 표현하고 있다. 전인이라는 용어가 전객을 대신한 용어로 계속 관심을 받고 있음을 보여준다. 그러나 전인의 용례는 이 사례를 마지막으로 다시 나타나지 않았다. 다른 용어들이 모색되고 있었기 때문이었다.

전객을 대신하여 모색된 다른 용어는 佃戶였다. 세종 1년 7월에 지신사 원숙은 전주와 대칭되는 용어로 전호라는 용어를 사용하였다.

> 이제 한 畝을 건너서 하나는 공전이요, 다른 하나는 사전이라 한다면, 그 조세를 받는 데 있어서 많고 적은 것이 크게 서로 같지 아니하겠으니, 백성들이 원망할 것입니다. 田主가 비록 마음대로 무리하게 거두어들인다 하여도, 佃戶는 머리를 굽혀 가며 청종하기에 겨를이 없으리니, 어찌 감히 스스로 호소하겠습니까.[29]

과잉 수조를 막기 위한 방안으로 관답험을 결정하였으나, 전주들은 이에 저항하였고, 조정에서 이 문제를 다시 논의하였다. 이 자리에서 원숙은 관답험의 지속적인 시행을 주장하면서 위와 같은 주장을 하였다. 위의 내용에서 전호는 전주와 대칭이 되는 용어로 납조자를 지칭하는 용어가 분명한데, 원숙은 전객이라는 용어를 피하고, 전호라는 용어를 사용하였다.

여기서 언급한 전호라는 용어는 조선왕조실록에 처음 출현하는 용어였다. 이 역시 당연하게 사용되던 전객이라는 용어가 기피되고 있고, 관원들이 전객을 대신할 새로운 용어를 찾고 있음을 보여준다.

전호가 전객을 대신하여서 사용된 것을 다음의 세종 6년의 사헌부의 다

---

28) 전인을 경작자로 해석할 소지도 있으나, 경작자가 전지를 탈락시키는 불법을 전주의 의사와 관계없이 주도하였다고 보기는 어렵다.

29) 『세종실록』 권4, 세종 1년 7월 신유.

음의 언급을 통해서 다시 확인할 수 있다.

　　"前司正 윤인이 연전에 미수되었던 科田稅를 이자까지 덧붙여서 지
　　나치게 받아들이고, 佃戶가 그렇게 한다고 말하였다고 도리어 성을 내
　　어 구타하였으니, 장 60대에 해당합니다."하니, 그대로 따랐다.30)

　여기서 윤인은 전호에게 과전세를 받고 있다. 과전세의 의미는 전조를
의미하는 것으로 이해되므로, 여기의 전호는 전객을 의미하였다. 그러므로
세종 초에 이르면 납조자의 지위 변화에 따라서 전객이라는 용어를 피하
면서 적절한 용어를 모색하는 과정에서 전호라는 용어가 사용되고 있음을
보여준다.

　이상으로 볼 때, 납조자의 지위가 변화되면서 지위에 맞는 용어가 모색
되고 있었다. 전객이라는 용어는 사라지고, 전인, 전호 등의 용어가 그 후
보로 등장하고 있었다.

　부언하여 언급할 것은 그간 학계에서는 차경관계를 설명하면서 '地主佃
戶制'라는 명칭을 사용하고 있다는 점이다. 위의 용례가 보여주듯이 조선
전기에 전호라는 명칭은 차경관계를 설명하는 용어가 아니었다. 물론 조
선 후기까지 전호라는 명칭은 차경관계를 설명하는 용어가 아니었다.31)
물론 地主라는 용어도 차경 관계를 설명하는 용어가 아니었다. 조선왕조
실록에 보이는 '지주'는 조선 전기는 물론 후기까지도 수령을 지칭하였
다.32) 그러므로 조선 전기의 차경 관계를 '지주전호제'로 명명한 것은 재

---

30) 『세종실록』 권23, 세종 6년 1월 병술.
31) 조선왕조실록에 나오는 모든 전호의 용례를 보아도 차경관계를 보여주는 용어로
　　전호가 거론된 적이 없다. 『승정원일기』에나, 『대전회통』에도 전호라는 용어는
　　보이지 않는다. 전호는 조선후기까지 차경관계를 설명하는 공식적인 용어가 아니
　　었다.
32) 『세종실록』 권80, 세종 20년 3월 병술.
　　『세조실록』 권20, 세조 6년 4월 정사.

고해야 할 것이다.[33]

3. 세종 성종대 佃夫

관원들이 변화한 납조자의 지위에 상응하는 명칭을 모색하는 과정에서 세종 6년에는 납조자의 지위를 결정하는 매우 중요한 제도적 변화가 있었다. 납조자인 전지소유자가 전지의 처분권을 확보하는 변화였다. 이러한 변화는 세종 6년 경기도 감사의 다음과 같은 요청에 의해서 진행되었다.

> 무릇 田地를 放賣한 사람은 혹 부모의 喪葬이나, 혹 宿債의 상환이나, 혹 집이 가난해서 살아갈 수 없으므로 인하여 모두 어찌할 수 없는 사정인데, 그 값을 모두 관에서 몰수하니 원통하고 억울함이 적지 아니합니다. 또 서울 안에서는 주택을 건축할 基地와 菜田은 방매를 허가하면서 유독 외방에 있는 전지의 매매는 금하는 것은 옳지 못한 일이니, 청컨대 매매를 금하지 말도록 할 것이며, 그 가운데에 국세도 청산하지 않고 관청 수속도 없이 처리된 것만 율에 의하여 시행하소서.[34]

경기 감사는 전지소유자들이 전지를 임의로 팔 수 있도록 하자고 요청하고 있다. 이러한 요청을 정부에서 수용하였다. 다만, '국세'의 청산과 '관청 수속'의 조건으로 정부는 납조자에게 전지를 처분할 수 있는 권리를 부여하였다. 비로소 경기의 전지소유자들도 타도의 전지소유자들과 같이 전

---

33) 이경식이 지적하였듯이(이경식 앞의 책) 수조관계와 차경관계를 나누어 간결하게 설명하기 위해서 학문적 용어를 정의하는 것은 꼭 필요하다. 그러나 연구가 심화되면서 학문적으로 간결한 설명을 위해서 채용한 용어가, 오히려 의미의 혼란을 일으키는 상황이 제기된다면, 보다 새로운 학문적 용어를 찾기 위한 모색은 연구성과를 혼란 없이 보다 간결하게 정리하기 위해서 꼭 필요한 작업으로 이해된다.

34) 『세종실록』 권23, 세종 6년 3월 기해.

지를 배타적으로 소유하고 처분할 수 있는 권리를 확보할 수 있었다. 이와 같은 조치는 과전국가관리체제 형성의 결과로 나타나는 전지소유자의 지위상승을 법으로 확정해준 조치였다. 그러므로 전객이라는 용어의 소멸은 당연하였다.

그간의 연구에서 세종 6년의 조치에 대하여 의미있는 것으로 평가하지 않았다. 오히려 부정적으로 평가하였다. 대표적으로 이경식은 "매매금령의 해제가 바로 전객지위의 향상을 뜻함은 아니었다. 여기에는 별개의 사정이 있었다."[35]고 주장하였다. 또한 "앞으로도 (양반이) 지속적으로 토지집중을 도모하자면, 빈농층 소농층의 토지방매를 허용하는 정책이 필요하였다."[36]고 주장하였다. 토지 매매 허용을 양반을 위한 조치로 이해하고 있다.

이와 같은 이경식의 주장은 과전법의 전지 매매를 규제하는 규정을 전주의 권리가 아니라 전객의 권리로 해석하는 입장에 서있다. 즉 매매를 규제하는 규정을 전주의 침탈로부터 전객을 보호하기 위한 것으로 보는 입장이다. 그러한 입장에서 보면 전지 매매의 허용을 관원들의 전지 침탈을 가능하도록 전객의 보호규정을 푸는 것으로 해석할 수 있다.

그러나 이러한 해석은 과전법 규정의 말미에 "전주의 뜻을 따라 임의로 처분하는 것을 허용한다."라는 단서를 볼 때에 불가능하다. 이 규정은 전적으로 전주의 권리를 위해 전객의 소유권을 제한한 규정이었다. 그러므로 전주는 이규정에 근거해서 수조권과 수조권적 지배를 연결시킬 수 있었다. 이 규정이 없다면 전주가 상급소유권을 가지고 있다고 주장할 수 있는 아무런 법적 근거가 없다.

물론 이러한 규정이 과전법에 명시되어 있다는 것은 전주의 지위가 전시과 체제 하에서 보다 약화되어가고 있다는 것을 보여준다. 고려에서는 전주가 이러한 규정이 없이도 납조자를 잘 관리할 수 있었으나, 납조자의

---

35) 이경식『조선전기 토지제도연구』일조각 1986, 137쪽.
36) 이경식 앞 논문.

지위가 상승하면서 불가피하게 이러한 규정이 필요한 상황이 전개된 것으로 이해할 수 있다. 즉 이 규정은 전주의 권리를 명시하고 있으나, 전주의 지위는 이러한 규정에 의지해야 할 만큼 이전과 같지 않았다. 전객의 지위는 계속 강화되고 있었고, 결국 세종 6년의 조치도 전객 지위의 강화로 전주의 권리가 해소되는 과정의 일환이었다.

전지 처분권을 확보하여 변화한 납조자들의 지위를 보여주는 것은 예종 1년 호조의 다음과 같은 언급이다.

> 무릇 직전과 공신전 별사전을 수조할 때에 높고 무겁게 수납하고, 아울러 잡물까지 거두는 자를, 전주로 하여금 사헌부에 고하게 하여 이를 추핵해서 죄를 과하도록 하고, 함부로 거두어들인 물건과 원전의 본세를 모두 관가에 몰입하소서. 혹시 전주가 그 호강함을 믿고 항거하여 납입하지 않는 자도 또한 죄를 과하게 하고, 그 납입하지 않은 전세와 원전을 아울러 관가에 몰입하게 하소서.[37]

이는 호조에서 수조 시에 나타나는 문제점을 개선하기 위한 방안을 제시한 것이다. 여기서 주목해야 하는 것은 수조권자와 납조자의 호칭이다. 기존의 관점에서는 보면 혼란이 올 수 있는데, 납조자를 田主로 칭하고 있다. 수조권자를 전주로 칭하지 않고, '잡물을 거두는 자'로 돌려서 표현하고 있다. 수조권자는 전주, 납조자는 전객으로 칭하던 틀이 깨어지고 있다. 납조자를 수조권자와 대칭적으로 호칭하면서도 전주라 칭하고 있다. 이미 공전수조 지역의 전지소유자들을 전주로 칭하였으므로, 전지처분권을 확보해서 그들과 같은 지위를 확보한 경기의 전지소유자들을 전주로 칭하는 것은 오히려 당연하였다.

---

37) 『예종실록』 권3, 예종 1년 2월 무술.
　　凡職田 功臣田 別賜田收租時, 有高重收納, 幷收雜物者, 請令田主告司憲府, 推劾科罪, 濫收物件及元田本稅入官, 或田主恃其豪强, 抗拒不納者, 亦令科罪, 其不納田稅及元田, 竝入官.

특히 여기서 언급된 내용도 흥미로운데, 통상 수조시의 문제점으로 지적되었던 것은 수조권자의 과잉 수조였으나, 여기서는 이와 더불어 납조자의 납조 거부를 같이 거론하고 있다. 이는 전객이 그 지위를 높이면서 수조권자의 과잉수조만이 문제가 되는 것이 아니라, 납조자의 항조라는 전혀 새로운 문제가 제기되고 있음을 보여준다. 정부에서 그 대책을 논하고, 그 방안으로 '납입하지 않은 전세'의 징수는 물론 '원전'까지 몰수하는 강한 규제까지 제시하고 있는 것을 보아서 납조자의 항조는 상당히 보편화되었음을 짐작케 한다. 그러므로 이러한 기록은 납조자의 지위 변화를 잘 보여준다.

실제로 전조를 내지 않은 구체적인 사례도 보인다. 이는 세종 6년의 사헌부가 다음에 언급한 윤인의 사례이다.

> "前司正 윤인이 연전에 미수되었던 과전세를 이자까지 덧붙여서 지나치게 받아들이고, 佃戶가 그렇게 한다고 말하였다고 도리어 성을 내어 구타하였으니, 장 60대에 해당합니다."하니, 그대로 따랐다.[38]

윤인은 전호에게 과전세 즉 전조를 받고 있다. 그러나 전호는 전조를 내지 않고 버티고 있었고, 이에 윤인은 이자까지 붙여서 받아내었다. 그러나 전호는 '지나치게 받았다'고 이를 공개적으로 항의하였다. 이에 윤인은 공개적으로 '말했다는 이유로 전호를 구타하였고, 결국 장 60대의 처벌을 받았다. 이 내용에 의하면 전호는 과다한 수조라는 이유로 납조를 거부하고 있었고, 과다하게 수조해 가자 공개적으로 저항하였다. 분명하지 않지만 당시 고소가 활성화된 상황에서 고소한 것으로 짐작된다.[39] 그 과정에서 구타가 일어났고, 그 결과 전주 윤인은 장 60대의 처형을 받게 되었다.

이와 같은 사례는 태종 말 과전국가관리체제가 형성되고, 납조자가 전

---

38) 『세종실록』 권23, 세종 6년 1월 병술.
39) 최이돈 「조선 초기 전부의 법적 지위」 본서 제7장.

지처분권을 분명하게 가지면서 납조자의 항조도 구체화되고 있었음을 보여준다. 납조자의 항조는 과도한 수조에 대한 저항에서 출발하였을 것인데, 이즈음에 이르면 조정에서 대책을 논해야 할 정도로 빈번하게 노출되었던 것으로 추측된다.

납조자의 지위가 상승하여서 '전주'로까지 호칭되었지만, 조선전기를 통해서 수조권은 계속 분배되었고, 납조자를 칭하는 칭호는 필요하였다. 앞에서 살핀 예종 1년의 기록을 자세히 살피면, 납조자를 전주로 칭하였으나, 상대방인 수조권자를 칭하는 공식적인 호칭은 보이지 않는다. 단지 '잡물을 거두는 자'로 수조권자를 돌려서 표시하고 있다. 그러나 불가피하게 수조권자와 납조자를 대비적으로 명시해야 하는 경우에 적절한 용어를 찾기 힘들었으므로 정부는 수조권자를 전주로 표현하면서 납조자를 새로운 용어로 대치하여 칭하였다.

이미 전객을 대치할 용어는 전인, 전호 등이 거론되었으나, 최종적으로 결정된 용어는 '佃夫'였다. 성종 원년 호조에서는 다음과 같이 전부를 전주와 대비해서 사용하고 있다.

> 공신전 별사전 직전은 생초는 본수에 의하여 바치고, 곡초는 이미 전주가 거두었으니, 반을 감하여 수납하게 하고, 또 수령으로 하여금 전부의 성명과 초의 수량을 전적에 기록하여 두 건을 만들어서 하나는 본 고을에 간직하고, 하나는 바치는 바의 관사에 보내게 하소서. 또 납상하는 날짜 기한을 미리 정하여 전부로 하여금 스스로 바치게 하고, 수납하지 않았거나 기한이 지난 자가 있으면 전세를 미수한 예에 의하여 과죄한 뒤에 징납하는 것이 어떠하겠습니까?[40]

이는 호조에서 생초와 곡초 등을 걷는 방식을 개선하기 위해서 제안한 것이었다. 여기서 전주와 대칭되는 집단을 전부라는 용어로 표현하고 있

---

40)『성종실록』권4, 성종 1년 4월 정사.

다. 납조자를 전객이라 부르지 않고 전부로 칭하고 있다.

그러나 이미 앞에서 살펴보았듯이 수조권자나 납조자 한 편만을 전주로 표기한다면 당연히 납조자가 전주였다. 그러나 이 두 집단을 불가피하게 같이 대비하여 호칭하는 경우에 납조자를 전부라고 불렀다. 물론 전부라는 표현으로 전지소유자의 새로운 지위를 다 담기 어려웠다. 그러므로 전주와 전부라는 용어를 대칭적으로 표현한 용례는 극히 제한적으로 사용되었다.

전부를 전주와 대칭적으로 사용한 사례를 한 가지만 더 살펴본다면, 성종 6년 호조에서 언급한 다음과 같은 예를 들 수 있다.

> 다만 전주가 거둘 때에 함부로 거두는 자가 있으므로, 비록 전부로 하여금 사헌부에 고발하도록 하였으나, 초야의 백성들이 어찌 일일이 고발할 수 있겠습니까? 이 때문에 마음대로 거두는 자가 반드시 많을 것이니, 청컨대 사헌부로 하여금 분경의 경우와 같이 무시로 적발하게 하여 위반자는 엄벌에 처하도록 하소서.41)

이 내용은 호조에서 납조자의 지위를 강화하기 위한 방안을 제시한 것이다. 정부는 이미 납조자에게 전주고소권을 부여하였으나, 실제적으로 그 사용이 제한되자, 이를 활성화하기 위해서 과다한 수조를 하는 수조권자를 사헌부에서 나서서 적발하는 방안을 제안하고 있다. 여기서 호조에서는 납조자를 전부, 수조권자를 전주로 칭하고 있다.

그러나 당시의 용례를 보면, 전부라는 용어는 납조자만을 지칭하지 않았다. 사전의 수조권과 관계없는 경기 외 지역의 전지소유자도 전부로 불렀다. 이는 성종 2년 호조의 다음과 같은 언급을 통해서도 잘 알 수 있다.

> 이제부터는 관찰사가 순행할 때에 수령이 수축하는 데에 부지런하

---

41) 『성종실록』 권61, 성종 6년 11월 병오.

고 게으른 것을 살피어, "세밑마다 갖추어 개진하여 아뢰게 하소서. 마음대로 터놓고 무너뜨리는 자는 그 즉시 계문하여 파출하며, 본조에서는 불시로 계달하고 관리를 보내어 캐어 살피어서 마음을 쓰지 않는 수령과 감고, 해당 관리는 중하게 논죄하고, 관찰사는 버리기로 논하소서. 또 제방 아래의 佃夫가 고발하는 것을 허락하소서."하니 그대로 따랐다.[42]

이 내용은 제방을 보호하기 위한 방안을 논의한 것이다. 여기서 호조는 경기에 한정하지 않고 전국의 제방을 보호하기 위한 방안을 논하고 있으므로, 경기의 납조자를 포함한 전국의 전지소유자를 전부라고 칭하고 있다. 이는 경기의 납조자와 다른 지역의 전지소유자들을 모두 전부로 통칭하였음을 보여준다.

경기를 포함한 전국의 전지소유자를 전부로 통칭하였던 사례를 성종 6년 다음의 호조의 언급을 통해서 재확인할 수 있다.

모두 전세의 예에 따라 稅吏를 정하고 佃夫가 스스로 도회관에 바치게 하되, 풍년이면 그 세에 여유가 있을 것인데, 울산은 영진이 있는 곳이므로 그 남은 세도 모두 실어 들여야 마땅하고, 웅천 동래는 바닷가의 작은 고을이므로 모두 받아들일 수 없습니다. 웅천에 소속된 고을들은 김해에서 받아들이고, 동래에 소속된 고을들은 양산에서 받아들였다가, 왜료가 모자랄 때를 당하거든 임시로 가져다 쓰게 하소서.[43]

이 내용은 호조에서 倭料의 운영방식을 개선하기 위한 논의의 일부였다. 왜료의 문제는 울산, 동래 등 경상도 일원의 고을들과 관련되는 일이었다. 그러므로 여기서 전부로 명시된 이들은 전국의 전지소유자들까지 모두 포함하는 명칭이었다.

---

42) 『성종실록』 권10, 성종 2년 4월 을묘.
43) 『성종실록』 권55, 성종 6년 5월 계축.

따라서 경기 전지 소유자의 지위가 공전수조 지역의 전지소유자들과 같아지면서, 결국 전부는 전국의 전지소유자를 통칭하는 용어로 사용되었다. 전부라는 용어가 전국의 전지 소유자를 지칭하게 되면서, 법적인 용어로 자리 잡아 『경국대전』에서도 사용되었다.[44] 그러므로 이미 '전주전객제'를 대신해서 '전주전부제'가 형성되었음을 알 수 있다.

전부의 신분적 지위는 협의 양인이었다.[45] 지배신분인 대신들은 전주로 호칭되었다. 그러나 3품 이하의 관원들은 과전을 가진 경우에는 전주였으나, 그 지위는 관직을 가지고 있는 경우에 한정되었고, 관직과 과전을 상실하고 품관이 된 경우의 기본적인 지위는 전부였으며 협의양인이었다.[46]

조선에서 無田之民은 전부로 불리지 않았고, 따라서 협의양인의 신분을 가질 수 없었다. 협의 양인은 조세와 역의 의무를 담당하는 자들에게 부여되는 지위였다. 고려 말 향리의 사적 지배하에 있던 白丁의 다수가 생산력의 향상을 힘입어 자립농이 되면서[47] 확보한 신분이 협의양인이었다. 이들에게 사환권과 과거응시권 등 다양한 권리가 부여된 것은 국가의 의무에 상응한 대가였다.

그간 조선 초기 신분제를 양천제로 주장하는 연구자들은 양인 신분의

---

44) 『경국대전』에는 佃夫라는 용어가 전지소유자라는 의미와 납조자라는 의미 로 사용되었다. 물론 어느 경우에나 전부는 동일한 지위를 가지고 있었다.
  "새로 더 개간한 토지, 전체적으로 재해를 입은 토지, 절반 이상 재해를 입은 토지, 병으로 농사짓지 못하고 전부 묵힌 토지에 대해서는 佃夫가 권농관에게 신고하게 하고 권농관은 그것을 직접 조사하여 8월 보름 전으로 고을원에게 보고하며 농민 자신이 만약 사정에 의하여 직접 신고하지 못했을 경우에는 권농관이 신고한다."(『경국대전』 호전 수조).
  "寺田稅를 정액보다 훨씬 많이 받아들인 경우에는 전부가 사헌부에 신고하는 것을 허락하고 죄를 다스린다. 법 외로 징수한 것은 주인에게 돌려주고 그 토지의 원세는 관청에서 몰수한다."(『경국대전』 호전 잡령).
45) 최이돈 「조선 초기 협의의 양인의 용례와 신분」 『역사와 현실』 71, 2009.
46) 최이돈 「조선초기 특권 관품의 정비과정」 『조선시대사학보』 67, 2013.
47) 이태진 『의술과 인구 그리고 농업기술』 태학사 2002; 『한국사회사연구』 지식산업사 2008.

齊一性을 강조하였으나,[48] 양인 신분의 제일성이 어떤 과정을 통해서 확보되었는지는 설명하지 못하였다. 위의 검토에 의하면 전지 소유자인 협의 양인은 경기의 전지 소유자들이 전객으로 불리는 동안에는 법적으로 제일적인 지위를 가지지 못하였다. 경기의 사전수조가 여타지역의 공전수조와 그 부담이 같아지고, 경기의 전지 소유자들이 그 변화한 지위를 인정받아, 전국의 전지 소유자들과 동일하게 전부로 호칭되면서, 비로소 협의 양인 내의 제일적 지위가 형성될 수 있었다.

맺음말

1. 본고에서는 佃客 지위의 변화를 구명하는 과제의 일환으로 납조자의 칭호 변화를 검토하였다. 과전법에서 수조권자를 田主로 납조자를 佃客으로 호칭하였다. 그간 연구자들은 전객이라는 용어를 과전법체제 하에서 농민의 지위를 함축적으로 표현하는 용어로 이해하였다. 그러나 이러한 중요한 용어가 세종 전반에 없어졌다. 연구자들은 과전법의 변화로 직전제와 관수관급제를 거론하고 있으나, 변화가 나타나기 전인 세종 전반에 이 용어가 소멸되었다. 본고는 이러한 변화의 전개과정을 검토한 것이다.

전객이라는 용어는 고려에서는 없었던 용어로 과전법에서 처음 사용되었다. 이는 납조자를 지칭하는 용어로 수조권자를 칭하는 전주와 대칭적으로 사용되었다. 조선이 건국되면서 전객이라는 용어는 계속 사용되어, 수조권자와 납조자 간에 전주와 전객의 관계가 형성되었음을 잘 보여주었다. 그러므로 그간 연구에서 이와 같은 내용을 바탕으로 조선 초기에는 수조권을 둘러싸고 '전주전객제'가 형성되었다고 정리할 수 있었다.

경기의 사전수조지역의 전지소유자를 전객으로 호칭한 것과 달리 여타

---

48) 유승원 『조선 초기 신분제 연구』 을유문화사 1986.

공전수조지역의 전지소유자를 전주로 호칭하고 있었다. 과전법에서 수조권의 분배를 경기에 한정하였으므로, 공전수조 지역의 전지소유자는 수조권적 지배에서 벗어나 고려에서와는 다른 지위를 가질 수 있었다. 그러므로 이들을 전주라고 호칭한 것은 당연하였다.

사전 수조지역의 전지소유자를 전객이라고 부른 법적인 근거는 과전법의 규정에 있었다. 과전법에 의하면 전객은 자신의 전지를 임의로 처분할 수 없었다. 배타적 소유권의 중요한 요소인 처분권이 전객에게 제한되었다. 수조권자인 전주는 전객 전지의 처분은 물론 경영에도 관여할 수 있었다. 그러므로 수조권자와 납조자를 주와 객을 나누어, 전주와 전객의 표현한 것은 사실관계를 함축하고 있었다. 이에 비하여 공전수조 지역의 전지소유자들은 이와 같은 법적 규제를 벗어나 있었고, 당연히 배타적인 소유권을 가지고 처분도 자유롭게 하고 있었다.

그러나 조선 초기에 경기 지역의 전지소유자를 포함하여 전국의 전지소유자를 통칭할 때에는 전객으로 불렀다. 이는 경기 지역의 전지소유자를 부르는 칭호를 불가피하게 사용한 것으로, 이미 전주로 그 지위를 상승시킨 공전수조 지역의 전지소유자들에게도 이를 적용한 것은 적절하지 않았다.

경기 사전수조 지역 백성과 공전수조 지역 백성 간에 법적, 실질적 지위의 차이가 있었기 때문에, 전국의 전지 소유자들 간에 아직 齊一的 지위가 형성되지 않고 있었다. 그러나 조선의 정부는 제일적 통치를 목표로 하였기 때문에 이와 같은 경기 백성의 차대는 시간을 가지고 해소해야 할 과제였다.

2. 경기 사전수조 지역의 전객들은 법적으로 공전수조 지역의 전주들에 비하여 차대를 받고 있었다. 그 차대의 실제는 수조 부담의 차이였다. 경기만 부담이 큰 것은 과전법의 '科田京畿' 규정을 만든 것에 원인이 있었다. 공전수조 지역의 농민들은 공전수조로 바뀌면서 그 부담이 현격히 줄어 그 지위를 높이고 있었으나, 경기의 백성은 수조권적 지배하에 여전히

남아 있었다.

그러므로 경기 백성들은 자신들의 부담이 공전수조 지역보다 많다는 것을 문제삼지 않을 수 없었다. 이는 태종 9년 경기의 과전을 타 지역으로 이전시켜달라는 요청으로 부각되었다. 정부는 경기의 백성에게 여타지역의 백성과 같이 일원적 지위를 부여하고자 하였으므로, 이와 같은 차대를 해소해 달라는 요청은 정당한 것이었다.

정부는 이 문제를 해소하기 위해 다양하게 노력하였다. 그러한 노력의 일환으로 태종 15년에는 전객에게 전주를 고소할 수 있도록 '전주고소권'을 부여하였다. 전객이 과다한 수조를 하는 전주를 고소할 수 있도록 허용한 것이다. 또한 태종 17년에는 '관답험'도 시행하였다. 과전에서의 과잉수조의 근본적인 원인은 전주가 답험을 담당하는데 있었다. 그러므로 사전수조량을 공전수조량에 맞추기 위해서는 전주가 행하는 답험에 정부가 관여할 필요가 있었다.

이와 같은 정부의 노력으로 과전의 운영에 국가가 관여하는 '과전국가관리체제'가 형성될 수 있었다. 과전국가관리체제 하에서 전주는 국가의 규제로 인해 규정 이상을 수조하는 것이 어려웠고, 사실상 수조권적 지배도 불가능하게 되었다. 이러한 변화로 인해서 전객의 지위는 향상되었다.

3. 과전국가관리체제의 정비로 전객의 지위가 변화하자, 당연히 전객이라는 호칭도 변화하였다. 세종 전반에 전객이라는 용어가 소멸되었다. 이는 전객의 지위가 변화하면서 전객이라는 용어가 전지 소유자를 지칭하기에 적절한 용어가 아님을 인식한 결과였다.

과전국가관리체제가 만들어진 다음 해인 태종 16년부터 전객을 대신할 용어가 등장하기 시작하였다. 가장 처음 전객의 대안으로 제기된 용어는 '佃人'이라는 용어였다. 새로운 용어가 등장한 것은 전객을 대신할 용어를 관원들이 모색하고 있었음을 보여준다. 세종 1년에는 '佃戶'라는 용어도 사용되었다. 전호는 전객으로부터 그 지위를 높인 납조자를 의미하였다.

그간 학계에서는 차경관계를 설명하는 용어로 '전호'라는 용어를 사용하였다. 그러나 조선 전기의 전호는 그러한 의미를 가지지 않았다. 전호는 수조권적 지배에서 자유로워진 전지소유자를 지칭하였다. 물론 조선 후기까지도 전호라는 명칭은 차경 농민을 지칭하는 용어로 사용되지 않았다.

또한 학계에서 전호와 대칭으로 사용하는 '지주'의 용례도 차경관계를 설명하는 용어가 아니었다. 조선 전기는 물론 후기까지도 지주는 수령을 지칭하였다. 그러므로 기존의 연구에서 '地主'와 '佃戶'라는 용어로 조선 전기의 차경관계를 설명하고, 나아가서 '地主佃戶制'라는 제도명까지 만든 것은 적절하지 않았다. 역사적으로 이미 다른 의미로 사용되고 있는 용어를, 그 맥락을 무시하고 학술용어로 사용하는 것을 재고하는 것이 적절하다.

4. 과전국가관리체제가 형성되고 전객을 대신할 수 있는 칭호가 모색되는 과정에서, 세종 6년에는 납조자의 지위를 결정하는 매우 중요한 변화가 있었다. 경기도 감사의 요청에 의하며 납조자가 전지를 자유로이 매매할 수 있는 처분권을 확보하게 되었다. 비로소 경기의 전지소유자들도 공전수조 지역의 전지소유자들과 같이 전지를 배타적으로 소유하고 처분할 수 있는 권리를 확보할 수 있었다. 이와 같은 조치는 과전국가관리체제 형성 이후 납조자의 상승한 지위를 법으로 확정해준 것이었다. 이로써 전주가 과전법의 규정을 근거로 가지고 있던 전지에 대한 권리가 해소되었고, 역시 수조권적 지배도 실제적으로 불가능하였다.

이러한 법적 조치를 통해서 납조자의 지위는 더욱 확고해졌다. 이를 잘 보여주는 것이 예종 1년 납조자를 '전주'라고 호칭한 자료이다. 이미 공전수조 지역의 전지소유자들을 전주로 부르고 있었지만, 납조자를 수조권자와 대칭적으로 언급하는 자료에서 전주로 칭하지 않았다. 그러나 납조자들의 지위가 상승하면서 이들을 수조권자들과 대칭으로 논하면서도 전주라고 칭할 수 있었다.

특히 이 무렵에 정부에서는 납조자의 '납조 거부'에 대한 대책을 논하는 상황이 전개되고 있었다. 납조자의 납조 거부는 과잉 수조에 대한 저항으로 출발하였으나, 이 무렵에 이르면 정부가 대책을 논해야 할 정도로 활성화된 것으로 짐작된다.

이러한 변화의 가운데에서 최종적으로 전객을 대신한 명칭으로 佃夫가 결정되었다. 수조권적 지배는 해소되었지만, 수조권의 분배는 조선전기를 통해서 지속되었으므로 이 양자를 대칭적으로 부르는 명칭은 불가피하였다. 그 명칭이 수조권자를 田主로 납조자를 佃夫로 호칭하는 것으로 정리되었다. 물론 전부라는 표현으로 전지소유자의 새로운 지위인 '전주'의 뜻을 다 담기 어려웠다. 그러므로 전주와 전부라는 용어를 대칭적으로 표현한 용례를 극히 제한적으로 사용되었다.

이미 사전 수조 지역의 전지소유자의 지위가 공전수조 지역의 전지 소유자의 지위와 같아졌으므로, 전지 소유자 모두를 통칭할 때에도 전부라는 용어를 사용하였다. 또한 전부라는 용어가 전국의 전지 소유자를 齊一的으로 지칭하는 용어가 되면서 『경국대전』에서도 사용되어 법적 용어로 정리되었다. 이는 '田主佃客制'를 대신해서 '田主佃夫制'가 형성되었음을 보여준다.

그간 조선 초기 신분제를 양천제로 주장하는 연구자들은 양인 신분의 齊一性을 강조하였다. 그러나 양인 신분의 제일성이 어떤 과정을 통해서 확보되었는지는 설명하지 못하였다. 위의 검토에 의하면 전지 소유자인 협의 양인은 경기의 전지 소유자들이 전객으로 불리는 동안에는 법적, 실제적으로 제일적인 지위를 가지지 못하였다.

과전국가관리체제의 정비로 사전수조가 공전수조와 그 부담이 같아지고, 그 변화한 지위를 인정받아 경기의 전지 소유자들이 전지 처분권을 획득하여, 전국의 전지 소유자들과 동일하게 '佃夫'로 호칭되면서, 비로소 협의양인 내의 제일적 지위가 형성될 수 있었다. 따라서 '田主佃夫制'의 형성은 수조권의 분배체제 하에서 전지 소유권자의 齊一的 지위를 제도적으로 확보한 의미있는 변화였다(최이돈「조선초기 佃夫制의 형성과정」『진단학보』127, 2016).

제9장 科田法의 성격

머리말

그간 과전법에 대하여 연구자들은 많은 관심을 표하였다. 과전법이 조선의 경제적 성격, 나아가 국가적 성격을 잘 보여주는 제도였기 때문이다. 그간 대부분의 연구자들은 과전법과 수조권적 지배를 연결시키면서 과전법을 전시과와 유사한 제도로 이해하였고, 조선의 중세적 성격을 보여주는 제도로 이해하였다.[1]

그러나 최근 이태진은 고려말 조선초 농업생산력에 큰 변화가 있었다고 주장하였다.[2] 이 주장을 수용하면, 생산력의 획기적인 변화는 당연히 생산

---

[1] 김태영 『조선전기토지제도사연구』 지식산업사 1983.
　　이경식 『조선전기 토지제도연구』 일조각 1986.
　　김용섭 「토지제도의 사적 추이」, 『한국중세농업사연구』 지식산업사 2000.
[2] 이태진은 고려말 조선초의 농업생산력에 획기적인 변화가 있었음을 주장하였다(이태진 『의술과 인구 그리고 농업기술』 태학사 2002; 이태진 『한국사회사연구』 지식산업사 2006). 이 주장은 최근 가장 중요한 연구성과로 이해된다. 물론 주장의 중요성을 고려할 때, 좀 더 세심한 검토가 필요하나, 자료의 부족으로 논의를 진전시키지 못하고 있다. 이러한 상황에서 이 문제를 우회적으로 검토하는 방법도 가능할 것으로 생각된다. 즉 생산력의 변화는 당연히 생산관계의 변화를 야기할 것으로 기대되기 때문이다. 특히 이태진은 그 생산력의 변화가 3~6배에 달하는 것으로 주장하고 있다(이태진 앞의 책 2002, 416쪽). 이는 획기적인 것으로 이러한 정도의 생산력 변화는 다음 단계의 새로운 생산관계를 촉발하는데 크게 기여할 수 있다고 가정된다. 물론 새로운 생산관계의 변화를 확인할 수 있다면, 간접적으로나마 생산력에 대한 논의를 좀 더 심화시키는데 기여할 수 있다고 생각한다.

관계에 변화를 주었을 것으로 가정된다. 또한 이러한 변화는 당연히 과전
법에 반영되었을 것으로 가정된다.

최근 저자는 과전법을 새로운 생산관계를 함축한 제도라는 관점에서 검
토하였고, 과전법을 전시과와는 다른 제도였다고 논증하였다.[3] 과전법이
전시과와 다른 생산관계를 함축하고 있다는 것을 논증하기 위해서 그간
저자는 다음과 같은 몇 가지 관점을 유념하면서 과전법을 고찰하였다.

첫째, 수조지로 분배되는 과전의 성격은 무엇인가? 즉 과전이 세습되는
세록전인가의 문제이다. 그간의 연구자들은 과전이 신분을 보장하기 위하
여 나누어준 경제적 특권으로 신분과 더불어 세전된다고 이해하였다. 또
한 연구자들은 과전의 세전적 특성이 세조대 직전제가 시행되면서 해소되
는 것으로 이해하였다. 그러나 이와 같은 이해에는 쉽게 공감되지 않는다.
신분과 과전은 지배신분의 지위 보장을 위해서 불가분의 관계 하에 있는
것인데, 신분제가 크게 변화되지 않는 상황에서 과전의 성격만 바뀐다고
보기 어렵다. 그러므로 과연 과전이 세습되는 세록전이었는가에 대해서는
좀 더 세심한 검토가 필요하다.

둘째, 국가와 과전의 관계는 무엇인가? 즉 과전의 운영에 국가가 관여하
지 않았는가의 문제이다. 중세적 경제의 특징은 불수불입의 특권에 입각
한 인신적 지배이다. 경제외적강제도 이러한 구조에서 가능하였다. 그러므
로 과전의 분급이 국가의 간섭 없이 수조권에 입각한 인신적 지배를 가능
케 하는 조치였는가를 검토하는 것이 필요하다. 그간의 연구에서는 과전
을 중세적인 것으로 평가하였으므로, 수조지에 대한 국가의 관여와 관리
라는 관점에 크게 주목하지 않았다.

---

3) 최이돈 「세조대 직전제의 시행과 그 의미」 『진단학보』 126, 2016.
　　최이돈 「조선 초기 관원체계와 과전 운영」 『역사와 현실』 100, 2016.
　　최이돈 「태종대 과전국가관리체제의 형성」 『조선시대사학보』 76, 2016.
　　최이돈 「조선 초기 전부의 법적 지위」 본서 제7장.
　　최이돈 「조선초기 佃夫制의 형성과정」 『진단학보』 127, 2016.

　그러나 그간의 연구에서도 연구자들은 정부가 적정 수조를 위하여 수조과정을 직접 관리하는 모습을 잘 보여주었다. 공법 논의가 대표적인 예인데, 국가는 공전 사전 구분 없이 국가수조체계를 투명하고 적정하게 관리하고자 노력하면서 수조과정에도 관여하였다. 이와 같은 성격은 공법이전의 답험의 관리에도 나타나는 것이었다. 국가가 이와 같이 밀접하게 수조과정에 관여하는 상황에서 수조권자가 과연 수조권에 근거해서 임의적으로 인신을 지배할 수 있었을까? 과전법의 성격을 논하기 위해서 국가와 과전의 관계를 세심하게 검토하는 것이 필요하다.

　셋째, 수조권 하의 전객의 지위는 어떠하였는가? 서양 중세의 경우 수조율을 법으로 규정하지 않았으므로 영주는 수조율을 임의로 정하였고, 그 수조량은 수확량의 절반을 상회하기도 하였다. 특히 농노들은 영주의 재판권 하에 놓여 있어 영주의 자의적 수조에 대하여 합법적인 저항의 기회도 가지기 어려웠다. 그러므로 농노의 지위는 대단히 취약하였다.

　기존의 연구에서 연구자들은 과전법 하의 전객의 지위를 적극적으로 평가하지 않았고, 전객은 경제외적강제를 당하는 수동적인 존재 정도로 이해하였다. 그러나 기존의 연구에서도 밝히고 있듯이, 전객들은 법에 의해서 명료하게 규정된 수조율에 의해서 수조를 부담하고 있었다. 과전법에는 1/10의 수조율이 규정되어 있었고, 공법에 이르면 이는 1/20로 낮아지고 있었다. 이는 대단히 낮은 수준의 수조율이었는데, 공전과 사전에 구분이 없이 적용되었다.

　특히 중요한 것은 수조율이 법에 의해서 규정되어 있었으므로, 전객은 과도한 수조에 대해서 저항할 수 있었다. 즉 전객은 전주를 고소할 수 있었는데, 주지하는 바와 같이 전주는 영주와 달리 재판권을 가지고 있지 않았다. 특히 전객은 수령의 재판 결과에 대해서도 몇 차례의 항소할 수 있는 기회가 열려있었고, 최종적으로 상언과 격쟁을 통해서 왕의 재판도 받을 수 있었다. 이러한 점들을 고려한다면, 전객의 지위를 좀 더 적극적으로 평가할 수 있다. 그러므로 과전법의 성격을 논하기 위해서 전객의 지위를 좀 더 세심하게 검토할 필요가 있다.

저자는 위에서 제시한 세 가지의 관점에 유념하면서 연구를 진행하였다. 본장에서는 그간 진행한 연구들을 바탕으로 과전법의 성격을 종합적으로 논하고자 한다. 이를 통해서 새로운 생산관계 속에 위치한 백성의 경제적 지위가 분명하게 드러나고, 나아가 조선의 국가적 성격도 좀 더 선명해지기를 기대한다.

1. 科田과 職田

1) 관원체계와 과전의 운영

(1) 고려말 과전법과 관원체계

과전법의 성격을 검토할 때에 가장 주목이 되는 것은 과전이 세습되었는가의 문제이다. 즉 과전이 세록전이었는가, 직전이었는가의 문제이다. 세록전이었다면 과전은 신분에 상응한 경제적 지위를 보장하기 위한 조치로 이해될 수 있으며, 직전이었다면 신분과는 관계없는 직역에 대한 보수로 이해될 수 있기 때문이다. 이를 밝히기 위해서 과전이 어떻게 분급되고 관리되고 있었는지를 먼저 검토하고자 한다. 또한 기존의 연구에서 과전의 세록전적인 성격이 직전제의 시행으로 변화하였다고 주장하고 있는데, 직전제의 시행과정을 검토하여서 직전제의 시행의 의미가 무엇이었는지도 검토하고자 한다.

먼저 과전이 세록전인가를 검토하기 위해서 과전법과 관원체계의 관계를 최근의 신분제 연구성과에 기초해서 정리하고자 한다.[4] 전근대 사회에서 신분제와 토지분급제는 그 시대를 지탱하는 두 기둥으로 기본구조는 동일할 수밖에 없었다. 기존의 과전법을 보는 입장은 신분제 연구의 통설을 근거로 하여 정리되었으나, 최근 신분제 연구는 이와 다른 입장을 제시하고 있다. 즉 기존의 통설과는 달리 최근 연구는 조선 초기의 특권신분을 2품 이상의 대신으로 한정하고 있다. 그러므로 이러한 주장을 수용하여 과전법과 관원의 관계를 살펴보자.

이를 살피기 위해서 먼저 고려 말 사전 개혁 논의에 나타나는 과전과 관원의 관계를 살펴보자. 창왕 원년의 상소에 의하면 개혁파는 녹과전시와 구분전을 관원에게 주고자 하였다. 녹과전시는 직전제로 그리고 구분전은 세전하는 토지로 운영하고자 하였다. 그러나 개혁파는 구분전을 받고 있는 산관을 5軍에 예속하여 군역을 담당시키려 하였다. 결국 구분전은 군전과 구별되지 않는 토지가 되었다. 그러므로 구분전은 결국 세록전적인 성격이 많이 희석되고 役田的 성격을 가지게 되었다.

따라서 개혁파가 구상한 사전개혁의 기본 방향은 관원들에게 전시과와 같은 세록전적 토지를 주겠다는 생각은 아니었다. 개혁파는 관원들에게 관직과 군직의 직무에 대한 보상으로 직전인 녹과전시와 역전인 군전을 지급하는 것을 기본 구상으로 하고 있었다.

그러나 과전법의 토지분급방식은 위와는 다른 형태로 정리되었다. 과전법에 나타난 토지 분급방식은 산직에 대한 토지 분급방식에서 잘 나타나 있다. 과전법에서 산직에 대한 토지분급은 이원적으로 정리되었다. 제1과에서 제14과까지의 관원은 검교직 등의 산직체계를 통해서, 제15과 이하의 관원들은 제18과에 기록된 '산직'의 규정에 따라서 토지를 분급하였을 것으로 추측된다.

특히 주목되는 것은 제15과 이하 산직관원의 과전을 군전과 연계지어 운영하였다. 과전분급의 대전제가 '경성에 살면서 왕실을 보위하는 자'를 조

---

4) 이하 서술 최이돈 「조선 초기 관원체계와 과전 운영」 『역사와 현실』 100, 2016 참조

건으로 하고 있었으므로 관원은 산직이 되면 군직에 편제될 수밖에 없었다. 이들이 받는 과전 10결은 쉽게 군전 10결과 연결되었다. 그러므로 제15과 이하의 산직이 받는 토지는 세록전적 토지와는 다른 성격을 가졌다.

고려 말 개혁파는 외형적으로는 고려의 태조가 행한 전시과를 다시 복행한다는 것을 명분으로 표방하고 있었지만, 변화한 상황에 맞는 제도를 모색하였다. 그 결과 과전법은 산직의 관리에서 상위직은 고려와 유사한 방법을 사용하였으나, 하위직은 군전과 연결하는 별도의 방식을 도입하였다. 결국 제14과 이상의 관원들은 현직을 벗어나도 검교직 등을 통해서 世祿田的 성격을 가진 과전을 계속 보유할 수 있었으나, 제15과 이하의 관원들은 현직을 벗어나면 과전 대신 군전을 받았다. 군전은 거경숙위의 의무와 연계되어, 世祿田的 성격보다는 役田的 성격을 가졌다.

(2) 3품 이하 관원의 과전운영

다음으로 태종대의 관직체제의 변화에 따른 과전의 운영방식을 3품 이하 관원의 경우와 2품 이상 대신의 경우로 나누어 검토해 보자. 태종대부터 조선의 관원체계가 정비되었다. 정비의 핵심은 신분의 기준을 관직에서 관품으로 바꾸고 2품 이상을 특권관품으로 삼는 것이었다.

조선의 정부는 관직을 한 신분에 대응하는 직역으로 인식하지 않았고, 국정운영에 기여한 대가로 받을 수 있는, 모든 신분에 대응하는 직역으로 만들고자 하였다. 그러므로 관직을 신분제와 연동시키기 위해서는 하나의 관직체계 안에 각 신분에 대응할 수 있는 구역을 나누는 정비가 필요하였다. 이는 태종대에 시작하여서 세종대까지 지속적인 논의를 통해서 이루어졌다. 과전과 연관해서 진행된 가장 중요한 관원체계의 변화는 태종대에 나타난 특권관품의 정비였다. 특권관품의 정비는 2품 이상을 특권신분에 대응하는 관품으로 정비하는 과정이었다.

관원체계가 바뀌면서 대신과 3품 이하의 관원 간에는 과전 운영상에 큰 차이가 생겼다. 이 차이는 관원이 산직이 되었을 때에 분명하게 나타났다. 먼저 3품 이하 관원들은 산관이 되면 과전을 반납하였다. 대신 5결이나 10결의 토지를 군전으로 지급받아 受田品官이 될 수 있었다. 물론 군전도 서울에 거주하면서 군직을 수행하는 경우에 한하여서 주어지는 것이었으므로, 숙위를 포기하고 지방으로 돌아가는 경우 이를 반납하여야 하였다. 이경우 3품 이하의 관원은 양인과 같이 일반 군역을 져야 하였다.

그러므로 3품 이하 관원에게 주어지는 과전은 직전이었다. 당시 관원들은 관직의 전출이 빈번하였고, 그 사이 지속적으로 관직을 맡지 못하는 경우도 자주 있었다. 관직을 맡지 못하고 관품만을 가지고 있을 때 관원의 처지는 퇴직관원의 처지와 다를 것이 없어 과전을 받지 못하였다.

물론 3품 이하 관원이 받는 군전은 가족에게 체전될 수 있었다. 퇴직 관원이 군역을 담당할 수 없을 때에, 군전을 자손이나 사위, 조카 등에게 체전할 수 있었다. 그러므로 군전은 세전적 성격이 있었다. 그런데 군전은 가족이면 곧 물려받을 수 있는 토지가 아니었다. 군전은 기본적으로 '과전'이었다. 관품을 기반으로 주어지는 토지였으므로 군전의 체수는 품관만이 물려받을 수 있는 토지였다. 그러나 3품 이하 관원들에게는 기본적으로 문음이 부여되지 않았으므로 자녀가 군전을 이어받는 것은 제도적으로 어려웠다.

이상에서 볼 때, 조선초기의 3품 이하 관원이 받는 과전 및 군전은 직전 내지 역전이었으므로 世傳되는 世祿田과는 거리가 먼 관료제적인 토지였다.

(3) 2품 대신의 과전 운영

이에 비해서 대신들의 과전은 세록전의 성격을 가졌다. 대신은 현직을 벗어나도 과전을 유지하였다. 대신은 검교직을 가지거나, 산직만을 가지거나 어느 경우이든지 과전을 상실하지 않았다. 대신이 과전을 상실하는 경우는 죽거나, 관품을 상실할 만한 죄를 범하는 경우였다. 대신은 죄를 지어 파직을 당하여도 관품만 가지고 있으면 과전을 유지할 수 있었다.

대신들은 특혜를 받으면서 동시에 제한도 받았다. 정부는 대신의 거주를 서울로 한정하고 있었다. 특권을 가진 대신들의 지방 거주는 지방사회에 부담을 줄 수 있기 때문이었다. 퇴직 대신에게 과전을 유지하도록 하면서 서울에 거주하는 규제를 두는 것은 3품 이하의 관원에게 소량의 군전을 주는 대신에, 지방의 거주를 허용한 것과는 대비되는 조치였다. 따라서 대신에게 주는 과전은 특권신분을 유지할 수 있도록 경제적인 특권을 부여하는 것으로, 세전되는 성격을 가진 신분제적인 성격의 토지였다.

이상에서 과전의 운영에서 볼 때, 조선에서의 과전 관리는 이중적인 모습을 보여주고 있다. 한편에서 3품 이하의 관원에게는 관직을 수행하는 것에 대한 보상인 직전으로써의 과전을 부여하여 관료제적으로 운영하였고, 한편으로 대신들에게 준 과전에 세록전적인 성격을 부여하여 신분제적으로 운영하였다. 그러므로 조선의 토지분급제인 과전은 관료제적인 모습과 신분제적인 모습을 모두 가지고 있었다.

2) 세조대 직전제의 시행

(1) 직전제 시행의 내용

다음으로 직전제 시행의 내용과 그 의미를 검토해 보자.[5] 연구자들은 세록전적인 과전이 직전제의 시행으로 그 성격이 직전으로 바뀌었다고 이해하고 있다. 그러므로 과전의 성격을 분명히 하기 위해서 직전제 시행의 의미를 검토하는 것이 필요하다.

저자는 앞에서 조선초기의 과전 운영은 관품과 관련해서 이원적으로 운영되고 있었다고 주장하였다. 대신들의 과전은 세록전으로 운영되었으나,

---

5) 이하 서술은 최이돈 「세조대 직전제의 시행과 그 의미」 『진단학보』 126, 2016 참조

3품 이하는 현직에 있는 경우에만 과전을 받는 직전으로 운영되었다고 주장하였다. 이는 기존의 연구에서 과전을 세록전으로 이해하고, 직전제의 실시로 인해서 현직의 관원만 수조권을 분급 받는 직전으로 변화했다는 견해와 상이하다.

과전의 운영이 관품에 따라서 달라지는 것으로 이해할 때에, 세조대 나타나는 직전제의 변화는 무엇이었는지를 살펴보자. 이미 3품 이하 과전은 직전으로 운영되었으므로 세조대 직전제의 시행은 당연히 2품 이상 대신의 과전에 영향을 주는 것이었다.

그러나 직전제의 실상이 무엇이었는지는 분명하지 않다. 세조대에 직전제는 관원들 간에 별다른 논의 없이 시행되었다. 그간 연구에서 직전제 시행의 중요성을 강조하였던 것을 고려할 때에 너무 조용한 시행이었다. 그러므로 먼저 직전제의 실상이 무엇이었는지를 검토하는 것이 필요하다. 직전제가 시행되면서 이에 대한 문제점의 지적은 세조대에서부터 제기되었고, 세조 사후에는 직전제의 폐지와 과전의 회복까지 주장되었다. 그러므로 이러한 논의를 검토해보면 직전제 시행의 의미가 무엇이었는지를 분명히 파악할 수 있다.

직전제 시행직후 양성지는 직전제 시행의 문제점을 지적하면서 직전제의 시행으로 '致仕한 신하'와 '공경 대부의 자손'이 전지를 받지 못하게 되었다고 주장하였다. 이와 같은 견해는 기왕의 연구에서 직전제로 퇴직 관원들이 토지를 분급받지 못하게 되었다는 주장과는 거리가 있다. '치사'한 관원도 퇴직 관원의 범주에 드는 것은 사실이었으나, 당시의 치사라는 용어는 퇴직의 의미와는 다른 뜻으로 사용되었다.

직전제에 대한 비판과 과전제의 복구에 대한 주장은 세조가 죽으면서 본격화되었다. 과전제를 회복하자는 논의는 성종대에 집중되었는데, 흥미롭게도 이때에 관원들은 전적으로 수신전과 휼양전의 회복을 주장하였다. 수신전과 휼양전의 회복은 양성지가 주장한 '공경 대부의 자손'의 과전과 같은 의미였다. 즉 직전제의 시행으로 수신전과 휼양전이 폐지되었음을 확인할 수 있다. 그러나 어느 관원도 퇴직관원의 과전을 회복하자고 주장하지 않았다. 이와 같은 상황은 기왕의 연구에서 주장하는 것과 같이 퇴직관원에게 과전을 회수하는 것이 직전제의 시행의 본질이 아니었음을 보여준다. 그러므로 직전제의 시행은 수신전과 휼양전의 폐지, 나아가서 치사관원에게 부여하였던 과전의 회수 이상의 의미는 없었다.

과전제의 회복을 주장하는 견해를 검토할 때에 직전제의 시행은 퇴직관원의 과전을 회수하는 조치가 아닌 것이 분명해졌다. 이미 3품 이하 관원들의 과전에서는 과전법의 시행에서부터 현직만 과전을 보유하는 직전으로 운영되었으므로 퇴직관원의 과전 문제를 새삼 제기할 필요는 없었다. 그러므로 세조대 직전제가 조정에서 별다른 논의 없이 조용히 시행될 수 있었다.

(2) 수신전과 휼양전의 운영과 직전

그러면 직전제의 시행이 가지는 의미는 무엇이었을까? 이를 분명히 하기 위해서는 먼저 직전제의 시행으로 폐지된 수신전과 휼양전의 성격과 치사한 관원이 가진 과전의 성격을 살필 필요가 있다. 먼저 수신전과 휼양전을 살펴보자. 기왕의 연구에서는 수신전과 휼양전을 모든 관원에게 지급되는 세전적 토지로 이해하였다. 그러나 3품 이하 관원의 토지가 이미 직전으로 운영되고 있었다면, 직전을 받고 있던 관원이 세록전인 수신전과 휼양전을 받는다고 주장하는 것은 모순이 될 수 있다.

주목되는 것은 수신전과 휼양전은 관원이 보유하고 있던 과전에서 지급되었다는 점이다. 그러나 대부분의 3품 이하의 관원들은 퇴직하면 과전을 보유할 수 없었기 때문에 수신전과 휼양전으로 분배할 토지를 가지고 있지 못하였다. 이들은 5결 내지 10결의 군전을 받을 수 있었는데, 이 토지도 군역을 지는 조건으로 부여되는 토지였으므로 수신전과 휼양전의 대상이 될 수 없었다. 물론 3품 이하의 관원이 현직을 보유한 상태에서 죽는 경우에도 이들의 과전은 장례 기간 중에 환수되어서 수신전과 휼양전의 대상이 되지 않았다.

실제의 수신전과 휼양전의 보유 사례를 검토해 보아도 수신전과 휼양전은 대신의 유족에게만 부여되고 있었다. 혈통적 특권인 문음을 대신에게만 부여하는 상황이었으므로 대신의 유족에게만 세록전 성격의 수신전과 휼양전을 주는 것은 당연하였다.

(3) 치사제의 운영과 직전

다음으로 직전제의 성격을 분명히 논하기 위해서 '치사제'를 살펴보자. 직전제의 시행으로 치사한 관원의 과전을 회수하였기 때문이다. 치사한 관원은 퇴직 관원의 한 부분이었다. 그러나 조선왕조실록에 치사라는 용어는 대부분 한정적으로 사용되었다. 즉 70세가 되는 관원을 퇴직시키는 치사제에 의해서 치사한 관원의 경우에 치사라는 용어를 사용하였다. 70세까지 관직을 계속하는 경우는 거의 대신에 한정되고 있었으므로 치사한 관원의 과전이 문제되는 것은 퇴직을 하여도 과전을 보유하였던 대신의 경우였다.

조선의 치사제는 태종대부터 정리되기 시작하였다. 건국초기 정권이 안정되지 못한 상황에서 정권에 기여하는 핵심관원을 70세가 되었다고 일률적으로 퇴직시킬 수 없었기 때문이었다. 태종 초반까지도 사정은 비슷하였다. 쿠데타로 집권한 태종도 그 집권 초반에 치사제를 시행하기 어려웠다. 그러므로 태종 중후반에서 세종대에 걸쳐서 치사제는 정비되었다.

치사제는 나이든 관원을 퇴직시켜서 녹봉을 아끼자는 의도에서 추진되었으나, 정비된 치사제는 70세가 된 관원을 일률적으로 퇴직시켜 녹봉을 아끼는 제도가 되지 못하였다. 예외 조항을 만들어 70세가 넘어도 병이 없는 경우 계속 관직을 유지할 수 있었다. 또한 치사를 한 경우에도 과전의 보유는 물론 대다수의 관원이 녹봉을 계속 받을 수 있었다. 결국 조선의 치사제가 대신의 세전적 지위를 제한하는 요소로 작용하지 않았다.

양성지는 직전제의 시행으로 치사한 대신의 과전이 회수되었다고 주장하고 있다. 만약 양성지의 주장과 같이 치사한 대신의 과전을 회수하였다면, 이는 대신의 세전적 지위에 영향을 미치는 것이었다. 그러나 이러한 조치는 실제적으로 취해지지 않은 것으로 추측된다. 많은 관원들이 직전제의 문제점을 논하였지만, 양성지 외에는 치사제로 대신의 과전이 회수되었다는 언급을 하지 않고 있다. 이는 치사한 대신의 과전 문제는 조정에 논란거리가 되지 않았기 때문으로 이해된다. 당시의 평균수명을 고려할 때에 치사한 대신의 수가 적었으므로 적절한 조치를 통해서 이 문제가 논란의 대상이 되지 않도록 조정한 것으로 짐작된다. 실제로 직전제 시행 이후에 치사제의 운영상황을 보아도 70세 이상 대신들이 치사하지 않고 그 지위를 계속 유지하고 있는 것이 일반적이었다. 그러므로 치사 대신의 과전 회수는 큰 문제가 되지 않았다.

이상에서 볼 때에 과전제에서 직전제로의 변화는 대신의 과전에 대한 개혁이었다. 대신의 유족이 받는 수신전과 휼양전을 폐지하고, 치사한 대신이 보유하던 과전을 회수하는 조치였다. 그러므로 직전제의 시행은 세조가 대신들을 견제한 조치였다. 그러므로 세조는 직전제를 관원들과 논의 없이 왕명에 의해서 시행하였다. 이는 직전제 시행 직후에 양성지가 정면으로 직전제를 비판한 것으로 짐작할 수 있다. 양성지는 세조대 경제 국방 정책에 매우 요긴한 역할을 한 인물이었는데, 직전제 시행 직후에 양성지가 이를 비판한 것은 그도 직전제의 구상에 참여하지 못했음을 보여준다. 세조 후반기의 개혁 정책들이 세조와 공신들 사이의 긴장관계 속에서 진행되었고, 결국 이시애 난까지 발생하게 된 배경이었는데, 직전제도 그러한 동향의 하나였다고 짐작된다.

물론 직전제의 시행으로 대신의 과전이 가지는 세록전적인 성격이 바뀌었다고 보기는 어렵다. 직전제 시행 이후에도 대신의 대부분은 70세가 넘어도 현직을 유지하면서 과전은 물론 녹봉까지 받고 있었고, 보유한 과전을 문음으로 관직에 진출한 아들과 손자에게 세전할 수 있었다. 즉 대신이 보유한 과전의 세록전적 성격은 직전제가 시행되었어도 여전히 유지되었다. 그러므로 직전제의 시행에도 불구하고 조선 초기 과전은 여전히 3품 이하 관원의 직전 성격의 과전과 대신의 세록전 성격의 과전으로 이원적으로 운영되고 있었다.

2. 科田國家管理體制

1) 손실답험제의 시행

(1) 손실답험제의 규정

과전법의 성격을 이해하기 위해서는 국가가 수조지에 대하여 어떠한 입장을 취하였는가를 살피는 것이 중요하다. 기존의 연구에서는 국가의 수조지 분급을 수조지를 매개로 해서 인민을 지배할 수 있는 수조권을 분배한 것으로 이해하였기 때문이다. 즉 수조권적 지배를 허용하여 신분적 경제관계 즉 경제외적강제를 인정한 것으로 이해하였다.

그러나 조선의 정부는 수조지를 분배하고, 그 관리를 모두 수조권자에게 일임하는 것은 아니었다. 이는 과전법의 수조방식에서부터 잘 나타났다. 과전법에서는 전시과와 달리 수조방식에서 국가가 관여할 수 있도록 하는 '年分'의 책정과정이 포함되어 있었다. 이는 먼저 '손실답험제'로 시행되었고, 공법의 '연분 9등제'로 이어졌다.

정부가 연분 책정을 관리하는 관심은 일단 공전에서 출발하였으나, 결국 사전의 관리까지 영향을 끼쳤고, 이는 결국 '과전국가관리체제'의 형성

으로 이어졌다. 그 과정을 먼저 손실답험제의 시행과 그 변화과정을 통해서 검토해보자.6)

과전법의 수조방식은 사전과 공전을 막론하고 1결당 30두의 수조상한선을 규정하고, 매년의 작황에 따라서 감조를 하는 손실답험을 시행하는 것이었다. 그러므로 적정한 손실답험제를 만들고 운영하는 것은 국가재정을 위해서 매우 중요한 일이었다.

개혁파가 만든 과전법의 손실답험 규정은 고려의 답험규정과 그 대상과 절차가 달랐다. 고려의 답험은 그 대상이 '災傷'을 입은 전지였다. 水旱虫霜으로 인한 災傷을 입은 전지를 그 대상으로 하였다. 재상의 피해가 명백하지 않으면 면세의 대상이 될 수 있었다. 재상을 입었어도, 40% 이하의 재상은 면세의 대상이 아니었다. 그러므로 40% 이하의 재상에 대해서는 실제적으로 답험을 하지 않았다. 또한 고려 답험의 절차는 피해자가 답험을 신청한 경우에만 진행되었다. 매년 모든 전지를 답험하는 것이 아니라 피해를 보고하는 경우에만 답험이 진행되었다. 그러므로 고려의 답험은 사실상 災傷이 있을 때 특별히 적용하는 진휼 규정으로, 과전법의 손실답험이 모든 전지에서 매년 적용하는 수세 규정인 것과 달랐다. 고려의 답험은 '損實踏驗'이 아니라 '災傷踏驗'이었다.

『경국대전』에 의하면 조선에서는 손실답험과 재상답험을 별도로 운영하였다. 손실답험은 그 해마다의 작황의 정도에 따라 감세해주는 것이었으나, 재상답험은 재상을 당한 한정된 지역을 대상으로 하는 것이었다. 풍년이어도 한정된 지역에서는 재상에 의한 손실이 있을 수 있었다. 그러한 경우 한정적으로 50% 이상의 재상에 대하여 재상답험을 적용하였다. 그러므로 고려에서는 40% 이하의 재상에는 감세의 혜택이 없었으나, 조선에서는 재상의 대상이 안 되는 경우에도 손실답험의 규정을 적용하여 免租

---

6) 이하 서술은 최이돈 「조선초기 損失踏驗制의 규정과 운영」 『규장각』 49, 2016 참조

가 가능하였다.

과전법의 손실답험은 손실을 10분으로 나누어서 1분의 손실에서부터 감조해주는 '分數踏驗'이었다. 즉 10%의 피해에서부터 감조의 대상이 될 수 있었다. 그러므로 분수답험은 1분씩 차등을 두어서 답험을 9등급으로 나뉘어 운영하였다. 그러므로 과전법에서 제시한 손실답험제는 풍흉을 기준한 9등급 손실답험제였다.

(2) 손실답험제의 운영

정부는 손실답험을 시행하였지만, 미비한 부분들이 노출되면서 그 제도를 보완하였다. 태종대에 分數踏驗制를 隨損給損踏驗制로 개혁하였다. 과전법의 손실답험 규정에 의해서 시행된 분수답험제는 개혁파의 이상을 실현한 적극적인 손실답험은 아니었다. 그러므로 적극적인 손실답험제의 운용을 위해서는 보다 적극적인 답험 방식이 필요하였다. 그러므로 정부는 분수답험 방식을 수손급손답험으로 바꾸었다.

수손수급답험은 관원이 '모든 전지를 순회 심찰하는 것, 즉 모든 전지를 답험하는 것이었다. 백성의 감세요청에 의한 답험이 아니라, 요청이 없어도 수령이 모든 전지를 살펴서 감세여부를 정하는 것이었다. 그러므로 수손급손 방식은 백성의 답험 요청을 기다리는 소극적인 것이 아니라 수령이 먼저 감세를 위해서 움직이는 적극적인 답험이었다.

수손급손제의 시행으로 수령이 매 필지마다 손실을 부과하면서, 이전에는 재해를 당하지 않으면 받지 못하던 減租의 혜택을 백성들이 쉽게 받을 수 있었다. 수손급손제의 시행으로 백성들은 본격적으로 손실답험의 혜택을 체험하게 되었고, 경제적 지위도 높이면서 국세의 담지자로 역할을 할 수 있게 되었다.

수손급손제의 시행은 사전수조에도 영향을 미쳤다. 사전수조 하에 있었던 경기의 전객들은 수손급손제의 시행으로 공전수조의 부담이 경감되는 것을 보면서, 자신들이 수조에서 지는 과중한 부담을 부당한 것으로 인식하기 시작하였다. 공전과 사전 간의 수조량의 차이는 과전법에 '과전경기' 규정을 두면서부터 나타났으나, 수손급손답험의 시행으로 그 격차가 더 현격해졌다. 경기 전객들은 자신들이 받는 차대를 불식하기 위해서 태종 9년 경기의 과전을 타 지역으로 옮겨달라고 요청하였다.

수손급손제의 시행으로 수령은 소관 지역의 모든 전지를 손수 답험하고, 답험에 근거하여 감세를 해주는 중요한 역할을 담당하게 되었다. 그러나 현실에서 수령이 모든 전지를 일일이 답험하는 것은 쉽지 않았다. 그러므로 수령이 직접 답험하지 않고, 監考 등을 이용하여 답험을 시행하였고, 그 과정에서 '奸吏'와 '鄕愿' 등 토호가 영향력을 행사하였다.

정부는 수령을 관리하고 감독하는 기능을 일차적으로 감사들에게 맡겼으나, 특별한 사안에 대해서는 경차관을 파견하여 직접 관리하였다. 정부는 과전법의 시행으로 공전수조를 국가경영의 기반으로 삼았고, 공전수조의 가장 중요한 부분이 답험이었으므로 이를 관리하기 위해 경차관을 파견하였다.

특히 수손급손답험의 시행으로 수령의 역할이 커지자, 경차관을 보내어 수령이 답험을 독려하여 손실답험의 혜택을 백성들이 누릴 수 있도록 하였다. 경차관 역할이 중요해지면서 파견이 빈번해졌고, 매년 파견으로 정례화되었으며, 경차관도 '손실경차관' 혹은 '답험경차관'으로 별도로 칭해졌다.

그러나 경차관제도가 정례화되면서 문제점도 노출되었다. 경차관의 파견은 수령의 적극적인 답험을 독려하기 위한 것이었으나, 경차관은 정부의 입장에서 서서 給損을 여유 있게 주지 않아 백성들이 부담스러워 하였다. 더 중요한 문제점은 경차관이 실제적으로 맡은 지역의 손실답험을 일일이 살필 수 없었다는 것이었다. 경차관이 맡은 지역이 상당히 넓어, 1인이 10여개의 군현을 답험해야 하였다. 이러한 상황에서 경차관은 전지를 손수 답험하기 어려웠고, 수령의 답험에 의존할 수밖에 없었다. 그러므로 경차관이 손실을 실제로 살피지 않았고, 수령의 답험에 의해 손실을 책정하거나 조작하는 일이 빈번하였다.

그러므로 태종 11년경부터 손실경차관제 무용론이 제기되었다. 대간은 경차관을 폐지하고, 그 기능을 행대감찰에 붙이거나, 경차관의 수를 줄이는 방안을 제안하였다. 이와 같은 상황은 경차관을 파견하여 수령을 관리하는 것이 적정 수조를 실현하는데, 효율적이지 않았음을 보여주었다.

경차관을 통한 수령의 감독만으로 수손급손제가 잘 수행되기 어려웠다. 수령의 부담을 줄이고, 실제적으로 수손급손제를 시행할 수 있는 방안이 필요하였다. 그 대안으로 답험을 실제로 담당한 委官을 파견하는 방안이 제시되었다. 이 방안은 이전까지 수령의 직접 답험을 강조하였던 정책의 기조를 바꾸어 직접 답험을 담당하는 위관을 임명하는 것이었다.

정부는 새롭게 손실답험을 담당하는 위관을 두면서 업무를 분장하여 이전에 답험을 담당하던 수령과 경차관의 역할을 재조정하였다. 답험의 실제는 위관에게 부여하고, 수령은 위관 답험 중에서 '불공평한 것'을 검토하는 정도로 그 기능을 축소하였다. 경차관도 그 기능을 행대감찰의 수준으로 확대하면서, 오히려 답험을 담당하는 기능은 현저히 축소되었다.

위관제 시행의 가장 중요한 초점은 위관이 지역사회와 유착되어 답험의 공정성을 잃지 않도록 하는 것이었다. 그러므로 정부는 위관에게 관원의 지위를 부여하여 수령의 통제를 받지 않고 업무를 수행하게 하였고, 상피제를 적용하여 연고지에 임명을 피하여 답험지역의 향리나 토호 등과 연결되는 것을 막았다.

위관제가 정착되면서 위관의 고유한 명칭도 부여되면서 '손실위관' 혹은 '답험위관'으로 호칭되었다. 손실위관제가 형성된 뒤로 수령과 경차관의 역할은 대폭 축소되었고, 손실위관이 주도하는 손실답험제가 시행되었다.

손실위관제의 시행은 과전에서의 변화와 연동되었다. 이미 사전의 수조는 공전의 수조에 비하여 부담이 컸으므로, 이에 대한 반발이 있었다. 사전수조가 과다한 것은 공전과 사전 간에 답험주체가 달랐기 때문이었다. 공전은 수령이 사전은 전주가 답험을 하였다. 그러므로 사전의 과잉 수조의 문제가 제기되어 과전국가관리체제가 형성되면서 사전에서도 답험의 주체를 바꾸는 관답험의 시행이 논의되었다.

그러나 정작 관답험에서는 태종 11년부터 손실경차관제의 무용론이 제기되면서, 새로운 대안이 필요한 상황이었다. 이러한 상황에서 사전에서 관답험의 시행이 본격 논의되자, 관답험에서도 손실경차관제의 문제점을 풀 수 있는 새로운 대안의 모색이 시급하였다. 그 결과 태종 15년에 손실위관제를 추진하게 되었다.

위관제의 시행으로 답험의 주체가 바뀌게 되었다. 수령의 답험권은 위관제의 시행으로 손실위관에게 넘어갔고, 바로 직후 사전에서 전주의 답험권이 관답험의 시행으로 역시 손실위관으로 넘어갔다. 손실위관은 사전과 공전을 막론하고 답험을 담당하는 주체가 되었다. 사전에서 전주의 답험권의 상실은 사전수조의 성격을 바꾸는 큰 변화였는데, 공전수조에서 수령의 답험권이 손실위관에게 넘어간 것도 그에 상응하는 큰 변화였다. 이제 국가는 손실위관제를 통해서 공전과 사전을 아울러 관리하게 되었다. 이후 손실위관제의 관리와 정비는 국가의 매우 중요한 사업이었다. 정부는 위관제의 가장 중요한 특징이 되는 위관의 상피제는 계속 유지하면서, 전지소유자의 '위관고소제', '답험문서제', '손실답험관제' 등을 추진하여 손실위관제를 강화하였다.

이와 같이 손실위관제는 정비되었으나 세종대 공법논의가 시작되면서, 관원들은 손실답험제를 비판하였다. 그 주된 비판은 손실위관제에 대한 것이었다. 손실위관제가 손실답험제의 최종적인 방안이었고, 손실위관이 손실답험의 실제적인 책임자였기 때문이었다. 손실위관제에 대한 가장 중요한 공격은 위관의 부정행위에 대한 비판이었다.

공법을 시행하고자 하는 관원들의 입장은 수조방식을 정액제로 만들어 수조과정에 관원의 개입을 줄여 부정을 원천적으로 근절하고자 하는 것이었다. 공법은 수조방식을 한 단계 더 개혁하고자 하는 것이었으므로 공법에 비교할 때 손실답험제는 분명히 한계가 있었다.

그러나 공법의 시행이 이미 대세이었음에도 불구하고, 여전히 손실답험제를 지지하는 관원이 상당수 있었다. 이들은 손실위관제가 이미 제도적으로 잘 갖추어져 있으니, 인사관리만 잘 한다면 문제가 없다고 보았다. 이러한 동향은 관원들이 보완 정비된 손실위관제를 크게 신뢰하였음을 잘 보여준다.

그러나 이미 태종 중반 '과전국가관리체제' 형성이후 수조체제는 크게 달라지고 있었다. 과전법에서 큰 차이가 있었던 공전수조와 사전수조의 운영방식은 하나로 통일되어 가고 있었다. 세종대에 이르면 공전수조와 사전수조를 통합하여 하나의 국가수조체제를 정비할 수 있는 여건이 형성되고 있었다. 세종이 시작한 공법논의는 국가수조를 통일된 하나의 체제로 만들기 위한 모색이었다. 그러므로 통일된 큰 틀을 만들기 위해서 손실답험제는 해체될 수밖에 없었다. 그러나 공법의 긴 논의를 통해서 매년의 작황을 수조에 반영하는 9등급 손실답험제의 이념과 형식은 의미가 있는 것으로 인정되었다. 공법에서 9등 年分制를 시행한 것은 공법이 답험손실제의 큰 맥락을 잇는 것이었다.

이상에서 볼 때, 조선의 정부는 백성을 위한 적정수조체제를 만들기 위해서 매우 적극적으로 노력하였다. 손실답험제 정비의 일련 과정은 조선의 정부가 백성을 위한 적정 수조를 실현해 보려고 진지하게 모색하는 과정을 잘 보여주고 있다. 특히 정부는 태종 중반 손실위관제 시행을 통해서 공전은 물론 사전의 수조까지 장악하면서 사전에서도 적정수조를 실현해 보려고 노력하였다. 그러므로 손실위관제를 강화해가는 과정은 과전국가관리체제를 정비해가는 과정의 일환이었다.

이와 같이 손실답험제를 통해서 보여주는 수조과정은 서양의 중세에서 영주가 수조의 전 과정을 장악하고 임의로 수조량을 결정하였던 것과 다르다. 그러므로 조선 정부가 정비한 손실답험제는 중세적 수준을 넘어선 것이었다. 조선의 정부는 수조방식에서도 사적인 지배를 배제하고 공공통치를[7] 실현하고자 노력하였던 것으로 이해된다.

2) 태종대 과전국가관리체제의 형성

(1) '과전경기' 규정의 성립

국가는 앞에서 살핀 바와 같이 '年分'의 책정을 통해서 수조 과정에 개입하고 있었다. 국가는 점차 수조의 적정성을 문제로 삼으면서 공전은 물론 사전수조까지 관여하고 있었다. 이 과정은 '과전국가관리체제' 형성과정이었다. 태종대의 변화를 중심으로 그 과정을 검토해보자.[8]

국가가 사전까지 관리하려는 논의는 태종대에 집중적으로 나타났다. 이 논의는 과전의 사전수조와 공전수조 간에 보이는 수조방식의 차이에서 오는 갈등을 해결하려는 과정에서 나타났다. 공전수조와 사전수조는 별개의 운영체계였으나, 국가수조라는 관점에서 하나이었으므로 상호 영향을 미치고 있었다. 그러므로 이를 잘 이해하기 위해서 이러한 논의의 근원이 되는 사전수조와 공전수조가 나누어지는 계기가 된 '과전경기' 규정이 어떻게 형성되는 지를 먼저 살펴보자.

고려 말 가장 중요한 과제는 사전의 개혁이었다. 전시과체제가 해체되고, 수조지가 사전으로 세전되면서 국가와 백성은 큰 어려움에 봉착하였다. 그러므로 이성계 등 개혁파는 권력을 잡고 먼저 사전개혁에 착수하였

---

7) 최이돈 「조선 초기 공공통치론의 전개」, 『진단학보』 125, 2015.
8) 이하 서술은 최이돈 「태종대 과전 국가관리체제의 형성」, 『조선시대사학보』 76, 2016 참조.

다. 이들은 일단 정권을 유지하기 위해서 관원과 군인에게 토지를 분배하는 것이 시급하였으므로 개혁의 모델을 어렵게 설정하지 않았다. 고려 '전시과'의 원형을 회복하는 것을 목표로 하였다.

그러나 사전개혁을 시작한지 1년이 경과하면서 개혁론자들은 단순히 고려의 전시과를 재건하는 것만으로는 고려 말 대혼란의 핵심인 사전의 문제를 근본적으로 해결할 수 없다는 인식을 가지게 되었다. 사전 문제의 재발을 방지하려면 보다 근본적인 대책이 필요하였는데, 사전의 문제는 수조권의 분배에서 출발하였으므로 이에 대한 대책은 수조권을 폐지하는 것이었다. 그러나 개혁파는 자파의 유지를 위해서나, 보수파와 협의를 위해서 수조권을 폐지할 수 없었다. 그러므로 수조권을 최소한으로 분배하고, 수조권 분배지역을 중앙권력에 가까운 경기로 한정하여, 중앙권력의 감시 하에 두고자 하였다. '과전경기' 정책은 이러한 배경에서 성립하였다. 그러므로 과전경기의 정책은 기본적으로 수조권은 분배하되, 수조권의 행사에 국가가 관여할 수 있음을 함축하고 있었다.

과전경기 원칙의 삽입으로 과전법의 성격은 전시과와 전적으로 다른 제도가 되었다. 즉 고려의 전시과는 전국을 아우르는 수세 관리에 관한 규정이었다. 그러나 과전법은 실제적으로 경기에 한정된 수세관리 규정에 머무를 수밖에 없었다. 경기를 제외한 전국토가 공전수조 구역이 되어, 경기는 오히려 예외적인 지역이 되었다.

이러한 변화 속에서 국가의 기능도 달라졌다. 경기를 제외한 전국토를 공전수조지역으로 만들면서, 공전수조를 기반으로 국가를 운영하는 체제가 형성되었다. 국가는 이제 거의 전국에서 국민과 직접적인 관계를 맺어 수조를 관리하는 지위를 가지면서 그 역할이 달라지고 있었다.

'과전경기'의 정책은 매우 큰 변화였다. 이러한 변화는 개혁파가 고려 말의 대혼란을 뚫고 생산력을 발전시키면서 성장한 자립소농을 국가경영의 기축으로 구상하였기 때문에 가능하였다. 개혁파는 자립소농을 중심으로 국가를 운영하기 위해서 자립소농의 재생산 기반을 위협해서는 안 되었다. 그러므로 개혁파는 재생산 기반을 위협할 수 있는 수조권의 분배를 경기로 제한하고, 그 외의 전국을 공전수조지역으로 삼았다.

(2) 경기 과전 이급의 논의

개혁파가 경기지역만을 사전수조지역을 삼고, 여타의 지역을 공전수조지역으로 삼은 것은 개혁이었으나, 경기의 사전수조는 여타의 공전수조에 비하여 부담이 큰 것이었으므로 결국 경기지역을 차대한 것이었다. 시간이 가면서 이러한 경기 백성에 대한 차대는 사전수조가 공전수조와 비교되면서 문제로 표출될 수밖에 없었다.

사전수조와 공전수조를 비교하는 움직임이 태종대에 본격적으로 나타났다. 논의의 계기가 된 것은 태종 3년 세곡을 운반하던 조운선의 침몰이었다. 조운선의 침몰로 세곡의 운송에 어려움이 있자, 관원들은 과전의 일부를 지방으로 옮길 것을 제안하였다. 경기의 과전을 다른 지역으로 옮기는 것은 '과전경기' 규정을 만들었을 때, 수조권을 경기에 한하여 분배하고 이를 정부가 관리한다는 이념에 저촉되었다. 더 중요한 것은 이미 국가에서 경기에만 수조권을 분배하여 백성이 지는 부담은 사전수조 지역과 공전수조 지역 간에 달랐다. 그러므로 이러한 역사적 맥락을 고려하지 않고 수세의 편의를 위하여 제안한 과전의 이전 방안은 수용되기 어려웠다.

태종 5년에는 군자곡의 부족을 채우기 위한 방안으로 경기과전의 이급 문제가 다시 거론되었으나, 역시 같은 이유에서 수용되지 않았다. 이러한 제안들은 수용되지 않았으나 사전수전 지역과 공전수조 지역을 바꿀 수도 있다는 발상은 부담을 크게 지고 있던 경기백성을 자극하였다.

구체적으로 경기는 사전수조 지역이 되면서 수조의 부담이 줄지 않았으나, 공전수조 지역의 농민들은 국가의 직접 관리 하에 들어가면서 그 전조의 부담이 획기적으로 줄었다. 시간이 가면서 이러한 차대를 분명하게 인식한 경기백성들은 수조 지역을 바꿀 수 있다는 논의가 제시되자, 자신들의 부담을 덜기 위해서 과전을 다른 지역으로 이전해달라는 요청을 할 수 있었다.

태종 9년 경기 농민의 부담이 과중하다는 이유로 관원들은 경기과전 이전을 요청하였다. 과전의 수조가 전주의 횡포로 '거두는 것이 한정이 없는' 상황임을 지적하면서 이를 해결하기 위해서 과전을 타 지역으로 옮겨달라고 요청하였다.

과전경기의 규정을 만들어 수조권을 분배하였을 때, 경기의 부담은 여타 공전수조 지역에 비하여 과할 수밖에 없었다. 이를 해결하기 위해서는 고려에서처럼 경기백성에게 공전지역과 다른 신분 지위를 부여할 수도 있었다. 그러나 정부는 경기의 백성도 일원적으로 '良人'으로 규정하였으므로, 경기의 차대는 해소해야 할 과제로 등장하였다. 이는 '과전경기'의 규정을 근본적으로 흔드는 매우 심각한 문제였다. 물론 이 문제는 단순히 경기과전을 타 지역으로 옮긴다고 해서 해결될 수 있는 문제는 아니었다. 과전의 타 지역 이전은 단순히 모순을 타 지역으로 전가하는 것에 불과했다. 그러므로 정부는 시간을 가지고 이에 대한 방안을 적극적으로 모색해야 하였다.

(3) 과전 전주의 규제

경기 백성의 사전수조에서 오는 부담이 분명하게 제기되면서 이를 개선하기 위한 여러 가지 방안이 모색되었다. 사전의 수조를 공전의 수조에 맞추는 방법은 과도한 수조를 시행하는 전주를 제한하는 간접적인 방법과 수조 방식을 개혁하여 제도적으로 과도한 수조를 제한하는 직접적인 방법이 있었다. 정부는 우선 간접적인 방법을 사용하였다. 그 한 가지는 전주의 거주지를 서울로 한정하여 전주가 수조 시에 미치는 영향력을 제한하는 방법이었다. 다른 한 가지는 과도한 수조를 걷는 전주를 전객이 고소할 수 있도록 전객에게 전주고소권을 부여하는 방법이었다.

먼저 시도한 방법은 전주의 거주를 서울로 한정하여 수조에 미치는 영향을 제한하는 방법이었다. 사전의 수조가 과하게 운영되는 것은 일차적으로 전주의 지위가 관원이라는 것에 기인하였다. 전주의 지위로 인해서 '경제외적강제'가 작용하였다. 그러므로 정부는 관원을 규제하고자 하였으나, 규제의 대상으로 삼은 것은 모든 관원이 아니라 과도한 수조의 중심에 있는 대신들이었다.

과전법을 자세히 살펴보면, 3품 이하 관원이 받은 과전은 대신이 받는 과전과 달리 운영되고 있었다. 즉 3품 이하 관원은 현직에 있는 경우에만 과전을 받았다. 그러므로 과전은 세전되지 않았고 전객을 장악하는 능력도 제한되었다. 물론 전조의 과대한 수취도 쉽지 않다. 이에 비해서 대신은 현직에 있지 않아도 과전을 지속적으로 유지하고 세전할 수 있었다. 그러므로 대신은 전객에 대한 지배력을 강화할 수 있었다. 그러므로 경기과전에서 과도한 수조가 문제로 제기되면서 대신에 대한 국가의 규제가 필요하였다.

경기과전에서 과다한 수조가 문제가 되면서 정부는 태종 9년부터 대신의 지방거주를 제한하는 정책을 추진하였다. 대신을 서울에 거주하도록 하고, 지방의 본거지로 가서 살지 못하도록 규제하였다. 과전의 지방 이전이 논의되는 상황에서 대신을 서울에 묶어 두어, 지방사회에 내려가 영향력을 행사하거나 과전의 수조에 부담을 주는 것을 막고자 한 조치였다. 태종 10년 이후 대신의 지방거주 규제가 확립되고, 이는 태종 13년 이후 나타나는 道制와 郡縣制의 정비 등 지방제도 개혁이 시행되면서 더욱 강화되었다.

대신의 지방거주를 제한하는 것은 사전수조의 과도한 징수를 개선하는 데 긍정적인 효과가 있었을 것으로 추측되나, 이는 간접적인 방법으로 전주의 과도한 수조를 모두 제한하는 것에는 아직 미흡했다. 그러한 상황에

서 한걸음 더 나아간 방법이 전객에게 과도하게 수조하는 전주를 고소할
수 있는 전주고소권을 부여하는 것이었다.

태종 15년 관원들은 전주의 과도한 수조를 지적하였고, 이에 대한 방안
으로 전주고소권을 제기하였다. 태종은 과도한 수조를 막기 위해 정부가
橫斂하는 것을 살펴 금지할 것을 제안하였다. 이는 전주가 횡렴하는 것을
국가에서 통제하겠다는 의도를 제시한 것이다. 이 제안은 대신들과의 논
의를 통해서 구체적으로 전객에게 전주고소권을 부여하는 것으로 정리되
었다. 전주고소권이 규정되면서 과다한 과전수조의 문제는 상당부분 개선
될 수 있었다.

과다한 수조의 징수는 경제외적강제의 일환이었다. 경제외적강제는 재
판권에 의존하는 것이 보통이었다. 그런데 오히려 전객에게 전주고소권을
부여한 것은 국가가 수조권은 부여하였으나, 수조권적 지배까지는 인정하
지 않았음을 분명히 보여준 조치였다.

(4) 관답험제의 시행

사전의 과다한 수조를 해결하기 위해서 대신의 지방거주를 제한하고,
전객의 전주고소권을 인정하면서, 이면에서는 수조방식에 대한 개혁 논의
도 진행되었다. 전주고소권이 만들어졌으나, 고소를 활성화하기 위해서는
과다한 수조를 판단할 수 있는 명백한 기준이 필요하였다. 그러므로 정부
는 전주와 전객 사이에서 행해지는 수조과정에 관여하고자 하였다. 가장
중요한 쟁점은 답험이었다. 국가는 전주 답험의 자의성을 개선하고, 과다
수조의 분명한 기준을 마련하기 위해서 국가가 주도하는 관답험제를 추진
하였다.

관답험제는 태종 15년 참찬 유관이 제한하였다. 그는 과전의 과다한 수
조를 비판하면서 관답험의 시행을 요청하였다. 이 요청에 대하여 태종은
긍정적이었고 지지하는 대신들도 있었으나 쉽게 결정되지 못하였다. 관답

험은 국가가 전주와 전객 사이에서 벌어지는 수조의 과정에 관여하는 것이었으므로, 전주들이 이에 심각하게 저항하였다.

관답험의 시행이 지연되자, 경기 백성의 부담을 줄이기 위해서 과전을 타 지역으로 옮겨 경기 백성의 부담을 나누어 달라는 요청도 계속되었다. 관원들은 관답험의 시행보다 과전을 삼남지역으로 옮기는 것을 더 쉽게 생각하였다. 그러므로 태종 17년 경기백성의 부담을 줄이기 위해서 과전을 하삼도로 이전하는 정책이 결정되었다.

그러나 단순히 경기과전을 하삼도로 이급하는 것은 과다한 수조 문제를 해결하는 올바른 방법이 되기 어려웠다. 경기 백성의 부담을 타 지역으로 분산시킨 것에 불과하였다. 관원들은 답험을 전주에게 맡겨놓는 한 과다한 수조의 문제는 해결할 수 없다고 보았다. 그러므로 태종 17년 관원들은 과전을 외방으로 옮기면서, 외방 과전의 수조법을 정비한다는 명분으로 다시 관답험을 거론해서, 외방 과전에서 먼저 관답험을 시행하였다. 물론 외방 과전의 관답험은 경기 과전에도 그대로 적용되면서 전국의 관답험이 시행되었다. 이후 관답험에 대한 저항은 세종 초반까지 간간이 있었으나, 관답험 정책은 지속적으로 유지되었다.

이상의 논의에서 볼 때, 태종대에 국가가 과전의 관리에 참여하는 '과전국가관리체제'가 만들어졌다. 과전은 사전이었으나, 국가는 전객에게 전주고소권을 부여하고, 관답험을 시행하면서 과전 역시 국가가 관리하겠다는 의지를 분명히 하였다. 과전국가관리체제가 형성되면서 국가의 수조관리는 다음 단계로 진행될 수 있었다. 세종 6년 전객의 전지 매매권을 허용하였고, 세종 9년부터 공법의 논의를 시작할 수 있었다. 전객의 전지 매매권은 전객의 전지에 대한 배타적인 권리를 확인하는 것이었고, 공법논의의 시작은 사전수조와 공전수조를 일률적으로 답험할 수 있게 된 성과를 바탕으로 가능한 것이었다.

관답험은 성종 초에 조금 더 보완되면서 관수관급제로 진행되었다. 이미 관답험과 전주고소권이 형성된 위에서 관수관급제로의 변화는 자연스러웠다. 그러므로 성종 초 조정에서 별다른 논의 없이 관수관급제를 시행하였다. 과전법의 성격을 수조권적 지배와 연결하여 논한다면, 관수관급제가 시행되는 것으로 과전법의 소멸을 논하기 보다는 태종 말 관답험의 시행으로 그 시기를 잡는 것이 적당하다. 관답험의 시행을 앞두고 보여준 조정에서의 길고 치열한 논란은 관원들이 이 논의를 관수관급제의 시행보다 더 비중있게 생각하였음을 잘 보여준다. 태종 말기 이후 과전법은 이미 수조권적 지배와 거리가 있었다.

물론 조선이 과전국가관리체제를 만들었지만 사전을 폐지하지 않았다. 과전을 공전으로 만들지 않았고, 여전히 사전으로 인정하고 운영하였다. 사전수조제는 관수관급제로 바뀌고도 100년 가까이 유지되었다. 이는 사전수조 역시 조선의 중요한 경제운영 방식이었음을 보여준다.

조선의 사전수조는 완성된 형태인 관수관급제에서 볼 수 있듯이 경제적 특혜를 주는 것이었으나, 이를 매개로 전객을 인신적으로 지배하는 것을 허용하지 않았다. 이는 수조권은 부여하지만 수조권적 지배는 허용하지 않는 특이한 형태였다.

이상과 같이 정부는 답험손실제와 공법의 시행으로 사전의 수조에 관여하였고, 나아가 전주고소제와 관답험의 시행으로 과전까지도 국가가 관리하는 체제를 형성하였다. 이러한 국가가 개입된 상황에서 전주가 전객을 수조권을 매개로 인신적으로 지배하는 것은 어렵게 되었다.

3) 공법의 年分制의 형성

(1) 공법 예비 논의와 연분

태종대 만들어진 과전국가관리체제는 세종대의 공법을 통해서 완성된다. 세종대의 공법 논의과정에서 보이는 가장 중요한 특징은 공전과 사전을 구분하지 않고 공법을 적용하고 있다는 점이다. 이는 이미 태종대 과전 국가관리체제가 만들어지면서 공전과 사전의 구분이 희미해지고 있음을 의미하였다.

그러므로 공법을 과전국가관리체제의 연장이라는 관점에서 공법 중에서 특히 연분부분을 중심으로 검토하였다. '年分'을 매개로 하는 국가의 수조지에 대한 관여는 손실답험제에서 그대로 공법의 연분제로 이어졌다. 그러므로 공법에 연분9등제가 도입되는 과정을 검토하는 것이 필요하다.[9]

공법논의가 본격적으로 제기된 것은 세종 12년이었다. 세종은 그 이전부터 공법 시행에 대한 의지를 여러 차례 표시하였고, 세종 11년 공법의 시행에 대한 분명한 의사를 표현하였다. 이에 의해서 호조에서는 18만 명에 이르는 인원의 여론을 수렴하여 보고하였다. 이것이 '세종 12년 공법 예비 논의'였다.

여론 수렴의 과정에서 관원들은 손실답험의 문제점에 대하여 심도있는 논의를 개진하였다. 문제점은 주로 田分과 年分에 대한 것으로 압축되었다. 전분의 문제는 전국 전지의 토질이 정확하게 파악되지 않은 상황에서 정액제인 공법의 시행은 적절한 수조 방법이 되기 어렵다는 지적이었다. 기존에 3등전제가 시행되고 있었지만, 대부분의 전지가 하등전으로 분류되고 상등전과 중등전은 극소수에 불과하여서 관원들은 실제적으로 3등제가 시행되고 있지 않다고 보았다. 그러므로 정액제인 공법의 시행을 위해서 관원들은 전품에 입각한 전지의 3등급제를 시행할 것을 요구하였다.

연분에 대한 지적은 더욱 치열하였다. 공법 반대론자들은 공법의 가장 큰 문제점으로 그 해의 풍흉을 반영하지 못하는 것으로 보고, 연분을 없애는 것을 반대하였다. 물론 일부의 관원들은 공법의 시행을 기본적으로 찬성하면서도 연분제를 뺀 것을 문제로 삼고, 공법에 풍흉을 반영하는 연분제를 수용하자는 안도 제시하였다. 그러나 공법을 반대하는 주장의 핵심

---

9) 이하 서술은 최이돈 「공법 연분제의 형성」 본서 제5장 참조.

이 연분을 반영하지 않는다는 이유였으므로 공법에 찬성하면서 연분을 반영하자는 주장은 적었다.

공법 예비논쟁에서는 결국 공법의 반대자들이 많아서 공법의 시행을 보류하였다. 이는 많은 관원들이 아직 연분을 인정하는 손실답험을 연분을 인정하지 않은 공법보다 적절한 수조방식으로 인식하였음을 보여준다. 또한 이는 손실답험제를 문제가 있었지만, 공법을 수용해야 할 정도로 나쁜 제도로 인식하지 않았음을 보여주고 있다.

공법은 보류되었으나, 공법을 반대하는 이들의 비율이 공법의 찬성자보다 현격이 많지 않았고, '小民'을 위한다는 공법 시행의 명분도 분명하게 살아있었다. 그러므로 여건이 조성되면 언제든지 공법을 시행하자는 논의는 재개될 수 있었다.

(2) 공법의 시행과 연분

세종은 공법 시행의 여건이 조성되자, 1결당 15두 정액을 제시하면서 그 18년에 공법논의를 다시 재개하였다. 이러한 세종의 제안에 대하여 관원들의 반응은 바로 둘로 나뉘었다. 많은 관원들은 동의하였으나, 예조판서 허성 등은 공법의 시행에 반대하고 손실답험제를 유지할 것을 주장하였다.

공법논의는 세종 18년 윤6월 貢法詳定所를 만들면서 본격화되었고, 관원들도 논의에 적극 참여하였다. 논의의 결과 기존의 3등전제를 그대로 이용하면서, 道를 기준으로 하는 3等道制를 가미하여 전분 9등제를 규정하였다. 연분은 완전히 배제하고 전분만으로 공법의 규정을 만들었다.

이와 같이 공법의 규정을 매우 쉽게 만들었다. 이미 세종 12년 공법 예비 논의 이래 많은 관원들이 전분제과 연분제에 대하여 새로운 견해들을 제기하였다. 그러나 이러한 논의를 수용하지 않았다. 관원들은 연분제를 강조하여, 연분제 까닭에 공법에 반대하거나, 연분을 수용한 공법을 제안하였으나 연분은 반영되지 않았다. 공법에 찬성한 관원들도 기존의 3등전제를 인정하지 않고, 새로운 전분의 책정을 공법시행의 전제조건으로 제시하였다. 그러나 의정부의 주도로 공법은 3등전제를 기본으로 하고, 3등도제를 추가한 것에 그쳤다. 관원 간에 심도 있는 대안들이 제기되었으나, 대다수의 관원들이 바라지 않는 방식으로 공법이 규정되고 말았다.

공법의 규정은 만들어졌으나, 규정은 바로 시행되지 않았다. 세종은 공법의 규정을 다듬으면서 한편에서는 공법을 부분적으로 시험하였다. 세종 20년부터 공법을 시범운영 하였고, 2년의 시험을 거친 후에 세종 22년에 경상도, 전라도에, 세종 23년에는 충청도에도 확대 시행하였다.

그러나 공법이 일부지역에만 시행되면서 시행과정에서 크고 작은 문제가 계속 제기되었다. 그러므로 공법에 찬성하지 않는 관원들은 계속 공법의 수정을 요청하였다. 일부는 공법을 폐지하고 손실답험으로 돌아가는 방안을 제시하였고, 일부는 공법에 연분을 추가하는 방안을 제시하였다. 물론 기존의 3등전제를 그대로 수용한 것에 대해서도 관원들은 불만스럽게 생각하고 있었다. 이와 같은 상황은 공법에 심각한 문제가 노출된다면, 언제든지 공법의 골간을 바꿀 수 있는 개정이 가능하였음을 보여주었다.

(3) 공법 개정과 연분

공법은 매우 큰 과제였으므로 규정을 만든 후에도 지속적으로 문제점이 제기되었고, 이를 계속 규정에 반영하고 있었다. 물론 공법은 전품 9등제의 틀을 유지하였다. 그러나 공법을 시행하면서 매우 심각한 문제점이 노출되었다. 이는 공법에 의해서 수조한 결과 그 수조량이 손실답험제로 수조한 것보다 많은 양이 수조된 것이었다. 단순히 많은 것이 아니라 지역에 따라서는 2배 이상 수조량이 증가하였다.

공법의 시행으로 수조량이 이전에 비하여 대폭 늘자, 공법의 기본 틀을 유지하는 것은 불가하였다. 이를 해결하기 위해서는 3등전제를 기반으로 만든 전분 9등제를 전면 검토할 필요가 있었다. 이와 같은 상황이 제기되면서 공법을 원점에서 다시 논의할 수밖에 없었다. 세종은 공법이 '소민'을 위한 개혁임을 강조하였고, 이 명분을 내세워 공법을 강행할 수 있었으나, 공법이 과중한 과세로 드러나면서 공법의 명분이 위협을 받았다. 그러므로 감세를 위해서 모든 방법이 동원될 수밖에 없었다. 전분 9등제의 근간이 되는 3등전제부터 다시 근본적으로 검토할 수밖에 없었다. 당연히 공법의 규정에서 배제되었던 연분도 감세를 위한 방안으로 다시 논의의 대상으로 등장할 수 있었다.

장기간 숙고를 거듭한 세종은 그 25년 7월에 공법의 개정 논의를 시작할 것을 명하였다. 개정 논의가 시작되자 관원들은 다양한 의견을 개진하였다. 처음부터 공법에 반대하던 황희는 공법의 폐지를 주장하였다. 그러나 황희와 같이 공법 폐지를 주장하는 관원은 극소수였다. 기본적으로 공법을 유지하면서 개선안을 모색하였다. 논의에서 관원들을 전분과 연분 등 기존 공법의 틀을 완전히 바꾸는 새로운 개정안을 제시하였다.

세종은 공법 개정논의를 통해서 관원들의 주장을 수용하여 25년 10월에 개정안으로 전분 5등제와 연분 9등제를 피력하였다. 전분 5등제는 하등전을 3등으로 나누는 방법으로 제안되었으나, 관원들이 이미 3등전제에 대한 불신이 컸으므로, 하등전을 3, 4, 5등급으로만 나누지 않고, 기존의 3등급제를 버리고 전체 전지의 등급을 5등급으로 책정하였다. 물론 하등전을 1, 2등 전지로 책정하는 것은 무리가 있다는 지적이 있자, 결국 하등전에서 1, 2등이 된 전지를 3등전으로 내려 정하고, 3등전 이하는 한 등급씩을 낮추면서 전분 5등제를 6등제로 바꾸었다. 전분 6등제의 시행으로 대다수의 하등전이 3, 4, 5, 6등전이 되면서 감세의 혜택을 누리게 되었다.

연분 9등제의 도입은 기존에 연분을 전혀 배려하지 않았던 것에 비하여 파격적인 조치였다. 연분제를 시행하면서 연분제의 시행에서 나타날 수 있는 부정을 막기 위해서 고을단위의 연분제를 채택하였다. 연분 9등제를 제안할 때부터 일부 관원들이 이에 반대하였다. 9등급이 번거로우니 이를 3등 혹은 5등제로 하자고 요청하였다. 그러나 세종은 이왕에 연분을 수용한다면, 그간 오랫동안 시행해본 경험이 있는 손실답험의 연분 9등제를 수용하여 시행하는 것이 부작용이 적을 것으로 판단하였다. 그러므로 연분 9등제는 과전법의 손실답험을 이은 것이었다.

결국 전분 6등제와 연분 9등제는 세종 12년 공법 예비논의에서부터 관원들이 진지하게 제안하였던, 전분과 연분에 관한 다양한 방안들을 잘 반영하고, 나아가 손실답험제의 장점까지 계승한 방안이었다.

공법이 전분 6등제, 연분 9등제로 새로운 골격이 결정되자, 정부는 이를 구체화하기 위하여 세종 25년 11월 전제상정소를 설치하였다. 전제상정소는 관원은 물론 지방의 품관들과 노농들에게 문의하여 적정 수조량을 정하였다. 상정소는 기초자료에 입각해서 上上年에 57畝의 토지에 대하여 1등전의 생산량은 40석, 6등전의 생산량은 10석을 정하여 세종 26년 11월에 개정공법을 발표하였다.

즉 수조율을 1/20로 명시하였고, 전분은 전지를 6등급으로 나누고, 1등급에서부터 등급에 따라서 전지의 수조량을 15%씩 감량하였다. 연분은 9등급으로 나누고, 1등급 당 10%를 감량해주었고, 고을단위로 연분을 정하였으며, 연분을 책정하는 주체를 감사로 정하였다. 전지의 면적을 수세의 편의를 위해서 1결 20두를 기준으로 환산하여서 1결당 면적을 조절하였다. 이와 같은 조치로 1결당 절대면적은 상대적으로 많이 넓어졌다. 또한 연분의 추가로 풍흉에 따른 수조량의 조정도 원활하게 되었다.

세종은 그 29년에 개정공법을 하삼도에 전면적으로 시행하였다. 이후에 관원들의 관심은 연분의 책정에 집중되었다. 결국 전조의 수조량은 연분에 의해서 결정되었기 때문이었다. 연분 책정의 구체적인 자료는 찾기 어렵지만, 성종대 이극증은 연분의 상정이 中下이상이면 납세가 무거워지고, 下上이하이면 납세가 가벼워진다고 언급하고 있다. 이와 같은 이극증의 주장은 개인적인 주장이었지만, 조정에서 공개적인 논의에서 의견을 개진한 것으로 관원들의 일반적인 인식을 표현한 것으로 이해된다. 즉 당시 관원들은 연분의 책정에서 중하년이나 하상년을 기본적인 연분으로 상정하고 있었다. 연분을 중하년을 기준으로 책정하였다고 가정하면, 당시 정부는 평균 1결당 10두의 수조를 실현하고 있었음을 보여준다.

이상에서 볼 때, 공법은 세종 26년의 개정을 통해서 그 큰 틀이 완성되었다. 전분은 기존의 3등전제의 문제점을 충분히 인정하고, 현실의 전품을 반영하여 새롭게 6등제로 정비되었다. 연분은 손실의 등급을 10% 단위로 나누고, 9등제로 수조액을 감해주는 양식으로, 손실답험의 형식을 그대로 계승하였다.

이상의 검토를 통해서 볼 때에 공법의 시행은 몇 가지 점에서 중요한 의미를 가지는 것으로 보인다.

① 가장 먼저 지적할 것은 공법은 개정을 통해 연분제를 수용하면서, 손실답험제의 맥락을 이었다. 공법은 손실답험의 문제점을 개혁하기 위한 새로운 제도였으나, 손실답험제와 대립된 제도가 아니고, 적정 수조를 위한 노력이라는 점에서 그 맥을 이어가는 연속선상에 있는 제도였다. 즉 공법은 과전법의 손실답험제와 이후 적정수조를 이루고자 추진된 수조제의 개혁 정책을 내적, 형식적으로 잇는 정책이었다.

② 공법의 시행으로 수조제 운영방식의 적정성과 투명성이 제고되었다. 공법의 논의를 통해서 전지의 전품에 따른 생산력이 분명하게 드러났으며, 이를 적정하게 반영하는 전품 6등제를 시행하여 수조의 적정성을 높였다. 또한 연분 9등제를 통해서 작황을 섬세하게 반영하여 적정성을 높였으며, 답험단위를 고을과 면으로 책정하면서 운영의 투명성을 높여, 수조과정에서 일어날 수 있는 부정을 현격하게 제어하였다.

③ 공법은 세종이 천명한 것과 같이 '소민' 지향적인 정책이었다. 공법은 그 시작이 소민의 부담을 덜기 위한 것으로 출발하였다. 그러므로 공법

의 논의과정에서 18만 명에 이르는 '細民'의 여론을 청취하였고, 공법의 논의 과정에서 가장 중요한 쟁점이 관원과 향리, 토호 등의 부정을 방지하는 것이었다. 실제로 공법의 시행으로 수조과정에서 관원과 향리, 토호 등의 부정을 획기적으로 개선하였다.

이미 공법의 규정이 마련되었지만, 개정이 추진된 가장 중요한 이유 역시 과잉 수조가 나타나면서 소민을 위한다는 명분에 손상을 주었기 때문이었다. 그러므로 공법의 개정은 소민을 의식하면서 추진되었는데, 그 과정에서 현실의 수조가 1/10의 수조율을 실현하지 못하는 상황이 드러났으나, 왕과 정부는 소민들이 부담하고 있는 현실의 수조량의 인정하였다. '천하의 中正'한 방법으로 이해되던 1/10 수조율을 포기하고, 貊道로 치부되는 1/20 수조율을 선택하고, 선언한 것은 유교를 국시로 하였던 조선의 관원들이 선택하기 쉬운 방안을 아니었을 것이다.

공법의 추진과정이나 공법의 규정을 통해서 드러난 왕과 관원들의 태도를 보면, 이들은 백성들이 국가의 기반임을 분명하게 인지하고 있었다. 이는 왕과 관원들이 公天下의 이념에 입각한 公共統治의 이상을[10] 공법의 추진과정에서도 실현하려고 노력하였음을 잘 보여준다.

④ 공법의 시행으로 일원화된 수조체제를 정비할 수 있었다. 과전법의 수조체제는 '과전경기' 규정의 편입으로 공전수조와 사전수조로 나뉘면서 이원적으로 운영되었다. 답험권이 전주와 수령에게 나누어져 부여된 것은 이를 잘 보여준다. 정부는 적정수조를 시행하기 위해서 전주의 답험권과 수령의 답험권을 차례로 회수하였고, 결국 공법을 시행하면서 이를 일원적으로 통일하여 국가가 관리할 수 있게 되었다. 즉 이는 공법의 시행으로 과전국가관리체제가 완성되었음을 의미한다.

이상에서 볼 때, 국가는 적정 수조라는 입장에서 손실답험제와 공법의 시행을 통해서 공전은 물론 사전의 수조까지 법에 의해서 간섭하고 관리

---

10) 최이돈 「조선 초기 공공통치론의 전개」 『진단학보』 125, 2015.

해 나아갔다. 따라서 관원에게 부여된 수조권은 완전히 위임된 불수불입의 권리와는 거리가 있었다.

3. 佃夫의 지위

1) 고려후기 收租率과 과전법

(1) 고려의 1/4 수조율

과전법 하에서 전부(전객)의 지위는 어떠하였을까? 과전법의 성격을 구명하기 위해서 이는 가장 중요한 요점이 될 수 있다. 이를 위해서 먼저 과전법의 수조율을 검토하였다. 수조율은 전객의 객관적인 지위를 보여주는 가장 기초적인 지표였기 때문이다.

과전법의 수조율을 이해하기 위해서 고려후기의 수조율을 검토하여, 이를 조선의 수조율과 비교하는 것이 필요하다. 이를 위해 고려에서 논의되는 수조율을 1/4수조율, 십일조로 나누어 검토해 보았다. 고려에는 1/2 수조율도 있었으나, 이는 소유권에 입각한 지대로 수조권적 수조제인 과전법과 연관성이 없기 때문에 논하지 않았다.[11]

먼저 1/4 수조율에 대하여 검토해 보았다. 고려에서는 조선에서 보이지 않는 1/4 수조율이 시행되고 있었다. 이는 성종대에 공전조를 논하면서 표현된 것으로 고려에서 1/4 수조율이 시행되었음을 분명하게 보여준다. 그러나 고려에서 1/4수조율을 보여주는 명료한 자료는 이것 하나에 그쳤으므로 1/4 수조율에 대하여 연구자들의 견해는 나누어졌다. 강진철은 1/4 수조율을 수조권적 수조율로 이해하였으나, 이성무는 이를 소유권적 수조

---

11) 이하 서술은 최이돈 「고려 후기 수조율과 과전법」 『역사와 현실』 104, 2017 참조.

율로 이해하였다. 이성무는 수조권적 수조율로 십일조를 상정하고 있었으므로 공전조를 소유권적 수조율로 상정하였다.

그러나 『고려사』에는 1/4 수조율을 짐작케 하는 자료가 두 가지 있다. 하나는 군전 관련 자료이고, 하나는 둔전 관련 자료이다. 이제현이 지적한 군전 관련 자료를 유심히 보면, 이제현은 군인이 실제적으로 10% 정도의 수조를 하고 있는 상황을 문제로 삼고, 족정과 반정을 받고 있는 군인들에게 40% 정도의 전지를 더 지급하자고 제안하고 있다. 이는 군인이 받아야 할 적정 수조가 10%가 아니라 20%에 육박하는 것이었음을 보여준다. 20% 정도의 수조량은 자연스럽게 공전조 1/4을 연상케 한다. 즉 이 자료는 사전인 군전에서 수조율이 분명하게 십일조가 아님을 보여주었으며, 그 수조량은 1/4에 달하는 것으로 추정케 해주고 있다.

다른 하나의 자료는 숙종대의 둔전 자료이다. 둔전에서 보여주는 수조율이 1/4정도라는 추정은 이미 안병우에 의해서 제시되었다. 그러나 안병우는 둔전이 국유지임을 주목하면서 이를 소유권적 공전의 수조율로 해석하였다.

그러나 주목할 것은 숙종대 보이는 둔전은 기존의 둔전이 아니고, 신둔전제였다는 점이다. 이 둔전은 1인당 4負의 전지를 나누어 주고, 1두 정도의 수조를 거두는 새로운 둔전제도였다. 이러한 새로운 둔전제는 고려말기에는 물론 조선초기에도 시행된 戶給屯田制와 같은 것이었다. 국방의 안위가 문제로 제기되면서 군비의 조달이 필요한 정부에서 고안해낸 방법이었다. 형식은 국가에서 토지를 주고 수조하는 방식을 취하고 있었지만, 국가는 실제로 나누어줄 전지를 가지고 있지 못하였다. 나누어줄 국유지를 가지고 있었다면, 신둔전제를 만들 필요 없이 그 전지에서 나오는 수조를 군비로 사용할 수 있었다. 그러므로 신둔전제는 사실상 군비를 위해서 새로운 조세인 屯田租를 만든 것이었다.

그러므로 둔전조는 조선에서 수조권적 수조율을 적용하여 5負당 1두를 거두고 있었는데, 그 수조량은 4負당 1두를 거두었던 고려의 것과 비슷하였다. 그러나 생산력의 차이로 인해서 조선에서는 십일조에 해당하였고, 고려에서는 1/4의 수조율에 해당하였다. 수조율은 달랐으나, 둔전조는 고려와 조선에서 공히 수조권적 수조율에 의해서 수조되었다.

그러므로 군전과 둔전의 예에서 볼 때, 고려에서 공전조 1/4은 수조권적 수조율이었던 것으로 보인다. 물론 공전의 경우 공전조 1/4로 명확하게 규정하였으나, 사전의 경우는 분명하지 않다. 그러나 사전의 경우도 군전의 예를 비추어 볼 때, 공전에 준하는 수조율을 적용하였을 것으로 추측된다.

(2) 십일조와 과전법

연구자들은 고려에서 십일조가 시행되었다고 주장하고 있다. 고려에서 수조율에 대한 통설은 1/4수조율이었으나, 이성무가 고려에서 십일조가 시행되었다는 견해를 제시하여 연구자들의 지지를 받으면서 그 입지를 넓혀가고 있다. 다만, 연구자 간에 이견이 있어, 십일조가 고려 초기부터 시행된 것으로 보는 주장과, 고려 후기에 수조율이 변화하면서 십일조가 등장하였다는 주장이 대립하고 있다. 고려의 수조율을 1/4로 주장하였던 강진철은 고려 후기의 십일조 관련 자료를 인정하면서 고려 전기에는 1/4의 수조율이었으나, 고려 후기에 십일조로 수조율이 바뀐다고 주장하였다.

고려사의 모든 연구자들이 시행시기에 대해서는 이견이 있었지만, 결국 고려에서 십일조가 시행되었음을 인정하고 있다. 이는 십일조가 시행되었다고 언급하는 몇몇의 자료가 고려후기에 보이기 때문이었다. 이규보, 이제현, 백문보, 조준 등의 자료가 그것이다.

그러나 흥미로운 것은 조선의 왕과 관원들은 고려에서 십일조가 시행되었다고 인정하지 않았다. 십일조는 과전법의 시행과 더불어 시작된 것으로 이해하고 있었다. 세종은 분명하게 고려의 수조율을 1/3에서 1/6에 해당하는 것으로 수치까지 거론하면서 고려에서 십일조의 시행을 부정하였다. 이와 같은 세종의 지적은 공법논의를 오랫동안 진행하면서 고려의 전제와 세제를 심도 깊게 검토한 결과라는 점에서 신뢰가 간다.

그러므로 고려에서 십일조가 시행되었다고 언급한 자료들을 검토해보자. 이규보의 자료는 당시의 정황을 고려할 때에, 과장된 수사적 문장으로 이해된다. 다만, 이는 단순한 수식은 아니었고 그의 희망을 기록한 것으로 보인다. 그는 균전론과 십일조의 시행을 희망하고 있었는데, 이와 같은 이규보의 인식은 그가 신진사대부 개혁론의 원류가 될 수 있었음을 보여준다.

이제현은 책문과 사론을 통해 고려 초부터 정전제와 십일조를 시행하지 못한 것을 매우 아쉬워하였다. 특히 이제현은 고려사 편찬을 시도하였다는 점에서 볼 때, 고려사에 매우 정통하였을 것으로 보이므로 그의 기록은 매우 신뢰가 간다. 이제현이 정전제과 십일조를 책문과 사론을 통해서 구체적으로 거론하고 있는 것은 신진사대부의 개혁구상이 이규보가 희망을 서술한 수준에서 좀 더 구체화되고 있음을 보여준다.

백문보가 언급한 십일세는 전조가 아니라 전세에 대한 것이었다. 그의 정치적 행적을 보면, 그 역시 스승인 이제현을 따라 정전론과 십일조를 개혁의 이상으로 삼았을 것으로 짐작된다. 그가 전세에서나마 십일세를 언급한 것은 십일조에 대한 인식의 연장선상에서 가능하였던 것으로 이해된다.

조준은 태조의 행적을 구체적으로 거론하면서 고려에서부터 십일조를 시행하였다고 주장하였으나, 그 상소는 개혁을 위해 권문세족과 치열하게 싸우는 상황에서 서술된 것임을 고려해야 한다. 개혁파는 과전법을 시행하기 위해서 과전법이 전시과의 뜻을 잇는 것임을 강조하였고, 고려 태조가 이미 십일조를 시행했다는 것을 주장하는데 주저하지 않았던 것으로 짐작된다.

이상에서 볼 때, 분명한 것은 이규보 이후 신진사대부들은 개혁의 이상을 가지고 십일조를 거론하였다. 그들은 균전제나 정전제를 실현하는 구체적인 모습으로 십일조를 이해하였고, 이러한 주장을 기회 있을 때마다 표현하였다. 이러한 개혁의 방향에 대하여 충선왕, 공민왕 등 개혁을 주도한 왕들도 공감하여, 그들의 교서에서 균전과 정전을 언급하고 있었다. 그러므로 십일조는 신진사대부의 개혁 이상이었을 뿐 고려에서 실현되었다고 볼 수 없다.

이상의 검토를 통해서 고려에서는 수조권적 수조율이 1/4이었음을 알 수 있었다. 이규보 이후 신진사대부들은 정전제와 균전제를 개혁의 방향으로 생각하였고, 이를 구현하는 것이 십일조라고 이해하였다. 그러므로 세종이 주장한 바와 같이 십일조는 과전법에 의해서 시행된 개혁파의 중요한 성과였다.

물론 이와 같이 수조율을 낮출 수 있었던 것은 고려 말이래 늘어난 생산력에 기인한 것이었다.[12] 구체적인 예로 屯田租에서 볼 수 있었듯이 고려의 1/4수조율에 의한 수조량 1斗는 조선의 십일조에 의한 수조량 1斗에 상응한 것이었다.

이와 같이 과전법에서 수조율을 바꾼 것은 조선이 몇 가지 점에서 고려와 다른 국가적 성격을 가지게 하는데 기여하였다.

① 수조율의 감소는 수조권의 실제적인 영향력을 축소시켰고, 결국 수조권적 지배의 강도에 영향을 주었다. 태종대에 이르면 과전국가관리체제가 형성되어 수조권적 지배가 실제적으로 해체되는데, 이러한 수조권적 지배의 약화는 이미 수조율을 낮추는 변화에서부터 시작되었다.

② 수조율의 감소는 농민층의 지위 향상에 도움이 되었다. 고려의 주된 생산자층인 白丁은 낮은 생산성과 높은 수조율로 자립이 쉽지 않았다. 그러나 고려 말 농업생산력의 향상과 수조율의 감축에 힘입어 백정층은 상당수가 자립소농으로 그 지위를 높였고, 국가에 의해서 齊一的 지위를 부여받은 良人이 될 수 있었다.

③ 수조율의 변화는 국가의 운영방식에도 영향을 끼쳤다. 낮은 생산력

---

12) 이태진 『한국사회사연구』 지식산업사 2008.

하에서 고려 정부는 수조권을 매개로 백정을 향리의 지배 하에 두면서 비균질적인 통치체제를 형성할 수밖에 없었다. 그러나 조선은 높은 생산력과 낮은 수조율 하에 성장한 자립소농을 담지층으로 삼아 일원통치제제를 구축하였다. 또한 국정의 안정적 운영을 위해서 소농의 재생산 기반을 유지하기 위해서 소민보호와 민본을 이념으로 삼아 공공통치를 지향해 가고 있었다.

그러므로 1/10 수조율로 상징되는 과전법체제와 조선의 국가적 성격은 전시과가 상징하는 고려의 국가적 성격과 상당히 다른 것으로, 이미 중세적 모습을 벗어나고 있었다. 이러한 수조체제 하의 전부의 지위는 전시과 체제 하의 농민과 다를 수밖에 없었다. 당연히 서양 중세 농노의 지위를 이미 벗어나 있었다.

2) 佃夫의 법적 지위

(1) 전지의 점탈과 전부

위에서 전부(전객)의 지위를 살피기 위해서 수조율을 검토해보았다. 과전법에서는 전시과와 달리 십일조를 시행하고 있었다. 이는 과전법 하의 전객의 지위가 1/4의 수조율을 시행하는 전시과 체제 하의 백정보다 높을 수 있었음을 보여주었다. 이와 더불어 관심이 가는 것은 전객의 법적인 지위이다. 국가에서 전객을 보호하기 위해서 어떠한 법적 규정을 가지고 있는가를 검토해보자.13)

전부의 법적 지위는 과전법에 보이는 전객의 보호규정을 바탕으로 정비되었다. 과전법에는 전객을 보호하는 조항이 명시되어 있었다. 전주는 전객의 소경전을 탈취할 수 없었고, 규정 이상의 수조를 할 수 없었다. 전주

---

13) 이하 서술은 최이돈 「조선 초기 전부의 법적 지위」 2016 참조.

가 전지를 탈취하거나 과도한 수조를 하는 경우 처벌을 받았다.

그러므로 전부의 법적 지위를 살피기 위해서, 먼저 과전법에 타나나는 전객의 보호규정을 살펴서 그 의미가 무엇인지 검토해보고, 이 규정이 구체적으로 어떻게 적용되고 있었는지를 검토해보자. 또한 법적 규정을 적용하기 위해서 피해를 입은 당사자인 전부가 문제를 제기할 수 있는 고소권을 행사하고 있었는지도 검토해보자.

먼저 전주가 전객의 전지를 탈취하지 못하게 한 규정을 자세히 살펴보자. 과전법에는 전주가 전객의 전지를 탈취하는 것을 금하고, 탈취한 경우의 처벌을 자세히 규정하고 있다. 전지를 1부 탈취하면 태형에 처하였고, 25부 이상을 탈취하면 중형인 장형에 처하였다. 특히 유념해야 될 것은 전주가 과전을 탈취하는 것은 贓罪에 해당하였다.

전주가 전객의 전지를 점탈하지 못하도록 한 보호규정은 실제로 잘 지켜졌을까? 전주가 전객의 전지를 탈취한 사례는 조말생의 사례가 거의 유일하다. 병조판서 조말생은 전객 한회의 전지를 탈취한 것으로 드러나 처벌을 받았다. 그는 병조판서로서 세종의 신임을 받는 대신이었으나 형벌을 피하지 못하였다.

전주가 전객의 전지를 빼앗은 사례가 적으므로 조금 더 당시 상황을 잘 이해하기 위해서 전주와 전객 사이가 아닌, 일반적인 전지의 탈취 사례도 검토해 보자. 당시 전지 탈취사례를 검토해보면, 탈취자의 신분은 주로 대신과 왕족 등 지배신분으로 나타난다. 정부는 전지를 탈취한 자를 대신, 왕족을 막론하고 적법한 절차를 거쳐서 처벌하였다.

그러므로 조선 초기를 통해서 과전법에서 전주가 전객의 전지를 탈취하지 못하도록 한 규정은 잘 지켜지고 있었다. 조선 초기의 전객은 전주의 전지 침탈로부터 국가의 보호를 받고 있었다.

(2) 과잉수조와 전부

과전법에서 전객의 지위를 보여주는 다른 한 가지는 전주가 전객의 과잉 수조를 금하는 규정이다. 공전과 사전에서 수조의 양을 1결당 30두로 정하고, 이를 넘어가는 수조는 과잉 수조로 규정하여 처벌하였다.

이와 같이 명료하게 사전에서의 수조량을 규정한 것은 전시과에서는 찾을 수 없다. 고려 말 신진사대부들은 1/10수조율을 과전법에 명시하고 이 수조율 이상의 수조를 하는 경우 처벌하는 규정을 과전법에 담았다. 그러므로 과전법에서 공전뿐 아니라 사전의 수조율을 분명하게 명시하고, 이를 어기는 경우 처벌하는 규정을 만든 것은 개혁파의 이상을 실현한 것이었다.

1결당 30두라는 규정은 전지에서 거두어갈 수 있는 수조량의 상한선을 규정한 것이었다. 공전이나 사전의 수조량은 해마다의 작황을 감안하는 답험손실이 진행되었으므로, 실제적인 수조량은 변화가 있을 수밖에 없었다. 그러나 답험에 의한 감액에 관계없이 이 규정에 따라서 과전법 체제 하에서 수조량은 1결당 최대 30두를 넘어갈 수 없었다. 고려 말의 극도의 과잉 수조를 경험한 상황에서 개혁파가 1결당 30두의 수조 상한선을 법으로 명시한 것은 분명한 개혁이었다.

이 규정이 특히 중요한 것은 공전과 사전에서 공히 같은 수조량을 명시하고 있다는 점이다. 이 규정으로 말미암아 사전 수조의 양을 여타 공전 수조의 양과 같이 비교하여 논의할 수 있었다. 즉 사전의 수조에서 보이는 전주의 자의성은 공전과 비교되면서 보다 명백하게 드러날 수 있었다. 또한 1결당 30두의 수조를 어긴 경우 '贓罪'라는 가볍지 않은 처벌을 분명하게 명시한 것도 의미가 있었다.

그러나 남는 문제는 손실 답험의 주체였다. 답험의 주체를 공전에서는 수령, 사전에서는 전주로 규정하였다. 이에 따라 전주가 수조권을 통해서 위임받은 권한은 결당 30두라는 상한선 내에서 답험을 통해서 수조량을 결정할 수 있는 권한이었다. 그러므로 법적으로 전주에게 주어진 수조권적 지배의 실체는 답험의 범위 안에 있었다.

과연 이러한 과잉 수조를 금하는 규정이 잘 지켜졌는가? 유념할 것은 전주의 과잉 수조의 문제는 두 가지의 관점에서 섬세하게 살펴야 한다는 점이다. 즉 그 하나는 이미 법으로 정해진 1결당 30두를 넘어선 불법적인 수조였는가? 다른 하나는 전주가 답험을 적절하게 시행하지 않아서 나타나는 1결당 30두 이내에서의 과잉 수조였는가? 과잉 수조는 이 두 가지 모든 경우에 가능하였다.

과전법이 시행되고 태조대에 이르기까지 과전법에 대한 불만은 제기되지 않았다. 오히려 당시의 관원들은 과전법의 시행에 대하여 매우 만족스러워하고 있었다. 특히 공전수조 지역의 백성들의 지위는 수조권적 지배에서 벗어나게 되면서 높아지고 있었다. 공전수조의 답험은 수령이 담당하고 있었는데, 수손급손제 답험을 시행하면서 수령의 답험은 사전의 답험보다 給損을 후하게 주고 있었다. 이와 같은 상황에서 공전 수조 지역의 백성들은 경제적 지위를 높이면서, 국역을 담당하는 담지층으로 성장할 수 있었다.

공전수조 지역에서 백성들의 사정이 호전되고 있었으나, 사전 수조 지역의 전객들은 수조권적 지배 하에서 사정이 좋지 않았다. 경기의 전객들은 공전 수조 지역에서 일어나고 있는 변화를 의식하면서 자신들이 공전 수조 지역보다 높은 부담을 지는 것을 부당하게 여기고 문제를 삼기 시작했다. 경기 백성은 태종 9년 자신들의 부담을 타 지역과 비교하면서 부담의 원인이 되고 있는 과전을 타 지역으로 이전해 달라고 요청하였다.

경기 백성이 지적하는 과잉 수조의 내용은 무엇이었을까? 이미 30두 이상을 수조하는 것을 처벌하는 조항은 마련되어 있었으므로, 30두 이상의 과다한 수조가 문제라면 이에 대한 처벌을 요청하면 되었다. 과전의 하삼도 이급까지 주장할 필요는 없었다. 그러나 경기 백성들은 경기의 과잉 수조의 문제를 과전 이급을 하지 않으면 해결되지 않는 것으로 이해하고 있었다. 즉 경기 백성들은 전주의 답험에 기인하는 30두 이내에서 부과되는 과다한 수조를 문제 삼은 것이었다. 이와 같은 상황은 이미 이 시기에 이르면, 1결당 30두 이상을 거두는 과잉 수조는 법에 의해서 처리되고 있었음을 의미하였다.

경기 백성들이 문제를 제기하면서 정부는 경기 백성의 부담이 크다는 것은 분명이 인지하였으나, 답험의 범위 내에서의 과다한 수조는 이미 과전법 상에 과전을 경기에 배치하는 '科田京畿'의 규정을 만들면서 예상할 수 있었던 문제였다. 그러므로 답험의 범위 내에 있는 과잉 수조를 해결하는 것은 간단한 문제가 아니었다. 전주 답험의 범위에서 나타나는 과잉 수조를 해결하는 방안을 마련하는 것은 수조권에 대한 새로운 해석과 결단이 필요한 문제였다.

이후 지속적인 논의를 통해서 이 문제는 조금씩 해결되었다. 태종 15년에는 호조의 제안에 따라서 '불공평한 답험'을 범죄로 규정하고, 불공평한 답험을 한 전주를 전객이 고소하도록 하는 '전주고소권'을 만들었다.

더욱이 태종 17년에는 과전을 하삼도에 이급하면서, 지방에서부터 관답험을 시행하였다. 물론 지방의 관답험은 그대로 경기도에도 적용되었다. 관답험의 시행은 전주의 답험에 기인한 과잉 수조의 문제를 해결하는 큰 계기가 되었다.

물론 과잉 수조의 문제는 이후에도 지속적으로 거론되었다. 그러나 이미 관답험이 시행되어 적정 수조량이 분명하게 산출된 이후에 제기되는 과잉 수조의 문제는 이와 같은 규정을 정비하기 이전과는 내용과 질을 달리할 수밖에 없었다.

이후의 수조 방식에 관한 논의는 새로운 단계로 넘어갔다. 적정 수조의 문제가 사전에서 공전과 사전을 포괄하는 국가수조의 문제로 전환되었다. 즉 세종 재위 기간 내내 논쟁의 대상이 된 공법의 논의가 그것이다. 공법

논의는 사전에서 과잉 수조 논의의 연장선상에서 국가의 적정 수조를 검토하는 것이었다. 이는 당시 공권력의 성격과 조선의 국가적 수준을 잘 보여주는 매우 중요한 논의였다.

(3) 전부의 고소권

이상에서 볼 때, 佃夫는 법으로 전주의 전지 침탈과 전주의 과잉 수조로부터 보호를 받고 있었다. 국가는 국정의 안정적 운영을 위해서 지배신분 개인의 침탈이나 수탈을 불법으로 규정하고 제재를 가하였다.

그러나 전주의 불법을 국가가 적발하고 처벌하기 위해서는 전부의 고소가 필요하였다. 불법에 대한 문제의 제기는 피해를 입은 당사자인 전부가 할 수밖에 없었다.

전부는 전주를 고소할 수 있었을까? 전부가 전주를 고소할 수 없다면, 전부에 대한 법적 보호 규정은 의미를 가지기 어려웠다. 먼저 전부는 전주의 전지의 점탈에 대하여 고소할 수 있었을까? 앞에서 살핀 바와 같이 전주가 전부의 전지를 점탈한 사례는 세종 12년 조말생이 전객 한회의 전지를 탈취한 사건이 거의 유일하였다. 이 내용을 보면, 피해자의 이름은 밝혀지고 있으나, 고소자가 누구인지 밝히지 않고 있다.

그러나 전객의 전지가 아닌, 타인의 전지를 탈취한 경우를 조사해보면, 전지를 탈취당한 피해자는 대신, 왕족 등 신분의 고하를 막론하고 가해자를 고소하였고, 정부는 가해자를 적법한 절차에 의해서 처리하는 것이 일반적이었다.

이러한 상황을 고려할 때, 앞에서 조말생이 한회의 전지를 탈취했다고 피해자의 이름만을 거론하고 있지만, 이 경우 고소자가 한회였음을 짐작할 수 있다. 따라서 전지를 탈취당한 전부는 전주를 고소할 수 있었고, 고소에 따라서 전지를 탈취한 전주는 처벌되었다.

전부는 전지의 탈취뿐 아니라 과잉 수조를 한 전주도 고소할 수 있었다.

앞에서 언급한 바와 같이 일단 과전법에서 근거하여 '1결당 30두'를 넘는 경우에 전객은 전주를 고소할 수 있었다. 또한 태종 15년 이후에는 1결당 30두 이내에서도 '불공평한 답험'으로 과잉 수조를 한 경우에도 전객은 전주를 고소할 수 있었다. 과잉 수조에 대한 고소 사례는 조선왕조실록에 많지 않으나, 그 사례들을 검토해보면 과잉 수조를 한 전주는 법에 의해서 처벌되고 있었다.

따라서 국가는 전주의 전지 침탈과 과잉 수조를 불법으로 규정하였고, 전부는 불법을 행한 전주를 적극 고소하고 있었다. 또한 국가는 전부가 고소하는 경우 규정에 따라서 전주를 처벌하였다.

이상의 검토를 통해서 볼 때, 국가는 전지의 침탈이나 과잉 수조를 금하는 규정을 만들었을 뿐 아니라 실제로 이를 충실하게 운영하여 전부를 보호하고 있었다. 전부들 역시 자신을 고소의 주체로 성장시켜 자신에게 피해를 가하는 이들에게 신분에 관계없이 저항하고 고소할 수 있는 지위를 확보하고 있었다.

① 이와 같은 이해는 기존의 연구에서 전주는 전객의 전지를 '마음만 먹으면' 탈취할 수 있었다고 주장하는 견해와 상반된다. 지배신분인 대신들과 왕족들은 전지를 탈취할 수는 있었으나 역시 처벌도 면하지 못하였다. 결국 조선 초기 지배신분들은 전지를 탈취할 수 있는 지위에 있지 못하였다. 전부는 국가의 보호를 받으면서 그 지위를 높여가고 있었다.

② 이러한 관점은 국가와 국가권력을 기존의 연구와는 다르게 파악하는 방식이다. 조선은 지배신분의 국가였으나, 국가의 안정적 운영을 위해서 지배신분의 합의인 법을 만들고, 법에 근거한 공공통치를 지향하고 있었다. 당연히 법을 어긴 자는 체제의 안정을 위해서 지배신분이어도 처벌을 받을 수밖에 없었다. 특히 당시의 정치권력은 왕과 대신에게 있었는데, 이 양자 간에는 주도권을 장악하기 위해 상호 견제하는 관계에 있었으므로, 대신이나 왕족의 개인적인 불법은 노출되면 처벌을 면하기 어려웠다.

③ 전지를 침탈하거나 전조를 과하게 받은 지배신분에 대한 처벌은 엄하였다. 전지를 침탈하거나 전조를 과하게 받는 경우 '贓罪'로 처벌하였다. 공공통치를 지향하던 정부는 지배신분의 사적인 지배를 엄하게 규제하였다. 사적지배는 결국 경제적 침탈로 나타났는데, 정부는 관원의 경제적 침탈에 대해서 특별히 장죄로 규정하고 별도로 관리하였다. 장죄는 본인뿐 아니라 자손에게까지 제약을 주는 무거운 것이었다. 장죄를 받은 죄인의 자손은 과거를 볼 수 없었고, 청요직에 나아갈 수 없었다. 즉 장죄를 범하면 자신은 물론 자손까지 지배신분이 될 수 있는 진출 통로가 혈통적으로 봉쇄되었다.

④ 조선의 정부는 공공통치를 위해서 상하의 다양한 재판의 절차를 마련하였다. 전부는 수령, 감사, 사헌부 등의 최소한 3차례의 재판의 기회가 있었고, 그 외에 신문고, 상언, 격쟁 등 왕의 재판을 받을 수 있는 별도의 기회도 있었다. 전부는 자신의 지위를 지키기 위해서 재판을 적극 이용하였고, 다양한 재판의 기회로 인해서 지배신분의 불법은 쉽게 노출될 수 있었다. 서양 중세의 농노들이 받을 수 있는 재판은 영주의 재판에 한정되었고, 오히려 이를 통해서 경제외적강제가 가능하였던 것과 비교하면, 조선의 재판 제도는 중세의 수준을 벗어난 것이었다.

⑤ 이와 같은 견해는 과전법을 전시과와 비슷한 것으로 이해하는 견해와도 상반된다. 전시과는 전부를 보호하는 규정은 물론, 사전의 수조량도 명확하게 규정하지 못하였다. 당연히 국가가 사전 수조량을 적극 규제하지 못 하였다. 고려 말의 혼란은 그 연장선상에 있었다. 그러므로 과전법과 전시과는 질적으로 다른 제도였다.

3) 田主佃夫制의 형성

(1) 태조 태종대의 전객

위에서 전부(전객)의 지위를 구명하기 위해서 기본적 지위를 형성하는 요건이 되는 수조율을 살펴보았고, 전부의 법적 지위를 검토하였다. 전부은 십일세의 시행과 법적인 보호를 받으면서 그 지위를 전시과 체제하의 농민보다 높일 수 있었다. 또한 태종대 이래 과전국가관리체제가 만들어지면서, 그 지위는 더욱 높아졌다. 이러한 전객의 지위의 변화로 그 명칭에도 변화가 생겼다. 즉 전객이라는 칭호가 소멸되고 전부라는 용어가 새롭게 등장하였다. 즉 佃客의 지위 상승의 결과 그 호칭이 바뀌어 佃夫로 칭하게 되었다. 그러므로 전부의 지위를 구명하는 일환으로 그 명칭이 바뀌는 과정을 검토하고자 한다.[14]

과전법에서 수조권자를 田主로 납조자를 佃客으로 호칭하였다. 그간 연구자들은 전객이라는 용어를 과전법체제 하에서 농민의 지위를 함축적으로 표현하는 용어로 이해하였다. 그러나 이러한 중요한 용어가 세종 전반에 없어졌다. 연구자들은 과전법의 변화로 직전제와 관수관급제를 거론하고 있으나, 그러한 변화가 나타나기 전인 세종 전반에 이 용어가 소멸되었다. 이러한 변화의 전개과정을 검토해보자.

전객이라는 용어는 고려에서는 없었던 용어로 과전법에서 처음 사용되었다. 이는 납조자를 지칭하는 용어로 수조권자를 칭하는 전주와 대칭적으로 사용되었다. 조선이 건국되면서 전객이라는 용어는 계속 사용되어, 수조권자와 납조자 간에 전주와 전객의 관계가 형성되었음을 잘 보여주었다. 그러므로 그간 연구에서 이와 같은 내용을 바탕으로 조선 초기에는 수조권을 둘러싸고 '전주전객제'가 형성되었다고 정리할 수 있었다.

---

14) 이하 서술 최이돈 「조선초기 佃夫制의 형성과정」『진단학보』 127, 2016 참조.

경기의 사전수조지역의 전지소유자를 전객으로 호칭한 것과 달리 여타 공전수조지역의 전지소유자를 전주로 호칭하고 있었다. 과전법에서 수조권의 분배를 경기에 한정하였으므로, 공전수조 지역의 전지소유자는 수조권적 지배에서 벗어나 고려에서와는 다른 지위를 가질 수 있었다. 그러므로 이들을 전주라고 호칭한 것은 당연하였다. 즉 조선초기의 전주라는 호칭은 다의적인 것이었다.

사전 수조지역의 전지소유자를 전객이라고 부른 법적인 근거는 과전법의 규정에 있었다. 과전법에 의하면 전객은 자신의 전지를 임의로 처분할 수 없었다. 배타적 소유권의 중요한 요소인 처분권이 전객에게 제한되었다. 수조권자인 전주는 전객 전지의 처분은 물론 경영에도 관여할 수 있었다. 그러므로 수조권자와 납조자를 주와 객을 나누어, 전주와 전객의 표현한 것은 사실관계를 함축하고 있었다. 이에 비하여 공전수조 지역의 전지소유자들은 이와 같은 법적 규제를 벗어나 있었고, 당연히 배타적인 소유권을 가지고 처분도 자유롭게 하고 있었다.

그러나 조선 초기에 경기 지역의 전지소유자를 포함하여 전국의 전지소유자를 통칭할 때에는 전객으로 불렀다. 이는 경기 지역의 전지소유자를 부르는 칭호를 불가피하게 사용한 것으로, 이미 전주로 그 지위를 상승시킨 공전수조 지역의 전지소유자들에게도 이를 적용한 것은 적절하지 않았다.

경기 사전수조 지역 백성과 공전수조 지역 백성 간에 법적, 실질적 지위의 차이가 있었기 때문에, 전국의 전지 소유자들 간에 아직 齊一的 지위가 형성되지 않고 있었다. 그러나 조선의 정부는 제일적 통치를 목표로 하였기 때문에 이와 같은 경기 백성의 차대는 시간을 가지고 해소해야할 과제였다.

(2) 태종 세종대 전객의 성장

경기 사전수조 지역의 전객들은 법적으로 공전수조 지역의 전주들에 비하여 차대를 받고 있었다. 그 차대의 실제는 수조 부담의 차이였다. 경기만 부담이 큰 것은 과전법의 '科田京畿' 규정을 만든 것에 원인이 있었다. 공전 수조 지역의 농민들은 공전수조로 바뀌면서 그 부담이 현격히 줄어 그 지위를 높이고 있었으나, 경기의 백성은 수조권적 지배하에 여전히 남아 있었다.

그러므로 경기 백성들은 자신들의 부담이 공전수조 지역보다 많다는 것을 문제삼지 않을 수 없었다. 이는 태종 9년 경기의 과전을 타 지역으로 이전시켜달라는 요청으로 부각되었다. 정부는 경기의 백성에게 여타지역의 백성과 같이 일원적 지위를 부여하고자 하였으므로, 이와 같은 차대를 해소해 달라는 요청은 정당한 것이었다.

정부는 이 문제를 해소하기 위해 다양하게 노력하였다. 그러한 노력의 일환으로 태종 15년에는 전객에게 전주를 고소할 수 있도록 전주고소권을 부여하였다. 전객이 과다한 수조를 하는 전주를 고소할 수 있도록 허용한 것이다. 또한 태종 17년에는 관답험도 시행하였다. 과전에서의 과잉 수조의 근본적인 원인은 전주가 답험을 담당하는데 있었다. 그러므로 사전수조량을 공전수조량에 맞추기 위해서는 전주가 행하는 답험에 정부가 관여할 필요가 있었다.

이와 같은 정부의 노력으로 과전의 운영에 국가가 관여하는 '과전국가관리체제'가 형성될 수 있었다. 과전국가관리체제 하에서 전주는 국가의 규제로 인해 규정 이상을 수조하는 것이 어려웠고, 사실상 수조권적 지배도 불가능하게 되었다. 이러한 변화로 인해서 전객의 지위는 향상되었다.

과전국가관리체제의 정비로 전객의 지위가 변화하자, 당연히 전객이라는 호칭도 변화하였다. 세종 전반에 전객이라는 용어가 소멸되었다. 이는 전객의 지위가 변화하면서 전객이라는 용어가 전지 소유자를 지칭하기에 적절한 용어가 아님을 인식한 결과였다.

과전국가관리체제가 만들어진 다음 해인 태종 16년부터 전객을 대신할 용어가 등장하기 시작하였다. 가장 처음 전객의 대안으로 제기된 용어는 '佃人'이라는 용어였다. 새로운 용어가 등장한 것은 전객을 대신할 용어를 관원들이 모색하기 시작하였음을 보여준다. 세종 1년에는 '佃戶'라는 용어도 사용되었다. 전호는 전객으로부터 그 지위를 높인 납조자를 의미하였다.

과전국가관리체제가 형성되고 전객을 대신할 수 있는 칭호가 모색되는 과정에서, 세종 6년에는 납조자의 지위를 결정하는 매우 중요한 변화가 있었다. 경기도 감사의 요청에 의하며 납조자가 전지를 자유로이 매매할 수 있는 처분권을 확보하게 되었다. 비로소 경기의 전지소유자들도 공전수조 지역의 전지소유자들과 같이 전지를 배타적으로 소유하고 처분할 수 있는 권리를 확보할 수 있었다. 이와 같은 조치는 과전국가관리체제 형성이후 납조자의 상승한 지위를 법으로 확정해준 것이었다. 이로써 전주가 과전법의 규정을 근거로 가지고 있던 전지에 대한 권리가 해소되었고, 역시 수조권적 지배도 실제적으로 불가능하였다.

이러한 법적 조치를 통해서 납조자의 지위는 더욱 확고해졌다. 이를 잘 보여주는 것이 예종 1년 납조자를 '전주'라고 호칭한 자료이다. 이미 공전 수조 지역의 전지소유자들을 전주로 부르고 있었지만, 납조자를 수조권자와 대칭적으로 언급하는 자료에서 전주로 칭하지 않았다. 그러나 납조자들의 지위가 상승하면서 이들을 수조권자들과 대칭으로 논하면서도 전주라고 칭할 수 있었다.

특히 이 무렵에 정부에서는 납조자의 '납조 거부'에 대한 대책을 논하는 상황이 전개되고 있었다. 납조자의 납조 거부는 과잉 수조에 대한 저항으로 출발하였으나, 이 무렵에 이르면 정부가 대책을 논해야 할 정도로 활성화된 것으로 짐작된다.

(3) 세종 성종대 전부

이러한 변화의 가운데에서 최종적으로 전객을 대신한 명칭으로 佃夫가 결정되었다. 수조권적 지배는 해소되었지만, 수조권의 분배는 조선전기를 통해서 지속되었으므로 이 양자를 대칭적으로 부르는 명칭은 불가피하였다. 그 명칭이 수조권자를 田主로 납조자를 佃夫로 호칭하는 것으로 정리되었다. 물론 전부라는 표현으로 전지소유자의 새로운 지위인 '전주'의 뜻을 다 담기 어려웠다. 그러므로 전주와 전부라는 용어를 대칭적으로 표현한 용례를 극히 제한적으로 사용되었다.

이미 사전 수조 지역의 전지소유자의 지위가 공전수조 지역의 전지 소유자의 지위와 같아졌으므로, 전국의 전지 소유자 모두를 통칭할 때에도 전부라는 용어를 사용하였다. 또한 전부라는 용어가 전국의 전지 소유자를 齊一的으로 지칭하는 용어가 되면서『경국대전』에서도 사용되어 법적 용어로 정리되었다. 이는 '田主佃客制'를 대신해서 '田主佃夫制'가 형성되었음을 보여준다.

그간 조선 초기 신분제를 양천제로 주장하는 연구자들은 양인 신분의 齊一性을 강조하였다. 그러나 양인 신분의 제일성이 어떤 과정을 통해서 확보되었는지는 설명하지 못하였다. 위의 검토에 의하면 전지 소유자인 협의 양인은 경기의 전지 소유자들이 전객으로 불리는 동안에는 법적, 실제적으로 제일적인 지위를 가지지 못하였다.

과전국가관리체제의 정비로 사전수조가 공전수조와 그 부담이 같아지고, 그 변화한 지위를 인정받아 경기의 전지 소유자들이 전지 처분권을 획득하여, 전국의 전지 소유자들과 동일하게 '佃夫'로 호칭되면서, 비로소 협의 양인 내의 제일적 지위가 형성될 수 있었다. 따라서 '佃夫制'의 형성은 수조권의 분배체제 하에서 전지 소유권자의 齊一的 지위를 제도적으로 확보한 의미있는 변화였다.

맺음말

이상과 같이 과전법의 성격을 검토하였다. 과전법은 생산력 향상에 따른 새로운 생산관계를 함축하고 있다는 관점에서, 이를 분급된 과전의 성격, 과전과 국가의 관계, 전부의 지위 등으로 나누어 검토하였다.

1. 먼저 분급된 과전의 성격을 검토하기 위해서 관원들에게 지급하는 과전의 성격이 世祿田인지 職田인지를 검토하였다. 과전의 운영에서 볼 때, 조선에서의 과전 관리는 이중적인 모습을 보여주고 있다. 3품 이하의 관원에게는 관직을 수행하는 것에 대한 보상인 직전으로 과전을 부여하여 관료제적으로 운영하였고, 대신들에게 준 과전은 세록전적인 성격을 부여하여 신분제적으로 운영하였다. 그러므로 조선의 토지분급제인 과전은 관료제적인 모습과 신분제적인 모습 모두를 가지고 있었다. 이는 관직체계와 신분제를 이중적으로 구성한 결과였다.

이는 직전제의 시행과정을 검토해 보아도 확인할 수 있다. 과전에서 직전으로의 변화는 대신의 과전에 대한 개혁이었다. 직전제는 대신의 유족이 받는 수신전과 휼양전을 폐지하고, 치사한 대신이 보유하던 과전을 회수하는 조치였다. 그러므로 직전제의 시행은 세조가 대신들을 견제한 조치였다.

물론 직전제의 시행으로 대신의 과전이 가지는 세록전적인 성격이 바뀌었다고 보기는 어렵다. 직전제 시행 이후에도 대신의 대부분은 70세가 넘어도 현직을 유지하면서 과전은 물론 녹봉까지 받고 있었고, 보유한 과전을 문음으로 관직에 진출한 아들과 손자에게 세전할 수 있었다. 즉 대신이 보유한 과전의 세록전적 성격은 직전제가 시행되었어도 여전히 유지되었다.

그러므로 직전제의 시행에도 불구하고 조선 초기 과전은 여전히 3품 이하 관원의 직전 성격의 과전과 대신의 세록전 성격의 과전으로 이원적으로 운영되고 있었다. 따라서 관원에게 분급한 과전의 성격을 볼 때, 일부는 직전으로 관료제적인 모습을 보였으며, 일부는 세록전으로 신분제적인 모습 가지고 있었다.

2. 다음으로 과전의 성격을 검토하기 위해서, 정부가 과전의 관리를 전적으로 수조권자에게 위임하였는가를 검토해보았다. 이를 위해서 먼저 '年分'을 반영하는 수조방식인 과전법의 손실답험제를 검토하였다.

조선 정부는 고려와 달리 손실답험제를 시행하였다. 이는 백성을 위해 적정 수조체제를 만들기 위한 것으로 매년의 작황을 수조에 반영하는 제도였다. 고려에서도 답험을 시행하였으나 이는 災傷을 당한 경우 감세해주는 진휼 규정에 불과하였으므로, 이는 매년 작황을 반영하는 과전법의 손실답험과 달랐다.

정부는 손실답험을 활성화하기 위해서 수령이 직접 답험하는 수손급손제를 시행하였고, 나아가 손실답험을 감독하기 위한 손실경차관제를 시행하였다. 또한 수령이 업무가 과중하여 손실답험에 집중하지 못하자, 손실답험을 전담하는 손실위관제를 시행하여 답험을 면밀하게 시행하였다. 정부는 손실답험제를 시행, 보완하면서 적극적으로 수조과정에 개입하고 있었다.

국가의 수조관리는 공전에서 시작되었으나, 이는 사전에도 영향을 미쳤다. 태종대 사전의 전객들이 자신들의 수조부담이 공전수조 지역의 백성들과 차이가 있음을 지적하면서 조정에 문제를 제기하였다.

사전수조와 공전수조 간에 보이는 수조부담의 차이는 개혁파가 '과전경기' 정책을 만드는 데서 기인하였다. 사전의 문제를 경험한 개혁파는 수조권을 최소한으로 분배하고, 분배지역을 중앙권력에 가까운 경기로 한정하여, 중앙권력의 감시 하에 두고자 하였다. 그러므로 '과전경기'의 정책은 기본적으로 수조권은 분배하되, 수조권의 행사에 국가가 관여할 수 있음을 함축하고 있었다.

개혁파가 경기지역만을 사전수조지역을 삼고, 여타의 지역을 공전수조

지역으로 삼은 것은 개혁이었으나, 수조권으로 분배된 경기 백성의 부담은 여타 공전수조 지역에 비하여 과할 수밖에 없었다.

경기 백성이 사전수조의 과도한 부담을 제기하자, 정부는 이를 개선하기 위한 여러 가지 방안을 모색하였다. 먼저 시도한 방법은 전주의 거주를 서울로 한정하여 수조에 미치는 영향을 제한하는 방법이었다. 정부가 규제의 대상으로 삼은 것은 모든 관원이 아니라 과도한 수조의 중심에 있는 대신들이었다. 정부는 대신의 지방거주를 제한하면서 사전수조의 과도한 징수를 개선하였다.

그러나 여전히 전주의 과도한 수조는 문제가 되자, 전객에게 과도한 수조를 하는 전주를 고소할 수 있는 전주고소권을 부여하였다. 이는 과도한 수조를 국가에서 통제하겠다는 분명한 의도를 드러낸 것이었다.

전주고소권이 만들어졌으나, 고소를 활성화하기 위해서는 과다한 수조를 판단할 수 있는 명백한 기준이 필요하였다. 그러므로 정부는 전주와 전객 사이에서 행해지는 수조과정에 관여하였다. 가장 중요한 쟁점은 답험이었다. 국가는 전주 답험의 자의성을 개선하고, 과다 수조의 분명한 기준을 마련하기 위해서 답험을 국가가 주도하는 관답험제를 시행하였다.

이와 같은 동향을 통해서 태종대에 '과전국가관리체제'가 만들어졌다. 과전은 사전이었으나, 국가는 전객에게 전주고소권을 부여하고, 관답험을 시행하면서 과전 역시 국가가 관리하겠다는 것을 분명히 하였다.

과전국가관리체제는 공법을 통해서 관철되었다. 공법은 손실답험제의 문제점을 개혁하기 위한 제도였으나, 결국 공법에서도 손실답험제의 9등연분제를 그대로 수용하면서, 공법은 수조과정에 국가가 관여하는 손실답험제의 맥을 이어갔다.

공법의 시행으로 수조지 관리에 적정성과 투명성이 제고되었다. 전품 6등제의 시행으로 전지의 전품에 따른 생산력을 적정하게 반영하게 되었고, 연분 9등제의 시행으로 매년의 작황을 반영하여 수조의 적정성이 제고되었다. 또한 답험단위를 고을과 면으로 책정하면서 운영의 투명성을 높여 수조과정에서 일어날 수 있는 부정을 현격하게 제어하였다.

공법의 시행으로 국가는 일원화된 수조체제를 정비할 수 있었다. 과전법에서 국가수조는 공전수조와 사전수조로 나뉘면서 이원적으로 운영되었다. 그러나 정부가 과전국가관리체제를 마련하고, 나아가 그 바탕 위에서 공법을 시행하면서 공전과 사전의 구분이 없는 일원적 국가수조체제를 완성할 수 있었다. 즉 공법의 시행으로 과전국가관리체제가 완성된 것이다.

3. 과전법 하에서 전부(전객)의 지위는 어떠하였을까? 이는 과전법의 성격을 구명하기 위해서 가장 중요한 쟁점이 될 수 있다. 이를 위해서 먼저 과전법의 수조율을 검토하였다. 수조율은 전객의 객관적인 지위를 보여주는 가장 기초적인 지표이기 때문이다. 과전법의 수조율을 이해하기 위해서 고려의 수조율과 비교할 필요가 있다. 군전과 둔전의 사례를 통해서 볼 때에 고려의 수조권적 수조율은 1/4였다. 공전의 경우 1/4로 명확하게 규정되어 있었으나, 사전의 경우는 분명하지 않다. 그러나 사전의 경우도 군전의 예를 비추어 볼 때, 공전에 준하는 1/4수조율을 적용하였을 것으로 추측된다.

그간 연구자들은 고려에서 십일조가 시행되었다고 주장하였다. 고려에서 수조율에 대한 통설은 1/4수조율이었으나, 이성무가 고려에서 십일조가 시행되었다는 견해를 제시하여 연구자들의 지지를 받으면서 그 입지를 넓혀가고 있다.

그러나 십일조 주장의 근거가 되는 이규보, 이제현, 백문보, 조준 등의 관련 자료를 검토할 때, 이규보 이후 신진사대부들은 개혁의 이상을 가지고 십일조를 거론하였을 뿐 십일조가 고려에서 시행되고 있다고 주장하지 않았다. 그들은 십일조를 균전제나 정전제를 실현하는 구체적인 모습으로 이해하였고, 이를 기회 있을 때마다 표현하였고, 충선왕 공민왕 등 개혁을 주도한 왕들도 이에 공감하였다. 그러므로 고려에서 십일조는 신진사대부의 개혁 이상이었을 뿐, 실현되었다고 보기 어렵다.

따라서 과전법의 시행으로 고려의 1/4수조율이 십일조로 바뀌게 되었다. 과전법에서 수조율을 낮추면서 조선은 고려와는 다른 국가적 성격을 가지게 되었다. 먼저 수조율의 감소는 수조권의 실제적인 영향력을 축소시켰고, 결국 수조권적 지배의 강도를 낮출 수 있었다. 또한 수조율의 감소는 농민층의 지위 향상에 도움이 되었다. 고려 말 농업생산력의 향상과 수조율의 감축에 힘입어 고려의 주된 농민층인 백정은 상당수가 자립소농으로 그 지위를 높였고, 국가에 의해서 齊一的 지위를 부여받은 良人이 될 수 있었다.

마지막으로 수조율의 변화는 국가의 운영방식도 영향을 끼쳤다. 조선은 낮은 수조율 하에 성장한 자립소농을 국가운영의 담지층으로 삼아 일원통치제제를 구축하였다. 정부는 국정의 안정적 운영을 위해서 소농의 재생산 기반을 보호하는 '소민' 보호와 '민본'을 이념으로 삼아 공공통치를 지향해 갈 수 있었다. 그러므로 과전법의 십일조 시행으로 과전법 하의 전객의 지위는 1/4의 수조율을 시행하는 전시과 체제 하의 백정보다 높았다.

다음으로 전부의 지위를 밝히기 위해서 전부의 법적인 지위를 검토하였다. 전부의 법적 지위를 잘 보여주는 것은 과전법에 보이는 전객의 보호규정이다. 과전법에는 전객을 보호하는 조항이 명시되어 있었다. 전주는 전객의 소경전을 탈취할 수 없었고, 규정 이상의 수조를 할 수 없었다. 전주가 전지를 탈취하거나 과도한 수조를 하는 경우 처벌을 받았다.

그러므로 전부의 법적 지위를 살피기 위해서, 과전법에 타나나는 전객의 보호규정을 살펴서 그 의미가 무엇인지, 이 규정이 구체적으로 어떻게 적용되고 있었는지를 검토하였다. 또한 법적 규정을 적용하기 위해서 피해를 입은 당사자인 전부가 전주를 고소할 수 있는 고소권이 있었는지도 검토하였다.

과전법에는 전주가 전객의 전지를 탈취하는 것을 금하고, 탈취한 경우의 처벌을 자세히 규정하고 있다. 전지를 1부 탈취하면 태형에 처하였고, 25부 이상을 탈취하면 중형인 장형에 처하였다. 특히 유념해야 할 것은 전주가 과전을 탈취하는 경우 贓罪에 처하였다. 조선 초기 토지 점탈 사례를 통해서 볼 때, 과전법에서 전주가 전객의 전지 탈취하지 못하도록 한 규정은 잘 지켜지고 있었다. 조선 초기의 전객은 전주의 전지 침탈로부터 국가의 보호를 받고 있었다.

과전법에서 전객의 지위를 보여주는 다른 한 가지는 전주가 전객의 과잉 수조를 금하는 규정이다. 정부는 공전과 사전에서 수조의 양을 1결당 30두로 정하고, 이를 넘어가는 수조는 과잉 수조로 규정하여 처벌하였다. 고려 말 신진사대부들은 십일조의 이상론을 가지고, 사전 개혁을 추진하였고, 공전뿐 아니라 사전의 수조량을 분명하게 명시하였다. 그러므로 이를 어기는 경우 처벌하는 규정을 만든 것은 개혁파의 이상을 실현한 것이었다.

국가는 국정의 안정적 운영을 위해서 전주의 전객 침탈이나 수탈을 불법으로 규정하고 제재를 가하였다. 그러나 전주의 불법을 국가가 적발하고 처벌하기 위해서는 피해자인 전부가 전주를 고소할 수 있는 고소권이 확보되어야 하였다. 국가는 전부의 전주고소권을 허용하였고, 전부들 역시 자신을 고소의 주체로 성장시켜 자신에게 피해를 가하는 이들에게 신분에 관계없이 저항하고 고소할 수 있는 지위를 확보하고 있었다.

마지막으로 佃客 지위의 변화로 나타나는 전객의 호칭 변화과정을 검토하였다. 과전법에서 수조권자를 田主로 납조자를 佃客으로 호칭하였으나, 전객의 호칭이 세종대에 소멸된다. 그간 연구자들은 전객이라는 용어를 과전법체제 하에서 농민의 지위를 함축하는 용어로 이해하였는데, 이러한 중요한 용어가 세종 전반에 없어졌다. 그러므로 명칭의 변화과정을 검토하였다.

전객이라는 용어는 고려에서는 없었던 용어로 과전법에서 처음 사용되었다. 이는 납조자를 지칭하는 용어로 수조권자를 칭하는 전주와 대칭적으로 사용되었다. 과전법의 규정에 의하면 전객은 자신의 전지를 임의로 처분할 수 있는 처분권이 없었다. 수조권자인 전주는 전객 전지의 처분은 물론 경영에도 관여할 수 있었다. 그러므로 수조권자와 납조자를 주와 객을 나누어, 전주와 전객의 표현한 것은 이와 같은 사실관계를 함축하고 있었다.

이에 비하여 공전수조 지역의 전지소유자들은 이와 같은 법적 규제를 벗어나 있었고, 당연히 배타적인 소유권을 가지고 처분도 자유롭게 하고 있었다. 그러므로 경기 사전수조 지역의 전객들은 법적으로 공전수조 지역의 전주들에 비하여 차대를 받고 있었다. 그러므로 경기의 전객들은 자신들의 부담이 공전수조 지역보다 많다는 것을 문제삼지 않을 수 없었다. 정부는 이 문제를 해소하기 위해 국가가 과전의 관리에 관여하는 '과전국가관리체제'를 만들어 과전을 관리하였다.

그 과정에서 납조자가 전지를 자유로이 매매할 수 있는 처분권도 부여하였다. 이로써 전주가 과전법의 규정을 근거로 가지고 있던 전지에 대한 권리가 해소되었고, 역시 수조권적 지배도 실제적으로 불가능하였다. 이러한 변화로 인해서 전객의 지위는 향상되었다.

과전국가관리체제의 정비로 전객의 지위가 변화하자, 당연히 전객이라는 호칭도 변화하였다. 세종 전반에 전객이라는 용어가 소멸되었다. 이는 전객의 지위가 변화하면서 전객이라는 용어가 그 지위가 변한 농민의 칭호로 적절하지 않았기 때문이었다.

과전국가관리체제가 만들어진 다음 해인 태종 16년부터 전객을 대신할 용어가 등장하기 시작하였다. 전객의 대안으로 제기된 용어는 '佃人', '佃戶' 등이 있었다. 당시 전인, 전호는 전객으로부터 그 지위를 높인 납조자를 의미하였다. 이러한 변화의 가운데에서 최종적으로 전객을 대신한 명칭으로 '佃夫'가 결정되었다.

수조권적 지배가 해소되면서, 사전수조 지역의 전지소유자와 공전수조 지역의 전지 소유자의 지위와 같아졌으므로, 전국의 전지 소유자를 통칭할 때에도 전부라는 용어를 사용하였다. 전부가 전국의 전지 소유자를 齊一的으로 지칭하는 용어가 되면서, 『경국대전』에서도 사용되어 법적 용어로 정리되었다. 이는 '田主佃客制'를 대신해서 '田主佃夫制'가 형성되었음을 보여준다.

4. 이상의 검토를 통해서 과전법의 특징은 다음과 같은 몇 가지로 정리할 수 있다.

① 과전법의 전지는 세록전과 직전의 이중적 성격을 가지고 있었다. 대신이 받는 전지는 세록전의 성격을 가지고 있었다. 그러나 관원의 대부분인 중하급 관원이 받는 전지는 관직에 있는 동안만 받는 직전이었다. 세조대의 직전제의 시행은 세록전의 성격을 가진 대신의 과전에 대한 규제였다. 물론 직전제의 시행으로 대신의 과전이 가지는 세록전적인 성격을 불식시키기 어려웠으므로 과전의 이중적인 성격은 변하지 않았다.

② 국가는 과전국가관리체제를 만들어 사전을 관리하였다. 국가는 사전으로 수조지를 지급하고 있었으나, 그 관리를 완전히 위탁하지 않고 수조지의 관리에 관여하였다. 국가의 수조지 관여는 매년의 작황에 따라서 수조하는 손실답험제의 운영을 통해서 구체화되었다. 이는 공전에서부터 시작하였으나, 사전에 영향을 줄 수밖에 없었다. 사전의 수조는 공전에 비하여 과한 것이었는데, 이를 빌미로 국가는 과전국가관리체제를 형성하여 과전의 관리에 직접적으로 개입하였다.

세종대의 공법은 과전국가관리체제의 연장선상에서 취한 조치였다. 과전국가관리체제의 형성으로 공전과 사전 수조의 실제적인 구분이 없어지자, 국가는 통일된 수조체제의 마련이 시급하였다. 당연히 공법논의 과정에서는 공전과 사전의 구분은 없었다. 즉 공법을 통한 국가수조의 일원적 체제의 정비는 국가가 수조과정을 완전히 장악하는 과전국가관리체제의 완성이었다.

③ 과전법의 시행으로 전객의 지위는 상승하였다. 일단 과전법의 십일 조의 시행과 공법의 1/20수조율로 농민의 부담을 크게 줄었다. 이로써 고려 말부터 생산력의 증가에 힘입어 그 지위를 높여가던 농민들은 자립기반을 확보하면서 그 지위를 높였고, 조세의 담지자로 역할을 확실히 할 수 있었다.

그러므로 정부는 전객의 재생산기반을 보호하기 위해서 전지 탈취를 금하는 규정과 규정 이상의 수조를 금하는 규정을 만들었고, 전객이 전주의 불법을 고소할 수 있는 저항권도 인정하였다. 나아가 전객이 전지에 대한 처분권까지 허용하였다.

이와 같이 그 지위를 상승시킨 농민은 이미 전객으로 불리기에 적절하지 않았다. 그러므로 세종대에는 전객의 용어가 소멸되고 새로이 佃夫로 호칭되었는데, 이는 농민의 지위 상승을 잘 보여주는 현상이었다.

④ 이와 같은 상황에서 전주는 영지를 세전하면서, 불수불입의 권력을 가지고, 배타적으로 농노를 지배하던 서양 중세의 영주의 모습과는 상이할 수밖에 없었다. 전주는 전부의 지위가 상승하면서 그 지위가 위축될 수밖에 없었다. 그러므로 과전법의 시행과 그 이후의 변화 과정에서 보여주는 조선의 수조체제와 전부의 지위는 이미 중세적인 수준을 넘어선 것이었다. 조선 초기 전부는 이미 수조권적 지배, 전주의 사적 지배를 벗어나, 국가의 '공공통치'를 받는 지위에 있었다. 즉 중세적 '사적 지배'를 벗어나 새로운 생산관계 하에 있는 존재였다.

⑤ 그러나 조선은 완전히 중세적 성격을 탈색하지는 못하고 있었다. 국가는 여전히 대신과 왕족들에게 세전하는 수조지를 지급하여 지위를 유지하는 경제적 기반으로 삼고 있었다. 그러므로 정부가 운영하는 과전의 성격은 관료제적인 성격과 신분제적인 성격을 동시에 보여주고 있었다. 이와 같은 현상은 조선의 신분제도나 정치제도에도 공히 나타나고 있었다.

정부는 신분제도에서 '혈통'을 중시하면서도 '능력'을 신분제 구성의 중요한 요소로 인정하고 있었다.[15] 또한 정부는 정치제도에서 '사적지배'를 인정하면서도 '公天下'의 세계관 속에서 '공공통치'를 지향하고 있었다.[16]

이와 같은 조선의 국가 운영의 특징은 조선이 중세적 특징인 '경제외적강제', '혈통', '사적지배' 등의 요소를 벗어나 근대적인 요소인 '경제적관계' '능력' '공공통치' 등의 새로운 요소를 중시하는 역사적 단계로 나아가고 있었음을 잘 보여준다. 그러나 여전히 중세적 요소들을 완전히 벗어버리지 못하고, 여전히 이를 국가 운영의 중요한 요소로 사용하고 있었다는 점에서 조선은 아직 근대적 단계에 진입하지 못하였다. 그러므로 조선은 중세를 벗어나 근대를 준비하는 근세의 단계에 있었다고 평가된다.

---

15) 최이돈 「조선 초기 향리의 지위와 신분」 『진단학보』 110, 2010; 「조선초기 천인천민론의 전개」 『조선시대사학보』 57, 2011; 「조선초기 특권 관품의 정비과정」 『조선시대사학보』 67, 2013.
16) 최이돈 「조선 초기 공공통치론의 전개」 『진단학보』 125, 2015.

참고문헌

저서

강제훈 『조선초기 전세제도 연구』 고려대학교 출판부 2002.

강진철 『한국중세토지소유연구』 일조각 1989.

권영국 등 『역주 고려사 식화지』 한국정신문화연구원 1996.

김 돈 『조선전기 권신권력관계 연구』 서울대출판부 1997.

김두헌 『한국가족제도 연구』 서울대학출판부 1969.

김용섭 『한국중세농업사연구』 지식산업사 2000.

김우기 『조선중기 척신정치연구』 집문당 2001.

김태영 『조선전기토지제도사연구』 지식산업사 1983.

도현철 『고려말 사대부의 정치사상연구』 일조각 1999.

박종진 『고려시기 재정운영과 조세제도』 서울대학교출판부 2000.

박홍갑 『조선시대의 문음제도 연구』 탐구당 1994.

송양섭 『조선후기 둔전연구』 경인문화사 2006.

송준호 『조선사회사연구』 일조각 1990.

역사학회편 『노비 농노 노예』 일조각 1998.

유승원 『조선초기 신분제 연구』 을유문화사 1986.

이경식 『조선전기 토지제도연구』 일조각 1986.

이경식 『조선전기 토지제도연구』2 지식산업사 1998.

이경식 『고려전기의 전시과』 서울대학교 출판문화원 2007.

이기명 『조선시대 관리임용과 상피제』 백산자료원 2007.

이병휴 『조선전기 기호사림파연구』 일조각 1984.

이병휴 『조선전기 사림파의 현실인식과 대응』 일조각 1999.

이성무 『조선초기 양반연구』 일조각 1980.

이성무 『한국과거제도사』 민음사 1997.

이수건 『영남사림파의 형성』 영남대출판부 1979.

이수건 『한국중세사회사연구』 일조각 1984.

이수건 『조선시대 지방행정사』 민음사 1989.

이수건 『영남학파의 형성과 전개』 일조각 1995.

이존희 『조선시대 지방행정제도연구』 일지사 1990.

이태진 『조선유교사회사론』 지식산업사 1990.

이태진『의술과 인구 그리고 농업기술』태학사 2002.
이태진『한국사회사연구』지식산업사 2006.
임용한『조선전기 수령제와 지방통치』혜안 2002.
장병인『조선전기 혼인제와 성차별』일지사 1997.
전봉덕『한국법제사 연구』서울대학교 출판부 1978.
정두희『조선초기 정치지배세력연구』일조각 1983.
정두희『조선시대의 대간연구』일조각 1994.
지승종『조선전기 노비신분연구』일조각 1995.
채웅석『고려사 형법지 역주』신서원 2009.
최승희『조선초기 언관 언론연구』서울대학교한국문화연구소 1976.
최승희『조선초기 정치사연구』지식산업사 2002.
최승희『조선후기 사회신분사연구』지식산업사 2003.
최이돈『조선중기 사림정치구조 연구』일조각 1994.
최재석『한국가족연구』일지사 1982.
한영우『조선전기 사회사상연구』지식산업사 1983.
한영우『조선전기 사회사상연구』지식산업사 1983.
한영우『조선시대 신분사연구』집문당 1997.
한영우『정도전사상의 연구』서울대학교 출판부 1999.
한영우『양성지』지식산업사 2008.
한영우『과거 출세의 사다리』1,2,3 지식산업사 2013.

논문

강만길「조선전기 공장고」『사학연구』12, 1961.
강제훈「답험손실법의 시행과 전품제의 변화」『한국사학보』8, 2000.
강제훈「조선초기 전세제 개혁과 그 성격」『조선시대사연구』19, 2001.
강제훈「세종 12년 정액 공법의 제안과 찬반론」『경기사학』6. 2002.
강제훈「조선초기의 조회의식」『조선시대사학보』28, 2004.
강진철「고려전기의 공전 사전과 그의 차율수조에 대하여」『역사학보』29, 1965.
강진철「고려전기의 지대에 대하여」『한국중세토지소유연구』일조각 1989.
고영진「15 16세기 주자가례의 시행과 그 의의」『한국사론』21, 1989.
권내현「조선초기 노비 상속과 균분의 실상」『한국사학보』22, 2006.

권연웅 「조선 성종대의 경연」 『한국문화의 제문제』 1981.

권영국 「고려전기 상서 6부의 판사와 지사제」 『역사와 현실』 76, 2010.

구덕회 「선조대 후반 정치체계의 재편과 정국의 동향」 『한국사론』 20, 1989.

김갑주 「원상제의 성립과 기능」 『동국사학』 12, 1973.

김 돈 「중종대 언관의 성격변화와 사림」 『한국사론』 10, 1984.

김 돈 「16세기 전반 정치권력의 변동과 유생층의 공론형성」 서울대학교 박사학위
　논문 1993.

김동수 「고려시대의 상피제」 『역사학보』 102, 1984.

김동인 「조선전기 사노비의 예속 형태」 『이재룡박사 환력기념논총』 1990.

김성준 「종친부고」 『사학연구』 18, 1964.

김영석 「고려시대와 조선초기의 상피친」 『서울대학교 법학』 52권 2호, 2011.

김옥근 「조선시대 조운제 연구」 『경제학연구』 29, 1981.

김용만 「조선시대 균분상속제에 관한 일 연구」 『대구사학』 23, 1983.

김용만 「조선시대 사노비 일 연구」 『교남사학』 4, 1989.

김용선 「조선전기의 음서제도」 『아시아학보』 6, 1990.

김용섭 「고려전기의 전품제」 『한우근박사정년기념 사학논총』 1981.

김용섭 「토지제도의 사적 추이」 『한국중세농업사연구』 지식산업사 2000.

김용흠 「조선전기 훈구 사림의 갈등과 그 정치사상적 함의」 『동방학지』 124, 2004.

김우기 「조선전기 사림의 전랑직 진출과 그 역할」 『대구사학』 29, 1986.

김우기 「전랑과 삼사의 관계에서 본 16세기의 권력구조」 『역사교육논집』 13, 1990.

김재명 「고려시대 십일조에 관한 일연구」 한국정신문화연구소 석사학위논문 1984.

김재명 「고려시대 십일조에 관한 일고찰」 『청계사학』 2, 1985.

김재명 「조선초기의 사헌부 감찰」 『한국사연구』 65, 1989.

김재명 「조세」 『한국사』 14, 1993.

김정신 「조선전기 사림의 公認識과 君臣共治論」 『학림』 21, 2000.

김준형 「조선시대 향리층 연구의 동향과 문제점」 『사회와 역사』 27, 1991.

김창수 「성중애마고」 『동국사학』 9,10, 1966.

김창현 「조선초기의 문음제도에 관한 연구」 『국사관논총』 56, 1994.

김태영 「과전법상의 답험손실과 수조」 『조선전기 토지제도사연구』 지식산업사 1983.

김필동 「신분이론구성을 위한 예비적 고찰」 『사회계층』 다산출판사 1991.

김한규 「고려시대의 薦擧制에 대하여」 『역사학보』 73, 1977.

김한규 「西漢의 求賢과 文學之士」 『역사학보』 75,76, 1977.

김항수 「16세기 사림의 성리학 이해」 『한국사론』 7, 1981.

김현영 「조선 후기 남원지방 사족의 향촌지배에 관한 연구」 서울대학교 박사학위

논문 1993.

김형수「책문을 통해서 본 이제현의 현실인식」『한국중세사연구』13, 2002.

남지대「조선초기의 경연제도」『한국사론』6, 1980.

남지대「조선 성종대의 대간언론」『한국사론』12, 1985.

남지대「조선초기 중앙정치제도연구」서울대학교 대학원 박사학위논문 1993.

남지대「조선초기 예우아문의 성립과 정비」『동양학』24, 1994.

남지대「조선중기 붕당정치의 성립기반」『조선의 정치와 사회』2002.

남지대「태종초 대종과 대간 언론의 갈등」『역사문화연구』47, 2013.

노명호「산음장적을 통해 본 17세기 초 촌락의 혈연양상」『한국사론』5, 1979.

노명호「고려의 오복친과 친족관계 법제」『한국사연구』33, 1981.

도현철「정도전의 정치체계 구상과 재상정치론」『한국사학보』9, 2000.

민두기「중국의 전통적 정치상」『진단학보』29,30, 1966.

박 진「조선초기 돈녕부의 성립」『한국사학보』18, 2004.

박국상「고려시대의 토지분급과 전품」『한국사론』18, 1988.

박시형「이조전세제도의 성립과정」『진단학보』14, 1941.

박재우「고려 공양왕대 관제개혁과 권력구조」『진단학보』81, 1996.

박재우「고려전기 6부 판서의 운영과 권력관계」『사학연구』87, 2007.

박종진「고려초 공전 사전의 성격에 대한 재검토」『한국학보』37, 1984.

박진우「조선초기 면리제와 촌락지배의 강화」『한국사론』20, 1988.

박진우「15세기 향촌통제기구와 농민」『역사와 현실』5, 1991.

박진훈「고려말 개혁파사대부의 노비변정책」『학림』19, 1998.

박천규「문과초장 講製是非攷」『동양학』6, 1976.

배재홍「조선전기 처첩분간과 서얼」『대구사학』41, 1991.

배재홍「조선시대 천첩자녀의 종양과 서얼신분 귀속」『조선사연구』3, 1994.

배재홍「조선시대 서얼 차대론과 통용론」『경북사학』21, 1998.

백옥경「조선전기 역관의 성격에 대한 일고찰」『이대사원』22,23, 1988.

설석규「16세기 전반 정국과 유소의 성격」『대구사학』44, 1992.

설석규「16-18세기의 유소와 공론정치」경북대학교 박사학위논문 1994.

성봉현「조선 태조대의 노비변정책」『충북사학』11,12합집 2000.

송수환「조선전기의 왕실 노비」『민족문화』13, 1990.

송준호「조선양반고」『한국사학』4, 1983.

신명호「조선초기 왕실 편제에 관한 연구」한국정신문화연구원 박사학위논문 1999.

신채식「송대 관인의 推薦에 관하여」『소헌 남도영박사 화갑기념 사학논총』1984.

신해순「조선초기의 하급서리 이전」『사학연구』35, 1982.

신해순 「조선전기의 경아전연구」 성균관대 박사학위논문 1986.

안병우 「고려의 둔전에 관한 일고찰」『한국사론』10, 1984.

오금성 「중국의 과거제와 그 정치사회적 기능」『과거』일조각 1983.

오수창 「인조대 정치세력의 동향」『한국사론』13, 1985.

오종록 「조선전기의 경아전과 중앙행정」『고려 조선전기 중인연구』신서원 2001.

우인수 「조선명종조 위사공신의 성분과 동향」『대구사학』33, 1987.

유승원 「조선초기의 신량역천 계층」『한국사론』1, 1973.

유승원 「조선초기의 잡직」『조선초기 신분제연구』을유문화사 1986.

유승원 「조선초기 경공장의 관직」『조선초기 신분제연구』을유문화사 1986.

유승원 「양인」『한국사』25, 1994.

유승원 「조선시대 양반 계급의 탄생에 대한 시론」『역사비평』79, 2007.

유승원 「조선 태종대 전함관의 군역: 수전패 무수전패의 복역을 중심으로」『역사학보』210, 2011.

유승원 「한우근의 조선 유교정치론 관료제론」『진단학보』120, 2014.

윤남한 「하곡조천기 해제」 국역 『하곡조천기』2008.

윤희면 「경주 司馬所에 대한 일 고찰」『역사교육』37,38, 1985.

이경식 「조선초기 둔전의 설치와 경영」『한국사연구』21,22, 1978.

이경식 「고려전기의 평전과 산전」『이원순교수 화갑기념사학논총』1986.

이경식 「조선 건국의 성격문제」『중세 사회의 변화와 조선건국』혜안 2005.

이경식 「고려시대의 전호농민」『고려시대 토지제도연구』2012.

이광린 「제조제도 연구」『동방학지』8, 1976.

이기백 「고려주현군고」『역사학보』29, 1965.

이기백 「고려 양계의 주현군」『고려병제사연구』1968.

이남희 「조선시대 잡과입격자의 진로와 그 추이」『조선시대의 사회와 사상』1998.

이남희 「조선전기 기술관의 신분적 성격에 대하여」『고려 조선전기 중인연구』신서원 2001.

이민우 「고려말 사전 혁파와 과전법에 대한 재검토」『규장각』47, 2015.

이범직 「조선전기의 校生身分」『韓國史論』3, 1976.

이병휴 「조선중종조 정국공식의 성분과 동향」『대구사학』15,6합집 1978.

이병휴 「현량과 연구」『조선전기 기호사림파연구』일조각 1984.

이병휴 「영남 기호 사림의 접촉과 사림파의 형성」『조선전기 기호사림파연구』일조각 1984.

이병휴 「16세기 정국과 영남사림파의 동향」『조선전기 사림파의 현실인식과 대응』일조각 1999.

이병휴「사재 김정국의 개혁론과 그 성격」『조선전기 사림파의 현실인식과 대응』
    일조각 1999.
이상백「서얼차대의 연원에 대한 연구」『진단학보』 1, 1934.
이상백「서얼금고시말」『동방학지』 1, 1954.
이성무「조선초기의 향리」『한국사연구』 5, 1970.
이성무「조선초기의 기술관과 그 지위」『유홍렬박사 화갑기념 논총』 1971.
이성무「선초의 성균관연구」『역사학보』 35,36, 1972.
이성무「십오세기 양반론」『창작과비평』 8(2), 1973.
이성무「고려 조선초기의 토지 소유권에 대한 제설의 검토」『성곡논총』 9, 1978.
이성무「공전 사전 민전의 개념」『한우근박사 정년기념사학논총』 1980.
이성무「조선초기 신분사 연구의 문제점」『역사학보』 102, 1984.
이성무「조선초기 노비의 종모법과 종부법」『역사학보』 115, 1987.
이성무「조선시대 노비의 신분적 지위」『한국사학』 9, 1987.
이성무「조선초기 음서제와 과거제」『한국사학』 12, 1991.
이수건「조선조 향리의 일 연구」『문리대학보』 3 영남대 1974.
이수건「영남사림파의 학문적 연원」『영남사림파의 형성』 영남대학교 출판부 1979.
이수건「영남사림파의 경제적 기반」『영남사림파의 형성』 영남대학교 출판부 1979.
이수건「조선전기 사회변동과 상속제도」『역사학보』 129, 1991.
이영훈「고문서를 통해본 조선 전기 노비의 경제적 성격」『한국사학』 9, 1987.
이영훈「조선전호고」『역사학보』 142, 1994.
이영훈「한국사에 있어서 노비제의 추이와 성격」『노비 농노 노예』 일조각 1998.
이영훈「고려전호고」『역사학보』 161, 1999.
이원택「15-16세기 주례 이해와 국가경영」『한국중세의 정치사상과 주례』 혜안 2005.
이장우「세종 27년 7월의 전제개혁 분석」『국사관논총』 92, 2000.
이재희「조선명종대 척신정치의 전개와 그 성격」『한국사론』 29, 1993.
이존희「조선전기의 외관제」『국사관논총』 8, 1989.
이태진「서얼차대고」『역사학보』 27, 1965.
이태진「사림파의 유향소복립운동」『진단학보』 34,35, 1972.
이태진「15세기 후반기의 '거족'과 명족의식」『한국사론』 3, 1976.
이태진「중앙 오영제의 성립과정」『한국군제사-조선후기편』 1977.
이태진「16세기 사림의 역사적 성격」『대동문화연구』 13, 1979.
이태진「조선시대의 정치적 갈증과 그 해결」『조선시대 정치사의 재조명』 1985.
이태진「당쟁을 어떻게 볼 것인가」『조선시대 정치사의 재조명』 1985.
이태진「李晦齋의 聖學과 仕宦」『한국사상사학』 1, 1987.

이태진 「조선시대 야사 발달의 추이와 성격」 『우인 김용덕박사 정년기념사학논총』 1988.

이태진 「조선왕조의 유교정치와 왕권」 『한국사론』 23, 1990.

이홍렬 「잡과시취에 대한 일고」 『백산학보』 3, 1967.

임영정 「선초 보충군 산고」 『현대사학의 제문제』 1977.

임영정 「조선초기의 관노비」 『동국사학』 19,20합집, 1986.

장병인 「조선초기의 관찰사」 『한국사론』 4, 1978.

장병인 「조선초기 연좌율」 『한국사론』 17, 1987.

전형택 「보충군 입역규례를 통해 본 조선 초기의 신분구조」 『역사교육』 30,31, 1982.

전형택 「조선초기의 공노비 노동력 동원 체제」 『국사관논총』 12, 1990.

정다함 「조선초기 습독관 제도의 운영과 그 실태」 『진단학보』 96, 2003.

정만조 「16세기 사림계 관원의 붕당론」 『한국학논총』 12, 1990.

정만조 「조선시대의 사림정치」 『한국사상의 정치형태』 1993.

정만조 「조선중기 유학의 계보와 붕당정치의 전개」 『조선시대사학보』 17, 2001.

정재훈 「조선전기 유교정치사상 연구」 서울대학교 대학원 박사학위논문 2001.

정현재 「조선초기의 경차관에 대하여」 『경북사학』 1, 1978.

정현재 「선초 내수사 노비고」 『경북사학』 3, 1981.

정현재 「조선초기의 노비 면천」 『경북사학』 5, 1982.

정현재 「조선초기의 외거노비의 개념 검토」 『경상사학』 창간호 1985.

지두환 「조선전기 군자소인론의」 『태동고전연구』 9, 1993.

지승종 「신분개념 정립을 위한 시론」 『한국사회사 연구회 논문집』 11, 1988.

지승종 「조선전기 신분구조와 신분인식」 『한국사연구의 이론과 실제』 1991.

지승종 「조선 전기의 서얼신분」 『사회와 역사』 27, 1991.

지승종 「신분사 연구의 쟁점과 과제」 『사회와 역사』 51, 1997.

차장섭 「조선전기의 사관」 『경북사학』 6, 1983.

천관우 「조선토기제도사」 하 『한국문화사대계』 2, 1965.

최승희 「집현전연구」 『역사학보』 32,33, 1966,67.

최승희 「홍문관의 성립경위」 『한국사연구』 5, 1970.

최승희 「조선초기 言官에 관한 연구」 『한국사론』 1, 1973.

최승희 「弘文錄考」 『대구사학』 15,16, 1978.

최승희 「조선시대 양반의 대가제」 진단학보 60, 1985.

최윤오 「세종조 공법의 원리와 그 성격」 『한국사연구』 106, 1999.

최윤오 「조선시기 토지개혁론의 원리와 공법 조법 철법」 『대호 이융조교수 정년논총』 2007.

최이돈 「16세기 郎官權의 형성과정」『한국사론』14, 1986.
최이돈 「성종대 홍문관의 言官化 과정」『진단학보』61, 1986.
최이돈 「16세기 사림파의 천거제 강화운동」『한국학보』54, 1989.
최이돈 「16세기 郎官權의 성장과 朋黨政治」『규장각』12, 1989.
최이돈 「16세기 공론정치의 형성과정」『국사관논총』34, 1992.
최이돈 「조선초기 수령고소 관행의 형성과정」『한국사연구』82, 1993.
최이돈 「海東野言에 보이는 허봉의 當代史 인식」『한국문화』15, 1994.
최이돈 「16세기 사림 중심의 지방정치 형성과 민」『역사와 현실』16, 1995.
최이돈 「16세기 전반 향촌사회와 지방정치」『진단학보』82, 1996.
최이돈 「성종대 사림의 훈구정치 비판과 새 정치 모색」『한국문화』17, 1996.
최이돈 「16세기 사림의 신분제 인식」『진단학보』91, 2001.
최이돈 「조선중기 신용개의 정치활동과 정치인식」『최승희교수 정년기념논총』2002.
최이돈 「조선전기 현관과 사족」『역사학보』184, 2004.
최이돈 「조선초기 잡직의 형성과 그 변화」『역사와 현실』58, 2005.
최이돈 「조선초기 공상의 신분」『한국문화』38, 2006.
최이돈 「조선초기 공치론의 형성과 변화」『국왕 의례 정치』이태진교수 정년기념
　　논총 태학사 2009.
최이돈 「조선초기 서얼의 차대와 신분」『역사학보』204, 2009.
최이돈 「조선초기 협의의 양인의 용례와 신분」『역사와 현실』71, 2009.
최이돈 「조선초기 향리의 지위와 신분」『진단학보』110, 2010.
최이돈 「조선초기 보충군의 형성과정과 그 신분」『조선시대사학보』54, 2010.
최이돈 「조선초기 천인천민론의 전개」『조선시대사학보』57, 2011.
최이돈 「조선초기 특권 관품의 정비과정」『조선시대사학보』67, 2013.
최이돈 「조선초기 왕실 친족의 신분적 성격」『진단학보』117, 2013.
최이돈 「조선초기 법적 친족의 기능과 그 범위」『진단학보』121, 2014.
최이돈 「조선전기 사림파의 정치사상」『한국유학사상대계』Ⅵ, 한국학진흥원 2014.
최이돈 「조선초기 공공통치론의 전개」『진단학보』125, 2015.
최이돈 「태종대 과전국가관리체제의 형성」『조선시대사학보』76, 2016.
최이돈 「조선초기 관원체계와 과전 운영」『역사와 현실』100, 2016.
최이돈 「세조대 직전제의 시행과 그 의미」『진단학보』126, 2016.
최이돈 「조선초기 提調制의 시행과정」『규장각』48, 2016.
최이돈 「조선초기 佃夫制의 형성과정」『진단학보』127, 2016.
최이돈 「조선초기 損失踏驗制의 규정과 운영」『규장각』49, 2016.
최이돈 「고려 후기 수조율과 과전법」『역사와 현실』104, 2017.

최이돈「세종대 공법 연분 9등제의 시행과정」『조선초기 과전법』경인문화사 2017.
최이돈「조선초기 전부의 법적 지위」『조선초기 과전법』경인문화사 2017.
최재석「조선시대의 상속제에 관한 연구」『역사학보』53,54, 1972.
한명기「광해군대의 대북세력과 정국의 동향」『한국사론』20, 1989.
한상준「조선조의 상피제에 대하여」『대구사학』9, 1975.
한영우「여말선초 한량과 그 지위」『한국사연구』4, 1969.
한영우「태종 세종조의 대사전시책」『한국사연구』3, 1969.
한영우「조선초기 상급서리 성중관」『동아문화』10, 1971.
한영우「조선초기의 사회계층과 사회이동에 관한 시론」『제8회 동양학 학술회의
   강연초』1977.
한영우「조선초기 신분계층연구의 현황과 문제점」『사회과학논평』창간호 1982.
한영우「조선초기의 상급서리와 그 지위」『조선전기 사회경제연구』을유문화사 1983.
한영우「양성지의 사회 정치사상」『조선전기 사회사상』지식산업사 1983.
한영우「조선초기 사회 계층 연구에 대한 재론」『한국사론』12, 1985.
한우근「신문고의 설치와 그 실제적 효능에 대하여」『이병도박사화갑기념논총』1956.
한우근「훈관검교고」『진단학보』29,30, 1966.
한충희「조선초기 의정부연구」『한국사연구』31,32, 1980,1981.
한충희「조선초기 육조연구」『대구사학』20,21, 1982.
한충희「조선초기 육조연구 첨보」『대구사학』33, 1987.
한충희「조선초기 육조연구」고려대학교 박사학위논문 1992.
한충희「조선초기 의정부당상관연구」『대구사학』87, 2007.
한충희「조선 성종대 의정부연구」『계명사학』20, 2009.
한희숙「조선초기의 잡류층에 대한 연구」고려대학교 박사학위논문 1990.
홍순민「조선후기 정치사상 연구현황」『한국 중세사회 해체기의 제문제』한울 1987.

찾아보기

최이돈

서울대에서 학사, 석사, 박사학위를 받았다.

조선시대 정치사와 신분사를 연구하여 『조선정치사』(공저, 청년사, 1991), 『조선중기 사림정치구조 연구』(일조각, 1994), 『한국 전근대사의 주요 쟁점』(공저, 역사비평사 2002), 『한국 유학사상 대계』(공저, 한국학진흥원 2002), 『고종시대 공문서 연구』(공저, 태학사 2009) 등의 저서와 다수의 논문을 썼다.

서울대, 성심여대 등에서 강의하였고, 영국 University of Cambridge의 Visiting fellow 를 역임하였으며, 1993년부터 한남대 역사교육과 교수로 재직하고 있다.

조선초기 과전법

초판 1쇄 인쇄 ｜ 2017년 10월 26일
초판 1쇄 발행 ｜ 2017년 11월 02일

지 은 이　최이돈

발 행 인　한정희
발 행 처　경인문화사
총 괄 이 사　김환기
편　　집　김지선 한명진 박수진 유지혜
마 케 팅　김선규 하재일 유인순
출 판 번 호　406-1973-000003호
주　　소　파주시 회동길 445-1 경인빌딩 B동 4층
전　　화　031-955-9300　팩　스　031-955-9310
홈 페 이 지　www.kyunginp.co.kr
이 메 일　kyungin@kyunginp.co.kr

ISBN　978-89-499-4298-8 93910

값 35,000원